개정 누리과정에 기초한

제4판

놀이지도

김수영 김수임 정정희 공저

양서원

/머/리/말

놀이는 유아들에게 있어서 생활의 전부라고 할 수 있을 만큼 보편적이고 자연스러운 활동이다. 놀이를 통해 유아는 자신과 주변 사람을 이해하게 되고, 의사소통하며, 사회화하고, 미래의 삶을 위한 유용한 기술을 습득하게 되는 등 놀이는 유아의 모든 발달 영역에 영향을 미친다. 이러한 놀이의 중요성에 따라 교사나 부모가 유아들의 놀이를 지지하고 지도하는 방법에 대한 관심도 증가하고 있다. 본 서에서는 놀이와 유아 발달과 관련된 최신 이론 및 연구들을 소개하였으며 그와 함께 유아교육 현장에서 실천할 수 있는 다양한 실제들을 제공하였다. 특히 이번 개정서에는 각 장의 첫 쪽에 내용을 요약 · 기술하여 전체 내용을 쉽게 이해하도록 하였으며 각 장에서 놀이 관련 내용을 보완하고 실제 예를 들어 구체적으로 설명하여 이 책을 읽는 독자들이 좀 더 이해하기 쉽도록 노력하였다. 또한 최근 유아교육에서 많은 관심을 가지고 있는 대뇌연구, 테크놀로지, 비만과 또래 괴롭힘 등을 소개하고 놀이와의 관련성을 기술하였다.

개정된 본 서의 구성은 크게 제1부 유아놀이의 이론적 기초와 제2부 놀이활동의 실제편으로 구성하였으며 이론편은 모두 8장으로, 실제편은 실내놀이와 실외놀이로 구분하여 기술하였다. 각 장의 구체적인 내용을 간략하게 소개해 보면 다음과 같다.

제1장에서는 '놀이는 무엇인가'라는 질문으로부터 출발하여 놀이와 관련된 신념, 관점, 그리고 이슈들을 다루어 놀이의 정의, 역사적 관점, 고전놀이와 현대 놀이이론에 대해 설명하였다. 최근에 관심이 되고 있는 대뇌연구, 테크놀로지, 비만 및 운동, 또래 괴롭힘과 놀이의 관련성을 강조하였다. 제2장에서는 놀이와 유아 발달과의 관계를 알아보았다. 즉, 놀이가 유아의 신체, 인지, 언어, 사회성, 정서 발달에 어떠한 영향을 미치는지 살펴보았으며, 특히 놀이와 창의성 발달과는 불가분의 관계를 형성하고 있으므로 따로 분리하여 기술하여 그 중요성을 강조하였다. 제3장에서는 놀이행동 특성 및 유형을 기술하고 인지와 사회성 발달에 따른 놀이 유형과 영아, 유아 및 아동기의 연령별 놀이발달 특징에 대해서 알아보았다. 인지적 놀이 유형으로는 감각운동놀이, 사물을 이용한 놀이, 상징놀이, 사회극놀이, 구성놀이, 규칙있는 게임을, 사회적 놀이 유형에서는 Parten과 Howes의 놀이 유형을 제시하였다.

제4장에서는 유아의 놀이에 영향을 미치는 요인을 개인적 요인과 맥락적 요인으로 나누어서 놀이에서의 다양성을 소개하였다. 개인적 요인으로는 성, 성격, 연령, 지능을, 맥락적 요인으로 물리적 환경, 가정 환경, 사회적 환경, 놀이와 문화를 다루었다. 제5장에서는 놀이에 영향을 미치는 놀이 환경으로 놀잇감과 실내 · 실외놀이 환경을 대별하여 소개하였다. 놀잇감의 특징, 유형과 선택, 실내 놀이환경의 공간 배치 및 실외 놀이시설의 시대별 변천, 유형, 환경구성과 현대사회에서 많이 발생하고 있는 안전 관련 부분을 보완하여 기술하였다. 제6장에서는 실제 유치원이나 어린이집에서 적용되고 있는 유아교육과정과 놀이에 대해서 알아보았다. 놀이지도를 위한 교사의 역할, 교수전략 및 자유선택놀이와 게임 등 놀이 관련 시간에서의 바람직한 지도방법과 교육과정과의 관련성에 대해서 구체적으로 설명하였다. 제7장에서는 놀이행동 관찰과 평가에 대해 알아보았다. 유아들의 놀이 촉진을 위해서는 놀이행동을 관찰하고 평가하는 것이 중요하다는 인식과 함께 놀이 관찰의 필요성, 다양한 놀이행동 관찰 및 평가 방법을 제시하고 있다. 마지막으로 제8장에서는 놀이치료의 중요성, 특수 유아들의 놀이 특성을 살펴보고 이들을 위한 놀이 환경 구성 및 놀이 프로그램 제공에 대해 설명하였다.

제2부 놀이 실제편에서는 유아교육기관에서 제시할 수 있는 교육적으로 가치로운 놀이활동을 실내놀이와 실외놀이로 구분하여 역할놀이, 쌓기놀이, 조작놀이, 컴퓨터놀이, 운동놀이, 물 · 모래놀이, 목공놀이, 전통놀이와 식물 관찰 및 기르기를 소개하였다. 각 놀이활동의 교육적 가치, 지도방법, 환경구성과 유아들에게 적용하여 제시할 수 있는 여러 가지 흥미 있는 실제 활동들도 제시하였다.

본 서는 유아교육을 전공하고 있는 학생들의 교재로서 뿐만 아니라 유아교육 현장에서 유아를 직접 지도하고 있는 교사, 그리고 유아교육에 관심을 가지고 있는 부모님들에게 많은 도움이 되리라 생각한다. 유아들의 바람직한 발달 및 교육에 따른 활동보다는 학습이 지나치게 강조되고 있는 요즈음에 이 책을 읽은 사람들이 놀이의 진정한 가치를 인정하고 유아들이 좋은 환경에서 재미있는 놀이를 충분히 즐길 수 있도록 격려하는 분위기를 만들어 주기를 바란다.

본 서가 나오기까지 세심한 관심과 격려를 아끼지 않으셨던 박철용 회장님과 양서원 관계자 여러분, 사진 및 실제 자료 등을 아낌없이 제공해 주신 대구 사회복지법인 고운어린이집 및 고운유치원, 대구 일성유치원 교사와 원장님께 진심으로 감사를 드린다.

2017년 8월 저자 일동

/차/례/

PART 01 놀이의 이론적 기초

PART 02 놀이활동의 실제

PART

01

놀이의 이론적 기초

chapter 1

놀이의 역사와 이론적 견해

이 장에서는 어떤 행동을 놀이라고 정의하는지에 대한 것으로 시작한다. 이 장의 핵심은 놀이행동을 어떻게 바라보고 놀이의 역할을 어떻게 이해하는지에 대한 제 이론들을 잘 숙지하는 것이다. 실제로 유아교육현장에서 교사가 유아들이 놀이하는 행동을 어떻게 바라보느냐에 따라 교사의 반응은 달라지게 된다. 또한 사회가 변화하면서 새로운 발달, 연구로부터 얻은 지식이 놀이의 역할에 대한 관점을 수정하기도 한다는 것을 주목할 필요가 있다.

유아는 언제나 놀이를 하며, 우리는 항상 유아들이 놀이하는 것을 본다. 유아들이 뛰어노는 모습을 살펴보면 놀이는 즐겁고 재미있는 활동이라는 것을 알 수 있다. 하지만 유아들의 놀이에 대한 견해는 사람마다 차이가 있다. 어떤 사람들은 놀이를 사소하고 불필요하다고 생각하는 반면 또 다른 사람들은 놀이가 유아 발달에 중요한 영향을 미치는 가치로운 것이라고 믿는다. 이 장에서는 놀이는 무엇인지에 대한 생각, 즉 놀이에 대한 개념에 대해 다루고자 한다. 그런 다음 놀이에 대한 생각이 시대에 따라 어떻게 변화되었는지 놀이의 역사적 관점을 알아보고자 한다. 또한 놀이에 대한 다양한 관점을 놀이이론을 통해 살펴보고자 하는데 놀이이론은 앞서 언급한 역사적 맥락뿐 아니라 사회적 · 정치적 맥락과도 밀접한 관계가 있다. 관념적이고 추상적인 놀이이론에 대해 공부해야 하는 이유는 무엇일까? 그것은 바로 놀이이론이 놀이를 바라보는 개념적 렌즈이며 유아의 놀이행동에 어떻게 반응할지에 대해 직접적인 영향을 미치기 때문이다. 1960년대 말 이후부터 유아 놀이에 대한 연구가 급격하게 증가하였다. 이러한 연구들은 놀이의 정의에 관한 연구와 놀이와 유아 발달 간의 관계에 대한 연구, 놀이에 영향을 미치는 다양한 변인에 관한 연구 등이다. 최근에는 이러한 연구를 근거로 놀이의 중요성에 대한 인식이 더욱 증가하여 유아교육에서 놀이에 대한 관심이 늘어나고 있다. 그래서 놀이에 대한 우리들의 최근 관심과 경향에 대해 소개하고자 한다.

1. 놀이의 정의

놀이란 무엇인가? 놀이에 대한 정확한 정의를 내리기는 매우 어려운데 그 이유는 두 가지로 생각해 볼 수 있다. 첫째, 놀이는 구체적인 장소나 물건, 행위가 아닌 '사랑'이나 '행복'처럼 추상적이고 유동적이기 때문에 정의내리기 어렵다. 따라서 정의내리기보다는 차라리 예를 들고 설명하는 편이 더 쉽다. 둘째, 놀이는 복합적인 의미를 가지고 있어 결정하기가 힘이 든다. 사랑처럼 놀이에 대한 정의는 화려해서 옥스퍼드 영어사전에서는 백 가지 이상의 다른 의미를 나열하고 있다(Johnson et al., 2005). 아래에서 제시하고 있는 예문들은 놀이를 정의내리는 데 도움을 줄 수 있을 것이다.

- 6개월 된 아기 경아는 엄마의 지갑을 뒤지고 만지면서 많은 시간을 보낸다.
- 12개월 된 지혜는 빈 컵을 가지고 와서 뭔가를 마시는 흉내를 낸다.
- 정미는 지방신문의 카피라이터로서 자기의 직업을 사랑한다. 일의 대가로 월급을 받는 것이 좀 미안하다고 친구들에게 말한다.
- 재석이는 경쟁적인 스포츠에 거의 관심이 없는 초등학교 1학년 아동으로 부모가 학교 축구팀에 가입하기를 원했기 때문에 축구팀에 가입했다. 그러나 축구시합을 한 날 저녁에는 불안하고 긴장하여 제대로 저녁을 먹을 수 없다.

경아의 탐색활동은 놀이인가? 지혜의 모습은 어떠한가? 정미는 일을 하고 있는가? 재석이의 축구시합은 놀이인가? 놀이를 정의내리기 위해 놀이와 관련된 세 가지 행동, 즉 탐색, 모방 그리고 일과 같은 행동과 놀이를 구분해 볼 필요가 있다.

1) 놀이와 탐색

놀이와 탐색(exploration)은 모두 내적으로 동기화된 행동으로 외적 목표를 추구하지 않는다는 점에서 유사하다. 그래서 종종 놀이는 탐색과 유사한 개념으로 사용되기는 하는데, Hutt(1971)의 연구에서, 놀이와 탐색은 외부에서 부과된 목적에 의해 지시받는 것이 아니라 내적으로 동기화된 놀이행동이라고 하였다. 즉, 탐색은 사고적인 측면인 반면에 놀이는 행동적인 측면이라고 볼 수 있다고 하였다. 다시 말해서, Hutt(1971)에 의하면 탐색은 '이 물건의 속성은 무엇일까(What does this object do)?'라는 의문을 풀기 위한 행동인 반면에 놀이는 '이 물건을 가지고 무엇을 할 수 있을까(What can I do with this object?)'라는 의문에 연관된 행동이라고 하였다. 그리고 최근의 연구에서 놀이와 탐색의 중요한 차이점을 발견하였는데 놀이는 사물에 대한 정보를 얻어 내려는 시도와 관계없이 자극 발생과 관련이 있으며 유아의 필요와 욕구에 의해 좌우된다. 놀이하는 동안 유아들은 실제로 사물을 다루는 일반적인 방법을 무시하고 그들이 원하는 방법으로 사용하는 것이다.

물건을 신기한 듯 탐색하고 있는 영아

놀이와 탐색의 차이점을 요약하면 〈표 1-1〉과 같다.

〈표 1-1〉 놀이와 탐색의 차이점

구분	놀이	탐색
발생시간	탐색 다음에	놀이 전에
상황	친숙한 사물	새로운 사물
목적	자극의 창출	사물에 대한 정보수집
행동	다양한 행동	정형화된 행동
분위기	즐거움	심각함
심장박동	높음	낮음

놀이와 탐색이 개념적으로는 다를지도 모르지만, 유아가 놀이하는 중일 때와 탐색

중일 때를 구분해 내는 것은 매우 어렵다. 이 두 가지 상태는 한순간에 뒤바뀌어 변동될 수 있으며, 특히 유아와 동물의 경우 그 뒤바뀌는 정도는 더 심하다. 유아와 동물에 있어 놀이의 일차적인 기능은 탐색이다. 실제로 놀이라는 용어와 탐색이라는 용어는 조합되어 탐색적 놀이라는 용어로 되어 있다. 유아의 놀이 에피소드에서는 놀이와 탐색의 혼합된 상태로 자주 나타난다. 그러나 대개 놀이 이전에 탐색이 행해지는 패턴으로 이루어지므로 구분할 수 있으며 그 순서는 검증, 재검증, 변형의 순환 형태로 설명될 수 있다.

2) 놀이와 모방

Piaget(1962)는 놀이와 모방의 차이점을 지적하면서, 모방은 조절이 동화에 선행할 때 발생한다고 하였다. 모방할 때 유아는 자신을 외적 실체에 맞추기 위해 순응한다. 12개월 된 아기가 빈 컵을 들고 뭔가 마시는 흉내를 내는 것을 볼 수 있다. 이것은 여러 번 반복적으로 보아온 행동을 그대로 모방하는 것뿐이다.

반면, 놀이는 동화가 조절보다 우위를 차지할 때 발생한다. 놀이를 할 때 유아는 현실을 자기 자신의 바람, 요구, 인지적 도식에 맞추려고 한다. 예를 들어, 유아는 컵을 들어 인형 얼굴에 갖다 대고 인형에게 마실 것을 주는 흉내를 낼 수 있다. 여기서 이 유아는 그 컵을 새로운 방식으로 사용하며 컵의 본래 의도된 물을 담는 용도라는 사실은 무시하게 된다. Piaget에 의하면, 놀이와 모방은 한 개인의 환경에 적응하려는 노력과 관련된 상호 보완적 과정들이다.

놀이와 탐색 간의 관계와 유사하게, 놀이와 모방 역시 하나의 놀이 에피소드에서 함께 나타난다. 그리고 이 두 가지 행동은 개념상으로는 구별되는 반면, 그 둘의 차이점을 구분하기는 힘들다. 외관상으로는, 분명히 알 수 있는 행동이라는 점에서 이 두 가지 행동은 동일하게 보인다. 그럼에도 불구하고, 진정한 놀이란 새로운 아이디어, 생각, 행동을 수반하는 생산적이며 변형적인 행동이라는 점을 명심하는 것이 중요하다. 모방적 놀이에는 이런 생산성과 변형성이 부족하다. 만화영화에 나오는 대사와 행동을 단순히 그대로 따라하는 유아를 예로 들 경우, 이 유아는 놀이보다는 모방을 한다고 할 수 있다. 이와 다르게, 유아가 활발하게 재료를 재가공하고 자신의 내면으로부터 새로운 것–외부 환경에서 보이는 것과는 다른 어떤 것을 창조해 낼 때, 유아는 진정한 놀이를 하고 있다고 할 수 있고, 놀이에 집중할 때 인지적 · 정서적 발달을 이룩할 수 있다.

3) 놀이와 일

놀이와 정반대되는 것을 생각해 보는 것은 놀이의 개념을 확립하는 데 도움이 된다. Mark Twain은 "몸이 하기를 원하는 것은 놀이이고 몸이 하기를 강요하는 것은 일이다."라고 하였다. 흔히 열심히 해야 하는 무엇인가는 보통 놀이로 간주하지 않는다. 그럼에도 불구하고 어떤 활동은 순수한 놀이인 동시에 매우 심각하고 심사숙고해야 하는 활동임을 알고 있다. 예를 들면, 블록으로 요새를 만들고 있는 유아들은 활동을 하는 동안 굉장한 집중력과 인내심을 보여 준다. 또한 누군가 유아에게 무엇을 하고 있냐고 물어 본다면 "난 지금 바빠. 일하고 있는 중이야."라고 얘기할지도 모른다. 유아들은 쌓기놀이를 하고 있는 동안 다른 아이들과 어떻게 어울려 지낼지, 블록을 현실에 어떻게 맞출 수 있는지 그리고 가상의 세계에서 아이디어를 창조하고 그 아이디어를 공유하는 방법을 배우는 동시에 놀이를 한다.

유아나 성인 모두에게 놀이와 일은 종종 통합된다. 그래서 Dewey는 놀이와 일은 혼돈, 놀이, 일 그리고 고역(하기 싫은 일)의 4개 지점을 가진 연속체라고 주장하였다. Dewey에 의하면 교실에서는 분명히 놀이와 일이 공존하다고 한다. 좋은 가르침과 좋은 학습은 굉장히 심각하지만 동시에 매우 재미있다. 따라서 놀이를 순수한 놀이에서 놀이가 아닌 것까지의 활동들을 연속체라고 보는 것, 그리고 놀이와 일 간에 이원적 구분을 두지 않는 것이 가장 바람직하다.

Elkind(1979)에 의하면, 유아교육에서 놀이와 일은 동일한 것이 아니라고 주장하면서도 놀이와 일은 정반대의 것이 아니라고 지적한다. 즉, 놀이와 일은 동화(놀이)와 조절

(일)이 요구되는 적응과정의 한 부분으로 서로 보완된다고 하였다. Elkind는 놀이와 일의 관계를 이해하는 적절한 방법은 유아들의 일은 놀이보다 앞서고, 때로는 놀이가 일보다 앞서고 그리고 때로는 놀이와 일이 동시에 일어나는 것을 깨닫는 것이라고 주장한다.

정리해 보면, 놀이는 순수한 놀이에서 놀이가 아닌 것까지의 활동들의 연속체라고 보는 것, 그리고 놀이와 일 간에는 이원적 구분을 두지 않는 것이 가장 바람직한 것으로 보인다.

4) 놀이의 특성

앞서 살펴본 탐색, 모방, 일 등과 같은 활동과 놀이의 경계선을 정확하게 구분하는 것 또한 쉬운 일이 아니다. 다만 놀이가 가지는 특징에 비추어서 각각을 구분하고 있을 뿐이다. 어떤 활동을 놀이라고 기술하는 데는 다음과 같은 다섯 가지 본질적인 특성이 포함되어야 한다.

- 자유선택　자유선택은 놀이가 가지고 있는 특성이다. 따라서 놀이는 참여자가 자유롭게 선택해서 이루어지는 자연스럽고 자발적인 활동이다. 예를 들면 유치원이나 어린이집 교사가 유아에게 놀이활동을 정해 준다면 유아들은 스스로 선택한 놀이와 동일한 활동을 하고 있는 것처럼 보일지 모르나, 실제로 유아는 그 활동을 놀이가 아닌 일로 생각하게 된다. 스스로 선택한 놀이에 대해 유아는 그 활동을 중요하게 생각하고 전력을 다하는 힘을 가지게 된다.
- 내적 동기　놀이는 내적으로 동기화되어 있다. 내적 동기는 행동 자체에서 만족을 얻는 것으로 행동의 결과에 따라 만족을 얻는 외적 동기와 구별된다. 즉 놀이는 배고픔과 같은 본능에 의해 동기화되지도 않으며, 권력이나 부를 획득하는 것과 같이 외적 동기화도 되지 않는다. 놀이는 그 자체로 보상을 제공한다.
- 과정지향적　유아들은 놀이를 할 때 그 활동의 목표보다는 놀이활동 자체에 초점

긍정적 감정은 놀이의 특성이다.

을 둔다. 즉, 결과보다 과정이 더 중요한 것이다. 놀이를 할 때는 어떤 목표를 달성해야 한다는 압박감에서 벗어나기 때문에 유아들은 활동을 하는 동안 새로운 변화를 많이 시도할 수 있다. 다시 말하면 놀이는 생산지향적이지 않고 융통성을 가진다.

- 현실유보　놀이에서 나타나는 현실유보 특성으로 인해 유아들은 일상의 현실세계에 얽매이지 않는 자유로운 놀이세계를 경험하게 된다. 어떤 놀이 상황이든지 유아는 매일 일상의 경험과 놀이를 분리하는 틀을 유지한다. 즉 거친신체놀이, 극놀이, 블록놀이나 게임 등 어떤 유형의 놀이를 하든지 이러한 틀 속에서 일상적으로 사용하는 물건이나 행동과 상황은 무시되고 새로운 의미로 대체된다. 유아들은 놀이 속에서 '~인 척(as if)'하게 되고 현재의 제약에서 벗어나 새로운 가능성을 실험하게 된다.
- 긍정적 감정　놀이는 본질적으로 재미있고 즐거워서 웃음과 미소가 동반된다. 약간의 불안이나 걱정이 뒤따르는, 예를 들면 미끄럼틀 꼭대기에서 미끄럼을 타고 내려올 때와 같은 경우도 있다. 이런 경우에도 유아들은 계속해서 미끄럼을 타고 또 타기 때문에 이 활동은 성격상 즐거운 경험인 것이다.

놀이의 특성, 즉 자유선택, 내적 동기, 과정지향적, 현실유보, 긍정적 감정 등이 결여되어 있다는 점에서 일은 놀이 반대의 축에 놓이게 된다. 그러나 놀이 특성들 중 하나 혹은 그 이상이 결여된 활동이라고 해서 유아가 그 활동을 수행할 때 놀이 상태와 일의 상태를 함께 경험할 수 있는 가능성이 완전히 배제되는 것은 아니다. 유아는 때때로 놀이를 하고 있다는 느낌과 놀이를 하고 있지 않다는 느낌을 동시에 경험할 수 있다. 그래서 유아를 잘 가르치는 교사라면 놀이 요소와 비놀이 요소인 일 혹은 공부를 교육과정 내에서 잘 구분할 줄 알아야 한다. 유아는 성장함에 따라 비놀이활동, 즉 자발적인 조사나 프로젝트와 같은 활동 내에서 발생하는 일이나 공부를 인지적 놀이로 여길 수 있다. 이런 점에서 일이나 공부라는 것과 놀이가 역동적으로 관련되어 있음을 알게 된다. 놀이 요소와 비놀이 요소는 동일한 경험 내에서 함께 혼합될 수 있다.

5) 놀이 정의에 대한 유아의 관점

유아들은 어떤 활동을 놀이라고 정의할까? 유아에게 있어 놀이는 앞서 설명한 놀이의 특성과 직접적으로 연결된다. 즉, 유아들은 어떤 활동을 하는 그 시점에서 놀이의 특성인 자유선택, 내적 동기, 과정지향적, 현실유보, 긍정적 감정이라는 준거를 적용하게 된다. 그래서 동일한 활동이라도 놀이로 생각하기도 하고 놀이가 아닌 일이나 공부로 생각하게 된다. 예를 들어 강아지를 데리고 밖에 나가 뛰어노는 것을 자유롭게 선택한 유아는 이 활동을 놀이로 생각하지만 부모로부터 강아지를 산책시키라고 지시받은 유아에게 있어 이 활동은 더 이상 놀이가 아니다. Wing(1995)은 직접적인 교수활동을 덜 강조하는 두 교실을 선정하여 유치원 · 초등학교 1, 2학년 아동 및 교사를 면담하고 교실활동을 관찰하여, 아동이 놀이와 놀이가 아닌 일의 관계를 어떻게 인식하는지를 알아보았다. 교사들은 교실활동의 대부분이 놀이활동으로 이루어지며 직접 경험, 아동이 선택할 수 있는 기회 부여, 탐색과 발견학습 격려 등의 아동중심적인 방법을 강조한다고 하였다. 그러나 이러한 교사의 신념과 노력에도 불구하고 아동들은 교실활동의 여러 가지 상황을 다음과 같이 일관된 기준에 따라 일과 놀이로서 분명하게 구별함과 동시에 모든 활동을 일과 놀이의 양극단으로 보지는 않으며 〈표 1-2〉와 같이 하나의 연속체로 보았다.

〈표 1-2〉 아동이 인식한 놀이와 일의 연속체

구분	놀이 ◀	————	▶ 일
활동의 특성	• 자유롭게 놀잇감 탐색 • 조작적이거나 다른 놀잇감이 포함 • 조용함을 요구하지 않음 • 과정중심적 • 끝내기를 요구하지 않음	• 교사가 계획하지만 탐구학습이나 창의성은 수용하는 활동 • 주의집중을 요구하는 자기 선택적 활동 • 규칙이 포함된 게임과 읽기, 쓰기, 셈하기 활동	• 교사가 지시하고 교사가 계획한 활동 • 결과중심적 • 연필과 종이를 필요로 하는 활동 • 때때로 조용함을 요구함 • 끝내기를 요구함
아동의 참여	• 아동의 의도가 중요 • 신체적 활동이 많음 • 아동에게 정신적인 주의집중이나 인지적 활동을 요구하지 않음 • 또래와 자유롭게 상호작용함 • 언제나 즐거움	• 교사의 의도가 있지만 아동에게 더 많은 선택이 있음 • 또래와 자유롭게 상호작용할 수 있음 • 대체적으로 즐거움	• 아동에게 정신적인 주의집중과 인지적인 활동을 요구함 • 때때로 또래와 상호작용함 • 언제나 비활동적임 • 때때로 즐거움
교사의 참여	• 교사의 기대가 거의 없음 • 교사가 거의 평가하지 않음	• 일반적으로 교사가 평가함	• 교사의 기대와 의도가 많음 • 교사가 결과를 평가함

하지만 최근 포스트모던 놀이이론에 의하면 나이가 들어가면서 아동들은 놀이특성 중 자유선택이라는 준거를 포기한다고 보고하고 있다. 나이든 아동들은 더 이상 자신들이 교실에서 하는 활동들에 대해 권력을 가지거나 통제할 수 없다는 현실을 인정하게 된다. 따라서 초등학교 아동들은 자유선택을 포기하고 활동에서 나오는 즐거움의 결과에 초점을 맞추게 된다. 즉 교사가 권력을 가지고 지시하고 통제하는 활동이라도 재미있으면 놀이로 간주하는 것이다.

2. 놀이의 역사적 관점

놀이에 대한 고대부터 중세, 근대 그리고 현대까지의 역사적 관점에 대해 살펴보고자 한다. 유아의 놀이에 대한 성인들의 입장을 역사적인 맥락에서 고찰해 보는 것은 여러 놀이이론을 이해하는 데 도움이 될 것이다.

1) 고대에서 중세까지

예수가 태어나기 전 천년 동안 세계의 주요 문화권에 관해 기록된 역사에 의하면 아동기에 대해 매우 유사한 견해를 가지고 있다. 즉, 유아들은 자신의 문제를 해결할 수 없는 무기력한 존재로서 놀이에 대한 욕구를 가지고 있다고 생각하였다. 그래서 놀이는 유아의 생활에서 이해 가능하고 수용 가능한 부분으로 간주하였다. 예컨대, 고대 이집트의 벽화에서 볼 수 있는 것처럼 유아들은 인형이나 공을 가지고 놀이하거나 로프로 뛰면서 놀이를 하였다. 고대 그리스에서는 유아들이 태어나면서부터 놀이를 할 수 있다고 생각하여 놀이를 허용하고 격려하였다. 고대 그리스 철학자 Plato는『국가(The Repubulic)』에서 "강요한 학습은 마음속에 남지 않는다. 유아들은 놀이를 통하여 배우도록 해야 한다."라고 하면서 유아의 놀이는 경험을 통한 학습의 중요한 부분이라고 주장하였다. 따라서 놀이와 교육 모두 유아들에 해당하는 것으로 아동기가 끝나면서 놀이와 교육도 끝나는 것이라고 생각하였다. 그래서 성인기에 들어서면 올림픽경기, 결혼 상대 결정, 일, 직업, 생계유지를 위한 일과 같은 다양한 경쟁에 들어가게 된다. 그리스어로 agon(영어의 agony, 고통의 어원)은 경쟁을 의미하는데 이것은 더 이상 어리지 않고 놀이를 할 수 없거나 놀이를 하도록 허락되지 않은 사람들이 열중하는 것을 의미한다. 고대 로마인들은 사랑스럽고 즐겁고 놀이를 좋아한다는 유아에 대한 그리스인의 관점을 수용하지만 애정을 가지고 훈련이 필요한 것으로 생각하였다.

이러한 아동기에 대한 특성은 예수 탄생 이후 거의 12세기까지 지속되었다. 초기 기독교적 견해에 의하면 유아는 신에게 중요하며 순수한 영혼을 가지고 있으므로 성인에게 학대받아서는 안 된다고 보았다. 그래서 교회는 유아의 복지를 촉진하는 데 특별한 역할을 하였다. 중세시대 동안 유아들이 실질적으로 보호받지 못했다고 할지라도, 적어도 유아는 성인의 축소판이 아니고 놀이를 포함한 특별한 활동을 수용하는 것이 적절하다고 생각하였다.

2) 르네상스 시대

유아와 유아의 주요 활동인 놀이에 대한 부정적인 태도는 르네상스 시기 동안(13~16세기) 유럽에서 나타나기 시작하였다. 르네상스는 유럽 역사에서 가장 창의적인 시기 중 하나로 인식되었으며 모든 예술과 과학 영역에서 새로운 견해가 개방된 시기였다. 하지만 유아들은 그 개방성의 혜택을 받지 못했다. 유아들은 성인과 비교해 볼 때 중요하지 않게 생각되었으며 힘과 기술이 부족한 바보나 노쇠한 늙은 사람의 범주로 포함시켰다. 유아는 원죄가 있는 악 또는 부패한 죄의 근원이라는 생각을 보편적으로 갖게 된다.

르네상스 시대에는 유아기 세계와 성인기 세계의 차이가 모두 사라졌다. 게으름은 죄가 되고 도움이 되지 않는다고 생각하여 유아들에게도 일을 시켰다. 귀족사회의 유아들은 엄격하고 감정이 없는 유모의 보육을 받으며 학교에 다녔다. 학교에서 유아는 엄격한 교사에 의해 인간 본성 내면의 악을 무력화시키는 종교적 훈련과 교육을 받게 되었다. 따라서 놀이는 가족의 책임, 가사, 일, 성경을 읽고 배우는 데 집중해야 하는 것을 방해하는 적으로 여겨졌기 때문에 유아들이 놀이를 하지 않도록 경계하였다.

르네상스 시기의 그림에서는 일상생활 속에서 유아들이 놀이하는 모습을 묘사하고 있는 것을 관찰할 수 있는데 이것으로 유아가 놀이하는 것으로 생각할 수는 없다. 왜냐하면 유아의 세계와 성인의 세계와의 차이가 없기 때문에 모든 연령층의 노래와 놀이 그리고 놀잇감은 동일하였다. 예를 들어 그 당시 유아들이 불렀던 'sing s say of sixpence'는 헨리 8세의 사랑과 개신교 개혁과 관련한 어떤 사건에 대한 성인들의 노래였다. 유일하게 유아를 위해 만들어진 것이라고는 '자장가' 정도였다.

르네상스 시대 독일 남쪽 지방에서는 장난감을 만드는 제조업이 시작되었다. 중세 시대에는 연이나 팽이와 같은 장난감을 집에서 만들어 유아들이 가지고 놀았다. 하지만 르네상스 시대 장난감 제조업자들은 성인을 위해 납으로 만든 군인, 나무로 만든 정교한 인형, 유리로 만든 동물을 만들었다. 이러한 장난감은 너무 정교하고 섬세하여 유아들은 잘 만질 수조차 없었다.

르네상스가 끝나게 되는 17세기에 이르러 유아와 놀이에 대한 유럽 사람들의 태도가 변하기 시작하여 '유아기에 대한 새로운 의식'이 일어났다. 즉, 유아들을 관심을 가질 가치가 있는 존재로 인식하고 성인과는 다른 발달적 요구와 문제를 가진 것으로 보기 시작했다.

3) 17~18세기

르네상스기를 벗어나기 시작한 17세기에 이르러서는 유아를 새롭게 의식하기 시작하였다. 유아는 관심과 주의를 기울일 가치가 있고 성인과는 다른 발달적 요구와 문제를 가진다고 생각하였다. 17~18세기 동안 프랑스 사람들은 놀이의 중요성을 주장하고, 놀이를 유아기의 영역으로 분류하였다. 17세기 초에는 유아의 놀이와 성인의 놀이는 차이가 없었지만 점차 구분되기 시작하여 일은 성인생활의 핵심이 되었고 놀이는 유아 위주의 활동으로 생각되었다. 반면 영국에서는 유아와 성인들을 위한 일의 가치를 강조하였다. 즉, 놀이를 프랑스에서는 유아에게 적합한 것으로 생각하였고, 영국에서는 훈련의 발달과 일하는 시간을 방해하는 어리석은 활동으로 생각하였다. 영국에서 놀이를 경시하게 된 이유는 프로테스탄트라는 종교적 영향이다. 가톨릭은 구원을 받기 위해 신앙의 필요성을 강조한 반면 프로테스탄트는 신앙만으로 충분하지 않고 노동과 자기 훈련이 필요하고 훌륭한 도덕적 인물은 물질적인 성공으로 설명할 수 있다고 생각하였다. 그래서 놀이는 일의 반대로 생각했고, 사악하고 책임이 따르지 않는다고 생각하였다. 18세기 중반과 말기 영국에서는 길에서 어떤 형태의 놀이를 하는 것도 금지하는 법을 실시하였다.

미국인은 영국인보다는 유아를 더 가깝고 더 관대하게 대해 주었으나 유아의 놀이를 충분히 수용하지 않았다. 미국 대륙의 최초의 정착민은 청교도인이었으며, 청교도인은 새로운 세계에서 표현의 자유를 추구하기 위해 1630년 영국을 떠난 종교개혁집단이었다. 청교도인들은 뉴잉글랜드 대륙에서 폭넓은 영향력을 미쳤다. 이 집단은 후에 일과 놀이에 대한 미국인의 태도에 중요한 영향을 주었다. 청교도인은 유아를 권리를 가진 개인으로 보았다. 즉, 유럽 사람들은 유아의 이름을 명명할 때 부모나 친척의 이름을 붙였다. 사실 중세기의 형제들은 동일한 이름을 가졌으며 이름에 의해서가 아니라 출생순위를 나타내는 호칭에 의해 구별되었다. 청교도인들이 유아들에게 고유한 이름을 부여한 것은 유아를 독특하고 고유한 인간으로 생각했음을 증명해 준다. 청교도인들은 유아의 특별한 요구에 민감하고 유아와 성인의 발달 차이를 인식할 뿐만 아니라 모든 형태의 놀이를 무시하지는 않았다. 비록 청교도인들이 놀이 그 자체를 죄로써 간주하지는 않았지만 놀이는 학습과 훈련을 방해하는 활동이라고 생각하였다. 18세기 식민지 시대의 미국인은 유아를 사랑하였으며 부모와 유아는 가까운 관계를 유지하였다.

4) 현대

19세기와 20세기는 현대 또는 모더니즘(modernism) 시기로 명명될 수 있으며, 이 시기는 과학과 기술의 합리적인 수단을 통해 발견되는 보편적인 지식을 수용하는 시대였다. 유아 발달과 심리학의 분야에서는 Piaget, Erikson, Kohlberg와 같은 발달심리학자들의 이론을 보편적으로 받아들이고, 발달에 적합한 실제와 같은 분야의 철학이나 교육 실제가 수용되었다. 이 시기 놀이에 관한 학자들의 공통적 견해는 유아의 놀이는 보편적이라는 점이다. 또한 이들의 놀이 견해에 반영된 것은 Parten의 사회적 놀이 단계, Piaget의 인지적 놀이 단계, 그리고 이 두 가지 조합한 Smilansky의 놀이 발달단계이다.

19세기 동안 미국인은 일과 통합된 놀이를 즐겼다. 즉, 일상생활에서의 일과 놀이의 특성은 동일하다고 생각하였다. 부모들은 유아에게 신체적인 억압보다는 자기 감정을 억압하는 자기 통제를 격려하였다. 유아들 자신이 환경을 통제하고 숙달하기 위해서 놀이를 하도록 격려받았다. 놀잇감은 점점 더 복잡해져서 기차와 같은 다양한 조립식 소형차가 나왔고, 판을 이용한 게임도 이 시기에 나왔다. 1859년에는 장난감 총이 나왔는데, 이것은 유아 자신을 통제하기 위해서는 내적인 공격성에 대한 표현에 관심을 가져야 하고 환경을 통제하기 위해 외적으로도 환경을 정복할 수 있어야 한다는 의미를 주었다.

20세기에 이르러 부모들은 유아들에게 억압적인 내적 통제를 줄이고 유아의 감정을 개방하여 표현시키고 의지력을 증가시키려는 노력을 하였다. 즉, 유아를 만족스러운 성인으로 만드는 것이 아니라 있는 그대로의 현재 유아를 이해하려고 애썼다. 20세기 초에는 여러 심리학자의 저서에 영향을 받은 아동연구운동이 번성하기 시작하였다. 이러한 여러 심리학의 영향 중에서도 행동주의자의 세계관에 적합한 놀이의 견해가 팽배해졌다. 따라서 일에 대한 보상으로 놀이를 보게 되었다.

20세기 중반과 후반에 이르러 놀이는 유아의 발달에 중요한 위치를 차지하게 된다. 정신분석학자와 인지발달론자의 영향으로 놀이는 유아의 정서적 해방뿐만 아니라 지적 · 사회적 발달을 위한 기회를 제공해 준다고 생각하게 되었다. 그러나 심리학자들이 유아의 놀이에 대해 관용적으로 생각하는 것만큼 현실적으로 놀이가 수용되고 있는지는 여전히 의심스럽다. 예컨대, Elkind(1981, 1987)는 오늘날 유아들에게 너무 빨리 성장하라고 재촉하고 점점 더 일찍 교육적 · 직업적 성공을 위해 의미있는 생활을 추구하도록 강요하여 놀이와 같은 유아기의 활동이 다른 활동으로 대치되고 있음을 걱정하였다. 또는 다문화 심리학자인 Logan(1977)은 "우리 성인들은 유아들에게 놀이할 수 있도록 배려해야 한다고 주장을 하지만, 무의식적으로는 성인 자신들은 생활을 위해 일을 해야 하고 유아는 놀이를 한다는 사실에 화를 내고 있다."고 주장하였다.

3. 놀이의 이론과 발전

놀이는 필요한가? 놀이의 기능은 무엇인가? 유아의 발달에서 놀이의 가치는 무엇인가? 이런 종류의 문제에 대답하기 위하여 심리학자들은 〈표 1-3〉에서와 같은 많은 놀

〈표 1-3〉 놀이이론

이론		놀이하는 이유	발달영역
고전 놀이 이론	잉여에너지 이론 Spencer	신체의 자연적 에너지 소비	신체
	휴식이론 Patrick	에너지 재생, 재충전	신체
	반복이론 Hall	인류의 진화과정 반복	신체
	연습이론 Gross	성인기에 필요한 기술과 지식 개발	신체 인지
현대 놀이 이론	정신분석학적 이론 Freud, Erikson	불안 감소, 감정정화 효과, 자아기능 강화	정서
	인지발달이론 Piaget, Vygotsky, Bruner, Sutton-Smith	편안한 분위기에서 새로운 학습의 가능성을 수용하고 새로 익힌 지식을 연습, 통합	인지 사회
	신경심리학적 이론 Weininger, Fitzgerald	우반구와 좌반구의 기능 통합	생리 인지
	각성조절이론 Berlyne, Ellis	적절한 각성 상태에서 신체의 유지를 위해 지루함과 불확실성을 줄이기 위해	정서 신체
포스트 모던 놀이 이론	사회문화이론 Goncu	암시된 문화적 가치 인식	사회
	비평적 교육이론 King	교실활동에 대한 권력의 선택과 통제 제공	정서 사회
	혼돈이론 Ven	급격히 변화하는 사회에 도전할 수 있는 준비	정서 인지

이이론을 제시하였다. 이러한 이론들 중에서 어느 한 가지 이론만으로는 유아의 발달에서 놀이의 가치를 완전하게 설명하기에 충분하지 않다. 각 놀이이론은 유아의 발달과 놀이행동을 보다 잘 이해하는 데 도움이 되는 하나의 체계나 모형으로 간주되어야 할 것이다. 또한 놀이이론의 여러 관점들은 사회적 · 정치적 · 역사적 맥락과 밀접한 관계를 가진다.

이 장에서는 다음의 세 가지 놀이에 대한 이론을 소개하고자 한다. 즉, 19세기와 20세기 초에 나온 고전 놀이이론, 1920년대 이후 등장하여 지난 50~60년 동안 우리들의 생각을 지배해 온 현대 놀이이론 그리고 최근에 영향을 미치기 시작했고 다양성과 사회적 정의, 진리와 지식의 상대성에 대해 관심을 가지는 포스트모던 놀이이론에 대해 살펴보고자 한다.

1) 고전 놀이이론

19세기 후반에서 20세기 초기 유럽과 북미를 중심으로 나타난 고전 놀이이론들은 실험연구가 아니라 철학적 사고와 추론에 의존한 이론이다. 고전 놀이이론은 왜 놀이를 하는지, 즉 놀이의 목적에 대해 설명하고자 하였다. 고전 놀이이론에는 잉여에너지 이론(surplus energy theory), 휴식이론(recreation theory), 연습이론(practice theory), 반복이론(recapitulation theory) 등이 포함된다.

(1) 잉여에너지 이론

잉여에너지 이론에서는 인간이 노동을 하고 난 후 에너지가 남으면 에너지를 소모하기 위해 놀이를 한다고 주장한다. 이 이론의 대표자는 18세기 독일 시인인 Friedrich Schiller와 19세기 영국 철학자 Herbert Spencer이다.

Schiller는 놀이를 목적 없이 에너지를 소비하는 것이라고 정의하였다. 그의 가설은 사람이나 동물은 일차적인 욕구를 충족시키기 위해 노동을 하는데 이러한 일차 욕구가 만족되고 난 후에 남을 경우 그 에너지를 쓰기 위해 놀이를 한다. 결국 고등동물은 생계를 유지하기 위한 활동보다는 다른 여타 활동에 더 많은 에너지를 쓰게 되는데 여기서 생기는 여분의 에너지가 실제적 목적 없이 수행될 때 놀이라고 본다.

Spencer는 인간은 생존하는 과정에서 사용할 에너지를 날 때부터 가지고 태어난다고 주장하였다. 만약 에너지가 생존하는 목적으로 사용되지 않는다면 다른 방향으로 어느 정도 소비해야 하며 유아는 과도한 에너지를 놀이에서 발산한다. 그는 놀이를 물이 끓으면서 발생하는 증기에 비유하면서 성인들에 비해 과잉 에너지를 많이 갖는 유아들이 놀이를 많이 한다고 하였다.

잉여에너지 이론은 사람들에게 상식적인 측면에서 아직도 널리 수용되고 있다. 유아가 왜 성인보다 많은 놀이를 하는지 이 이론은 잘 설명해 주고 있다. 즉, 성인은 생존적 욕구를 충족시키기 위해 자신의 에너지를 사용하는 데 비해 유아는 잉여에너지가 많으므로 놀이를 더 많이 하게 된다. 또한 진화적 관점에서 고등동물이 하등동물보다 더 많이 놀이를 하는지를 잘 설명해 준다. 그러나 유아들은 끊임없이 놀이를 하며 에너지 과잉 상태뿐만 아니라 피로한 상태에서도 놀이를 더 활동적으로 계속 즐기는 점 등을 고려할 때 이 이론으로는 놀이를 설명하기는 어려운 부분도 있다.

(2) 휴식이론

잉여에너지 이론에 반대하는 놀이 견해가 휴식이론이다. 휴식이론에서는 놀이를 에너지의 잉여가 아니라 결핍 때문에 나타나는 것으로 본다. 요컨대 노동으로 쌓인 피로를 풀고 에너지를 재생 또는 재충전하기 위해 놀이를 한다는 것으로 대표적인 학자는 Lazarus와 Patrick이다.

19세기 독일의 철학자 Moritz Lazarus에 의하면, 인간은 몹시 힘든 노동을 해서 정신적 · 육체적으로 에너지가 고갈되면 휴식과 수면을 통해 그것을 재충전한다. 이때 충분한 재충전을 위해서 되도록 현실에서 벗어나 일이 아닌 다른 활동을 할 필요가 있는데 그러한 활동이 바로 놀이라는 것이다. 그러나 재충전의 목적을 달성할 수 있는 노동이 아닌 활동이 무엇인지를 충분히 규명하지 못했고, 더구나 유아의 놀이에 대해서는 거의 언급하지 못한 결함이 있다.

20세기 초 Patrick은 Lazarus의 이론을 확대시켜 휴식이론을 성립시켰다. 현대사회의 노동은 추상적 사고와 주의집중을 요하는, 다시 말해 육체노동보다 정신노동이 더 많이 요구된다. 정신노동으로 쌓인 피로는 뛰기, 달리기, 던지기 등 고대의 원시적 활동이라고 일컬어지는 사냥이나 낚시와 같은 놀이를 통해 회복될 수 있다고 주장한다. 또한 Patrick은 유아가 가지고 노는 북이나 나팔과 같은 악기는 '조상의 활동에 대한 무의식적 기억'에 의한 놀이라고 한다.

휴식이론은 스트레스가 심한 현대사회에서의 놀이를 합리적으로 설명해 주는 것으로 볼 수도 있다. 반면 육체적 노동이 정신적 노동보다 덜 피로한 것이라면 왜 노동자들이 놀이를 하는가에 대한 설명과 놀이가 일의 스트레스를 풀고 재충전하기 위해 필요한 것이라면 유아들은 왜 놀이를 하는가에 대한 설명이 부족하다. 그리고 놀이가 먼 옛날 수렵생활의 기억에 대한 재연이라는 설명도 만족스러운 과학적 증거와 설명이 될 수 없다.

(3) 반복이론

반복이론은 인간이 하등동물에서 진화되었다는 Darwin의 진화론에 기초한다. 19세기 말 과학자들은 인간 태아의 발달이 인간 종의 진화과정에서 발생하는 과정과 같은 단계를 거친다는 것을 발견하였다. 예를 들면 인간 태아의 어느 순간은 물고기의 아가미와 비슷한 생리적 구조를 갖는다. 이러한 발견은 개체발생이 계통발생을 반복한다는 이론을 낳았다.

19세기 Hall과 Gulick은 반복이론을 놀이에 적용하였다. 반복이론의 핵심은 각 유기체는 그것의 유기적 발달 내에서 종의 진화를 재창조한다는 것이다. 예를 들면, 유아들이 놀이를 하면서 기는 것은 인간 진화과정에 네 발로 걸었을 시기를 반영하는 것이라는 것이다. 미국의 심리학자 Stanley Hall은 유아의 놀이에서 인류 역사의 과정이 재연된다고 보았으며 놀이를 '문화의 반복'으로 설명하였다. 예를 들어, 유아들이 놀이기구를 타고 기어오르는 놀이는 조상들이 나무에 올라가 열매를 따는 행위를 재연하고 있다고 보며, 술래잡기는 조상들이 사냥하여 먹잇감을 찾는 경험을 재생하는 것을 설명한다. Gulick도 놀이에서 개체발생은 계통발생을 반복한다는 진화론적 원리가 나타난다고 하였다. 현대 인류의 게임은 원시인의 행동을 재연한 것이다. 예를 들어, 야구에서 달리기, 정확히 던지기, 방망이로 맞추기 등은 초기 사냥활동의 재연이라는 것이다.

그러나 자전거 타기, 컴퓨터놀이 등 문화의 반복으로는 설명할 수 없는 놀이가 많이 나타나며, 놀이의 다양하고 복잡한 특성은 진화과정의 직선적 발달로 설명하기 어려운 점이 많다. 따라서 반복이론은 현대 기술 문명사회에서는 설명하기 어려운 단점이 있다.

(4) 연습이론

자연주의 철학자 Karl Groos는 Darwin의 진화론을 보다 더 충실하게 해석하여 놀이가 진화적 적응에 기여하는 것으로 보았다. 즉, Groos에 의하면 하등동물, 다시 말해 역사적으로 많이 진화하지 못한 동물들은 놀이를 하지 못한다. 곤충, 물고기, 뱀 혹은 두꺼비들이 놀이를 한다고 볼 수 있는 증거는 없다. 이에 비해 포유류, 특히 유인원을 포함하여 높은 수준으로 진화된 종들이 놀이를 하는 증거는 많이 찾아볼 수 있다. 또한 고등수준으로 진화된 종들은 어린 구성원이 훨씬 더 많은 놀이를 하는 것으로 나타났다. 예를 들어 강아지는 어미개보다 더 놀이를 잘 하며 유아는 성인들보다 더 많이 논다. Groos는 높은 수준으로 진화하는 종, 특히 인간의 생애가 긴 미성숙기간을 가지게 된다는 것을 상기해 보면 이해할 수 있다. 인간은 아기로 양육되어 학교에 다니며 청소년기에는 문화 속에서 사회화되는 시기인 미성숙의 기간을 거의 20년 가까이 보내게 된다. 미성숙의 시기가 길면 길수록 더 많이 놀이하게 된다. 그의 관점에 의하면 미성숙 시기의 놀이는 성인기를 위한 적응을 시험해 볼 수 있는 연습의 기회가 된다.

종에 따라서 연습되어야 할 것들은 다르다. 어린 고양이들은 공을 추적하거나 움켜잡으면서 고양이가 쥐를 잡을 때 사용하게 될 기술들을 발달시켜 가고 있다는 것을 상상할 수 있다. 즉, 고양이로서 먹이를 얻고 생존하기 위해 사냥하는 기술을 사전에 실습하는 것이다. 그럼 인간의 유아기 놀이는 어떻게 Darwin의 적응기능을 수행할까? 그는 인간의 놀이를 두 가지 기능으로 분류하였다. 첫 번째는 사물을 조작하고 구성하는 감각운동 연습을 하게 되는 실험놀이는 성인기의 자기 조절을 미리 연습하게 해준다. 두 번째는 사회적 놀이를 통해 대인간 기술을 연습하는 것으로 거친 신체놀이, 사회극놀이 등이 이러한 놀이에 포함된다.

Groos의 연습이론은 놀이가 성인기의 삶에 유용하고 필수적인 것이라는 놀이의 가치에 대한 중요한 이론적 근거를 제공하였다. 하지만 놀이를 유아 발달을 위해 요구되는 일부 놀이활동으로 제한하고 축소시킨 제한점을 가지고 있다. 또한 성인기에 필요한 기술을 연습하여 획득한 후에도 놀이가 계속된다는 점은 연습이론으로 설명하기에 부족하다.

이상에서 살펴본 고전 놀이이론들은 현실적인 놀이의 특성을 설명하기에는 부족하였다. 그러나 이러한 제한점에도 불구하고 고전 놀이이론은 놀이에 관한 역사적 조망을 제시해 주고 있으며 현대 놀이이론의 근원이 되고 있다.

2) 현대 놀이이론

현대 놀이이론은 고전 놀이이론에 그 뿌리를 두고 있다. 여기에서는 정신분석학적 관점, 인지발달적 관점, 생리학적 관점으로 나누어 살펴볼 것이다.

(1) 정신분석학적 관점

정신분석이론가인 Sigmund Freud의 이론은 정상적인 인성 발달뿐만 아니라 정상적인 발달을 저해하는 것이 무엇이며 이로 인해 정신적 문제가 어떻게 발생하는지 등을 포함하고 있다. 그에 의하면 놀이는 정상적 발달에 중요한 역할을 하는데 놀이의 가치는 정서적인 것이며 유아의 불안감을 감소시키는 데 있다(Freud, 1974; Hughes, 1999)고 하였다. 유아의 불안감에는 객관적인 불안감(objective anxiety)과 본능적인 불안감(instinctual anxiety)의 두 가지 형태가 있다.

- 객관적인 불안감 외부 세계에 대한 막연한 두려움이다. 유아는 자신이 무력함을 깨닫고 기본적인 욕구를 충족하기 위해 다른 사람의 도움에 의존해야 한다는 것을 이해한다. 놀이는 유아에게 힘과 통제력에 대한 환상을 부여하기 때문에 이러한 객관적인 불안감을 감소시킬 수 있다.
- 본능적인 불안감 성인들은 유아들의 합리적이지 못한 두려움, 화, 성적인 호기심, 부도덕하거나 파괴적인 요구를 포함한 유아의 많은 감정들을 용납하지 않기 때문에 유아는 감정을 나타내는 데 두려움을 느끼게 된다. 유아의 나쁜 감정들이 행동으로 표현될 수도 있고 안 될 수도 있지만 바로 감정 그 자체가 유아에게서 불안의 반응을 유발한다. 이것을 본능적인 불안감이라고 하며 놀이를 통해 유아는 이러한 감정을 나타내고 해소하게 된다.

놀이는 어린 유아들의 객관적 불안감 해소에 도움이 되는 힘을 유발시킨다.

또한 놀이는 부적응된 것으로 보이는 경험을 다루기 위한 수단으로서 치료적 기능을 한다. Freud는 인간의 행동을 설명하면서 어떤 행동도 그 원인이 없이 일어나지 않는다고 보고 있다. 따라서 유아의 놀이활동도 저절로 일어나는 것이 아니라 그 유아의 감정과 소망에 의해서 결정된다고 하였다. 즉, 놀이는 감정의 정화 효과를 가지고 있어 유아로 하여금 놀이에 참여함으로써 부정적인 감정을 제거할 수 있게 해주는 치료 효과가 있다고 하였다. 즉, 놀이는 유아가 현실 세계를 잠시 동안 보류하게 하고, 부정적인 경험을 수동적으로 받아들이는 역할놀이 속에서 적극적 활동으로 전환하는 경험을 할 수 있게 한다. 중요한 것은 놀이를 통해 유아는 자신의 문제를 잘 파악하게 되고 더 건강해지는 법을 발견하게 된다는 점이다. 구체적으로 놀이는 역할전환과 반복이라는 두 기제를 통하여 정화 기능을 하게 된다.

- 역할전환 놀이는 유아가 현실을 잠시 미루어 두고 부정적인 경험을 수동적으로 받기만 하는 사람에서 벗어나 그런 부정적 경험을 제공했던 사람으로 역할을 바꾸어 볼 수 있다. 예를 들어, 부모에게 벌을 받거나 매를 맞은 유아는 놀이를 통해 인형을 때리거나 같이 놀이하는 상대 친구에게 벌을 주는 척할 수 있다. 놀이에서 유아는 능동적인 역할로 전환함으로써 부정적인 감정을 물건이나 다른 사람에게 전이할 수 있다.
- 반복 놀이에서 부정적인 경험을 여러 번 반복함으로써 유아는 경험을 작게 여러 조각으로 나누게 된다. 이 방법으로 유아는 어떤 사건과 관련된 부정적인 감정을 서서히 받아들일 수 있는 능력을 갖게 된다. 실제로 Brown, Curry와 Tinnich(1971)의 연구는 놀이에서 반복이 가지는 치료적 가치에 대한 좋은 예를 보여 주었다. 유아들이 놀이터에서 놀고 있을 때 어떤 인부가 높은 곳에서 떨어져 심한 부상을 당하는 것을 목격하였다. 많은 유아들이 그 사건으로 인해 심각한 불안을 겪었다. 이 유아들은 그 사건과 관련한 극놀이(떨어짐, 죽음과 부상, 앰뷸런스, 병원)를 하였는데, 몇 주 후 유아들은 더 이상 이러한 놀이를 하지 않았다. 그때부터는 유아들이 그 사건으로 인해 고통받지 않는 것을 발견할 수 있었다.

Freud의 가장 잘 알려진 후계자 중 하나인 Erik Erikson은 놀이의 주요한 기능이 불안을 없애는 것이라는 Freud의 관점을 매우 협의적인 것으로 비판한다. 그는 정상적 인성 발달에 미치는 놀이의 기능을 연구함으로써 놀이에 대한 정신분석이론을 확대시켰다. Erikson은 놀이를 통해 유아의 자아존중감을 강조하는 신체적 · 사회적 기술의 발달이 향상될 수 있으므로 자아의 기능이 강화된다고 하였다. Erikson은 유아의 사회화의 중요한 단서로서 놀이를 조명하였다. 그의 저서 『아동기와 사회(Childhood and Society)』에서는 놀이를 주변 환경에 숙달되기 위한 발달적 현상으로 설명하면서 유아의 놀이를 다음의 세 단계로 설명하였다.

첫째, 자기 세계의 놀이(autocosmic play) 단계이다. 출생에서부터 1.5세 사이에 나타나는 놀이 형태로서 전적으로 자기 신체에 집중된 탐색적 · 반사적 놀이를 하게 된다. 이 시기가 끝날 무렵에 유아는 놀이의 대상을 주변 사물에게까지 확대할 수 있게 된다.

둘째, 미시 영역 놀이(microsphere play) 단계이다. 유아가 자기 세계의 놀이 시기에서 벗어날 무렵부터 2, 3세까지 계속되는 미시 영역 놀이는 유아들이 놀잇감이나 사물을 조작하는 놀이로서 이러한 사물의 조작에 익숙해지는 과정은 유아가 스스로를 보다 유능한 존재로 느낄 수 있도록 하는 기능을 갖고 있다. 그러나 유아가 이러한 작은 우주와 같은 놀이환경에서 유능감을 획득하지 못하는 경우 이전 단계인 자기 세계의 놀이로 퇴행할 수도 있다.

셋째, 거시 영역 놀이(macrosphere play) 단계이다. 3~4세경부터 유아들은 놀이친구를 갖게 되고 그들과의 놀이를 시작하게 된다. 주로 성인들의 세계를 이해하는 데 목적을 둔 극놀이의 형태로 나타나게 되며 그러한 놀이는 자신만의 우주가 아닌 다른 사람과 공유하는 우주 속에서 이루어지므로 보다 사회적인 의미가 강하게 나타난다. 즉, 유아들의 놀이는 다른 사람을 포함할 만큼 확장되며 사회적 기술이 발달하게 된다.

(2) 인지발달적 관점

1960년대 후반에 Piaget나 Vygotsky 그리고 기타 여러 학자들의 인지이론으로 인해 놀이이론에 관한 연구는 변화가 일어나게 된다. 즉, 놀이의 정서적 · 사회적 적응에 대한 관심에서 사고 발달에 대한 놀이의 역할로 관심이 옮겨가게 되었다.

① Piaget : 동화로서의 놀이

Piaget와 그를 뒤따른 인지심리학자들의 연구는 유아들이 자료와 활동의 감각적 탐구에 적극적으로 몰두할 때 가장 잘 배운다는 사실을 지적하였다(Piaget, 1962). Piaget는 놀이를 조절(인지구조를 현실에 순응하여 변화시키는 것)보다 동화(현실을 자신의 인지구조에 맞추어 수정하는 것)가 우세한 상태에서 일어나는 것으로 특징지었다. 모방은 근본적으로 조절적인 활동으로 간주된다. 학습이 이루어지기 위해서는 적응이 있어야만 하며 그것은 동화와 조절 사이의 평형을 유지하는 것이다. Piaget의 견해에서 보면 유아들은 놀이할 때 새로운 기술을 학습하지는 않지만 그들이 세상에 대해 아는 것을 재배열하면서 현실에 대한 정교함을 더해 간다. 이러한 과정에서 놀이란 유아가 세상에 대해 알고 이해하는 것을 연습하고 공고히 하는 방법이다.

Piaget(1962)는 인간의 사고과정은 성인이 되기까지 일련의 분명한 단계를 거치게 되며 유아는 현재 자신의 인지발달에 부합하는 놀이에 몰두하게 된다고 하였다. 특히 놀이는 유아의 정신능력 발달에 매우 중요한 역할을 한다고 보면서 놀이의 발달단계를 다음과 같이 제시하였다. 첫 번째, 기능놀이 단계로 감각운동기의 특성을 보인다. 기능놀이를 할 때 유아들은 이미 알고 있는 도식을 반복하고 대상물을 사용한다. 두 번째, 상징놀이 단계로서 전조작기에 나타난다. 상징놀이는 하나의 사물로 또 다른 사물을 나타내는 정신적 표상을 사용한다. 상징놀이에서는 블록을 가지고 전화, 배, 바나나, 개, 우주선, 그 어느 것이나 나타낼 수 있다. Piaget는 구성놀이와 극놀이를 구별한다. 구성놀이에서는 사물을 구성하고 창조하기 위해 구체적인 사물을 사용한다. 예를 들어, 장난감 차와 트럭을 만들기 위해 나무 블록들을 사용할 수 있다. 극놀이에서는 몸짓과 언어를 이용하여 가장된 상황과 역할을 만든다. 유아들은 역할을 만들고 누가 어떤 역할을 맡을지를 협상하며 주제나 가상의 시나리오를 만들어 낸다. 극놀이는 보통 구성놀이의 출현 이후 바로 나타난다. Piaget는 이 시기의 놀이가 가지고 있는 극화의 성격은 초기 발달단계에서 전형적으로 나타나는 인지적 불균형과 자기중심적 사고를 반영한다고 보았다. Piaget에 따르면 상징놀이는 7세 무렵인 구체적 조작기 초기에 사라진다고 하였다. 세 번째, 규칙 있는 게임을 하는 단계로서 구체적 조작기에 나타난다. 이 단계는 사회적 상호작용을 시작하고 통제하고 유지하고 종료하기 위해 외적 규칙을 사용하는 것이 특징이다. 어떤 규칙들은 공식적이고 정형화되어 있으며 다른 사람들에 의해 전수된 것들인 반면에, 유아들이 게임을 만들 때 정해지고 협상으로 정하는 규칙도 있다.

이와 같이 Piaget는 놀이 경험이 유아의 인지발달과 긴밀한 관계를 맺는다고 주장하며 유아에게 있어 놀이는 이 세상을 이해하는 데 도움을 주는 매개체 구실을 할 뿐만 아니라 인지발달의 지표 또는 부산물이라고 강조하였다. 오늘날 많은 학자들은 놀이에 대한 Piaget의 생각을 확대해 왔다. Smilansky와 Shefatya(1990)는 놀이가 언어발달, 문제해결력, 그리고 논리수학적 사고와 직접적인 상관이 있다는 것을 확인하였다. 그러나 이들은 놀이가 감각운동기부터 전조작기, 구체적 조작기에 이르는 발달의 자연적인 부산물이라는 Piaget의 견해에는 동의하지 않는다. Smilansky와 Shefatya(1990)는 놀이의 발달이 사회적 맥락과 성인의 지도에 의해 좌우된다고 주장한다. 또한 어떤 유아에게는 놀이의 훈련이 필요하며 성인은 유아의 놀이 수준을 성공적으로 증진시킬 수 있다는 것을 보여 준다. 이렇게 증가된 놀이 수준은 다른 인지적 기능에 긍정적인 효과를 미친다. Piaget 이론에서 놀이는 학습과 동의어는 아니지만 확실히 학습을 촉진시킬 수 있다고 주장한다. 놀이는 실제에 맞는 지적 구조의 조절을 필요로 하지 않는다. 놀이는 이전에 학습된 신체적이고 정신적인 통합을 의미하지만, 주위 세계를 다루는 새로운 경험과 새로운 가능성을 부여한다는 측면에서 학습을 촉진한다고 볼 수 있다.

〈표 1-4〉 놀이와 인지발달단계에 대한 Piaget의 이론

나이	인지발달단계	놀이 유형
출생~2세	감각운동기	연습놀이(기능놀이)
2~7세	전조작기	상징놀이
7~11세	구체적 조작기	규칙있는 게임

② Vygotsky : 근접발달지대로서의 놀이

러시아의 심리학자 Vygotsky는 놀이가 유아 자신의 정신세계를 표현하고 또 정신발달에 매우 중요한 역할을 한다는 점을 발견하였다. 따라서 놀이가 유아 자신의 행동을 지배할 수 있도록 하는 정신적 도구라고 하였다(Vygotsky, 1976). 또한 Vygotsky는 놀이가 인지, 정서, 사회성 발달을 증진시킨다고 믿었다. 다른 이론가들과 달리 Vygotsky는 발달에 미치는 놀이의 가치에 대해 좀 더 통합된 견해를 갖고 있었다. 놀이에서 만들어진 가상의 상황들은 유아들로 하여금 특정한 방식으로 행동하도록 만드는 최초의 구속이다. 놀이는 행동을 조직하며 놀이를 하면서 유아는 완전히 임의적으로 행동하기보다는 그 상황에 맞는 행동을 하게 된다. 예를 들어 놀이 중에서 엄마나 트럭기사가 하는 것 같은 행동을 한다.

따라서 놀이는 가시적인 상상의 상황과 숨겨지거나 암시적인 규칙들을 포함한다. 상상의 상황들은 자연스럽게 나타나는 역할들과 규칙들을 포함한다. 역할이란 해적이나 교사 같이 유아들이 맡게 되는 등장인물을 말하고, 규칙이란 역할이나 시나리오에 의해 인정되는 일련의 행동을 말한다. 주제가 바뀌면 역할과 규칙도 바뀐다. 따라서 놀이는 가시적인 상상의 상황과 숨겨지거나 암시적인 규칙들을 포함한다. 상상의 상황이란 유아들이 만든 가상의 상황이다. 비록 상황은 상상에 의한 것이지만 유아들이 상상의 인물들을 가시적으로 만들었기 때문에 다른 사람들이 볼 수 있다.

한편 규칙은 쉽게 눈에 보이지도 않고 행동으로부터 추론될 뿐이어서 암시적인 것으로 간주된다. 규칙은 특정한 역할과 관련된 행동의 형태로 표현된다. 상상적 놀이 상황에서 역할은 유아의 행동에 규칙을 부과한다. Vygotsky는 놀이에서 유아들이 단지 그들이 좋아하는 방식으로만 행동하는 것이 아니라 행동에 맞는 특정 규칙을 따른다고 주장한다. 유아들은 엄마 놀이를 할 때와 교사 놀이를 할 때를 구별하여 각 역할에 맞는 몸짓, 복장, 언어를 사용한다.

Vygotsky는 '근접발달지대(ZPD, zone of proximal development)'가 존재한다고 본다. 이것은 유아가 독립적으로 다룰 수 있는 과제와 성인이나 좀 더 유능한 또래의 도움을 받고 습득할 수 있는 가장 높은 수준의 과제들 사이의 범위를 말한다. 다시 말해 이는 독자적인 문제해결에 의해 결정되는 실제적 발달수준과 성인이나 보다 능력 있는 또래와의 협동을 통한 문제해결에 의해 결정되는 잠재적 발달수준의 차이라고 할 수 있다. Vygotsky에 의하면 놀이는 발달의 원천이며 근접발달지대를 창조한다. 즉, 놀이가 유아를 위해 근접발달지대를 만든다고 하였다. 유아는 놀이를 할 때 항상 자신의 나이나 일상적인 행동보다 높은 수준에서 행동하고 있다. 놀이는 돋보기의 초점처럼 모든 발달의 경향성을 집중된 형태로 보여 준다. 유아들은 자신의 보통 수준 이상으로 뛰어넘으려고 노력한다. 놀이와 발달의 관계는 교수와 발달의 관계에 비유되어야 한다. 예를 들면, 5세짜리 제시카는 집단활동 시에 가만히 앉아 있지를 못하고 다른 유아들에게 기대거나 옆 사람과 이야기한다. 제시카는 교사의 지시에도 불구하고 3분 이상 앉아 있지를 못하는데 여러 친구들과 학교놀이를 하는 동안에는 가장된 집단활동시간에 가만히 앉아 있을 수 있다. 훌륭한 학생이 되도록 가장할 때는 10분 동안도 집중할 수 있고 흥미가 있는 것처럼 행동을 할 수 있다. 이처럼 놀이는 보통 때 할 수 있는 것 이상의 수준으로 집중하고 참여할 수 있는 역할, 규칙, 시나리오를 제공한다.

③ Sutton-Smith와 Bruner : 융통성 증진으로서의 놀이

Sutton-Smith와 Bruner는 놀이가 유기체의 적응능력 신장에 기여한다는 점에서 놀이의 중요성을 강조하였다. 이 관점에 따르면, 유아는 놀이의 안전한 지역 내에서 놀이를 통해 새로운 행동과 아이디어의 조합을 시도해 볼 수 있다. 이렇게 함으로써 놀이가 아닌 심각한 맥락의 문제해결에 적용할 새로운 행동이나 전략을 발달시킬 수 있다. 즉, Bruner(1972)와 Sutton-Smith(1967) 등의 인지이론가들은 놀이가 문제해결을 위한 사고의 융통성을 촉진시킨다고 주장하였다. Bruner는 놀이에서 목적보다 수단이 중요시된다고 지적하였다. 놀이를 할 때 유아는 목적을 달성하려고 애쓸 필요가 없기 때문에 부담 없이 새로운 실험을 해볼 수 있으며, 놀이 중에 새로운 행동의 배합이 나타나면 이를 현실적 문제해결에 적용한다. 이와 같이 놀이를 통해 유아의 행동 선택권이 증가함으로써 사고의 융통성이 촉진된다는 것이다. 이와 유사한 주장으로 Sutton-Smith는 역할놀이에서 발생하는, 예컨대 막대기를 말(horse)로 사용하는 상징적 전환(symbolic transformations)이 유아의 정신적 융통성에 영향력을 미친다고 설명했다. 또한 가작화(as-if transformations) 경험은 유아로 하여금 기존의 사고방식에서 벗어나 새롭고 독특한 방식의 사고를 하도록 유도하여 융통성을 증진시킨다고 하였다.

Sutton-Smith와 Bruner의 이론은 고전 놀이이론 중 연습이론과 연관이 있는데, 이들 이론은 모두 놀이가 유아의 성인생활을 위한 준비라고 주장한다. 다만 Sutton-Smith와 Bruner의 이론은 놀이가 유아에게 특정 기술을 연습하게 해준다는 연습이론과는 달리 융통성 발달이나 융통성에 대한 잠재력의 발달로서 성인 생활의 준비라고 주장한다.

(3) 생리적 관점

① 신경심리학적 이론

인간의 놀이는 어느 정도 생리학적 요인으로 설명될 수 있는가? 놀이의 생물학적인 중요성에 관한 흥미 있는 접근이 Weininger와 Fitzgerald(1988)에 의해 제시되었다. 그들은 상징놀이가 뇌의 두 반구 간의 통합과 관련이 있다고 주장하였다. 인간 두뇌는 심리학적인 기능을 하는 조직의 외부층이 2개 반구로 나뉘어 뇌량변지체(corpus callosum : 대뇌 반구가 서로 상접하는 피질 사이를 잇는 교량섬유가 모인 곳)로 알려진 신경체제에 연결되어 있다. 인간 두뇌는 기능적으로 비대칭적이며 각각의 반구가 다른 지적인 기능을 한다. 좌반구는 분석적 · 개념적 · 추상적 방법으로 정보를 처리하며 언어 기능화에 책임이 있다. 우반구는 비언어적 · 공간적 · 지각적 · 정서적인 정보를 처리하는 데 우세하다. 예를 들어, 좌반구는 기능에 따라 물체를 분류하는 것에 우세한 반면 우반구는 물질의 특징에 따라 더 쉽게 분류할 수 있다. 좌반구는 단어의 의미를 이해하는 데 더 우세하고, 우반구는 말하는 사람의 분위기, 즉 말의 사회적 맥락을 이해하는 데 더 우세하다.

유아는 주위 세계에 대해 사고할 때 지각적이고 구체적인 경향이 있으며, 대뇌 두 반구 간의 신경통로가 성숙해지는 5~6세가 되어서야 논리적 · 개념적 기술이 발달하기 시작한다. 발달의 초기 시점에서는 기능적으로 더 성숙한 우반구가 유아기 동안 지배적이다. 그러한 이유 때문에 유아는 외부의 모습과 유아 자신의 주관적 감정의 관점에서 주위 세계를 이해한다. 반대로 유아 후기에는 나이 든 유아의 규칙 중심 게임에서 입증된 것처럼 합리적이고 규칙적으로 정보를 처리하는 좌반구가 지배적이다.

5세에서 7세까지는 정보처리를 우반구에 의존하는 것에서 좌반구에 의존하는 것으로 점차 바뀌어 전이기간을 나타낸다. Weininger와 Fitzgerald는 유아들이 이러한 변화를 경험할 때 두 개의 사고방식, 즉 구체적이고 지각적인 것과 추상적이고 개념적인 것을 점차적으로 통합한다고 설명하였다. 다른 말로 하면, 우반구에서 먼저 처리된 정보가 좌반구로 전이되어 다시 처리된다는 것이다.

Weininger와 Fitzgerald에 의하면 상징놀이는 좌반구와 우반구 간의 정보 전이를 촉진시키는 역할을 한다고 한다. 구체적으로 설명하면 유아가 여름휴가를 준비하고 있는 가족의 역할을 흉내 내는 상징놀이 장면을 예로 들 수 있다. 유아가 흉내 내는 역할과 사용하는 소품에 관한 최초의 지식은 단순한 모방에 기초한다. 즉, 유아가 집에서 관찰하고 우반구 처리과정으로 이해하게 된 구체적인 행동을 재현하는 것이다. 그러나 유아가 놀이를 하고 그 절차를 다양하게 변화시킬 때 그 놀이의 역할과 소품 안에 포함된 다양한 가능성을 조사하며 여러 가지 원래의 행동 계획을 실험하게 된다. 그렇게 함으로써 유아는 자기가 수행한 여러 가지 역할의 개념적인 중요성을 더 잘 이해하게 되고 놀이에서 사용하는 사물(소품)의 구조적인 이해보다는 기능적인 이해를 하게 된다. 이러한 개념적, 추상적 사고는 거의 좌반구에 의해 좌우된다.

요약하면, 신경심리학적 이론은 놀이를 주위 세계를 이해하는 두 개의 양식을 통합하는 것으로 간주한다. 즉, 하나는 지각적 · 물리적 · 구조적이며 다른 하나는 추상적 · 개념적 · 기능적이다. 이러한 것들은 우반구와 좌반구 각자가 수행하는 정보처리 양식이며, 그러한 의미에서 놀이는 인간 두뇌의 성숙을 반영한다고 하겠다.

② 각성조절이론

각성조절이론(arousal theory)은 인간의 각성 수준을 적정하게 유지시키려는 중추

신경조직의 욕구를 만족시키기 위하여 놀이를 한다고 설명하는 이론이다. 이 이론은 Berlyne(1969)이 제기하고, Ellis(1973), Fein(1981) 등에 의해 수정 · 보완되었다. Berlyne에 의하면, 유기체의 중추신경조직은 각성(arousal)의 최적 수준을 유지하려 하는데, 자극의 수준이 지나치게 높거나 반면에 지나치게 낮으면 각성의 수준이 적정 상태 이상으로 증가된다. 이러한 경우 인간은 자극 수준을 조절하여 각성 수준을 낮춤으로써 평형 상태로 만들게 된다.

Ellis는 각성을 적정 수준으로 고취시킬 수 있는 '자극 추구 활동(a stimulus-seeking activity)'을 놀이로 간주하였다. 즉, 놀이에서는 새롭고 특이한 방법으로 사물을 사용하고 행동하면 자극이 증가된다. 예를 들어, 기존의 방식으로 미끄럼타는 것에 싫증난 유아는 누워서 미끄럼을 탐으로써 자극을 증가시킬 수 있다. 그러므로 놀이는 낮은 각성 단계에서 발생하는 자극 생산 활동(a stimulation producing activity)이라고 할 수 있다.

한편 Fein도 Ellis의 의견에 동조하여, 놀이는 유기체가 필요로 하는 다양한 자극을 제공한다고 주장하였다. 다양한 자극에는 운동적 자극, 신체적 자극, 지각적 자극과 지적 자극이 포함되는데 유아는 놀이 중에 신기한 인상(novel effects)을 받게 되면 처음에는 새로운 상황의 불확실성을 감지한다. 그러나 점차로 상황의 불확실성이 감소됨에 따라 놀이의 효과는 확실해진다. 놀이는 금방 감소될 불확실성과 호기심을 유발시키는 새로운 상황을 창조하기 위한 활동이다. 이와 같이 새로운 상황의 창조와 불확실성 및 호기심의 순환은 계속 이어진다. 흔히 부모들이 위험하다고 생각하는 불장난이나 괴물 놀이를 유아들은 즐겨 한다. 유아들은 이러한 놀이를 통해 놀이가 아닌 다른 활동에서는 얻기 어려운 자극을 찾는다.

이와 같이 각성조절이론가들은 유아의 놀이가 유기체에 다양한 자극 형태를 제공한다고 하였다. 그러한 자극 형태에는 감각운동적 · 신체적 · 지각적 · 지적 자극이 포함된다. 놀이하는 유아는 새로운 결과를 산출하지만, 처음에는 새로운 상황의 불확실함을 걱정하게 된다. 그러나 후에 상황의 불확실함이 감소됨으로써 일반적으로 놀이의 효과는 적극적이 된다.

3) 포스트모던 놀이이론

지식에 대한 포스트모던 방식이란 보편적 진리와 모든 인간에게 이러한 진리들을 강요하는 현대주의자, 모더니스트에 대한 반작용으로 1980년대와 1990년대에 발달하였다. 가장 기본적으로 포스트모더니즘은 모더니스트들이 주장하는 보편적 진리에 대해 이의를 제기하고 있다. 사실 지식은 우리의 상황들을 이해하고자 하는 우리의 노력 안에서 우리가 구성한 사회적 구성들이다. 사회적 구성은 우리의 참여 없이는 존재할 수 없고 다른 사람과의 능동적인 상호작용과 참여로 우리 자신에 의해 이해되거나 구성된 우리의 세계이다. 이러한 이유로 지식과 지식의 구성은 항상 상황의존적이다. 따라서 포스터모던 이론들은 보편적 진리와 과학적 중립성을 믿는 모더니즘적 신념에 도전하면서 진리는 상대적이며 주관적이라고 주장한다.

포스트모더니스트는 상대적 진리의 견해를 놀이이론에 적용시키고 있다. 따라서 동일한 놀이 현상을 보고도 상당히 다르게 해석하고 발견한다. 예를 들어, 거칠게 뛰고 구르는 놀이를 흔히 발달적 진보로 바라보는 반면 다른 사람들은 권력으로서의 놀이로 묘사한다. 동일한 놀이 현상을 보고도 상당히 다른 놀이행동에 대한 해석과 발견을 하게 된다. 모더니스트들, 즉 현대 놀이이론에서는 발달적 견해에서 놀이를 바라보는 데 반해 포스트모던의 입장은 권력을 가진 자와 그렇지 못한 자의 입장에서 바라보게 된다. 놀이에 대한 포스트모던적 접근은 사회문화적 견해, 비평적 교육이론 그리고 혼돈이론으로 정리할 수 있다.

(1) 사회문화적 견해

사회문화적 접근은 오랜 역사를 가진 견해이지만 유아기의 놀이에 대한 일관성 있는 이해와 연구는 최근에 이루어졌다. 이 견해는 Bronfenbrenner(1979)의 이론과 연결되어 이해할 수 있다. Bronfenbrenner의 생태환경적 견해는 일상의 즉각적인 환경의 수준에서 문화적 수준의 폭을 넓혀서 맥락의 요인을 이해하는 것이 중요하다. 그는 상이한 맥락의 수준을 다음과 같은 한 세트의 동심원으로 표현하였다.

- 미시체계(microsystem) 특정한 물리적 · 물질적 특징을 가지고 주어진 장면에서 개인이 발달하면서 경험하게 되는 활동, 역할 및 대인관계의 형태
- 중간체계(mesosystem) 가정, 학교, 이웃 간의 관계처럼 미시체계 간의 상호관련성
- 외체계(exosystem) 개인이 삶을 영위하는 즉각적인 장면에서의 과정에 간접적으로 영향을 주는 둘 이상의 장면 간에 일어나는 결합과 과정(부모의 직장, 학교위원회)
- 거시체계(macrosystem) 문화적 규범과 가치, 경제, 정치와 같은 거시적 요인

이와 같은 맥락에서의 놀이에 대해 적절하게 이해하기 위해서는 거시 수준과 미시 수준 그리고 물리적 환경과 사회적 환경, 개인적 과정과 집단적 과정, 관념적 변인과 행동적 변인을 광범위하게 고려할 것을 제안한다.

최근 놀이학자 Artin Goncu에 의하면 놀이는 문화적 행위이며, 유아 놀이의 의미를 이해하는 것은 학문 간 사고와 연구를 요구하는 문화적 행위와 해석으로 본다. 놀이행동은 경제적 · 사회적 · 정치적 요인이 문화 속에서 작용함으로써 만들어지는 것으로 사회적 맥락 안에서의 행동으로 연구되어져야 한다고 본다. 예를 들어, 부모나 교사는 유아의 놀이를 격려하는가, 유아의 놀이에 참여하는가 아니면 놀이를 단지 허용하는가의 신념과 가치에 따라 놀이 공간, 시간, 자료에 대한 제공 방식이 다르게 나타난다.

이처럼 사회문화적 견해에서는 유아들이 놀이 속에서 어떤 방식으로 자신의 경험세계를 표현하는지 알아내려고 노력한다. 예를 들어, 극놀이에서 유아들은 성인의 어떤 역할과 행동을 하는지 연구한다. 또한 사회문화 이론은 사람과 환경의 상호작용이라는 이원론을 극복하려고 애쓰며, 유아교육과정에서 문화적으로 동의하는 부분이 어떻게 한 문화에서 다른 문화로 이동할 수 있었는지 이해하는 데 도움을 주고 있다.

(2) 비평적 교육이론

모든 포스터모던 이론들 중에서 비평적 이론이 교육 분야에 가장 많은 영향을 미쳤다. 비평적 이론가들은 특히 다양성과 다문화성에 관심을 가지고 있다. 이러한 비평

적 이론에 의한 교육관의 전환은 곧 합의된 '한 목소리'를 지향하는 총체성의 관심으로부터 차이와 다양성을 활성화시키고 '주변적인 것의 복귀'가 이루어지는 '여러 목소리'에의 관심으로 전환되어야 함을 의미한다. 유아교육 분야에서 비평적 이론가들은 유아를 양육하고 교육하는 방법, 즉 교육의 이론과 실제에 관한 기본적 지식에 도전하고 있다.

비평적 이론은 우리 문화의 보다 광범위한 사회정치적 맥락 내에서 교육을 바라보는데 특히, 교육이 사회에서 나타나는 성과 계급 그리고 인종의 불평등을 어떻게 영속시키는가에 관심을 가진다. 비평적 이론에 의하면 권력에 기초한 사회 불평등은 학교에서의 불평등으로 이어진다고 보며 놀이행동을 바라볼 때도 권력의 위치에 초점을 두는 경향이 있다. 그래서 비평적 이론가들에 의하면 우리가 유아에 대해 가지는 견해는 역사적 한 시대에서 나타난 권력 구조의 직접적인 결과라고 본다. 이들은 유아교육에 대해 두 가지 접근을 하는데, 하나는 유럽과 미국의 중산층 집단이고 또 다른 하나는 가난한 소수집단이다. 이러한 관점에서 보면, 유럽이나 미국 중산층에서의 놀이의 역할이란 유아들의 기술을 숙달시키고 독립심 발달과 힘과 조절을 연습하며 전문적 직업, 좀 더 높은 지위에서 성공하는 데 필요한 기술들과 능력을 얻는 것이라고 본다. 반면, 소수집단의 경우 놀이의 역할은 다르다. 가난한 소수집단 유아들에게서 놀이의 역할이란 생존에 필요하지 않는 시간낭비적인 것이거나 단결, 충성, 집단주의와 같이 집단을 하나로 뭉치게 하는 하나의 방법으로 보았다. 따라서 비평적 이론가들에 의하면 가난한 소수집단에서의 놀이는 가치가 거의 없으며 유아교육과정에서조차 놀이의 가치는 거의 없다고 한다. 즉, 소수집단 저소득층 부모들은 자녀의 교육적 수월성에 대해서는 높은 관심을 보이는 반면, 놀이의 교육적 가치에 대해서는 극도로 회의적이다. 반면, 중산층 백인 부모들은 놀이를 가치 있게 보는데, 유복한 유아들은 항상 놀이하는 기회를 가지기 때문일 것이다(Johnson, Christie, & Wardle, 2005).

유아의 놀이활동에 권력이 어떻게 작용하는지에 대한 또 다른 예라고 할 수 있는 Nancy King(1979, 1982)의 초기 연구는 유아들이 인식하는 놀이와 일에 대해 다루고 있다. 이 연구에 의하면 유아들은 누가 통제권을 가지느냐에 따라 같은 활동을 일로도 혹은 놀이로도 본다는 것을 발견하였다. 예를 들어 유아 스스로 블록놀이를 시작하고 블록 쌓기를 자신들이 통제한다면 그 활동을 놀이로 보는 반면, 교사가 블록놀이를 하라고 명령하고 무엇을 쌓아 만들 것인지 정해 주면 일로 생각하는 경향을 나타내었다. 그런데 King(1982)이 같은 연구를 반복했을 때 흥미로운 것을 발견하였다. 그의 연구를 살펴보면 초등학교 5학년 아동은 자유선택이나 통제로서 놀이와 일을 구분하는 것이 아니라 재미있고 즐거운 것은 놀이라고 생각하였다. King은 이러한 변화를 교사가 즐거운 학문적 활동을 놀이로 명명했기 때문이라고 가정하였다. 하지만 비평적 이론에서는 좀 다르게 설명한다. 즉, 나이든 아동들은 더 이상 자신들이 교실에서 하는 활동들에 대해 권력을 가지거나 통제할 수 없다는 사실을 인정하게 된다. 따라서 초등학교 아동들은 자유선택을 포기하고 활동에서 나오는 즐거움의 결과에 초점을 맞추게 된다. 교사가 권력을 가지고 통제하는 활동이라도 재미있으면 놀이로 간주하는 것이다. 이후 King(1983)은 금지(illicit)된 놀이를 연구하였다. 금지된 놀이는 초등학생들이 교사가 보이지 않는 곳에서 일어나는 놀이로서, 낄낄거리기, 껌 씹는 척하기, 일부러 교실에 늦게 들어오기 등으로 아동들에게 자율감을 제공하여 교사주도적 상황을 통제하게 해준다. 교사의 권력이 집중되는 교사중심적 교육과정일수록 금지된 놀이를 더 많이 하는 것으로 보고하고 있다.

(3) 혼돈이론

혼돈이론은 세상은 질서 있고 직선적이며 예언 가능하다는 '모던'의 개념에 도전한다. 혼돈이론은 세상은 복잡하고 상호의존적이며 비직선적 · 비예언적이며 혼돈스럽게 보인다는 견해를 갖는다. 그러나 실제로 끊임없이 나타나고 변화하는 상호관계 패턴의 혼돈 속에는 질서가 있다. 이러한 질서는 알아내고 이해하기 어렵다. 예를 들어 Vander Ven(1998)에 의하면 현대 교육이론에서 아동이 학교에서 보낸 시간과 학습의 양에는 직선적 관계가 있다고 가정한다. 이 연구에서 나타나는 논리적 가정은 만약 수업시간을 연장하면 아이들의 학습은 늘어날 것이라는 것이다. 그러나 혼돈이론은 학교에서 보내는 시간 이외에 학습에 미치는 많은 요인들, 즉 학생들의 참여, 교수내용과 문화적 가치의 관계 그리고 학교 밖에서 일어나는 사건들이 영향을 미친다고 가정한다. 만약 학생들이 문화적으로 연관되지 않은 활동에 과외 시간을 보내고 단순한 훈련과 연습을 하게 되면 수업시간이 늘어나도 실제로 더 적게 배우게 되는데 그 이유는 학습에 덜 집중하기 때문이라고 본다. 그래서 학습에 미치는 다양한 요인은 학습이 혼돈스럽고 비예언적이라는 인상을 준다. 하지만 실제 그 표면 밑에는 관계의 패턴이 존재한다.

Vander Ven(1998)은 혼돈적 능력을 반영하는 놀이의 특성을 다음과 같이 주장한다.

- 상징적 상징적 놀이는 어떤 것을 다른 것으로 대체한다. 그래서 놀이를 통해 혼돈적 내용과 개념을 경험한다.
- 의미 만들기 놀이하면서 경험의 다양한 요인들을 연결할 수 있다.
- 역동적 본질적으로 놀이는 끊임없는 변화를 수용한다.
- 연결주의자 놀이는 주제와 상황 그리고 사람을 연결시켜 준다.
- 창조적 놀이는 통합적 요인이 있어 확산적 사고를 개발하고 반영하므로 창의성이 생긴다.

따라서 놀이는 복잡하고 급격하게 변화하는 혼돈의 세계에 도전할 수 있는 준비를 하게 해준다. 많은 교육학자들은 정보화 시대에는 특정한 사실이나 분명한 내용을 배우는 것은 의미가 없으며 필요한 정보를 발견하고 정렬, 평가하는 방법을 가르쳐야 한다고 주장한다. 놀이에 대한 혼돈이론은 이런 정보화 사회에서 필요한 기술과 성향을 강조한다(Johnson, Christie, & Wardle, 2005).

4. 최근의 관심과 경향

시대의 변화에 따라 유아의 발달 특징에도 변화가 있으며 유아의 교육 및 놀이에 대한 관점도 변화해 간다. 최근 들어 대뇌발달에 많은 관심을 가지고 대뇌발달에 부합한 교육 및 놀이를 강조하고 있다. 또한 과거와는 달리 컴퓨터를 사용하게 되면서 교육과정에서도 테크놀로지를 포함하게 되었는데 최근 많은 교육자들이 테크놀로지가 유아와 놀이에 미치는 영향에 관심을 갖는다. 그리고 현대사회에서 큰 문제점으로 부각되고 있는 비만과 또래 괴롭힘의 문제를 해결하기 위해 놀이 본연의 특징을 재강조해야 할 것이며 더불어 앉아서 많은 활동을 하는 현대 유아들에게는 실외놀이를 강조해야 할 필요가 있다.

1) 대뇌연구

뇌에 대한 최근의 연구들은 유아기의 놀이와 놀이의 중요성에 대한 견해에 영향을 미치고 있다. 이러한 연구결과들은 유아가 어떤 환경과 상호작용하느냐에 따라 뇌발달에 긍정적으로 또한 부정적으로 영향을 받는다는 점이다. 놀이는 유아가 환경과 적극적으로 상호작용하게 만들 뿐 아니라 긍정적 정서 속에서 이루어지기 때문에 뇌발달에 긍정적인 영향을 미친다. 대뇌연구에 대한 구체적인 내용은 다음과 같이 정리할 수 있다.

인간은 난자와 정자가 수정된 후, 세포 분열을 통해 약 3주경부터 대뇌가 형성되며 뇌세포인 뉴런은 놀라운 속도로 발달이 진행된다. 유아의 뇌는 성인의 뇌보다 훨씬 더 많은 수의 뉴런으로 구성되어 있으며 유아의 뉴런들은 성인들보다 더 많은 연결고리(시냅스)를 만든다. 뇌발달의 가장 기본적인 기제는 시냅스의 형성이다. 신경 단위인 뉴런의 끝부분인 시냅스는 출생 전부터 연결되기 시작하여 출생 시에는 수천만 개의 시냅스가 연결된 상태로 태어난다. 인간의 뇌는 발달과정을 통해 필요한 만큼의 뉴런과 시냅스를 만들어 가는 대신 일단 많이 만들어 놓고(과잉생성) 불필요한 것을 버리는(선택적 소멸) 방식으로 뇌의 구조와 기능을 다듬어 간다. 이것은 환경과의 상호작용이 중요함을 말해 주는 것으로 인간이 어떠한 환경에도 적응할 수 있도록 잠재력을 극대화하는 것이다. 초기의 뇌발달(뉴런의 증식, 시냅스 연결 등)은 유전과 영양공급 등에 많이 영향을 받으며 경험 요인이나 환경 자극에 의해 크게 영향을 받지 않는다. 그러나 시냅스의 선택적 소멸과정에서 필요한 시냅스는 사용하고 불필요한 시냅스는 소멸되는 시냅스의 정리가 이루어지면서 환경적 요인이 크게 영향을 받는다. 특히 환경은 특정 기능이 세분화 · 정교화될 때 중요한 역할을 하며 신경회로의 정교화가 이루어지기 위해서는 외부로부터의 자극이 필수적이다. 뇌발달에서 가장 흥미로운 것은 과잉생성된 뇌세포와 시냅스의 소멸과정으로, 소멸과정은 유전자, 환경자극, 호르몬, 스트레스 등에 영향을 받아 이루어진다(손영숙, 2005; Johnson et al., 2005).

'공부만 하고 전혀 놀지 않은 유아는 머리가 둔하고 미련한 유아가 된다(All work and no play makes Jack a dull boy)'는 서구의 속담에서도 알 수 있듯이 충분히 휴식하며 노는 유아들이 더 효율적인 학습을 할 수 있다는 것이다. 여기에서는 뇌 발달과 놀이를 통한 환경적 탐색관계를 설명해 보기로 하겠다(송하나, 2010).

첫째, 어린 연령일수록 뇌의 형태나 구조, 기능이 아직 완전히 형성되지 않아 뇌가 변화할 수 있는 여지(뇌의 가소성)가 많기 때문에 초기의 질 높은 놀이 경험이 강조된다. 자극 없이 혼자 고립되어 자란 어린 쥐와 또래의 쥐들과 함께 사다리와 같은 다양한 장난감을 가지고 놀이한 어린 쥐들이 성장했을 때, 뇌의 무게와 부피에서 현저한 차이가 나타났다는 연구결과에서도 알 수 있듯이, 초기의 다양한 놀이 경험에 따른 환경적 자극이 중요하다.

둘째, 환경적 자극이 도전감을 줄 정도의 복잡성은 뉴런과 뉴런이 연결되는 속도가 증가하는 데 영향을 주지만 지나친 과잉자극은 뇌발달을 저해한다. 가장 활발하게 뛰어노는 동물 뇌의 시냅스가 밀도 있게 분포되어 있으므로 다양하면서도 단순하지 않은 놀이 경험이 너무 지나치지 않은 범위에서 반복적으로 주어지는 것이 바람직하다.

셋째, 놀이를 통한 환경적 자극의 경험은 뇌세포의 형성뿐만 아니라 신경전달물질을 통해 인지발달에 긍정적인 영향을 미친다. 신경전달물질은 정보가 시냅스를 통과해 다른 뉴런으로 전달되는 데 필수적인 역할을 한다. 환경적 자극이 풍부한 곳에서 자란 쥐의 경우, 신경전달물질 대사 관련 효소의 양이 증가하였다. 풍부한 놀이 경험이 신경전달물질의 작용을 빠르게 활성화시켜 인지적 정보처리가 가속화된다.

넷째, 부모와 성인과의 애정적 놀이 상호작용이 뇌발달에 긍정적인 영향을 미친다. 부모가 양육하지 않은 어린 쥐의 뇌에서 정서와 기억에 관여하는 해마의 부피가 줄어들었다. 따라서 부모나 성인과의 애정적 놀이는 유아에게 강렬한 경험을 제공하면서 시냅스의 형성과 뇌구조의 변화에 영향을 미칠 뿐만 아니라 반복되는 스트레스가 뇌의 구조를 바꾼다.

이상에서 볼 수 있는 바와 같이 놀이를 통해 경험하는 긍정적인 정서들이 대뇌발달에 영향을 미쳐 행복하고도 정서조절을 잘 하는 유아로 성장시킨다. 정서는 학습에 절대적인 영향을 미치므로 유아가 긍정적인 분위기에서 활동하고 놀이할 수 있도록 대뇌발달을 고려하여 지도하는 것이 중요하다. 그러나 스트레스, 지루함, 지속적인 혼돈, 불충분한 영양, 적절한 자극의 부족 등이 대뇌발달에 부정적인 영향을 미친다. 특히 스트레스를 많이 받으면 해마의 활성 저하가 일어나며 해마의 기능 위축은 장기적으로 해마에서 시냅스가 생성되는 것을 저하시키고 우울증을 유발시킬 수도 있으므로 정서적으로 편안한 분위기에서 활동하고 놀이하는 것이 중요하다.

2) 테크놀로지

테크놀로지는 기술(techno)과 논리성(logics)이 결합된 말로써 문제해결을 위해 과학적 지식을 체계적으로 적용하는 것이라고 할 수 있다(하재옥, 2006). 테크놀로지의 발달은 유아교육에도 영향을 미치고 있다. 유아교육에서 활용하는 테크놀로지는 유아나 교사가 활용하는 컴퓨터, 인터넷, 멀티미디어, 스마트폰, 로봇, 3D 프린터 그리고 이에 사용되는 소프트웨어나 애플리케이션 등을 포함한다. 실제로 교육 · 보육기관에서 유아는 자신이 그린 그림을 스캐너를 이용하여 스캔한 뒤 대형 모니터에 보이도록 하여 친구들과 이야기를 나누고, 컴퓨터 소프트웨어를 활용하여 게임을 하고 궁금한 것은 인터넷 검색을 통해 찾아 친구들과 공유하기도 한다. 또한 바깥놀이에서 본 개미의 모습을 카메라에 담아 기록으로 남겨두고, 3D 프린터를 이용하여 실내나 실외 흥미영역별 필요한 놀잇감을 그때그때 입체적으로 출력하여 사용하는 등 테크놀로지의 활용은 놀이에 큰 영향을 미친다. 이러한 테크놀로지의 발달은 유아의 놀이를 어떻게 변화시키는가?

첫째, 테크놀로지의 발달로 유아의 놀이는 실생활에서 존재하는 것뿐만 아니라 가상의 세계에서도 존재하게 된다.

둘째, 테크놀로지를 활용한 놀잇감을 통해 유아는 상호작용하고 감정을 전달할 수 있는 실제적인 놀이 대상을 만나게 된다.

셋째, 유아는 테크놀로지를 친근한 매체이자 도구로 인식하고, 창의적이고 능동적으로 사용하게 된다. 그러한 과정에서 유아는 좀 더 복잡한 인지적 사고를 자극받게 되며, 질 높은 놀이를 하게 된다. 물론 이것은 교사나 부모의 적절한 개입이 이루어지는 것을 전제로 한다.

컴퓨터가 왜, 언제, 어떻게 유아의 놀이와 학습을 도울 수 있는가에 관한 질문은 계속된다.

교육학자들은 테크놀로지 발달이 물 · 모래놀이나 상징놀이, 쌓기놀이와 같은 전통적인 놀이를 대체해서는 안 된다고 주장하면서 기존의 유아의 놀이와 놀잇감 그리고 교육과정에 적절하게 통합할 수 있는 방법을 모색하고 있다.

3) 실외놀이

초기 유아교육학자들은 전통사회에서의 유아들이 자연과 교류하며 실외에서 신나게 놀고 있는 특성을 중요시하였다. 그러나 현대사회의 도시화, 산업화에 따라 이러한 특성들이 사라지기 시작하였고 놀이문화에도 변화가 생겨 유아들이 실외보다는 실내에서 놀이를 더 많이 하게 되었다. 이로 인해 실외놀이가 예전처럼 활발하게 이루어지지 않게 되었고 실외에서 배울 수 있는 학습의 기회도 간과하게 되었다. 특히 현대에는 컴퓨터, 게임이나 학습 위주의 프로그램들이 강조되어 유아들의 다양한 문제행동, 비만 등 유아들의 전인 발달에 부정적인 영향을 미치고 있다. 앞의 대뇌발달에서도 언급하였듯이 충분히 휴식하는 것, 즐겁게 놀이하는 것과 비구조적 시간이 유아들의 스트레스를 완화시켜 주고 오히려 학습의 긍정적 효과에 도움을 준다고 하였다. 실내에서 얻지 못하는 다양한 장점들이 실외놀이에 있기 때문에 실내놀이 못지않게 실외놀이가 중요하므로 특히 현대사회의 유아들에게 실외놀이를 강조하여야 할 것이다. 여기에서는 먼저 여러 학자들이 주장하는 실외놀이의 발달적 · 교육적 가치를 살펴보고 현대 유아들에게 특히 실외놀이가 왜 중요한지에 대해 설명하고자 한다.

먼저, 유아의 신체발달에 긍정적인 효과를 가져온다. 실외는 유아들이 활발하게 움직일 수 있기 때문에 대 · 소근육 운동능력 및 건강 증진에 도움을 준다. 신선한 공기를 마시며 활동하기 때문에 세균이나 바이러스에 감염될 확률도 낮아진다. 휴식이론에서도 알 수 있듯이 실외놀이를 통해 에너지를 재충전하고 다시 기운이 나게 된다.

둘째, 실외놀이를 통해 다양한 사회적 관계를 맺는다. 실외놀이터에서는 다른 반 친구들, 형이나 동생들과 성별 구분 없이 활발히 상호작용하기 때문에 또래 상호작용이 많이 일어난다. 또한 집단놀이가 주가 되므로 사회적 기술과 사회적 유능성을 발달시킬 수 있다. 실제로 사회극놀이도 실내보다는 실외에서 더 많이 이루어지며 소극적인 유아들도 자기 주장이 강해지고 더 적극적으로 변화된다는 연구결과들이 있다.

셋째, 실외놀이 활동은 자연세계를 직접 경험하고 학습하기 때문에 유아의 호기심과 탐구심을 자극하여 인지발달에 도움이 된다. 또한 계절과 기후의 변화, 동식물 기르기 및 변화, 다양한 자연현상들을 경험하고 관찰하여 감각경험을 촉진하며 자연의 가치도 학습할 수 있다. 자연을 가까이 보고 느낌으로써 각 생명의 고유한 가치를 알며 자연을 배려하는 윤리체계와 공생하는 자세를 키워 나간다.

넷째, 실외놀이는 긴장과 억압으로부터 해방감을 느껴 정서 발달에 도움이 된다. 뛰기, 달리기, 소리지르기 등 자유롭게 뛰어놀고 즐길 수 있으며 개인적인 욕구에 따라 제한을 받지 않고 개방된 공간에서 충분히 쉴 수 있으므로 정서발달에 효과적이다.

다섯째, 실외놀이를 통해 다양한 놀이 주제 및 상상놀이 등으로 유아의 창의력과 표현력 발달에 도움이 된다. 넓은 공간에서 보다 다양한 자연적인 교재 · 교구, 즉 잔디, 흙, 시멘트 등의 다양한 느낌을 주는 표면과 돌, 플라스틱, 쇠, 나뭇잎, 그리고 각종 식물, 채소밭, 생물 등은 창의력 및 표현력 발달에 도움이 된다. 단순히 실외 놀이장에 몇 개의 놀이시설을 고정시켜 놓은 것을 놀이터라고 보는 생각은 유아의 창의적인 놀이와 발달의 기회 면에서 볼 때 부족함이 있다.

실외놀이는 유아의 사회성 및 정서발달에 긍정적인 영향을 미친다.

그 외에도 실외놀이를 할때 유아들은 더 다양하고 복잡한 문장의 언어를 사용함으로써 언어발달에 도움을 받는다. 따라서 현대의 유아들에게 실외놀이를 의도적으로 강조하는 게 중요하다. 필자가 외국의 유아교육기관을 방문해 보면 매일 오전과 오후에 항상 실외놀이가 이루어짐을 볼 수 있었다. 특히 현대의 유아들은 아파트 생활, 학업, 앉아서 하는 활동 등의 정적 활동을 많이 하고 집 근처의 놀이터도 점차 없어져 마음대로 뛰어놀 공간이 부족하므로 유아답게 자유로이 마음대로 뛰어놀 실외놀이는 꼭 필요하다. 많은 사람들이 어릴 때 바깥에서 마음대로 뛰어놀며 경험한 것들이 좋은 추억으로 남아 있으며 현대에 각광받고 있는 숲유치원이나 생태교육은 1960년대 전통사회에서 자연과 더불어 놀이하였던 내용과 유사한 부분이 많은 듯하다. 도시에서 성장하는 유아들에게 자연을 접할 기회가 부족하므로 텃밭이나 작은 정원을 꾸며 실외놀이터에 자연을 경험할 수 있는 기회를 제공해 주는 것도 좋을 것이다. 실외놀이터에서 자연과 더불어 상호작용하면 주위 세계에 대하여 많이 배울 수 있으며 다양한 자연현상에 대하여 더 생생하게 학습할 수 있다. 구체적인 실외놀이 환경에 대해서는 5장을 참고하기 바란다.

4) 비만과 운동, 놀이

최근 급속한 경제발전과 더불어 서구화된 식생활과 편리해진 생활양식에 따라 유아 비만이 급속하게 증가하고 있어 유아 건강의 중요한 문제로 부각되고 있다. Gabbard(2000)에 따르면 미국 유아 중 25%가 비만이라고 하였다. 유아 비만은 초기 심장질환과 고혈압의 위험을 높이는 요인이 되며 성인 비만으로 쉽게 이행될 뿐만 아니라 지방 세포 수의 증가로 성인 비만보다 치료가 더 어려워져 심각한 사회문제로 대두되고 있다.

유아 비만의 원인은 유전전 요인과 환경적 요인으로 나눌 수 있으며, 환경적 요인으로는 식습관 및 신체활동 부족 등이다. 식습관으로 식사량과 고열량 식사, 신체활동의 부족은 TV 시청, 컴퓨터 게임 등 앉아서 하는 활동에 의한 운동 부족을 들 수 있다. 유아 비만은 심리적 · 정서적인 부분에도 영향을 미쳐 자신감 상실 등으로 성장발달상의 장애로 이어진다.

유아 비만을 해결하기 위해서는 음식 조절도 중요하지만 신체활동을 격려하고 지지하는 것이 더 중요하다. 걷기, 게임이나 운동 등의 규칙적인 운동과 더불어 신체활동에서 기쁨이나 즐거움을 느껴 신체활동에 대한 긍정적 견해를 발달시키고 성인이 될 때까지 습관이나 성향을 키워 주는 것이 중요하다. 신체활동에 대한 긍정적 성향을 키워 주기 위해서 앞에서 기술한 놀이의 특성을 유지시켜 주는 다양한 접근방법을 이용한 스포츠 활동도 격려하는 것이 바람직하다. 또한 4장에서 기술한 놀이활동에 영향을 미치는 다양한 요인들, 즉 또래관계, 남아와 여아 등 성차, 부모 요인 등을 고려하여 개별차를 고려하여 지도해야 할 것이다. 예를 들어 신체적 운동능력이 낮은 유아들이나 이에 대해 관심없는 유아들에게는 신체활동에 대한 부정적 견해가 형성되어 성인기까지 영향을 줄 수 있으므로 감정적인 특성을 강조하여 즐거운 마음으로 놀이중심의 운동 및 신체활동을 하는 것이 중요하다.

5) 또래 괴롭힘과 놀이

현대 우리 사회에서 심각한 사회문제로 대두되고 있는 또래 괴롭힘은 고의적으로 어떤 친구를 정신적 · 신체적으로 힘들게 하는 것으로 왕따, 집단 괴롭힘, 집단 따돌림, 학교 폭력 등의 용어로도 사용되고 있다. 또래 괴롭힘은 폭행, 구타, 위협하기, 못살게 굴기, 놀리기, 따돌리기 등 모두를 포함하는 포괄적인 행동으로 괴롭히는 가해자와 괴롭힘을 당하는 피해자 모두 사회 · 정서적 행동에 문제를 보인다.

또래관계에서 거부아, 고립아들은 사회적 기술이 부족하고 정서조절능력이 부족하여 또래 괴롭힘의 행동으로 나타나게 된다(4장 참조). 또래관계의 성차에서 남아들은 활발한 놀이(4장 참조) 혹은 거친 신체놀이(2장 참조)를 주로 하여 좀 더 공격적이 되므로 여아보다 사회적 적응에 좀 더 많은 어려움을 겪는다. 그러나 남아의 경우, 건강한 신체 · 사회성 발달을 위해 거친 신체놀이의 긍정적인 면에 관심을 기울여야 할 것이다.

이러한 현상에 따라 유아의 친사회적 행동은 또래 괴롭힘을 방어하는 변인이므로 유아교육기관이나 학교에서는 또래 괴롭힘 방지 프로그램을 개발하고 실행해야 한다는 목소리가 커지고 있다. 또래를 괴롭히는 가해자와 괴롭힘을 당하는 피해자 모두가 사회 · 정서능력의 부족뿐만 아니라 공감능력 수준이 부족하므로 공감 뿌리 프로젝트(ROE, Roots of Empathy)의 효율성을 설명하고 있다(Gordon, 2010). 모든 인간은 공감의 능력을 가지고 있으며 타인의 감정과 입장을 이해하고 적절히 반응하는 공감능력의 발달을 통해 서로를 배려하는 평화로운 시민사회 만들기를 강조한다는 것이다. 따라서 유아들의 놀이 상호작용에서 남을 배려하고 적절히 반응하는 기술을 키워 공감능력이 발달할 수 있도록 해야 할 것이다.

우리나라뿐 아니라 미국을 비롯한 세계 각국에서도 또래 괴롭힘에 대처하는 다양한 정책을 시작하고 있으며 이러한 문제를 정규 교육과정과 정책에 명시하도록 압력받고 있다. 유아들이 사회와 학교에서 또래들과 심리적 · 신체적으로 안전하게 생활하면서 건강하게 발달하기 위해 놀이 본래의 특성을 강조하여 또래와 상호작용할 수 있도록 지도하여야 할 것이다.

놀이를 통해 신체적인 활동이 즐겁다는 생각을 키워주는 것이 비만해소에 도움이 된다.

chapter 2

놀이와 유아의 발달

발달은 인간의 생명이 시작되는 순간부터 죽음에 이르기까지 전 생애를 통해 이루어지는 모든 변화의 양상과 과정을 의미한다. 발달의 변화과정에는 신체, 인지, 사회성, 언어 등의 특성들이 포함된다. 유아들의 자연스러운 표현인 놀이는 이 모든 발달 특성과 밀접한 관련이 있다. 이 장에서는 유아의 발달을 신체, 인지, 언어, 사회성, 정서발달로 나누어 놀이의 역할이 무엇인지 이해하는 데 관심을 가진다. 또한 유아의 발달을 도울 수 있는 놀이에는 어떤 것들이 있는지 구체적인 놀이의 종류를 소개하는 것으로 구성하였다. 다만 유념해야 할 것은 소개한 놀이들은 유아의 놀이방법이나 효과가 달라질 수 있다는 점이다.

유아교육현장의 교사나 학자들 모두 놀이가 유아의 발달에 어떤 영향을 미치는지 많은 관심을 가진다. 또한 그동안 많은 학자들이 연구를 통하여 놀이와 유아 발달 간의 관계를 입증하려고 애써 왔다. 놀이와 발달과의 관계는 크게 세 가지 관점으로 정리할 수 있다.

첫째, 놀이는 단순히 발달을 반영한다. 그래서 놀이는 유아의 현재 발달 상태를 알려준다.

둘째, 놀이는 발달을 강화한다. 즉, 놀이는 발달을 공고히 한다.

셋째, 놀이는 발달로 귀착된다. 따라서 놀이는 발달적 변화의 도구로서의 역할을 한다.

이러한 세 가지 관점은 놀이와 발달과의 관계가 상호 배타적이지 않다는 것을 말해준다. 왜냐하면 놀이는 발달로 종결되며, 발달을 강화하고 발달을 반영하는 거울로서의 역할을 한다. 다만 발달에는 어떤 종류의 놀이가 포함되고 발달의 어느 영역과 수준이 고려되어야 하는지를 알아야 놀이와 발달과의 관계를 정확하게 파악할 수 있다. 결론적으로 놀이는 유아들의 발달과 학습에 중요한 매개체가 된다. 유아들은 놀이를 통해서 주변의 사물을 탐색하고 세계를 이해하는 지식, 기술 및 태도를 기르게 된다.

이 장에서는 놀이의 역할을 유아의 신체, 인지, 언어, 사회성, 정서 그리고 창의성 발달과 관련하여 알아보고 이러한 발달 영역과 관련 있는 유아들의 놀이의 종류에 대해서도 다루어 보고자 한다.

1. 놀이와 신체발달

신체활동은 놀이의 가장 중요한 부분 중 하나이다. 유아는 달리고, 소리치고, 껑충껑충 뛰고 기어오르고 싶은 자연스러운 충동과 함께 온몸을 움직인다. 유아는 온몸의 근육을 많이 사용하면 할수록 신체적 · 정서적 긴장이 해소되며 성장과 발달이 이루어지고 생활의 즐거움이 커진다. 또한 신체를 움직이는 놀이는 유아의 운동기술을 연습하게 해주며 대담한 행동을 시험해 보도록 해준다.

신체발달과 관련한 놀이로 운동놀이를 들 수 있는데, 운동놀이는 신체놀이, 이동놀이 그리고 거친 신체놀이를 포함한다. 신체놀이는 자신이나 타인의 신체 또는 환경의 탐색으로 이루어지는 놀이이다. 이동놀이는 대근육의 사용과 이동행위, 움직임을 포함한다. 거친 신체놀이는 장난으로 싸우는 것으로 치기, 맞붙어 싸우기, 싸우려고 뒤쫓아다니는 것을 포함한다.

신체발달과 관련한 운동놀이를 영아와 유아 그리고 학동기 아동으로 나누어 살펴보면 다음과 같다.

1) 영아의 운동놀이

영아는 출생 후 감각을 이용하여 간단한 신체놀이를 할 수 있다. 생후 1년 동안 영아는 다른 사물을 가지고 하는 놀이를 가능하도록 하는 쥐기와 조작을 포함한 손의 기술이 발달된다. Gallahue와 Ozmun(2006)의 운동발달 단계에 의하면 출생에서 생후 1년까지는 반사운동단계, 1세에서 2세까지는 초보운동단계로 분류된다. 영아는 걷고 계단을 오르는 등 운동기술을 이용한 이동놀이가 가능하게 되고, 2세경이 되면 거친 신체놀이가 처음 시작된다.

2) 유아의 운동놀이

유아기(2~7세)는 기본운동단계에 속한다(Gallahue & Ozmun, 2006). 유아는 운동기술을 이용해 적극적으로 활동공간을 돌아다니며 자신의 운동능력을 발달시킨다. 이 시기 유아의 기본운동을 유형별로 나누어 보면, 이동운동 유형으로는 뛰기(jump), 한발뛰기(hopping), 말뛰기(galloping), 무릎들며 뛰기(skipping), 걷기와 달리기가 있고, 비이동운동 유형으로는 서기, 구르기, 던지기, 받기가 있다.

운동능력을 이용한 잡기놀이가 이동놀이의 대표적 예인데 빨리 달릴 수 있는데도 일부러 천천히 달려서 다른 사람이 자신을 잡을 수 있도록 하게 해서 잡기와 잡히기의 역할전환이 일어나기도 한다.

또한 유아기의 놀이는 3세 이후 점점 사회화되어 감에 따라 놀이를 통해 그 사회에서 필요한 운동기술을 학습하고 사회적으로 통용되는 방식으로 사물을 다루는 운동기술을 연습하게 된다. 따라서 유아의 거친 신체놀이를 관찰해 보면 그 유아가 얼마만큼의 운동기술이나 힘을 길렀는지 잘 알 수 있다.

거친 신체놀이(rough-and-tumble play)는 진짜 공격적인 행동과는 차이가 많다. 첫째, 공격적인 행동은 경쟁이 그 원인이 되지만 거친 신체놀이에는 경쟁이 없다. 둘째, 공격적인 행동을 하는 동안 유아들은 서로 노려본다든가, 이맛살을 찌푸리거나 우는 등의 심각한 행동을 한다. 반면 거친 신체놀이는 미소와 웃음이 많다. 셋째, 진짜 싸우는 경우에는 두 명 이상의 유아가 참여하지 않지만 거친 신체놀이는 한 번에 여러 명의 유아가 하게 된다. 넷째, 거친 신체놀이는 진짜 싸움처럼 한 사람을 밀어내고 분리시키는 것이 아니라 놀이자들을 끌어당기고 관계를 계속 유지한다. 또한 거친 신체놀이는 앞에서 언급한 뛰기, 달리기 등과 같은 이동놀이와도 구분된다. 즉, 이동놀이는 혼자 할 수도 있고 여러 명이 함께하는 사회적 활동이 될 수 있지만 거친 신체놀이는 언제나 사회적인 특성이 있다.

거친 신체놀이는 공격이 아니라 놀이싸움이다. 이 놀이는 특히 남아들에게 중요한 놀이행동이다.

거친 신체놀이

거친 신체놀이는 진짜 싸움이 아니라 싸우는 척하면서 노는 일종의 놀이의 행위로 동물뿐 아니라 인간 사회에서도 범 문화적으로 나타난다. Nourot와 Hoorn(1991)에 따르면 유아는 거친 신체놀이를 하는 동안 웃고 손을 편 채로 행동을 하며 공격자와 희생자의 역할을 교환한다고 한다. 반면 공격적인 행동은 주먹을 쥔 채로 행동하는 경우가 많아 놀이하는 동안 웃는지, 놀이가 다 끝난 후에 어떤 행동을 보이는지가 거친 신체놀이와 진짜 싸움을 구분하는 요인이 된다.

거친 신체놀이를 놀이로서 정확하게 파악하는 능력은 유아의 긍정적인 사회적 참여와 긍정적인 사회적 기술 증진과 관련되어 있다. 또한 유아들은 비슷한 사회성을 보이는 유아와 놀이를 함께하는 경향이 있어서 인기 있는 유아는 다른 인기 있는 유아와의 거친 신체놀이를 통해서 더욱 다양한 사회적 문제해결 기술을 배운다. 하지만 또래에게 소외되는 유아는 그런 기회를 얻지 못함으로써 사회성 발달의 기회를 얻지 못한다. 이로써 유아는 거친 신체놀이를 통해서 사회적인 능력을 키우고 또래 간의 우정을 쌓을 수도 있지만 동시에 사회적으로 고립될 수도 있다(Fagot & Leinbach, 1983).

3) 학동기 아동의 운동놀이

학동기 아동들은 상당히 정교하고 큰 운동능력을 나타내며 자신의 운동능력 내에서 급속하게 보다 큰 통제력을 성취할 것으로 예상할 수 있다. 대근육 강도(힘)와 협응력 그리고 균형감과 소근육 사용에서의 증가된 기능과 기민성은 새롭고 보다 복잡한 신체적 운동놀이가 출현하도록 해준다. 나이든 아동들은 보다 더 큰 근육발달과 협응이 가능한 기회를 제공하는 새롭고 도전적인 활동에 관심을 갖는다. 즉, 그네와 정글짐에서 달리고, 뒹굴고, 기어오르는 데 많은 시간을 보내며 로프타기, 던지고 받기, 그리고 아이스 스케이트를 하기도 하며 술래잡기와 같은 야외 게임도 인기가 있다. 그 외에도 조직화된 스포츠, 춤과 체조와 같은 활동들에 참여한다. 이동놀이와 거친 신체놀이는 아동기 중간(middle childhood)까지 지속되다가 성인기에 이르러 쇠퇴하게 된다.

현대 유아들은 TV, 비디오, 컴퓨터 게임을 즐기는 등의 예전보다 앉아서 지내는 시간이 많아지고 비만과 같은 신체적 조건을 가진 유아들이 늘어나면서 신체적 운동

유아가 비만해지지 않고 신체적 운동놀이에 대한 긍정적인 생각을 가질 수 있도록, 신체 운동놀이 시간을 규칙적으로 제공해 주는 것이 중요하다.

기술을 발달시키고자 하는 요구가 증가하고 있다. 또한 유아교육현장에서는 언어발달 및 인지발달을 위한 활동들이 신체발달을 강조한 활동에 비해 더 중요시되고 있으며 실제로 발달과 생활경험이 통합된 5개 영역(신체운동 · 건강, 의사소통, 사회관계, 예술경험, 자연탐구) 가운데 다른 영역에 비해 신체운동 · 건강 영역의 비중이 매우 미약하다. 또한 우리나라 유치원의 교육활동은 동적인 활동이 정적인 활동에 비해 매우 적은 비중을 차지하고 있어 유아의 신체활동이 충분히 이루어지지 못하고 있다는 연구결과들이 있다. 사실 모든 유형의 유아교육기관의 활동이 운동놀이를 위한 기회를 제공하지만 대부분의 놀이는 성인주도적인 특징을 가진다. 유아의 신체적 운동기술을 제대로 발달시키려면 성인주도적인 운동놀이는 물론 유아교육기관이나 가정에서 마음껏 놀이할 수 있는 자유놀이의 기회가 제공되어야 한다.

성인주도적 운동놀이는 운동기술이 성인에 의해 지도된다. 유치원이나 어린이집의 교사들은 실외놀이를 선호하지 않으며 유아들의 안전유지를 위하여 많은 시간을 실내에서 조용한 놀이를 격려하고 활동적인 놀이는 격려하지 않기 때문에 직접적 운동기술을 위한 프로그램(유아체육)을 요구하고 있다. 이러한 프로그램은 유아의 발달적 요구에 적합해야 할 뿐 아니라 단계적이고 포괄적 프로그램이어야 한다. 즉, 앞서 설명한 달리기, 뛰기, 던지기, 잡기와 같은 이동 · 비이동 운동기술이 포함되어야 하며 블록, 모래놀이, 미술과 같은 소근육 운동 활동도 포함되어야 한다. 프로그램이 유아에게 적절하려면 유아교사와 체육교사 간의 협동적 계획이 요구된다.

자유 운동놀이는 적절한 운동시설이 갖추어진 놀이터에서 발달할 수 있다. 연구결과 구조화된 체육교육에 참여한 유아보다 자유놀이에 참여한 유아들의 운동행동이 교육적으로 훨씬 유의미한 행동을 포함하고 있음을 발견하였다(Huhges, 1999).

2. 놀이와 인지발달

인지는 사고능력을 의미하는데 이러한 지적 능력의 발달은 유아의 놀이와 관련되어 있다. 많은 학자들은 유아의 인지발달이 높아짐에 따라 놀이 수준도 변화한다고 보고 한다. 상위인지나 문제해결력 그리고 창의성과 같은 인지발달에서 놀이는 긍정적인 역할을 하는 것으로 나타났다. 상위인지는 사고를 사고하는 과정이다. 연령이 높아지면서 유아들은 점차 자신의 인지과정을 인식하게 된다. 사회극놀이를 통해 유아들은 사고의 사고, 즉 놀이 속에서 자신과 또래의 관점을 알게 되는 사고의 과정을 거치면서 상위인지를 사용하게 된다.

유아의 인지발달과 가장 밀접하게 관련된 것은 어떤 놀잇감을 가지고 놀이를 했느냐는 점이다. 이러한 유아의 인지발달과 관련된 놀잇감은 최근에 개발된 놀잇감도 아닐 뿐더러 교육학자나 심리학자들이 어떤 특정 놀잇감이 인지발달에 좋다고 추천하지도 않는다. 다만 놀잇감의 유형에 따라 어떤 영역의 인지적 발달, 예를 들어 논리적 사고능력에 기초한 보존의 개념, 시간과 공간에 대한 개념 그리고 인과관계에 대한 개념을 획득하거나 사물을 그 속성과 기능의 유사점과 차이점에 따라 분류할 수 있는 사고능력 등을 도울 수 있는지를 제시해 줄 수 있다. 여기에서는 유아의 인지발달과 관련된 많은 놀잇감 중에서 블록, 사회극놀이, 점토, 물, 운동놀이를 중심으로 유아의 인지적 성장에 미치는 놀이의 영향을 논의해 보도록 하겠다. 이러한 놀이들은 부모나 교사가 유아들의 놀이를 격려하고 지시하는 방법 또는 유아의 놀이방법에 따라 그 효과는 달라질 수 있다는 점도 유념해야 한다.

1) 쌓기놀이

블록은 1세 가량된 아주 어린 영아에서부터 나이든 아동까지 즐길 수 있는 매력적인 놀잇감으로서 여러 가지 인지적 능력을 성장시키는 데 도움을 줄 수 있다.

첫째, 블록은 측정에 대해 알게 해 준다.

유아들은 블록을 가지고 놀이함으로써 측정의 원리 및 등량(equivalence)의 개념을 이해하게 된다. 측정을 하기 위해서는 단위반복과 하위분할과 같은 개념을 이해하는 것이 필요하다(Piaget, 1962). 단위반복이란 전체를 이루고 있는 부분들의 개수를 이해하는 것이고, 하위분할은 일정한 거리를 작은 부분들로 나눌 수 있는 능력이다. 예를 들어 5세 된 유아가 어떤 지점까지 적목으로 길을 만들려고 직사각형 모양의 작은 블록이 몇 개가 필요할까 생각한 후 블록 다섯 개를 가지고 와서 블록을 놓아 본다. 그리고 다섯 개로는 길을 완성하기에는 너무 짧다고 생각하여 다시 몇 개의 블록을 더 가지고 오는 행동을 반복하는 것이 단위반복과 하위분할의 행동을 하는 것이라고 볼 수 있다.

둘째, 쌓기놀이는 균형의 개념을 가르쳐 준다. 예를 들어, 블록을 위로 계속 쌓아갈 때 크고 무거운 부분을 아래쪽에 두고 작고 가벼운 부분을 위쪽에 두어야 한다는 것을 알게 된다.

셋째, 쌓기놀이는 공간 개념을 크게 발달시켜 준다. 유아들은 바닥 위에 블록을 수평으로 또는 수직으로 공간을 분할하고 좀 더 떨어져서 놓는 등, 공간을 잘 이용하여 놀이한다.

넷째, 블록을 제자리에 갖다 놓는 놀이활동은 논리적 분류 개념을 발달시킨다. Inhelder와 Piaget(1964)는 〈그림 2-1〉과 같이 자신의 흥미에 따라 배열하는 시각적 집합과는 달리 사물의 차이점을 발견하고 논리적으로 정의된 성질에 따라 분류하는 방법을 배우는 것을 논리적 분류라고 했다. 유아들은 쌓기놀이를 끝마친 후 블록을 제자리에 갖다 놓음으로써 블록들의 차이점을 알게 되고 그것에 따라 분류하는 방법을 배우게 된다.

앞에서 지적했듯이 쌓기놀이가 유아의 인지발달에 미치는 효과는 성인의 태도에 따라 달라질 수 있다. 예를 들어, 유아가 블록을 위로 쌓고 있을 때 필요한 블록을 갖다 준다거나 '이렇게 해라', '저렇게 해라'하고 계속 개입을 하게 되면 공간이나 균형에 대한 개념을 배우는 데 방해가 된다. 또한 유아들에게 놀아야 할 공간을 엄격히 정해주고 가지고 놀아야 할 블록의 개수를 제한한다면 공간 개념을 배우기가 어렵다. 유아가

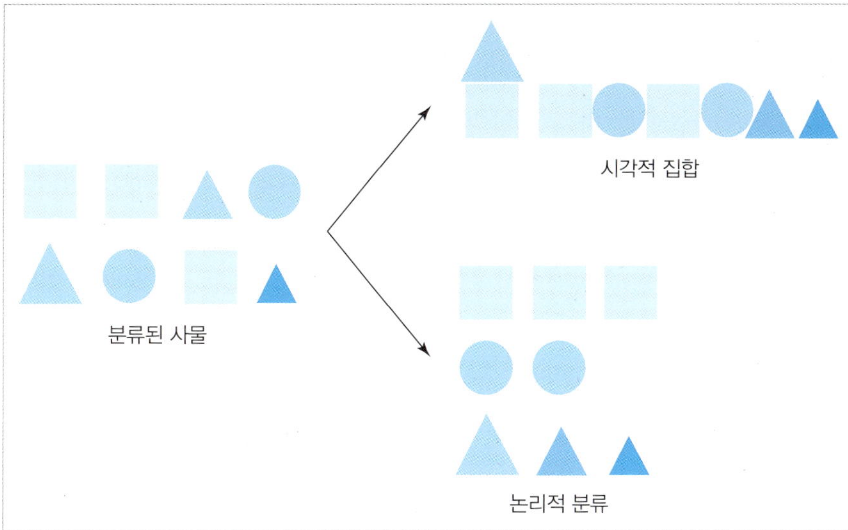

〈그림 2-1〉 시각적 집합과 논리적 분류의 예

놀이한 후 어질러진 블록들을 부모나 교사가 제자리에 다 갖다 놓아 둔다면 논리적 분류를 배울 기회를 잃게 된다.

블록은 측정, 등량, 균형 그리고 공간 개념을 향상시킬 수 있는 매력적인 놀잇감이다.

2) 극놀이

극놀이 및 사회극놀이를 하는 동안 유아들은 각자 역할을 맡고 이야기를 진행하여 연기한다. 고급 수준의 '예측하기' 활동인 사회극놀이를 통해 유아들은 순서를 정하고 경험에서부터 예측 가능한 패턴을 설정하는 개념적 사고를 하게 된다. 예를 들어 음식점 놀이를 하기 위해서는 음식점에서 행동할 때 관련된 사건들－음식점에 가기, 기다리기, 주문하기, 주문받기, 식탁에 음식 차리기, 음식 먹기－과 같은 정확한 순서를 재구성할 수 있어야 한다.

Smilansky(1968)에 의하면 유아들은 사회극놀이를 통해 처음에는 관련 없는 것처럼 보이는 경험들－메뉴에서 먹을 음식의 항목 찾기, 계산대에서 돈 지불하기 등－을 통합하게 된다고 주장한다. 그 외 다른 학자들(Saltz, Dixon, & Johnson, 1977; Saltz & Johnson, 1974) 역시 사회극놀이가 독립된 사건을 연결하는 데 도움을 준다고 보고하고 있다. 또한 사회극놀이는 놀이를 하는 동안 공간, 시간, 인과관계 등 미숙한 개념적 사고가 검증되고 수정하는 기회를 제공한다.

3) 점토놀이

유아들은 점토 덩어리를 가지고 탁자에 대고 두드리기도 하고 큰 조각을 여러 개의 작은 조각으로 나누기도 한다. 또는 조각들을 합쳐서 한 개의 큰 덩어리를 만들기도 한다. 점토를 가지고 놀이하는 과정에서 유아들은 양의 개념에 대해 배울 수 있다. 양의 개념은 Piaget가 말하는 보존능력을 획득하는 데 중요한 역할을 한다. 보존은 유아기의 특징인 직관적이고 전논리적인 사고의 단계에서 논리적 사고로 옮겨가고 있는 것을 나타낸다. 유아들은 점토놀이를 함으로써 물리적인 모습이 변화해도 어떤 물질이 가해지거나 빼지 않는 한 물질의 양은 동일하게 남는다는 것을 인식하게 되어 양에 대한 보존능력이 생기게 된다.

4) 물놀이

유아들이 싱크대나 욕탕 등에서 물놀이를 하고 있을 때 많은 학습이 일어나게 된다. 먼저 물놀이는 측정능력을 향상시킬 수 있다. 유아들은 물놀이를 할 때 튜브나 깔때기, 달걀 거품기, 스포이트와 같은 갖가지 모양과 크기의 용기를 이용한다. 유아들은 여러 가지 용기를 사용하여 이 용기에서 저 용기로 물을 붓기를 좋아한다. 그런 과정을 통해 유아들은 물을 측정한다. 예를 들어, 큰 그릇에 물을 채우려면 작은 그릇의 물이 얼마나 필요한지를 이해하게 된다.

또한 물놀이는 액체 보존에 관한 이해를 돕는다. 크기, 모양, 용기에 관계없이 액체의 양은 첨가되거나 빼는 것이 없는 한 동일한 양의 액체가 남는다는 것을 깨닫는 것이 액체 보존이다. 유아들은 물놀이를 할 때 이 용기에서 저 용기로 물을 부어봄으로써 용기의 모습이 바뀌어도 액체의 양이 동일하다는 것을 배우게 된다.

5) 운동놀이

키보드의 위치를 보지 않고 특정 철자가 어디쯤 있는지 기억해서 말해 보라고 하면 정확한 위치를 잘 말하지 못하는 것을 발견할 수 있다. 하지만 키보드를 손으로 쳐보라고 하면 정확한 위치를 찾아 치게 된다. 이것은 정신에서가 아닌 신체적 활동 그 자체에서 정보가 부호화된 것이다. Piaget와 Bruner를 포함한 많은 인지 이론가들은 신체적 활동이 지식의 획득에 근본적인 구성 요인임을 제안해 왔다.

지식의 획득에서 운동놀이의 중요성은 놀이의 형태로 나타나는 운동이 유아의 지적 경험을 풍요롭게 할 수 있다는 점이다. Werner와 Burton(1979)은 거의 모든 학문적 교과는 움직임의 활동을 통해 가르쳐질 수 있다고 주장하였다. 이들이 운동놀이를 통해 배울 수 있다고 주장했던 활동의 예는 다음과 같다.

물리학의 원리를 운동놀이를 통해 배우는 활동이다. 교사는 유아를 두 팀으로 나누어 장애물을 통과해 빨리 도착지점까지 오는 팀이 이기는 놀이를 한다. 이때 한 팀은 신발을 신고 또 다른 한 팀은 양말을 신도록 한다. 양말을 신은 유아들은 달릴 때 미끄러져서 시간이 지연된 반면, 신발을 신은 집단은 마찰에 의해 미끄러지는 것을 막을 수 있어 빨리 장애물을 통과하여 도착할 수 있다. 놀이를 마친 후 교사는 사람이 움직이고, 멈추고 방향을 바꾸려 할 때 도움이 될 수 있다는 마찰의 원리를 일깨워 줄 수 있다.

이러한 운동놀이는 유아들이 가장 즐거워하는 방법으로 지식의 여러 개념을 배울 수 있도록 해준다. 유아는 단순히 재미있는 운동놀이에 참여한다고 생각하지만 그러한 놀이를 통해 교사는 학문적 주제를 효과적으로 전달하게 된다.

3. 놀이와 언어발달

놀이와 언어는 밀접한 관계가 있다. 먼저 놀이는 유아의 구어(oral language)발달에 중요한 역할을 한다. 우리는 영아들이 구어를 사용하면서 놀이하는 것을 흔히 관찰할 수 있는데, 영아들은 말소리와 관련한 놀이를 한다. 즉, 의사소통하는 것이 목적인 보편적인 언어와는 달리 언어 그 자체를 가지고 즐겁게 놀이를 한다. 이러한 영유아들의 언어놀이는 새롭게 획득한 언어기술을 완벽하게 하고 언어 규칙에 대한 의식적인 인식을 증가시켜 주므로 놀이는 유아의 문해인 읽기와 쓰기발달과도 관련이 있다.

또 하나 주목해야 할 점은 언어와 유아의 상징놀이는 모두 표상을 포함하고 있다는 점이다. 언어에서 소리는 사물, 활동, 특징, 상황을 표상한다. 놀이에서 무엇인가를 표상하기 위해 사물과 언어를 사용한다. 따라서 만 2세경 상징놀이와 언어는 서로 관련이 있는 것이다. 유아들은 자유롭게 상상의 세계를 만들어 내는 상징놀이 속에서 말과 동작을 통하여 다른 사람 혹은 다른 사물로 변신한다. 이러한 상징놀이는 창의적인 표현으로 이어지고 창의적인 표현은 유아의 언어발달로 이어진다.

상징놀이는 유아의 언어발달에 어떻게 기여할까? 언어와 상징놀이의 발달은 평행적이며 언어의 손상은 상징놀이의 결핍과 밀접하게 관련되어 있다. 또한 상징놀이는 유아의 읽기, 쓰기와 관련한 문해발달과도 관련이 있다. 상징놀이는 발생적 문식성(emergent literacy)을 사용할 수 있는 기회, 즉 읽기와 쓰기를 연습하고 관습화할 수 있는 실험 기회를 제공하게 된다.

그래서 상징놀이와 유아의 언어발달의 관계를 구체적으로 알아보고 다음으로 유아의 언어놀이에 대해 소개하고자 한다.

1) 상징놀이

유아의 언어와 상징놀이의 발달은 병행하여 진행되므로 상징놀이의 개인차는 언어발달의 개인차를 반영해 준다. 언어와 상징놀이가 동시에 나타나는 시기는 만 2세경이다. 이때부터 유아의 언어는 두 단어 시기로 접어들어 단어와 단어가 연결되고, 활동과 활동이 연결되는 상징놀이가 나타나게 된다. 상징놀이가 유아의 언어발달에 기여하는 점을 구체적으로 나열해 보면 다음과 같다.

첫째, 상징놀이는 의사소통의 새로운 형태를 발전시킨다. 상징놀이는 유아들로 하여금 놀랄 만한 언어적 면과 상징의 세계에 신선한 눈을 뜨게 해준다. 놀이 속에서 유아들은 묵시적으로 혹은 명시적으로 자신의 역할을 부여받게 되는데 유아들은 이러한 역할에 대하여 자신이 이미 알고 있는 역할과 새롭게 요구되는 역할 사이에 격차를 발견하게 되고 이 격차를 메우기 위해 새로운 의사소통 형태를 발전시키고 사용하게 된다. 상징놀이는 유아들에게 개인의 의미를 전달할 수 있는 새로운 상징과 수사적인 표현을 아무런 부담 없이 마음껏 사용해 볼 수 있는 기회를 제공한다. 그래서 유아들은 상징놀이 속에서 성인들이 말로 형언하기 어려운 것들을 말로 만들어 내어 표현한다.

둘째, 상징놀이는 언어의 이해를 돕는다. 즉, 상징놀이는 유아가 구어에서 의미를 끌어내는 능력을 향상시키는 데 도움을 준다. 이야기를 들려준 후 상징놀이의 한 형태인 주제 환상극 놀이를 해 본 집단과 이야기에 대한 토의만 하고 주제 환상극 놀이를 하지 않은 집단을 비교한 연구들에 의하면 주제 환상극 놀이를 해 본 집단의 유아들이 이야기의 상세한 내용을 더 잘 이해하고 기억하고 있다는 것을 증명할 수 있었다(Pellegrini & Galda, 1982; Williamson & Silvern, 1984). 이처럼 놀이가 유아의 언어 이해를 돕는다는 것은 유아가 놀이를 할 때 단순히 이야기의 세부적인 내용을 기억하는 데 도움을 줄 뿐 아니라 자신들의 말에서 어떤 의미를 파악하는 능력을 향상시킬 수 있음을 의미한다.

마지막으로 상징놀이를 통해 유아는 사회적으로 적절한 언어사용의 학습을 하게 된다. 사회적으로 적절한 언어사용은 부모나 교사에게 사용하는 언어, 또래에게 사용하는 언어 혹은 자기보다 어린아이에게 사용하는 언어 등 사회적 관계에 맞게 언어를 사용하는 것을 말한다. 유아들은 상징놀이 속에서 성인이나 또래 유아들이 사용하는 의사소통 모형을 그대로 모방하여 사회적으로 적절한 언어를 사용하는 법을 배운다. 유아들은 다른 사람들이 사용하는 언어를 모방하고 사용해 봄으로써 성인의 역할이 무엇인지 알아차리고 그런 역할과 언어의 관계성까지 파악함으로써 사회적으로 적절한 언어를 학습하게 된다. 연구결과에 의하면 놀이 속에서 사회적으로 적절한 언어를 사용하는 유아들은 실생활에서도 사회적으로 적절한 언어를 쉽게 사용한다고 하였다(Singer & Singer, 1980; Smilansky, 1968).

2) 언어놀이

인간의 언어는 몇 가지 다른 측면들로 구성되어 있다. 즉, 음운론적, 통사론적, 의미론적 그리고 실용론적인 측면이 있다. 언어의 음운론적 측면은 소리 산출에 속하는 것이다. 언어의 통사론적 측면은 단어를 문장으로서 편집하는 규칙에 관한 것이다. 언어의 의미론적 측면은 의도한 의미를 적절히 수반하는 단어들의 선택을 다루는 것이다. 마지막으로 언어의 실용론적 측면은 의사소통을 할 때 행동을 지배하는 규칙을 의미하는 것으로 차례를 지켜 말하는 것이나 유아에게 말하는 것과 성인에게 말하는 것을 달리하는 것으로, 사회적으로 적절하게 언어를 사용하는 것을 말한다. 유아들은 인간의 언어체계와 관련된 놀이를 한다.

Cazden(2001)은 언어놀이를 통해 언어의 요소들을 탐구하고 규칙체계의 이해나 메타언어적 인식이 발달한다고 주장한다. 그는 유아가 언어로 놀이하는 방식에는 일정한 단계가 있다고 설명한다. 음운론적 소리로 놀이하는 것은 영아에게서 나타나고, 그 이후 걸음마기 유아에는 두 단어를 사용할 수 있을 때 가능한 통사론적 놀이가 뒤따른다. 의미론적 놀이는 단어의 의미를 가지고 놀이하는 것을 포함하는데 이것은 보다 후기에 이야기나 음운을 사용할 수 있을 때 나타난다. 그는 이들 범주들은 독립적으로 발달할 수 없다는 것, 또 반드시 하나가 다른 것에 선행하는 것을 의미하지도 않는다는 것을 강조하였다. Garvey(1977, 1984)는 언어놀이를 네 가지 유형으로 분류하였다. 즉, 소리로 놀이하기, 의미나 문법적 구성과 관련된 언어적 체계로 놀이하기, 리듬과 단어로 놀이하기 그리고 말하기의 통상적 관습으로 놀이하기 등이다.

구체적으로 유아의 언어놀이를 살펴보면 다음과 같다.

(1) 음운론적 측면과 관련된 놀이 : 소리로 놀이하기

영아는 생후 1년 동안 옹알이를 하게 되는데 이것은 생래적으로 동기화되어 자유롭게 선택된 행위인 소리놀이인 것이다. 이러한 소리놀이는 부모로 하여금 무의식중에 영유아의 소리가 좀 더 우리가 사용하는 언어에 가깝게 되도록 훈련시키게 되는 결과를 낳게 되므로 영유아의 언어발달에 중요한 영향을 미치게 된다. 1세 이상의 영아들에게서도 소리놀이를 찾아볼 수 있다. 예를 들면 침으로 거품내기, 콧소리, 목소리 변형시키기, 목소리의 높낮이 바꾸기 등을 들 수 있다.

소리로 놀이하기는 생후 2년 동안의 영아기뿐 아니라 좀 더 나이든 유아들에게도 나타난다. 예를 들어 3, 4세 유아들은 노래나 찬트 그리고 리듬에 매혹되고 무의미한 리듬패턴을 내게 된다. 리듬을 낼 수 있는 능력은 유아기의 읽기 습득과 상관이 높다(Athey, 1984). 어떤 단어나 소리는 유아들이 특히 좋아하게 되어 재미가 없어질 때까지 반복한다. 목소리를 왜곡시키고 높은 톤으로 꽥꽥거리는 것, 좋아하는 만화 주인공을 억양의 고저 없이 말하기가 소리놀이의 예이다(Hughes, 1999).

(2) 통사론적 측면과 관련된 놀이 : 문법적 구조로 놀이하기

생후 2년을 즈음하여 두 단어를 말하게 되면서 유아들의 언어놀이는 더욱 확실하게 나타나게 된다(Athey, 1984). 소리로 놀이하기가 주로 2세 이전에 이루어지는 반면 2세 이후부터는 문법적인 구조로 놀이를 하기 시작한다. 예를 들어 '아빠 간다', '엄마 간다', '아가 간다'와 같이 동일한 문장에서 단어를 바꾸어 문장을 반복하기도 하며, '컵 내게 줘', '내게 컵 줘'와 같이 문장을 만들고 분해한다. 이러한 문법적 구조로 놀이하기는 유아의 단독 독백에서 주로 찾아볼 수 있다고 Garvy(1977, 1984)는 지적한다.

(3) 실용론적 측면과 관련된 놀이 : 언어 관습으로 놀이하기

두 명 이상의 유아들이 놀이를 하는 경우 서로 의사소통을 해야 한다. 예컨대, 가게 놀이를 할 때 주인과 손님의 역할을 맡은 유아들이 각자의 역할에 적합한 대화를 나누어야 하고 적절하게 순서를 지켜 대화를 해야 놀이가 원만하게 진행될 수 있다. 이때 유아들은 언어 관습으로 놀이를 하는 것이다.

학교나 가정교육을 통해 유아들은 점차 문법이나 어휘 등에서 정확한 언어 사용법을 배우게 된다. 하지만 놀이 상황에서 이루어지는 언어의 자유로운 실험, 창의적인 표현의 기회를 잃지 않도록 배려하는 것이 좋다.

4. 놀이와 사회성 발달

유아가 태어나면서 처음 만나는 대상은 부모이며 부모와의 관계는 다른 사회적 관계의 기초를 형성한다. 특히 부모-유아 간의 신체적 놀이는 또래와의 사회적 능력을 기르는 데 중요한 역할을 한다. 부모와 자녀 간의 격렬한 신체적인 놀이는 만 1세에서

만 4세까지 절정을 이룬다. 이러한 부모와의 신체적인 놀이는 자극성이 아주 높으며 놀이하는 내내 유아의 각성수준이 높게 지속된다. 이러한 놀이는 또래와의 사회적 상호작용에 유익한 기술을 가르쳐 주는데 구체적인 내용은 다음과 같다. 먼저, 부모-유아의 신체적인 놀이는 자기통제 기술을 가르친다. 둘째, 상대편의 정서적인 상태를 읽는 것을 배운다. 마지막으로 부모-유아의 신체적 놀이를 하는 과정에서 적절한 얼굴표정을 하는데 이는 자신의 감정을 상대편에게 전달하는 부호화 역할을 한다.

점차 유아들은 성장하면서 친구들과 함께 협동하고 경쟁하고 싸움을 하면서 다른 유아와 함께 살아가는 지혜를 배우게 된다. 유아의 사회성 발달을 도울 수 있는 자료와 활동을 살펴보면 다음과 같다.

1) 쌓기놀이

블록은 유아의 사회성 발달을 크게 강화하는 것으로 밝혀졌다. Hartley, Frank와 Goldenson(1952)은 블록은 사회적 상호작용의 기회를 제공하는 이상적인 매체라고 하였다. 블록은 유아의 수준에 맞는 적절한 사회적 참여-혼자놀이, 병행놀이, 협동놀이-를 선택할 수 있게 해준다. 즉, 블록은 협동하려는 노력이 필요 없기 때문에 혼자놀이를 할 수 있다. 또한 두 명 이상의 유아들은 병행놀이를 할 수 있는데 옆에 누가 있다는 것은 인식하지만 활동을 제각기 따로-탑 만들기, 길 만들기-하는 활동을 할 수 있다. 더 나아가, 쌓기놀이는 성숙하고 세련된 방식으로 놀이하는 또래를 바라봄으로써 자신도 인식하지 못하는 사이에 협동하여 놀이하는 것을 자극하게 된다.

2) 점토놀이

Hartely는 아무리 내성적인 유아일지라도 점토를 가지고 놀이할 때에는 사회화를 자유롭게 할 수 있다고 한다. 점토놀이는 혼자놀이를 하면서 스스로 그룹의 일원이 될 때까지 또래집단을 관찰할 수 있어서 그동안 자신을 숨길 수 있다. 점토놀이는 점토

활동을 하면서 주위의 또래들과 이야기를 나누기도 하고 그룹활동에 참여할 수도 있다. 또한 점토를 가지고 활동을 하면서 자신의 마음속에 있는 생각과 감정을 이야기할 수도 있다.

점토놀이는 혼자놀이에서 시작하여 병행놀이, 나아가 협동놀이로 발전할 수 있는 기회를 제공해 주어 유아를 사회적 활동에 통합시키는 매력이 있다.

내성적인 유아들조차 점토놀이를 할 때는 쉽게 사회화한다.
심리학자들은 점토는 혀를 부드럽게 놀리는 요술 같은 성질이 있다고 보았다.

3) 사회극놀이

유아들의 사회극놀이는 가장 사회적인 놀이 형태이며 유아들의 사회성 발달에 가장 큰 영향을 미친다. 사회극놀이는 집단에 협동하기 및 집단에 참여하는 능력과 인간관계의 이해 능력을 증진시킨다(Fink, 1976; Smith, Dalgleish, & Herzma, 1981). 사회극놀이의 장점을 살펴보면 다음과 같다.

첫째, 사회적 기술을 배울 수 있다. 유아들은 놀이를 하면서 스스로 규칙을 만든다. 또한 놀이를 통해 규칙의 의미를 배울 뿐 아니라 여러 가지 사회적 기술을 배우게 된다.

예를 들어, 사회극놀이를 할 때 유아들은 맡은 역할을 해내기 위해 협동하여 계획하고 의사결정을 할 수 있어야 한다. 여러 연구결과에서 알 수 있듯이 사회극놀이는 사회적 기술과 상관관계가 높은 것으로 나타났다. 또한 사회극놀이는 실제 협동하는 행동을 해야 할 뿐 아니라 협동적인 태도를 다른 사회적 상호작용 부분에도 일반화시키는 효과가 있다. 예를 들어, 소방관, 트럭 운전수 놀이와 같은 극놀이를 많이 한 유아들은 협동이 요구되는 과제가 주어졌을 때 다른 유아들의 관점을 예상하는 능력과 다른 유아들이 좋아하고 바라는 것과 자신의 것이 다를 때를 예측하고 해결할 수 있는 능력이 향상되었음을 발견할 수 있었다(Rosen, 1974).

둘째, 다양한 역할을 시험해 볼 수 있다. 엄마, 아빠놀이나 교사놀이를 해본 유아들이 엄마나 교사의 역할을 완전히 이해하는 것은 아니지만 다른 사람을 이해하는 능력이 아주 천천히 조금씩 변화될 수 있다. 극놀이에서 다양한 역할을 해보는 것은 유아의 조망 수용능력의 발달에 중요한 역할을 한다. 특히 사회극놀이는 시각적, 인지적, 정의적 조망 수용과제 수행에 공헌하는 것으로 알려졌다(Burns & Brainerd, 1979).

4) 음률놀이

음악은 유아의 생활에서 필수적이다. 3세쯤 되면 유아들은 꽤 정확하게 노래를 부를 수 있다. 유아교육자들이 말하는 음률놀이에는 일반적으로 네 가지가 있다.

첫째 유형은 가장 일반적인 음악적 경험인 리듬이다. 이는 선곡한 음악이 연주되면 유아가 성인의 특별한 지시 없이 리듬에 맞춰 몸을 움직이는 것으로서 동작과 결합하는 것이다. 음악적 경험의 둘째 유형은 유아들이 움직임 없이 레코드나 테이프를 듣는 것이다. 셋째는 노래 부르기이며, 마지막 유형은 다양한 악기를 연주하는 것이다.

음률놀이는 사회적으로 무시당하거나 거부당하는 유아들이 또래집단에 잘 어울리도록 도와준다. 또래집단에게 거부당하는 유형은 크게 두 가지가 있다. 하나는 공격적이고 너무 활동적이어서 또래의 유아들이 피하는 경우이고, 또 다른 유형은 다른 유아들과 상호작용하기를 힘들어하고 소심해서 스스로 또래들을 피하는 경우이다. 이러한 두 유형의 유아 모두에게 음률놀이는 특별한 혜택을 준다(Hartley et al., 1952).

공격적이고 지나치게 활동적인 유아들은 음악을 듣거나 노래를 부름으로써 진정될 수 있다. 또한 악기를 연주하면서 주의를 집중할 수 있고 리듬에 맞춰 자기 자신을 몰입시킬 수 있다.

의기소침하고 소심한 유아의 음악놀이는 또래집단에 소속된 것처럼 느끼게 해준다. 즉, 여러 또래와 함께 악기를 연주하거나 노래를 같이 부르는 놀이 경험은 그 집단에 소속된 느낌을 주어 좀 더 자신감을 갖게 되고 활동적인 유아로 발전하도록 도와준다.

5. 놀이와 정서발달

우리 사회는 유아들에게 어떤 정해진 규범을 준수하기를 기대할 뿐 아니라 동시에 독립성이나 주도성과 같은 개인적인 정서적 자질의 발달을 요구한다. 놀이는 사회성 발달과 정서발달의 균형을 잡아주는 역할을 한다. 유아들에게 놀이할 수 있는 환경을 박탈한다면 건전한 자아형성은 물론 사회적 요구에 적응하는 데도 실패하게 된다. 유아에게 놀이할 수 있는 충분한 시간과 공간 그리고 놀이자료를 제공해 주고 자유롭게 표현할 수 있는 기회를 제공해 주면 자신과 인생에 대해 긍정적인 정열을 갖게 되고 마음이 열리게 된다.

3세 이전의 놀이는 자극 추구의 성격을 강하게 가지고 있다. 따라서 이 시기의 놀이의 결핍은 학습무력감, 생기 없는 행동 등의 증상을 낳게 된다. 반대로 양육자의 사랑이 담긴 신체적인 접촉의 놀이를 통해 안정감과 소속감을 가질 수 있게 된다. 특히, 부모와의 놀이는 유아의 애착형성에 영향을 미친다. 부모의 인성과 양육태도에 따라 유아의 정서발달이 달라진다는 것은 널리 알려진 사실이다. 좋은 부모가 될 수 있다는 자긍심을 가지고 유아의 눈을 자주 마주치며 미소와 정서적인 표현을 많이 하는 부모는 유아와 안정된 애착을 형성한다. 반대로 불안정된 애착을 형성한 유아의 부모는 부모됨에 자신감이 없고 유아의 요구에 덜 민감하고 기계적인 양육태도를 보인다. 부모의 인성이나 양육태도가 다양한 것처럼 부모와 유아가 놀이하는 방법이나 성향도 상당히 다양하다. 안정된 애착이 형성된 유아의 부모는 어떻게 유아와 놀이하는가? 첫째, 유아와 재미있게 놀아준다. 이런 부모에게 유아는 호감을 갖고 긍정적인 정서를 나타낸다. 둘째, 유아와 기꺼이 놀아준다. 유아와 놀아줄 때 부모의 얼굴표정이 온화하고 미소를 지으면 긍정적인 감정을 유도한다. 마지막으로 유아의 놀이활동에 보조를 맞추기 위해 유아의 요구에 민감하다.

3세 이후의 놀이는 자신의 감정을 긍정적인 방법으로 표현하고 그런 감정을 건설적으로 조정할 수 있게 하는 매개체 역할을 한다. 잘 갖추어진 환경 속에서 놀이를 할 때 유아는 자율성이 싹트고 자신이 환경을 조정할 수 있다는 확신감, 즉 자아존중감을 갖게 되어 사회적 관계를 넓히게 된다. Sutton-Smith(1980)에 의하면 유아는 놀이를 통해 자신의 현재 역할과 반대되는 역할을 해 보게 되고 이러한 놀이 경험은 유아의 자율성을 획득하는 데 기여하게 된다. 놀이에서의 다양한 역할의 시도는 자신이 주변 환경을 통제할 수 있는 자율성을 가지게 해 준다. 이러한 자율적인 자아는 유아의 긍정적 자아감을 형성할 수 있게 해주고 다른 사람에 대한 감정이입이 가능하도록 도와준다. 반대로 놀이할 수 있는 환경이 열악할 경우 유아의 자율성이나 주도성은 손상을 받게 되는데, 이미 놀이를 통해 정서적 장애를 치료하는 것은 널리 알려진 사실이다(Axline, 1969).

유아의 정서발달을 도울 수 있는 성격과 활동을 살펴보면 다음과 같다.

1) 놀이성

놀이성(playfulness)은 성격 차원으로 개인의 놀이행동에서 차이를 나타낸다. 놀이성을 구성하는 요인은 학자마다 다소 차이를 보이지만 종합하면 신체적 자발성, 사회적 자발성, 인지적 자발성, 즐거움, 유머 요인으로 구성된다. 신체적 자발성은 유아가 놀이할 때 신체적 움직임이 활발한지, 움직임의 조화가 잘 이루어지는지, 동적인 활동을 즐기는지, 뛰기나 달리기, 점프 등의 대근육 활동을 많이 하는지를 보고 파악할 수 있다. 사회적 자발성은 유아가 다양한 놀이에 적극적으로 참여하며, 놀이과정에서 명랑하며 다른 유아와 상호작용을 할 때 돕기, 양보하기, 타인의 감정 위로하기 등의 사회적 기술과 능력이 높게 나타나는 경향을 보고 알 수 있다. 인지적 자발성이 높은 유아는 놀이를 할 때 단순히 즐거움을 넘어 놀이내용과 방법을 변화시키고 확장한다. 또한 인지적으로 자발적인 유아는 놀이를 할 때 사물을 관찰하고 결합하여 새롭고 융통성 있는 사고와 독창적 아이디어로 창의적 성향의 놀이 행동을 보인다. 즐거움 요인은 놀이를 할 때 기뻐하는지, 미소를 짓는지, 독백을 하는지, 만족감을 보이는지 등의 다양한 정서와 감정 표현을 통해 파악할 수 있다. 유머 요인은 놀이과정에서 우습고 재미있게 이야기하고 친구들과 농담을 즐기는 정도를 통해 파악할 수 있다. 놀이성이 풍부한 양육자인 어머니는 자녀의 놀이기술에 민감하며 유아의 놀이발달이 변화하는 것을 쉽게 알아차리며 그 자녀인 유아 또한 놀이성이 많은 것으로 나타났다(Damast, Tamish Le Monde & Bornstein, 1993).

사회극놀이는 유아의 자기조절능력을 향상시킨다.

2) 극놀이

극놀이는 유아의 정서발달과 밀접하게 관련되어 있다. 먼저 극놀이를 통해 유아들은 현실에서의 자신의 역할을 바꿀 수 있게 됨으로써 자율성과 자기존중감을 기를 수 있다. 예를 들어 매일 바쁜 일상에서 가기 싫은 날에도 유치원에 등원해야 하는 유아의 경우 극놀이에서 유아 자신이 부모가 되고 인형을 자신으로 변형시켜 가기 싫다고 떼쓰는 인형을 유치원에 두고 오는 놀이를 함으로써 자신이 상황을 통제할 수 있는 능력을 경험하게 된다.

자기조절 또는 정서조절능력은 충동을 억제하거나 통제하며 의식적으로 정서와 행동을 조절하는 능력을 의미한다. 사회극놀이와 자기조절은 잠재적인 관련성이 있다. Elias와 Berk(2002)는 종단연구를 통해 사회극놀이가 유아의 자기조절능력을 길러준다고 지적하였다. 이들은 중류층 가정 3~4세 유아 51명을 대상으로 기질적 충동성을 측정한 후 4~5개월 동안 사회극놀이 빈도를 기록하였다. 연구결과, 사회극놀이 빈도가 높은 유아들이 그렇지 않은 유아들보다 치우기 시간이나 모이는 시간의 수행능력이 향상된 것을 발견하였다. 따라서 사회극놀이가 유아의 자기조절 발달을 촉진함을 알 수 있다.

6. 놀이와 창의성 발달

사회는 빠른 속도로 변화하고 있다. 즉, 미래학자들이 말하는 지식기반사회로 빠르게 이동해 가고 있는 것이다. 이러한 사회적 변화는 우리 또한 유아들에게 창의적인 방식으로 사고하고 행동할 것을 요구한다. 이러한 새로운 사회변화를 가능하게 하는 창의성은 무엇인가? 창의성은 새롭고 유용한 어떤 것을 생산해 내는 행동 또는 정신과정이라고 할 수 있다. 특히 창의적인 사고를 할 때 일어나는 정신적 과정에 초점을 두게 되면 창의적인 문제해결과정에서 일어나는 인지처리에 관심을 가지게 된다. 먼저 문제해결은 두 가지로 나누어 볼 수 있다. 먼저 수렴적 문제해결(convergent problem solving)을 들 수 있는데, 이것은 주어진 것에 몰두하는 능력이다. 즉, 수렴적 문제해결 능력이란 하나의 정확한 해결을 하기 위해 다양한 분리된 정보를 가져오는 능력이다. Sylva(1977)는 수렴적 문제해결에 미치는 놀이의 영향에 대해 다음과 같은 연구를 했다. 유아들을 앉은 자리에서 손에 닿지 않는 곳의 물체를 가져오는 문제해결능력을 측정하기 위해 세 집단으로 배치하였다. 첫째 집단에게는 과제에 참여하기 전에 문제해결에 관련된 놀잇감을 자유롭게 가지고 놀이하도록 하였다. 둘째 집단에게는 문제해결을 하기 전에 실험자가 문제해결을 하는 것을 지켜보았다. 셋째 집단은 놀이 경험도 관찰 경험도 제공하지 않았다. 연구결과 놀이 경험과 관찰 경험이 있는 집단의 유아는 통제집단보다 성공적인 문제해결을 잘 하였으며, 특히 놀이를 한 유아들이 놀이를 하지 않은 유아들보다 문제해결을 포기하지 않고 끈기있게 하는 양상이 두드러진 것으로 나타났다.

또 다른 하나는 확산적 문제해결(divergent problem solving)인데 이것은 가능한 다양한 해결을 고려해 보는 능력이다. 예를 들어 종이 조각을 함께 묶을 수 있도록 종이 클립을 어떻게 이용할 수 있는지에 대해 가능한 모든 방법을 제시하도록 할 수 있다. 실제로 상징 혹은 가상놀이에서 다양한 사물을 사용하는 유아들은 창의적 문제해결을 더 잘하는 것으로 여러 연구에서 나타났다(Johnson, 1976; Rubin et al., 1983).

유아들에게 많은 지적인 융통성을 제공해 주는 상징 혹은 가상놀이가 확산적 사고를 촉진하는 데는 다음과 같은 근거가 있다.

첫째, 놀이하는 동안 유아는 사물을 여러 가지로 변형하고 다양한 역할을 맡음으로써 확산적 사고기술을 연습하게 된다. Dansky(1980)는 규칙적으로 상징놀이를 하는 유아들에게서 확산적 사고가 함양됨을 보고하였다.

둘째, 상징놀이를 하는 동안 유아들은 재미있고 즐거운 경험을 하게 되는데 이러한 정서상태가 유아에게 창의적인 아이디어를 연합하도록 자극하게 된다는 것이다. 이는 놀이성 검사에서 높은 점수를 받은 유아들이 놀이성이 낮게 평정된 유아보다 확산적 사고 검사에서 더 높은 점수를 획득했다는 Lieberman(1977)의 연구결과와도 일치하는 내용이다. 또한 Russ와 동료들(1999)은 초등학교 1, 2학년 동안에 측정된 아동의 놀이 점수가 4년 후 이들의 확산적 사고 점수와 상관이 있음을 보고하였다.

유아의 창의성 발달과 관련된 놀이 활동에 대해 알아보면 다음과 같다.

1) 미술과 공예

유아들은 다양한 미술적 표현매체와 자료를 이용하여 정교하고 창의적인 표상물을 만들 수 있다. 어린 연령의 유아들은 물감이나 구슬, 끈, 크레용, 가위 등의 자료를 통해 결과물을 만들 수 있고, 좀 더 나이든 아동들은 모형 집짓기, 목공예하기, 바느질하기, 종이 점토 등 공예용 용구를 통해 창의적 구성놀이를 즐긴다.

공예활동은 창의적인 구성놀이의 기회를 제공해 준다.

2) 역할놀이

유아는 상징놀이를 하면서 역할을 수행하게 된다. 역할놀이는 사물을 이용하는 초기 가장행위와는 달리 유아가 가장행위 뒤에 있는 역할 정체성을 추리하고 상상할 수 있게 되는데, 수행하는 역할의 가장행위를 조직한다. 전형적인 역할놀이는 초기 가장형태보다 더 통일성 있고 의미있으며 유아의 가장 활동에 즐거움을 더하고 지속성을 가지게 된다.

3) 음악적 표현

음률과 노래에 의한 창의적 놀이는 유아기 전반에 걸쳐 나타나는데 신체놀이 형태로는 춤과 동작으로 나타나고, 언어놀이 형태로는 노래와 리듬의 형태로 표현된다. 우리나라 누리교육과정에서는 '음악으로 표현하기', '움직임과 춤으로 표현하기'라는 내용을 포함하고 있는데, 이는 생각하고 느낀 것을 예술적으로 표현하고 창의적으로 표현하는 것을 교육목표로 하고 있다. 유아들에게서 흔히 볼 수 있는 많은 행동 특성들, 즉 본능적으로 움직이고 흥얼거리고 노래하고 소리 만드는 것을 즐거워하는 것들은 창의적인 표현과 관계가 깊으며 음악적 표현과 관련된 행동들이 많다. 따라서 교사는 유아의 다양한 음악적 표현이 놀이를 통해 경험할 수 있도록 지도하는 자세가 필요하다.

chapter

3

연령별 놀이행동 특성 및 유형

유아들은 성장하면서 다양한 놀이행동을 나타낸다. 이 장에서는 영유아의 발달 특징을 영아기, 유아기, 학동기로 나누어 연령별 놀이발달 특징을 알아보고 인지발달과 사회성 발달 특징에 따라 놀이 유형을 구분해서 설명할 것이다. 영아기의 인지적 놀이 유형은 감각운동놀이, 사물놀이, 상징놀이로, 유아기의 인지적 놀이 유형은 사회극놀이, 구성놀이, 규칙있는 게임으로 분류할 수 있다. 또한 영아기의 사회적 놀이 유형은 비참여 행동, 지켜보는 행동, 혼자놀이로, 유아기의 사회적 놀이 유형은 병행놀이, 연합놀이, 협동놀이로 분류할 수 있다. 학동기에는 좀 더 높은 인지 및 사회적인 수준을 요하는 놀이 유형이 나타난다.

유아는 또래와 함께 놀면서 성장 · 발달한다. 유아의 놀이를 통해 유아의 전반적인 발달상태를 알 수 있으며 여러 가지 놀이 유형을 통해 발달수준을 평가할 수 있다. 놀이와 발달은 밀접한 관계가 있으므로 적절한 놀잇감을 제공하기 위해 유아의 발달 특성과 놀이행동을 이해해야 한다. 딸랑이를 빨면서 흔드는 영아가 자동차나 소방차를 이용하여 놀이를 하고 적목을 이용하여 무언가를 쌓고 만들기 시작하다가 성인들의 흉내를 내며 상상놀이를 하기 시작한다. 더 큰 유아들은 친구와 함께 극놀이를 하고 다양한 놀잇감을 이용하여 창의적으로 만들고 규칙에 따라 게임을 하는 등 유아는 성장 · 발달하면서 다양한 놀이행동을 나타낸다. 이 장에서는 놀이 유형의 특징이 유아의 인지 및 사회성 발달이 그 중추적 요인이라는 신념에 바탕을 두어 유아의 놀이가 그들의 인지 및 사회적 발달단계에 따라 어떤 유형으로 구분되고 발달되는지에 관해 알아보고자 한다. 또한 놀이 유형이 유아의 발달단계에 따라 다르게 나타나므로 영유아의 놀이발달 특징에 대해서도 알아보았다.

1. 놀이 유형별 발달

유아의 놀이는 내용이나 형태가 매우 다양하여 하나의 기준으로 분류한다는 것은 사실상 어려운 일이다. 일반적으로 놀이 관련 문헌에서 공통적으로 기술되고 있는 것을 참고하여 놀이 유형을 인지적 측면과 사회적 측면으로 분류하여 설명하고자 한다.

1) 인지적 놀이 유형

Froebel, Montessori와 Piaget는 놀이의 인지적 가치를 인정하는 대표적 학자들로서 Froebel은 그의 은물(gifts)과 작업(occupations)을 통해서, 그리고 Montessori는 감각 자료(sensory materials)를 통해서 유아가 구체적 사물을 가지고 적극적인 활동에 참여하는 것이 지적 발달과 직접 관계된다고 하였다. 또한 Piaget의 인지이론에 의하면, 놀이는 그 자체로서 인지발달을 의미한다고 보았는데, 그는 유아의 인지가 감각운동기, 전조작기, 구체적 조작기 및 형식적 조작기로 질적인 변화를 계속하면서 유아의 놀이도 감각적이고 기능적인 연습의 수준에서 전조작기 특유의 상징적인 놀이시기를 거쳐 점차 규칙이 포함되는 높은 수준의 놀이로 변화하게 된다고 하였다(이은해 외, 1993).

유아의 인지발달에 따라 Piaget(1962)는 놀이를 기능놀이 혹은 연습놀이, 상징놀이, 규칙있는 게임으로, Smilansky(1968)는 기능놀이, 구성놀이, 사회극놀이, 규칙있는 게임으로 분류하였다. Smilansky는 기능놀이가 제일 먼저 나타나 감각운동기 동안의 주요 놀이 유형이 되며 전조작기로 들어서면서 구성놀이와 사회극놀이가 나타나고 궁극적으로는 통합적인 놀이 형태가 되어 간다고 하였다. Hughes(1999)는 영아기의 놀이 유형을 감각운동놀이, 사물놀이, 상징놀이로 분류하였으며, Kostelink(1988)은 영아의 놀이 행동을 탐색행동, 사물놀이, 상징놀이, 구성놀이, 동작놀이로 분류하고 있다. Johnson 등(2005)은 영유아의 놀이를 동작놀이, 사물놀이, 상징놀이, 사회적 놀이로 분류하고 있다.

따라서 여러 학자들의 의견을 종합하여 여기에서는 인지적 측면에서 논의될 수 있는 감각운동놀이, 사물놀이, 상징놀이, 사회극놀이, 구성놀이, 규칙있는 게임에 대해 알아볼 것이다. 놀이에 관련된 문헌에서는 기능놀이에서 구성놀이, 역할놀이까지 발달적 순서를 설명하고 더 낮은 수준의 요소를 통합하여 다음 수준으로의 놀이로 변화한다고 설명한다. 구성놀이는 기능놀이 기술을 사용하여 통합하지만 놀이활동은 더 높은 수준으로 향상되어 유아가 그냥 사물을 가지고 놀이하는 것이 아니라 통합하여 창의적으로 사물을 사용하여 구성놀이를 한다. 마찬가지로 구성놀이 행동은 역할놀이 수준으로 통합되며 역할놀이에서는 유아가 사물을 상징적으로 변형하여 놀지만 기능놀이와 구성놀이 이상으로 더 높은 수준으로 놀이가 확대된다는 것이다(Johnson et al., 2005).

(1) 감각운동놀이

감각운동놀이(sensorimotor play)는 '연습놀이(practice play)' 혹은 '기능놀이(functional play)'로 불리며 영아기 초기에 시작된다. 기능놀이는 감각운동기 영아들이 기능적인 즐거움을 위해 반복적으로 되풀이하는 단순한 놀이행동을 말한다. 즉, 이 시기의 놀이는 '쥐기'나 '빨기'와 같이 그 자체가 목적이 되는 반복적인 패턴의 행동이 주를 이루고 있는데 Piaget는 이러한 행동의 반복이 과연 놀이인지 아닌지는 상황적 맥락에 따라 판단해야 한다고 하였다. 이러한 행동들은 연령의 증가와 함께 보다 협응된 형태로 발전하게 된다. 예를 들어 딸랑이 놀잇감을 우연히 흔들어 소리가 나는 것을 안 영아는 그러한 행동을 반복하여 기능적인 즐거움을 즐긴다. 기능놀이에는 특별한 놀이기술이나 상징을 포함하지 않는데 Piaget(1962)는 이 놀이를 연습놀이 또는 연습게임이라고 불렀으며 다음과 같이 발달한다고 하였다.

- 1차 순환 반응 시기 : 자신의 신체를 이용하여 행동을 반복하는 놀이

  영아는 신체와 관련된 흥미있는 감각 경험을 인지하고 이를 즐거워하며 계속 반복한다. 예를 들어 영아가 무언가를 잡으려고 손가락을 오므렸다 펴는 행동을 반복하는 것으로 사물에는 관심이 없고 자신의 신체를 이용하여 행동하는 것으로 의도적인 요소는 없다.

• 2차 순환 반응 시기 : 주변 환경에 영향을 미치는 행동을 즐기며 반복하는 놀이

영아는 자신의 신체를 이용하여 반복활동을 하는 것뿐만 아니라 자신의 행동이 외부 세계에 미치는 영향에 대해 흥미가 있다. 예를 들어 딸랑이를 흔들거나 줄을 잡아당기기나 탁자치기 등 주변 환경에 영향을 미치는 행동을 반복하며 즐긴다.

• 3차 순환 반응 시기 : 의도적으로 다양하고도 복잡한 시도를 하는 놀이

이 시기의 영아는 행동을 정확하게 반복하는 대신 활동을 다양하게 시도하면서 재미있게 놀이를 한다. 예를 들어 물이 튀는 것을 보기 위해 장난감을 물 위에 떨어트릴 뿐만 아니라 물속에 장난감을 밀어넣어 물위로 떠오르는 것을 보는 등 의도적으로 복잡한 행동을 하여 다양한 실험을 하며 놀이한다.

〈표 3-1〉 Piaget의 감각운동기의 발달단계의 특성 및 놀이 유형

단계	인지적 특성	놀이 유형
출생~1개월	빨기, 쥐기 등 간단한 선천적인 반사행동을 한다.	놀이라고 볼 수 있는 활동은 거의 없다.
1~4개월	인지적으로 1차 순환반응이 나타난다. 빨기나 잡기와 같은 개별적인 행동이 통합되기 시작한다.	유아가 단순히 재미로 자신의 신체를 주로 이용하여 행동을 반복하며 놀이한다.
4~8개월	인지적으로 2차 순환반응이 나타난다. 자신의 신체의 반복활동뿐만 아니라 자신의 행동이 외부세계에 미치는 영향에 대해 흥미가 있다.	종이구기기나 탁자치기와 같이 환경에 영향을 미치는 행동을 즐기며 반복한다.
8~12개월	유아가 베개 뒤에 있는 장난감을 찾기 위해 베개를 치우는 것과 같이 의도적이고 목적 지향적인 행동이 나타난다.	유아는 종종 수단 그 자체가 놀이가 되어 목적을 포기한다. 예를 들어 유아는 베개를 치우는 행동이 재미있는 게임이 되어 숨겨진 장난감을 찾는 목적에 대해서는 잊어버린다.
12~18개월	유아는 이제 흥미있는 사건을 정확히 반복하는 이상으로 의도적으로 활동을 다양하게 하여 더 재미있는 놀이를 한다. 이 행동은 인지적으로 3차 순환반응 시기에 일어난다.	유아가 즉각적이며 의도적으로 놀이 경험을 더 재미있게 하기 위해 복잡하게 함으로써 감각운동놀이는 매우 다양하다.
18개월 이상	한 사물을 가지고 다른 사물을 표상하는 능력인 상징화가 나타난다.	감각운동놀이는 점점 상징놀이나 가상놀이로 대치되어 이후에 유아의 놀이를 지배하게 된다.

한편 Rubin 등(1983)은 감각운동적 놀이 유형은 비교적 오래 지속된다고 보고하면서 생후 14~30개월 된 유아의 전체 자유활동 중 53% 정도가 감각운동적 놀이였으며 이것이 3~4세에는 44%로, 4~5세에서는 33%로 감소하였으나 6~7세에서도 전체 놀이 중 기능놀이의 비율이 16%가 된다고 하였다. 즉, 보다 나이 든 유아들에게서 행해지는 사회극놀이에서도 뛰고, 달리고, 구르는 등의 감각운동적 놀이가 포함되며 성인이 조깅을 하거나 춤을 추거나 테니스를 치거나 연필로 낙서하는 것은 감각운동적 놀이에 해당한다고 볼 수 있다. 따라서 기능놀이는 감각운동기에 주로 나타나지만 연령이 증가하면서 보다 복잡해지고 정교해지면서 유아기 동안 계속해서 새로운 기술을 배울 때마다 나타난다.

(2) 사물을 이용한 놀이

영아의 관심이 자신의 신체활동에서 주변 세계로 이동하게 되면 사물을 이용한 놀이(object play) 단계가 나타난다. 사물을 이용한 놀이는 한 번에 몇 개의 사물을 가지고 놀이를 하는지 그리고 어떻게 사물을 가지고 놀이를 하는지에 따라 발달적 측면이 다르다. 즉, 사물을 이용한 놀이의 질은 놀이활동이 얼마나 적절한지, 연계성이 있는지, 그리고 변별력이 있는지에 따라 판단할 수 있다.

사물을 이용한 놀이는 사물을 다루기 위한 운동기술을 요구하므로 대략 생후 6개월경에 나타난다. 비록 신생아는 반사와 감각적 능력을 가지고 있지만 사물을 가지고 어떻게 놀이해야 할지 알지 못한다. 영아들은 다양한 놀잇감을 가지고 놀이하는데 미국의 경우 생후 1년까지 영아들의 놀잇감 종류는 28가지로 알려져 있다(Rheingold & Cook, 1975). 생후 1년 동안의 사물을 이용한 놀이는 반복적이고 미분화된 활동에서 조직화되고 연계성있는 활동 패턴으로 변화한다. 2세가 되면서 유아는 과거 경험의 조합에서 새 도식을 구성할 수 있는 능력이 생긴다. 따라서 관습적인 방법으로 사물을 이용하는 빈도가 증가하게 된다.

사물을 이용한 놀이는 생후 2년을 전후해서 다음과 같이 변화하게 된다.

첫째, 한 번에 하나의 사물을 사용하다가 점차 여러 개의 사물을 함께 가지고 놀이하게 된다. 생후 7~8개월 된 영아들의 사물을 이용한 놀이는 90%가 한 번에 한 가지 사물을 사용하는데 12~13개월쯤 되면 여러 개의 놀잇감을 함께 사용하는 것을 쉽게 관찰할 수 있다.

둘째, 부적절한 사물의 사용이 줄어들고 사물을 적절히 이용하는 행동이 증가한다. Rosenblatt(1977)는 사물을 이용한 놀이에서 사물을 적절하게 사용하게 되는 3단계를 관찰하여 기술하였다. 즉, 사물을 이용한 놀이는 무차별적 행동, 탐색적 행동, 그리고 적절한 행동의 단계로 발전하여 사물을 적절하게 사용할 수 있게 된다. '무차별적 행동'은 영아가 사물 개개의 특징에 관계없이 모든 사물을 같은 방법으로 다루는 것이다. 예컨대, 영아들이 장난감 전화를 보자마자 입으로 가져가 빨기 시작하는 행동이다. '탐색적 행동'은 사물에 대한 구체적인 성질을 탐색하는 것으로 유아가 장난감 전화를 여러 각도에서 보고 전화기의 각 부분을 만져 보면서 주의 깊게 살피는 행동이다. '적절한 행동'은 사물을 원래의 의도대로 사용하는 것이다. 장난감 전화기의 수화기를 귀에 대고 손가락으로는 다이얼을 돌리기 시작하는 행동이 여기에 속한다.

셋째, 사물을 표상적으로 사용하는 특성이 급진적으로 증가한다. 사물을 표상적으로 사용한다는 것은 한 사물을 다른 사물로 대체함을 의미한다. 신문지를 말아서 장난감 곰에게 밥을 주는 장면에서 유아는 '신문지'라는 사물을 표상적으로 사용한다고 할 수 있다.

사물을 이용한 놀이는 유아의 상징능력이 나타나기 전후에 일어나는 놀이 유형이므로 전상징적 사물놀이와 상징적 사물놀이 간의 차이를 구분하는 것이 중요하다. Fenson 등(1976)은 9개월에서 18개월 영아의 사물놀이를 비교한 결과, 가장 어린 영아들은 사물을 입에 넣거나 두드리는 것과 같은 운동도식이 우세하게 나타나고 13개월 영아들은 사물을 기능적으로 사용하여 비슷한 사물을 분류하거나 단순한 행동을 하였다. 연구자들은 Piaget의 의견과 같이 영아기의 사물놀이도 탈중심화되고 더 통합적이 된다고 결론내렸다. 유아들은 사물을 기능적 혹은 운동적으로 사용하는 것에서 인습적으로 적용하는 것으로의 발달적 변화가 있으며 통합적 놀이로 증가한다(Johnson et al., 2005).

(3) 상징놀이

상징놀이(symbolic play)는 존재하지 않는 사물을 표상하는 놀이로서 학자에 따라 가상놀이(make-believe play), 가장놀이(pretending play), 역할놀이(dramatic play), 환상놀이(fantasy play), 상상놀이 등의 용어로 불리며 가작화 요소인 '마치 ~인 척(as~if elements)' 표상하는 놀이로 정의할 수 있다.

영아의 연령에 따른 상징놀이의 발달 경향을 보면 대략 12~14개월경에는 일상의 생활맥락에서 벗어나 자신에 대하여 가상행동을 보이기 때문에 다른 사람의 가장행동을 모방하지는 못한다. 18~20개월이 되면 다른 사람의 눈을 맞추면서 간단한 가장행동과 모방행동을 하고 타인에 대하여 가장행동을 해보이는 진정한 의미의 상징놀이가 시작된다. 20~24개월경에는 다른 친구에게 말하고 장난감을 주고받는 등 상호 인식을 통해 사회적 가장행동이 현저히 발달한다. 24~30개월경에는 지갑을 들고 카트를 이용해 인형과 같이 쇼핑하는 것처럼 어떤 주제를 정하여 활동하는 등 동일한 주제에 참여할 수 있고, 30~36개월경에 서로를 인식하여 놀이 협상을 하면서 다른 사람의 놀이 역할을 수용하는 진정한 사회적 가장놀이의 형태가 된다(Johnson et al., 2005). 다시 말해서 영아의 상징놀이는 처음에는 자신이 중심이 되는 것에서 점차 다른 사람이 중심이 되는 것으로 이동하면서 영아 자신은 상상의 상황에서 빠져나오고 인형이나 엄마가 상상의 행동을 하는 등 좀 더 높은 수준의 상징행동이 나타난다.

Piaget(1962)는 감각운동기에 나타나는 물체의 영속성, 지연모방, 언어 등과 같은 인지적 발달 및 표상능력 발달의 결과로 상징놀이가 나타난다고 하였다. 즉, 상징행동은 생후 2세를 전후로 나타나기 시작하여 3~4세에 그 절정에 도달하며 6세 이후에 감소하므로 ∩자형의 발달곡선을 그리게 된다고 하였다. 유아기에는 상징놀이가 더 조직적으로 계속되고 사회적 상황에서 행해지는 현실을 그대로 모방하게 된다.

상징놀이는 탈중심화(decentration), 탈상황화(decontextualization), 통합(integration)의 세 가지 요소로 구성되며 각각에 대한 보다 자세한 내용은 다음과 같다.

① 상징놀이의 구성요소

● 탈중심화

탈중심화란 영아가 자기중심성에서 탈피하여 자신과 타인의 관점에서 대상을 바라보고 인식할 수 있게 되는 것을 의미한다. 생후 2세경이 되면 영아의 상징놀이는 자신에 관련된 자기지향적(self-directed) 행동에서 타인에게 관련된 외부지향적(outer-directed) 행동으로 그 내용이 변화하게 된다. 즉, 처음에는 빈 컵을 자기 입에 대고 마시는 흉내를 내던 영아가 차츰 엄마나 인형의 입에 컵을 대고 마시도록 하는 행동이나, 인형을 먹이고 잠을 재우는 등의 타인을 향한 가상놀이로 발전하게 된다는 것이다. 이 또한 초기에는 영아가 능동적인 역할을 하고 인형은 영아의 행동에 대해 수동적으로 받아들이는 역할을 하지만 차츰 영아는 인형을 활동의 대리인으로 다루게 되면서 인형이 스스로 능동적인 주체로서 기능하도록 조정하게 된다(Fein & Robertson, 1974; Johnson et al., 2005). 상징놀이에서의 이러한 탈중심화 경향은 발달의 연속적인 형식으로서 나타나게 되며 12~30개월에는 인형을 자신과 분리된 개별적인 존재로 다루는 행동 경향이 꾸준히 증가하게 된다.

영아가 자신이 아닌 다른 사람인 것처럼 행동하는 능력은 이후의 역할수행(role taking)에 전제조건이 된다. 영아가 보다 복잡한 상황에서 다른 대상의 관점으로 역할수행을

인형을 자신과는 분리된 개별적인 존재로 점차 인식하게 된다.

할 수 있게 되는 것은 이후 사회적 관계에서의 성공과 다양한 인지적 문제의 해결에도 영향을 미친다.

● 탈상황화

탈상황화란 한 사물을 다른 사물로 대체하는 것을 의미하며 영아가 성장함에 따라 사고력의 융통성이 확장되어 실제 사물과 덜 유사한 사물에도 상징적 의미를 부여하여 사용하게 된다. 즉, 초기에는 숟가락과 비슷한 물체를 갖고 먹는 체하지만 약 2~3세경에는 숟가락의 특징을 갖지 않는 막대기를 마치 숟가락인 것처럼 상상하고 음식을 떠먹는 척할 수 있게 되며, 4세경에는 실물과 유사하지 않은 물체를 이용하여 상상놀이를 하다가 나중에는 사물 없이도 가작화할 수 있게 된다는 것이다. 유아가 하나의 사물을 다른 것으로 대체(substitute)하는 능력은 상당한 이론적 관심을 모았으며 광범위하게 연구되었다(Rubin et al., 1983). Fein(1975)은 24개월 된 유아가 장난감 말에게 컵으로 물을 먹이는 상징놀이에서 대체물이 한 가지인 경우와 두 가지인 경우에 대해 관심을 가졌다. 두 사물 중 어느 하나를 대체물로 제시하는 경우, 즉 말 인형을 철사로 된 모형으로 대체하거나 컵을 조개껍데기와 대체하여 제시한 경우 70%의 유아가 상징놀이를 계속하였다. 그러나 말과 컵 둘 모두를 대체물로 바꾸어 제시한 경우 단지 23%의 유아만이 상징놀이를 계속했다. 유아의 상징놀이에 영향을 미치는 대체물의 특성을 분석하는 후속 연구에서 이러한 대체물들은 형태나 기능이 실물과 어느 정도 닮아야 한다는 것을 알아냈다. 조개껍데기나 병은 컵과 형태가 닮았으며 그 기능 면에서도 그렇다. 그러나 장난감 자동차의 경우는 형태나 기능 면에서 컵과는 전혀 유사성이 없으므로 컵의 대체물로는 사용되지 않을 것이다.

대체물의 사용이 실물과 유사한 정도는 연령에 따라 차이를 보인다. 2~3세의 유아는 상징놀이에서 보다 더 실물에 가까운 사물을 선호하지만 연령이 증가함에 따라 유아는 실물과 유사성이 없는 사물을 다양한 상징적 레퍼토리로 사용할 수 있게 된다(Pulaski, 1970). 즉, 5세 된 유아는 상징놀이에 사용할 사물을 선택함에 있어서 실물과의 유사성보다는 다양한 변형의 가능성을 더 고려하게 된다.

어린 유아들은 실물에 가까운 사물을 이용하여 상징놀이를 한다.

● 통합

통합이란 유아가 발달함에 따라 단편적인 개별 행동으로 나타나던 상징놀이가 점차 일련의 행동으로 나타나 패턴화되어 감을 의미한다. 통합은 단일 도식 결합(single-scheme combination)과 다중 도식 결합(multi-scheme combination)의 두 가지 형태로 나타나는데 단일 도식 결합은 대략 18~19개월경에 나타난다(Fenson & Ramsay, 1980). 예를 들어, 유아가 곰 인형을 블록으로 만든 자동차에 태우는 행동을 하고 이러한 행동을 다른 인형에게도 똑같이 반복하는 경우 '차에 태우기'라는 단일 주제는 단일 도식의 결합이라는 연속적 활동으로 통합되는 것이다. 이러한 통합은 2세 이후가 되면 보다 복잡한 형태로 되어 2개 이상의 다른 주제를 포함한 활동으로 구성되어 다중 도식 결합의 형태로 나타난다. 즉, 유아는 인형을 차에 태우는 행동과 아울러 인형이 소풍가는 행동이 조합을 이루면서 연속적으로 통합된다. 다시 말해서 단일 도식(인형을 차에 태우기)이 또 다른 단일 도식(소풍가기)과 연결되어 줄거리가 있는(인형을 차에 태우고 소풍가기) 이야기가 전개되어 상징놀이로 나타난다는 것이다. Fenson 등(1980)은 24개월 된 영유아에게서 나타나는 이러한 연속적인 두 가지 활동의 조합을 아주 의미 있는 일로 언어발달에서 한 단어에서 두 단어의 조합으로의 변환과 유사하므로 높게 평가하고 있다.

이와 같이 상징놀이 내용의 통합적 측면에 관한 연구들은 연령이 증가함에 따라 놀이의 내용이 점차 논리적인 전체로 통합되어 간다고 주장한다. 즉, 유아의 상징놀이가 초기에는 단순한 몇 개의 상상행동들을 배열하는 산만한 내용의 상징놀이를 해 보이다가 나이가 들면서 상징행동들을 인과관계에 기초한 짜임새 있는 상상의 에피소드로 조직하여 통합된 내용의 상징놀이를 해 보이는 것으로 발달해 간다는 것이다. 그러한 상징놀이가 좀 더 진전되면 유아가 자신의 목소리, 몸동작, 옷차림 등을 부모처럼 흉내내고 부모의 역할 연기를 시작하게 된다는 것이다.

〈표 3-2〉 2세아의 상징놀이의 발달 경향

단계	탈중심화	탈상황화	통합
12개월	상징놀이 행동의 중심은 유아 자신에게 있다. 보통 혼자 있을 때 일어나며 일상 생활에서 친숙한 의식을 놀이로 나타낸다.	대체용 사물은 현실적인 방법으로 사용된다.	다양한 상징놀이 활동들은 상호 연관이 거의 없다.
18개월	상징놀이 행동의 주도자는 유아이며 의인화된 사물의 행동을 포함한다.	한 사물을 다른 사물로 대체할 때 모습과 기능 면에서 현실적인 것과 다를 수 있다.	단일 도식 결합으로 관련된 행동을 연결한다.
24개월	의인화된 사물은 상징행동의 수용자일 뿐만 아니라 주도자가 된다.	대체용 사물은 물리적인 유사성이 없을 수도 있다. 이는 사물이 원래의 기능과는 거리가 먼 방식으로 표상되기 때문이다.	다중 도식 결합으로 각각의 주제가 다른 2개 이상의 활동을 포함한다.

Gowen(1995)은 이러한 상징놀이의 발달과정을 9단계로 분류하였다.

- 제 1단계 : 전가작화 행동

  영아가 가작화 행동을 하지만 가작화 행동을 한다는 확실한 증거는 없다. 예를 들어 마시는 소리를 내지 않고 컵을 입에 대거나 전화기를 귀에 갖다 댄다.

- 제 2단계 : 자기가작화 행동

영아가 자신과 관련된 명백한 가작화 행동에 참여하는 것으로 컵을 입에 대고 마시는 소리를 내거나 전화기를 귀에 대고 이야기한다.

- 제 3단계 : 타인가작화 행동

가작화 행동이 사물이나 다른 사람을 향하는 경우로서 장난감 트럭을 밀면서 자동차 소리를 내거나 인형에게 젖병으로 젖을 먹인다.

- 제 4단계 : 사물 대체 행동

창의적이고 상상적인 방법으로 사물을 사용하거나 이전에 사용했던 방법과는 다르게 가상행동을 한다. 블록을 젖병이라고 가작화하면서 인형에게 먹이거나 밀가루 반죽 조각을 햄버거라고 한다.

- 제 5단계 : 상상적인 사물이나 존재의 가작화 행동

사물, 물질, 사람, 동물이 없을지라도 있다고 가작화하며 행동하거나 어떤 가작화 행동을 다양한 사물에 적용시키면서 반복한다. 빈 주전자를 컵에 따르면서 '커피'라고 말하고 자동차를 탄 것처럼 상상하면서 자동차 소리를 낸다.

- 제 6단계 : 능동적 대행 행동

인형, 모형 동물 등의 놀잇감을 살아 움직이는 것처럼 가작화 행동을 하여 놀잇감이 능동적으로 행동하도록 한다. 모형 동물이 마치 달리는 것처럼 카펫 위를 뛰게 하거나 인형이 스스로 먹는 것처럼 인형의 손을 인형의 입에 가져간다.

- 제 7단계 : 연속적이지만 줄거리가 없는 이야기

단일 가작화 행동을 다양한 사람에게 반복하는 것으로 엄마에게 '커피'를 마시라고 컵을 주고 인형에게도 마시라고 컵을 준다.

- 제 8단계 : 연속적이면서 이야기가 있는 행동

두 가지 이상의 가작화 행동이나 도식을 반복하여 이야기를 만드는 행동으로 컵을 휘젓는 척하며 마신 다음 '음, 맛있네'라고 말하면서 다른 사람이나 인형에게도 '마셔 보라'고 한다.

- 제 9단계 : 계획된 상징놀이

상징놀이 이전에 미리 계획하는 것으로 언어나 행동으로 다른 사람에게 보여 준다.

장난감 우유병을 인형 입에 대기 전에 인형에게 우유를 먹일 것이라고 말한다.

이상의 단계를 종합해 보면 1~3단계는 역할의 가작화 단계로 탈중심화 과정을, 4~6단계는 사물의 가작화 단계로 탈맥락화 과정을, 7~9단계는 행동의 가작화 단계로 통합의 과정을 설명해 준다.

McCune(1995)은 상징놀이 발달과정을 놀이와 언어가 발달해 나가는 과정이라고 설명하면서 전상징적 스키마(presymbolic play schemes), 자기가작화(self-pretend), 타인가작화(other-pretend), 결합적 가작화(combinatorial pretend)와 위계적 가작화(hierarchical pretend)의 5수준으로 분류하였다.

② 상징놀이의 기능 및 중요성

심리학자 Hartley(1971)는 유아 상징놀이의 주요한 기능을 다음과 같이 설명하였다.

첫 번째의 주요한 기능은 성인의 단순한 모방이다. 유아는 성인이 행동하는 것을 직접 본 장면을 모방한다. 그렇게 함으로써 성인의 세계를 더 잘 이해한다.

두 번째, 실제 역할의 강화이다. 즉, 유아는 자신과 같은 약한 자의 역할, 아기의 의존적인 역할, 사장의 역할, 친구의 리더 역할 등과 같이 매일 생활에서 익숙하고 친근한 것을 모방하며 상징놀이한다.

세 번째, 유아들이 성인이 행동한 것을 단순히 모방하면서 가족관계와 생활 경험을 반영하는 놀이를 한다. 유아가 상징놀이를 할 때 자기 주위 사람의 행동을 흉내 내고 모방하기 때문에 무의식 중에 많은 정보를 나타낸다.

네 번째, 유아들이 무엇을 요구하는가를 나타내 준다. 예를 들어, 3세 된 기용이의 경우를 고려해 보자. 네 명의 유아들 중 가장 어리고 집에서도 막내인 기용이는 부모와 나이든 형이나 누나로부터 많은 사랑을 받지만 자기가 보호해 주고 양육해 줄 수 있는 누군가가 있기를 원하였다. 상징놀이에서 기용이는 항상 인형이나 다른 유아들까지도 안아 주고 귀여워해 주고 달래는 부모의 역할을 하기를 원한다.

다섯째, 상징놀이는 금지된 충동을 위한 출구로서의 기능도 하며 반대 역할을 해 봄으로써 다른 사람의 견해에 관해 많은 것을 학습할 수 있고 자신의 자아개념을 확장할 수 있다. 따라서 이러한 상징놀이는 지적 · 정서적 · 사회적 발달을 촉진시킬 수 있다.

유아는 가설적 추리와 문제해결력을 숙달하기 위한 기초를 형성하는 '만약 ○○라면 어떻게 할 것인가?'라는 사고를 통해 인지가 발달한다. 유아의 창의적 사고방식은 상징놀이를 통해 촉진되고 기억력 · 언어발달 · 인지적 조망능력이 향상된다.

여섯째, 정서발달 면에서는 자기 인식 · 자기 확신 · 자기 통제의 발달이 향상된다. 유아는 가끔 현실에서는 약한 존재이므로 상상의 세계에서는 즐겁게 자신의 힘을 발휘하며 놀이한다. 그렇게 함으로써 유아는 생활 속에서 갈등이 감소되고 불유쾌한 경험을 없애고 보상받을 수 있다.

마지막으로 상징놀이는 유아의 사회적 발달에 가장 많은 영향을 준다. 상징놀이에 참여함으로써 집단환경에 협동하고 사회적 활동에 참여하고 인간관계를 이해하려는 능력이 개선된다. 유아가 사회적 상징놀이에 참여할 때 '통제와 타협'의 문제를 탐색하기 시작한다. 친구와 놀이 역할이나 주제에 대해 이야기하고 역할을 정할 때 미묘한 협상의 과정을 거친다. 그러한 협상을 통해 더 효과적으로 의사소통하고 유아의 상호작용에서 일어나는 피할 수 없는 갈등이 해결된다.

(4) 사회극놀이

사회극놀이란 상징놀이와 사회적 놀이가 결합된 것으로 한 명 이상의 유아들이 좀 더 발전된 놀이에 참여하는 형태로서 약 3세경에 시작된다. 영아 초기에는 주로 혼자 상징놀이를 하지만 3세 이후부터는 상징놀이에 한 명 이상의 유아가 포함되는 경우가 흔하게 나타난다. 3세 유아를 대상으로 한 종단연구에서 유아의 상징놀이가 연령의 증가에 따라 양적인 면에서 뿐만 아니라 사회적 상호작용 면에서도 꾸준히 증가한다는 것을 발견하였다(Johnson & Ershler, 1981).

사회극놀이는 유아가 자신이 속한 사회에서 직 · 간접적으로 경험한 인물, 역할, 사건 등을 모방하며 다양하게 놀이하므로 새로운 개념을 학습하고 의사결정력 및 문제해결력을 향상시킨다. 예를 들어 병원놀이를 하기 위해 유아들은 의사나 간호사 등 서로의 역할을 결정하며 어떻게 놀이할지에 대해 의사소통을 하고 다양한 해결방안을 모색한다.

사회극놀이는 여러 명의 유아가 상징놀이에 참여하는 형태이다.

또한 병원에서 좋지 않았던 경험이 있는 유아는 자신이 겪었던 일을 그대로 재연함으로써 개인적인 요구나 갈등을 나타내면서 해소하게 된다. 따라서 유아들은 사회극놀이를 통해 인지, 언어, 사회성, 정서가 발달하며 가상의 역할을 하면서 상상력 및 창의력이 발달된다.

Smilansky(1968)는 사회극놀이를 인지적으로 보다 진보된 상징놀이 형태로서 정의하면서 유아들은 사회극놀이에서 실제 생활에서 경험하고 관찰한 상황을 기억하여 가능한 정확하게 표상하려고 한다고 하였다. Smilansky(1968)는 수준 높은 사회극놀이를 위해 여섯 가지 조건을 제시하였다. 일반적인 상징놀이의 구성요소인 역할의 가작화, 사물의 가작화, 행동과 상황의 가작화를 모두 포함하고 있어야 할 뿐만 아니라 지속성, 상호작용, 언어적 의사소통이 있어야 한다. 여섯 가지 조건을 설명해 보면 다음과 같다.

- 역할의 가작화 역할을 가상해서 언어나 행동으로 표현한다. "나는 엄마야. 나 갔다올게. 아기야 집에 있어."
- 사물의 가작화 사물의 용도를 다양하게 가상해서 언어나 행동으로 표현한다. 병원놀이를 하면서 종이 블록을 계산대로 사용하고 빨대를 주사기로 사용한다.

- 행동과 상황의 가작화 상황이나 행동을 가상한다. 아무것도 없는 상황에서 "여기는 병원이야."라고 하면서 "아기가 아파 업고 병원에 왔어."
- 지속성 한 가지 놀이 주제를 적어도 10분 이상 지속한다. 두 명의 유아가 소풍놀이를 10분 이상 계속하는 것이다.
- 상호작용 동일한 놀이 주제를 가지고 두 명 이상의 유아가 상호작용한다. 식당놀이를 하면서

  주인: "어서오세요. 여기 앉으세요."

  손님: (주인이 안내한 탁자에 가서 앉아 메뉴판을 본다.) "이것 주세요."
- 언어적 의사소통 놀이 주제에 대해 놀이자들이 언어로 의사소통을 한다.

  의사: "간호사 이 환자에게 주사 놓으세요."

  간호사: "예. 주사 다 놓았습니다. 약국 가서 약 사가지고 가서 먹으세요."

  환자: "예."

어린 유아들의 사회극놀이는 소꿉놀이나 소방관 놀이와 같은 매우 친숙한 주제를 중심으로 놀다가 성장함에 따라 점점 더 다양해진다. 유아들이 살고 있는 실제 세계뿐만 아니라 환상적이고 일상에서 벗어난 특이한 놀이 주제로 옮겨가면서 책이나 미디어를 통해 전달된 허구의 세계에 대해서도 관심을 갖고 역할수행하며 놀이한다.

사회극놀이와 관련하여 여러 가지 가작화 요소가 내포된 주제환상극놀이를 소개해 보면 다음과 같다. 주제환상극놀이는 Saltz와 Johnson(1974)이 처음 사용한 용어로 유아가 동화 속의 등장인물이 되어서 이야기 내용을 가작화하는 놀이로서 '아기 돼지 삼형제' 동화를 들려주고 첫째, 둘째, 셋째 돼지의 역할을 맡아 동화 내용에 따라 극놀이하는 것이다. 사회극놀이와 주제환상극놀이는 시간, 내용, 참여 등에서 몇 가지 차이가 있다(엄정애, 2009). 주제환상극놀이는 계획된 집단활동 시간에 이루어지며, 사회극놀이는 주로 자유놀이 시간에 이루어지고 유아들이 원하는 시간에 시작하고 원하는 시간에 끝맺을 수 있다. 내용과 소품의 경우, 주제환상극놀이는 놀이할 내용이 미리 정해져 있기 때문에 내용에 적합한 소품이 활용되어 동화의 시작부터 끝까지 전 과정을 놀이하는 반면, 사회극놀이는 유아들이 일상의 경험이나 상상하는 내용을 스스로 구성하

기 때문에 소품도 창의적으로 다양하게 사용한다. 참여시간과 집단 크기의 경우, 주제환상극놀이는 사전에 등장인물의 수와 역할이 결정되므로 놀이 중간에 참여할 수 없고 집단 크기도 결정된다. 사회극놀이는 유아들의 놀이 참여가 자유롭고 놀이 구성원의 허락을 받으면 참여 인원 수에 관계 없이 언제든지 참여할 수 있다.

따라서 사회극놀이와 주제환상극놀이를 통해 유아의 이야기 이해능력, 이야기 구성능력 및 회상능력 등 언어발달, 추상적 사고력이나 문제해결력 등의 인지발달, 친구와 협동하고 공유하며 감정이입을 통해 사회 · 정서발달, 상상력이나 창의력 발달 등의 교육적 가치가 있다.

(5) 구성놀이

구성놀이(constructive play)는 놀이 자료를 다양하게 활용하여 창조적으로 무엇을 만드는 놀이로서 조직적이고 목표지향적 놀이이다(Johnson et al., 2005). 생후 22~24개월경부터 유아는 다양한 놀이 자료를 활용하여 구성놀이를 시작하게 되는데 처음에는 단순히 놀잇감을 조작하는 수준에서 시작해 점차 이러한 놀잇감으로 어떤 것을 만들어 내는 수준으로 발달하게 되며 유아는 그 과정을 통해 여러 사물을 조화롭게 구성하는 방법을 실험하게 된다(Morrison, 1995). Rubin 등(1983)에 의하면, 구성놀이는 유아기 놀이의 가장 일반적인 형태로서 3.5세에는 전체 활동의 40%를 차지하며, 4~6세에는 약 51%에 해당한다고 하였다.

유아들은 주로 블록이나 끼워 맞추는 놀이 자료, 목공놀이 도구, 미술 자료 등을 이용하여 작은 구성물 만들기 혹은 자동차나 로봇 등을 만드는 놀이를 하게 되는데 이러한 구성놀이의 출현은 기능적인 활동으로부터 창작의 결과를 얻는 활동으로의 도약을 뜻하는 것으로서 유아에게 창조에 대한 개인적인 기쁨을 제공한다. 또한 유아가 구성놀이를 시작하면서부터 주의집중 시간이 현저히 증가하게 되며 놀이에 대해 구체적인 주제를 설정하고 놀이의 내용을 조직화하는 것이 가능하게 된다.

따라서 Forman(1998)은 구성놀이의 특징으로 다양한 자료들을 다루어 보는 과정 속에서 대안적인 방법을 발견하고 이전에 알고 있던 방법과의 관련성과 차이점을 비교

유아들은 구성놀이를 통해 창작의 기쁨을 느낀다.

하는 과정을 통해 유아 스스로 지식을 구성하도록 도모해야 한다는 점을 강조하였다. 구성놀이는 우연히 일어나는 놀이와는 다른 차원의 놀이로서 놀이자 자신의 역동적이면서 적극적 행위에 기초를 두고 있으며 놀이과정 속에서 과거의 경험을 통해 수행했던 방법들이 현재의 놀이 상황과 관련하여 새로운 방법을 어떻게 창안해 낼 수 있는지 이해해 가는 기회를 제공하는 것에 초점을 둔다.

Smilansky(1968)는 구성놀이는 기능놀이와 역할놀이의 중간 단계에 나타나는데 이렇게 단계별로 놀이 형태가 발달되는 것은 역할놀이에서 사용한 상징이 구성놀이의 상징활동보다 더 발전된 지적 기술을 요구하기 때문이라고 하였다. 유아들은 성장함에 따라 점차 구성놀이와 상징놀이를 하는 빈도가 증가하게 되고 유아교육기관에서도 흥미영역을 통해 그러한 놀이를 하도록 격려해야 한다.

그러나 Piaget는 이러한 구성놀이를 따로 분리하여 하나의 놀이 유형으로 분류하지 않았으며 작업과 놀이의 중간 단계로 보았다. 만일 어떤 유아가 나무를 파서 돛을 달아 배를 만들고 있다면 이런 행동을 하나의 놀이로 볼 것인지 모방이나 자발적인 작업으로 볼 것인지에 문제가 생긴다는 것이다(이숙재, 2000). 즉, 구성놀이는 일반적으로 상징적인 주제가 많이 포함되는 역할놀이보다 모방의 특성이 더 강하다는 것이다.

(6) 규칙있는 게임

놀이에서 사전에 정한 규칙을 받아들이고 따라야 하는 규칙있는 게임(game with rules)은 놀이 발달의 최고 수준에 도달한 놀이 형태로서 특정 연령에만 자주 나타났다가 점차 참여율이 감소되는 다른 놀이와는 달리 성인기까지 지속적으로 나타난다는 특성이 있다. 유아의 인지발달이 전조작 단계에서 구체적 조작 단계로 도약하면서 놀이에도 새로운 변화가 나타나게 되는데, 예를 들어 전조작 단계의 유아가 블록을 이용하여 집이나 로봇을 만드는 구성놀이나 블록으로 만든 로봇으로 사회극놀이를 주로 한다면, 구체적 조작 단계의 유아들은 그들의 놀이에 규칙을 만들어 규칙있는 게임의 형태로 놀이를 하게 된다. 즉, 규칙있는 게임은 게임에 포함되는 규칙의 의미를 이해하고 내면화할 수 있는 인지수준을 요구하므로 대부분의 유아들이 적어도 구체적 조작 단계가 되어야 가능하게 된다. 따라서 규칙있는 게임은 4~7세 이전에는 거의 나타나지 않고 구체적 조작기인 7~11세에 주로 나타나서 성인기에까지 지속적으로 발달하게 된다. 규칙있는 게임을 통해 유아는 주어진 한계 내에서 자신의 행동 및 반응을 조절하는 것을 배우게 되며 이러한 규칙의 내면화 과정은 일상생활에서의 규율과 질서 유지를 습득하는 계기가 되기도 한다.

규칙있는 게임은 달리기, 공놀이 등의 감각운동적 조합(sensorimotor combination)과 카드놀이나 장기 등의 지적 조합(intellectual combination)이 있는 놀이가 포함되며 개인 간의 경쟁이 포함된다는 것이 또 다른 특징이다. 유아가 혼자서 노는 경우에 규칙이 나타나는 경우는 드물며 대개 두 명 이상의 놀이자가 포함되는 경우에 규칙이 나타나게 된다(Hughes, 1999). 기능놀이나 상징놀이가 4세 이후에 감소하는 원인도 기능놀이나 상징놀이가 집단적인 형태를 취하게 되면서 규칙이 나타나게 되고 이로 인해 서서히 규칙있는 게임으로 전환되기 때문이다.

규칙을 정하고 실행하는 점에서 상상놀이와 규칙있는 게임의 차이점은 상상놀이에서의 규칙의 목적은 역할을 정하고 역할에 맞는 행동을 하는 것이다. 그러나 상상놀이의 역할이나 주제는 계속해서 바뀔 수 있기 때문에 상상놀이에서의 규칙은 수준 높은 규칙있는 게임에서의 규칙의 엄격성(rigidity)이 없다. 규칙있는 게임에서의 규칙은 미리 사전에 결정되며 규칙 수정은 모든 놀이 참가자들이 동의하지 않는 한 놀이 도중에는 하지 않는다.

그러나 많은 심리학자들은 규칙있는 게임을 놀이의 정의에 포함하지 않는다(Garvey, 1977). 그 이유는 1장에서 설명하였듯이 놀이가 그 자체의 목적을 가진 하나의 활동이며 놀이가 어떤 외부적인 목적을 포함하고 있지 않다고 정의하였는데 규칙있는 게임은 경쟁을 포함하고 있고 따라서 외부적인 목적이 있으며 그것은 이겨야 한다는 것이므로 놀이의 정의에 포함되지 않는다는 것이다.

그러면 왜 규칙있는 게임들이 유아의 놀이를 분류하는 데 있어서 하나의 유형으로 고려되고 있는가? 경쟁적인 요소에도 불구하고 규칙있는 게임을 하는 동안 그 활동이 특히 유아들에게는 진짜 놀이이기 때문이다. 운동장에서 축구를 하는 1~2학년생들은 목적이 지는 게 아니라 이기기 위한 것이라는 것을 분명히 알고 있지만 그들은 그 자체로서 그 활동을 단순히 즐긴다. 즉, 게임은 아동에게 친구들과 함께 뛰고 어울릴 기회를 제공해 주고 그렇게 함으로써 자신들의 마음속에 있는 목표를 잊어버릴 수도 있다. 그러므로 유아교사는 규칙있는 게임을 지도할 때 너무 경쟁적인 분위기가 되지 않도록 주의를 기울여야 할 것이다.

2) 사회적 놀이 유형

유아가 성장하면서 접하게 되는 사회적 세계는 점차 가족을 넘어서서 또래관계로 확장된다. 또래와의 상호작용은 유아의 사회성 발달에 중요한 영향을 미치며 유아의 놀이는 그들이 가진 사회적 능력에 따라 그 유형이 달라진다. 여기에서는 Parten(1932)과 Howes(1980)의 이론을 중심으로 설명하고 Fantuzzo의 이론은 7장을 참고하기 바란다. 먼저, Parten과 Howes의 사회적 놀이 유형을 설명한 후, Parten 이론의 비판점에 대해 기술하겠다.

(1) Parten의 사회적 놀이 유형

유아의 사회적 놀이 발달과정을 분석한 Parten은 유아교육기관의 자유놀이 시간을 관찰하여 유아의 사회적 참여도에 따라 다음과 같이 놀이를 분류하였다.

① 비참여행동(0~1.5세)

비참여행동(unoccupied behavior)은 말 뜻 그대로 어느 놀이 형태에도 포함되지 않는 행동으로서 순간적인 흥미에 따라 시선을 움직이거나 이동하는 등 별 다른 의욕을 보이지 않는 행동이다. Parten은 영아가 흥미있는 것이 없을 때 자신의 몸을 만지작거리거나 앉았다 일어서는 행동 또는 여기 저기 서 있는 행동을 보이기도 하는데 이러한 행동을 비참여행동으로 규정하였다. 그러나 이러한 행동은 엄밀한 의미에서 놀이행동으로 규정짓기 어렵다는 의견들도 있다.

② 지켜보는 행동(1.5~2세)

지켜보는 행동(onlooker behavior)은 학자에 따라 방관자적 놀이로 불리기도 하는데 유아가 다른 유아의 놀이행동을 바라보면서 구경꾼으로 참여하는 것을 말한다. 지켜보는 행동을 하는 유아는 집단에서 발생하는 것을 듣고, 보고, 말할 수 있는 거리 내에 앉아 있거나 서 있다. 지켜보는 행동이 비참여행동과 구별되는 가장 큰 차이점은 그때 그때 생기는 흥미로운 어떤 사건보다 특정 유아집단을 관찰하면서 필요한 경우에는 말을 걸 수도 있다는 점이다. 비참여행동을 하던 유아에게 지켜보는 행동이 나타나는 것은 유아가 타인의 존재에 유의하기 시작했다는 점에서 사회적인 능력의 진보를 의미한다고 할 수 있다.

③ 혼자놀이(2~2.5세)

2~2.5세 사이에 전형적으로 나타나는 혼자놀이(solitary play)는 사회적 상호작용의 정도가 매우 낮은 놀이 유형으로서 이 시기의 유아는 다른 유아가 주위에 있어도 관심을 나타내지 않고 가까워지려는 시도를 전혀 하지 않으며 전적으로 자기만의 혼자놀이를 계속한다.

쌓기 영역에서 2명 이상의 유아들이 병행놀이를 하고 있다.
옆에 누가 있다는 것은 인식하지만 따로 따로 놀이를 하고 있다.

④ **병행놀이(2.5~3.5세)**

병행놀이(parallel play)는 두 명 이상의 유아가 동일한 장소에서 동일한 시간에 동일한 활동을 함께 하는 것으로서 유아들은 서로의 존재를 분명히 인식하고 있으며 또한 자기에게 의미가 있는 다른 사람의 존재도 인식하지만 결과적으로는 여전히 따로 따로 놀이를 하는 경우이다. 이러한 병행놀이는 사회적 성숙 수준이 낮은 혼자놀이와 높은 사회적 성숙을 요구하는 협동놀이 사이의 전환점에 주로 나타난다.

⑤ **연합놀이(3.5~4.5세)**

3.5~4.5세 유아들, 특히 4세경 유아들에게 많이 나타나는 연합놀이(associative play)는 각 유아가 별개의 활동에 초점을 맞추어 놀이를 한다는 점에서는 병행놀이와 유사하나 놀잇감을 공유하거나 빌려 주는 행동이 나타나며 차례를 지키고, 친구의 활동에 참여하며 폭넓은 의사소통이 이루어진다는 점에서 보다 사회성이 발달된 놀이 유형으로 정의할 수 있다. 예를 들어, 유아가 각각의 종이에 서로 다른 그림을 그리면서도 미술 재료를 빌려 주기도 하고 그림에 대해 많은 토의를 한다면 이것은 연합놀이로 볼 수 있다. 그러나 역할을 분담하거나 놀이 내용이 조직적으로 전개되지는 못한다.

⑥ **협동놀이(4.5세 이후)**

한두 명의 유아가 집단을 주도하여 리더 역할을 하면서 서로 다른 역할을 분담하여 공동의 목표를 달성하기 위해 진행되는 조직적인 놀이이다. 협동놀이는 어떤 물건을 만들기 위해서, 경쟁에 이기기 위해서, 성인들의 생활을 극화하기 위해서, 또는 규칙 있는 게임을 하기 위해서 집단을 조직하고 놀이를 하게 된다.

(2) Howes의 사회적 놀이 유형

Howes(1980)는 병행놀이와 사회적 놀이를 중심으로 Parten의 범주보다 좀 더 세부적으로 분류하였다. 병행놀이의 하위 목록은 단순 병행(parallel)놀이와 관심을 가진 병행(parallel with mutual regard)놀이로, 사회놀이의 하위 목록은 단순 사회(simle social play)놀이, 상호 보완적(reciprocal and complementary) 놀이와 상호 보완적 사회(reciprocal social play)놀이의 5단계로 분류하였다. Howes와 Matheson(1992)은 또래놀이를 세 가지 차원, 즉 또래 간의 사회적 상호작용에서의 복잡성, 상호성과 의사소통 정도에 초점을 맞추어 6단계로 분류하였다. 수준 1과 2의 놀이행동은 비사회적, 비상호적, 비언어적이며, 중간 단계인 수준 3, 4에서는 상호적이고 언어적 상호작용이 포함된다. 가장 높은 단계인 수준 5, 6에서는 유아가 사회극놀이에 참여하게 되어 상호성, 복잡성과 언어적 의사소통이 포함된다. 그러나 수준 5에서는 유아가 자신이 맡은 역할에 충실하게 말하는 가작화 대화에 제한점이 있으나 수준 6에서는 놀이를 미리 계획하고 조직하는 등 복합적인 사회놀이를 하면서 상위의사소통을 하게 된다(구체적인 내용은 7장 참고).

(3) Parten 이론의 비판점

유아들의 모든 놀이는 사회적 맥락에서 일어난다. 따라서 Parten의 연구는 유아의 놀이를 분류하여 다양한 사회적 참여 정도를 이해하도록 돕는 매우 가치 있는 것이다. 각 발달단계의 분류는 놀이가 진행되어 가는 질적인 발전을 나타낸다(Howes & Matheson, 1992). 그러나 현대 심리학자들은 Parten의 분류가 실제로 유아의 발달단계에 맞는지 의심하였다. 걸음마 시기의 유아는 협동적으로 놀이할 수 없는가? 더 나이든 유아의 혼자놀이는 언제나 사회적 미성숙을 나타내는가?

먼저 Parten은 어린 유아들이 협동해서 놀이하는 능력을 과소평가하였다. 현대에 들어와 18개월 정도밖에 되지 않는 유아도 가끔 숨바꼭질을 할 때 서로 차례대로 달리면서 친구와 협동해서 놀 수 있다(Brenner & Mueller, 1982). 아마 Parten은 2세에서 5세 유아들이 다니고 있는 유아교육기관에서의 유아의 행동을 연구하였기 때문에 걸음마 시기 유아의 협동행동을 관찰하지 못했을 것이다. 즉, Parten이 관찰한 대부분의 유아, 특히 2세 유아들은 서로 친한 사이가 아니었다. 현대의 연구자들은 2세 유아들이 익숙하지 않은 집단에서 놀이할 때 의사소통과 협동이 거의 일어나지 않는다는 점에서 Parten과 일치하지만, 놀이하지 않았던 유아도 친한 친구와 짝이 되면 협동해서 같이 이야기하면서 놀이할 것이라는 데 동의한다. 다시 말하면, Parten의 관찰이 정확하지만 그가 연구한 환경은 유아의 최적의 사회성을 관찰하는 데는 부족하다.

그 다음으로 혼자놀이나 병행놀이가 사회적 미성숙의 표시라는 Parten의 시사점에 대해서도 의문이 생길 수 있다. 연령에 따라 사회적 놀이가 전반적으로 증가한다는 것은 일반적으로 동의를 하지만 혼자놀이와 병행놀이의 발달적 수준에 대해서는 의문을 제기한다. 혼자 노는 유아는 친구와 상호작용할 수 없지만 대신에 혼자서 놀이 자료를 탐색하거나 조용하게 놀이계획을 할 것이다. 혼자놀이에 참여하는 많은 유아들이 반드시 다른 친구보다 인기가 없지 않으며 꼭 어린 유아들이 주로 하는 놀이는 아니다(Steinkamp, 1989). Sutton-Smith(1979)는 혼자놀이도 사회적이라고 주장하면서 혼자놀이 속으로 유아가 내면화되어 상상 속에서 놀이 청중도 된다고 하였다.

Smith(1978)는 유아기의 사회적 놀이에 대한 종단적인 연구를 하였는데 많은 유아들이 Parten이 제안한 놀이 단계를 따르고 있었으나 일부 유아들은 그렇지 않음을 알 수 있었다. 연령이 높은 유아는 단순히 옆에서 지켜보는 놀이나 병행놀이에 참여하는 경향이 증가하면서 혼자놀이와 상호작용놀이를 같이하는 것으로 나타났다. 발달하면서 특별한 놀이 상대자와 놀이를 시작하거나 끝내기 위하여 전략적으로 병행놀이를 하며, 다른 연구자들도 병행놀이와 혼자놀이가 어느 정도 성숙한 사회적 놀이의 특성을 띤다고 보고하였다.

따라서 혼자놀이를 다른 상호작용이 있는 놀이에 비해 미성숙한 놀이로 속단해서는 안 된다. 혼자놀이의 경험은 유아가 자신만의 독창적인 방법과 또 사물에 익숙해지는 개인의 속도에 따라 자유롭게 사물을 다루는 기회를 제공함으로써 문제해결 기술과 자기 통제에 대한 신뢰감을 형성하도록 돕기 때문이다. 역시 최근 병행놀이의 또 다른 측면이 논의되고 있다. 병행놀이가 숙련된 놀이자들에 의해 다른 유아의 놀이에 자연스럽게 참여하거나 다른 유아를 자신의 놀이로 이끌어 오는 방법으로 사용되는 것이 관찰됨에 따라(Bakerman & Brownlee, 1980) 병행놀이의 정의를 단순히 '다른 유아들 곁에

혼자놀이의 분류

Johnson 등(2005)은 혼자놀이를 세분화하여 세 가지 하위 범주로 분류하였다.

① **억제된 혼자놀이**(reticent behavior)로 방관자적 행동과 지켜보는 행동이 여기에 속한다. 억제된 행동을 보이는 유아들은 다른 유아들과 놀기를 원하지만 사회적 기술이 부족하거나 문제행동을 보여 또래들에게 거부당하는 경우가 많다.

② **동적인 혼자놀이**(solitary-active behavior)로 혼자 기능놀이와 혼자 역할놀이가 포함된다. 혼자 기능놀이는 유아가 혼자 반복적인 근육 움직임을 하는 것이고, 혼자 역할놀이는 혼자 가작화하는 행동이다. 역시 또래들과 놀기를 원하지만 사회성 발달이 부족해 함께 놀지는 못하지만 억제된 혼자놀이를 하는 유아보다 확산적 사고나 긍정적인 행동을 좀 더 많이 한다.

③ **정적인 혼자놀이**(solitary-passive behavior)로 혼자 구성놀이가 해당되며 유아들이 흥미있는 어떤 것을 만드는 것으로 이러한 유아들은 사람지향적이기보다 사물지향적으로서 의식적으로 이러한 행동을 하게 된다. 위의 경우처럼 사회적 기술이 부족하지도 않고 문제해결력도 높으나 이러한 종류의 놀이만 할 경우, 또래 간의 관계에서 위축될 수도 있다.

따라서 혼자놀이의 유형에는 개인차, 발달수준 및 놀이의 상황에 관계되어 있으므로 유아교사 및 부모는 유아의 발달수준에 적합한 놀잇감을 선정해 줌으로써 유아가 성공적으로 사물을 다루는 것을 통해 자신감을 획득하고 정서적으로 만족할 수 있도록 하며 더 나아가 또래와 함께 놀 수 있는 놀이환경을 조성해 주는 것이 중요하다.

서 놀며 상호작용이 없는 놀이'로 규정하기보다는 때에 따라 사회성이 상당히 높은 상태의 놀이 유형으로도 표현될 수 있음을 함께 생각해야 할 것이다.

2. 영유아의 연령별 놀이발달

모든 영유아들이 동일하지 않고 발달 속도가 다양하므로 영유아의 개인적인 발달 특징에 따라 놀이를 한다. Rusher 등(1995)은 34명의 19개월 된 영아의 놀이활동과 탐색방식을 관찰하고 종단적으로 30개월이 되었을 때 다시 관찰해 본 결과, 연령이 증가하면서 유아들의 발달수준(가상놀이 수준, 연속적인 놀이 빈도)은 유의한 증가를 나타내었지만, 탐색방식(놀이 형태의 다양성, 주의집중력)에서는 일관적인 특징을 보이지 않았다. 다시 말해서, 발달수준(developmental level)은 연령과 함께 증가하였지만 탐색방식(exploratory style)에서는 개인차를 보인다는 것이다. 또한 19개월에 관찰한 놀이활동과 탐색방식은 개인차가 다양함을 보이다가 30개월에는 크게 두 집단(약간 지체된 집단과 약간 빠른 집단)으로 명확하게 구분됨을 보여 주었다. 이와 같이 현대의 연구들은 유아의 놀이 형태나 특징에서 개인차에 관심을 가지고 그에 대한 연구가 많이 이루어지고 있으므로 유아교육기관에서도 영유아들의 개인차를 고려하여 발달 특징에 따라 어떤 놀이 유형이 나타나는지를 고려하여 그에 따른 적절한 놀잇감을 제공해 주어야 할 것이다. 여기에서는 영유아의 연령에 따른 놀이발달 특성을 알아보고 연령별 놀잇감의 특징은 5장을 참고하기 바란다.

1) 영아기

영아는 출생 후 거의 반사적인 행동에 의존하다가 점점 자신의 신체를 발견하여 만지고 노는 행동을 보이며 이는 사물이나 타인에게로 확대되어 나간다. 태어나 처음 접하는 모든 대상은 영아에게는 호기심의 대상일 수밖에 없으며 주변 세계를 향한 이러한 영아의 관심은 손을 뻗고 기어가서 만져 보고 입으로 빨아 보는 등의 행동으로 이어지게 된다. 이러한 행동이 영아에게는 곧 놀이이며 이를 통해 주변 세계에 대한 정보를 얻어 나가는 것이다.

먼저, 영아의 발달 특징 및 놀이행동을 연령별로 간략하게 설명해 보면 다음과 같다. 6개월 이전의 영아의 근육 통제는 매우 제한되어 있으며, 흥미 있는 소리 · 촉감 등이 발달하고, 빨기나 잡기 행동이 발달한다. 7개월경에 잡기 능력이 향상되어 한 손으로 물건을 잡을 수 있으며, 8개월이 되면 행동을 정확하게 반복하는 것 대신에 활동을 다양하게 하려는 시도를 한다. 생후 1년 동안 영아는 Piaget가 말하는 감각운동놀이나 연습놀이를 함으로써 즐거움을 느낀다(Hughes, 1999).

1세경에 영아는 또래에게 미소짓고 옹알거리고 장난감을 주고받고 또래를 모방하는 등 또래를 향해 간단한 사회적 행동을 할 수 있다. 1세 영아는 움직임이 점차 활발하여 자신의 신체기술을 연습해 본다. 영아의 운동기능이 증가할수록 성취하고자 하는 의욕이 증가하고 호기심이 많아지고 물건을 가지고 탐색을 한다. 놀면서 흥미 있는 사건을 정확히 반복하는 것뿐만 아니라 더 재미있게 놀이하기 위해 의도적으로 다양하게 시도한다.

또한 심상(mental)이 발달하고 감각운동놀이는 점점 상징놀이로 대치되어 상징화가 나타나는 등 처음으로 상징적 사고와 상상놀이를 시작한다. 아직 미숙하지만 대 · 소근육 운동능력 신장, 사물에 대한 적극적인 탐색 및 자신의 능력에 대한 흥미 증가, 반복적인 일상생활에 대한 흥미 · 독립심 증가, 타인에 대한 인식 모방 등 타인에 대한 반응 증가 등의 발달 특징도 보인다.

2세 영아는 영아기와 유아기의 과도기적인 특성이 있다. 이러한 과도기적인 특성은 서구에서의 '난폭한 두살배기(terrible two)'나 우리나라에서의 '미운 세 살'이라는 용어에서도 나타나고 있다. 발달에 있어서의 과도기란 양면성과 혼란스러움을 가지고 있지만, 양적 · 질적으로 커다란 변화가 진행되고 있다는 의미에서 교육적 중요성이 높다(장영희, 1995).

2세 영아는 활동적이고 신체적인 놀이를 좋아하며 대근육 기술도 향상되고, 1세보다 물체를 더 주의 깊게 탐색하며 표상기술도 더 발달하며 상상적인 활동에서 더 복잡한 레퍼토리를 나타낸다. 그러나 2세 영아는 대근육 놀이활동이 우수하지만 소근육 기술 발달은 어느 정도 제한되어 있다. 즉, 자르고, 붙이고, 연필이나 붓을 효율적으로 사용하도록 요구하는 기술이 제한되어 있다. 또한 2세 영아는 감각 탐색에 아주 관심이 많으며 그림, 찰흙, 모래와 같은 놀잇감의 느낌이 어떤 것을 만드는 것보다 더 중요하다. 또한 언어를 효과적으로 사용하기 시작하며 2세 영아의 언어능력은 사회적 성숙에서도 긍정적인 효과를 가져온다. 그러나 다른 친구들과 가까이 놀고 싶어 하지만 공유하고 협동하는 능력이 아직은 제한되어 있기 때문에 2세 영아 간의 사회적 접촉은 단순하고 순간적이다(Ames, Gillespie, Haines, & Ilg, 1979; Bronson, 1995).

그런데 영아기에는 어떠한 형태의 놀이를 하든 거의 사물을 사용한다. 연습놀이를 하는 영아는 차고, 끌고, 굴리고, 던질 수 있는 놀잇감을 사용하고, 구성놀이를 하는 영아는 쌓고 만들고 구성하는 놀잇감을 사용한다. 그래서 놀잇감은 영아의 놀이 유형을 결정하고 놀이를 충족시키며 놀이의 사용을 풍부하게 하여 또래와 연결시켜 주는 중요한 매개체 역할을 한다. Mueller와 Lucas(1975)는 2세까지의 영아가 상호작용하는 유형을 세 가지로 나누어 설명하고 있다. 즉, 서로 간의 관심보다 물체나 놀잇감을 중심으로 모이는 대상중심 단계(object-centered stage), 또래의 행동에 관심을 보이며 가끔 다른 영아의 행동을 규제하려고 시도하는 단계인 단순 상호작용 단계(simple interactive stage), 또래 간에 서로 상반되는 역할이나 보완적 역할을 수행할 수 있는 상보적 상호작용 단계(complementary interactive stage)이다. 즉, 대상중심 단계에서는 영아가 놀잇감을 중심으로 놀이하다가 조금 더 성장하면서 또래에게 관심을 보이고 게임이나 놀이를 하면서 서로 상반된 행동을 하는 등 그에 맞는 역할을 하게 된다.

2) 유아기

3세가 되면 대근육의 움직임이 유연해지고 민첩해진다. 또한 손과 눈의 협응력이 증가하고, 소근육의 움직임이 세분화되기 시작하며, 색 · 크기 · 모양에 관한 감각 및 지각력과 인지력이 발달하여 다양한 조작활동에 흥미를 보이게 되며, 주변 사물을 탐색하는 능력이 증진된다. 또한 3세 유아는 매우 상상적이어서 상상하여 놀이에 적합한 세계를 만들어 내거나 역할을 바꾸기도 한다. 그리고 성인과 동일시하여 성인이 하는 일에 관심을 가지게 되어 성인의 역할을 흉내 내게 된다.

2세 유아처럼 3세 유아도 매우 고집이 세고 반항적이지만, 타인의 기대에 더 순응하려고 하며, 더 잘 공유할 수 있고, 자기의 차례를 잘 기다릴 수 있으며, 협동을 더 잘 할 수 있다. 따라서 2세아보다는 사회적으로 성숙되었음을 알 수 있다. 3세 유아는 자신의 행동이 주위 세계에 영향을 미치는 결과에 대해서 관심을 보인다. 이러한 과정을 통해 과정에서 결과로, 행동에서 행동의 결과에 관심을 갖기 시작한다.

2세아와는 달리 3세 유아는 어떤 것을 만들어 과시하고 다른 사람에게 보여 주는 데 만족한다. 그러나 목표를 정하거나 목표에 따라 이행할 수 있을 만큼 계획성은 없다. 이러한 능력은 4, 5세가 되어야 가능하다. 3세 유아는 의도적인 계획이 아니라 우연하게 만든 결과물이지만 자기가 만든 것에 자부심을 느낀다. 또한 자신이 흥미있는 물체를 지속적으로 관찰하거나 과제를 수행할 수 있는 능력이 있어 여러 사물의 속성을 발견하는 것이 가능하다. 탐색할 수 있는 기회를 주어 어떤 일을 성취해 볼 수 있게 하며 유아 스스로 그 일을 해냈다는 느낌을 갖게 한다(이기숙 외, 1998).

3세 유아와 비교해서 4세 유아는 더 안정감 있고 자신감이 있다. 신체발달은 1년 전보다 상당히 향상되어 한 발로 서서 균형을 잡을 수 있으며, 롤러 스케이트를 탈 수도 있고 보조 바퀴가 달린 두발자전거도 탈 수 있게 된다.

1년 전에 어렵고 힘들었던 많은 놀이활동도 할 수 있으며 소근육 통제력도 더 정교해져 큰 단추를 채우고 운동화 끈도 묶을 수 있다. 또한 4세 유아는 그림을 그리고, 가위로 종이를 오릴 수도 있고, 색칠하고 목공 작업을 하고, 여러 가지 모양의 블록으로 상상하면서 빌딩도 만들 수 있다. 이러한 과정에서 4세 유아는 처음에는 많은 계획을 하여 목표지향적이기는 하지만 놀이가 진행되는 상태에서 계획이 자주 변경된다.

4세 유아는 3세 유아보다 성인과 더 많이 동일시하여 자신의 남성성과 여성성에

4세 유아는 소근육 통제력이 더욱 정교해져 색칠하기나
가위로 종이 오리기 등의 활동을 성공적으로 수행할 수 있다.

맞게 동일한 성의 부모와 유사해지려고 많은 노력을 한다. 그러나 이 시기에는 아직 성에 대한 개념이 불분명하다. 유아는 성을 인간 존재의 변화하지 않는 고정된 특성을 가진 것으로 보지 않으며, 머리 길이나 옷 형태와 같은 외형적인 특징으로 성 차이를 인식한다. 또한 성인의 관심과 인정을 받기 위해 과시한다든지 성인을 웃기고 허풍을 떠는 것과 같이 사회적으로 미성숙한 행동을 하며(Hartley & Gloldenson, 1963) '나를 보세요', '나 이것 할 수 있어요'라고 말하면서 자신감을 갖게 되지만 이러한 자신감 때문에 위험한 행동을 하게 된다.

5세 유아는 Piaget가 구체적 조작기로 설명한 전이가 시작되어 인지적인 입장에서 논리적 사고력을 나타내기 시작한다. 사고력은 전보다 더 조직적이며 어릴 때보다 더 안정적이고 예측 가능하며 덜 자기 중심적이다. 관대하고 친절하며 친구와 놀 때 공유하고 차례를 지키고 협동하려는 경향을 보인다.

신뢰심과 협동심에 관한 경향을 집에서도 똑같이 볼 수 있으며 부모는 유아의 생활에 중요한 위치를 차지한다. 5세 유아는 부모를 기쁘게 해주며 스스로 자기 일을 하고 자신의 소유물을 챙길 수 있는 새로운 책임을 맡는다. 집 밖의 또래들과 잘 어울리지만 가끔 어린 동생도 돌볼 수 있다(Ames et al., 1979). 5세 유아들은 아기들을 보호해 주고 돌볼 수 있는 것을 자랑스럽게 생각한다.

3세 유아는 환상과 실제 사이의 차이점을 혼동하지만, 5세 유아는 상당히 현실적이다. 예를 들어, 두려움에 있어서 어린 유아들은 상상 속의 공포(구석방 안에 귀신이 있다고 믿음)와 같이 환상세계의 두려움을 나타내지만 5세 유아들은 현실(물리적 위험, 사고, 병, 전쟁, 죽음 등)에 더 근거한다. 5세 유아의 현실주의는 역할놀이에서도 엿볼 수 있다. 예를 들어, 소방서 놀이를 할 때 3세나 4세 유아들은 조그마한 소품(빨간색 종이 모자나 옆에 차는 지팡이)에 만족하지만 5세 유아들은 소방관의 복장을 원하거나 좀 더 현실에 가까운 소품을 원한다.

3) 아동기

(1) 놀이발달 특징

① 논리적 사고의 출현

5~6세의 아동은 Piaget(1962)가 언급한 '구체적 조작기' 단계에 접어든다. 아동의 실제에 대한 정신적 표상은 관련표상들을 종합적인 체계로 정리한다. 그 결과, 사고는 좀 더 논리적이 되고 보다 순서적으로 일어나게 된다. 예를 들어, 사물을 분류할 때 유아들은 논리적이지 못하고 지각적으로 분류하지만 아동은 사물의 특성을 논리적으로 파악해서 분류한다. 논리적으로 사물을 분류하는 능력 이외에 인과관계, 시 · 공간관계를 이해하는 능력 및 귀납적인 사고도 가능하게 된다.

② 또래집단 형성

5~6세의 아동들은 점점 또래지향적이 되어 가고 가족지향적인 측면은 점점 더 감소하게 된다. 이러한 변화는 아동들이 대부분의 시간을 또래집단과 보내기 때문이다. 그러나 이 시기 아동들의 또래집단 구성은 고정적이 아니고 변화가 많아서 어떤 때는 일주일 단위로 또래집단 구성원이 바뀌기도 한다. 각 또래집단은 나름대로 규칙이 있으

며 매우 유사한 또래들끼리 모여 있어 그 집단과 차이가 날 경우에는 배제되기도 한다. 따라서 또래집단의 형성은 아동에게 중요한 사회화 매개체가 될 수 있다. 아동들이 아동기 문화를 습득하는 것은 부모나 교사가 아닌 또래로부터이며 아동들은 또래집단을 통해 서로서로 집단에 수용되는 데 필요한 신체적 · 지적 기술을 가르치고 배운다.

③ 자아개념의 발달

아동들은 Erikson(1963)이 주장하였듯이 근면성이 요구된다. Erikson은 아동들은 성장하면서 가족환경 내에서 그들의 미래가 없다는 것을 깨닫고 보다 넓은 성인 세계에서 성공하기 위해 필요한 다양한 기술이나 일에 도전하게 된다. 그들은 생산적이 되고 성취감과 완성감을 느끼기 위해 몰두하게 된다. Erikson의 주장에 따라 근면성은 일의 세계에서 성취감을 형성하며 이와 같은 과정을 통해 아동들이 어떤 목적에 따라 기술을 배우려고 노력하면서 자아개념이 형성된다.

(2) 놀이 유형

① 상징놀이의 감소

상징놀이는 모든 연령의 유아에게서 나타나지만 5~6세경부터 감소한다. Piaget(1962)는 상징놀이가 감소하는 이유를 다음과 같이 설명하고 있다. 첫째, 자아개념이 발달되어 놀이를 통해 현실의 부족한 부분을 보상받지 않아도 된다는 것이다. 둘째, 상징놀이는 한 명 이상의 유아가 관련되어 자연스럽게 규칙있는 게임으로 발전된다. 셋째, 아동은 성장해 가면서 상징놀이와 같이 현실을 왜곡시키기보다는 현실에 적응하기 위해 노력한다.

② 놀이와 기술의 습득

초등학교 저학년 아동들은 다양한 운동기술과 지적 기술을 발달시키면서 자부심을 갖게 된다. 이것을 통해 아동은 근면성이 발달하고 또래집단에 수용된다. 스케이트보드 타기, 농구 골대에 공 넣기, 카드 게임하기 등을 하면서 또래와 성인들 앞에서 자신을 과시하며 이러한 과정을 통해 또래집단에 소속하게 된다.

③ 주위 물건 수집하기

초등학교 아동들은 좀 더 논리적으로 분류하고 범주화하기 때문에 주위 사물들을 수집하게 된다. 예를 들면 카드, 만화책, 스티커, 우표, 동전 등을 수집하는데 그 물건들을 수집하는 자체가 놀이이며 수집물은 전혀 사용하지 않고 가끔씩 보기만 한다. 주위 물건을 수집하는 것은 아동의 사회적 · 지적 · 성격 발달에 매우 중요하다.

사회적 측면에서 수집품을 통해 또래집단에서 인기를 끌 수 있고 서로 나누거나 교환하는 것을 통해 동등함 · 공평함이나 협상기술을 배울 수 있다. 인지적 측면에서는 수집품을 통해 특정 지식을 습득할 수 있고 사물의 미세한 차이에 대해서 주의를 기울일 수 있다. 또한 논리적인 분류를 통해 수학적 기술을 습득할 수 있으며 수집을 통해 성취감을 느낄 수 있다.

④ 규칙있는 게임

규칙있는 게임의 특성은 두 명 이상의 참가자들이 경쟁심을 갖고 놀이하며 사전에 정한 일련의 규칙을 적용한다. Piaget(1962)도 규칙있는 게임은 두 명 이상의 놀이자들이 참여하며 규칙 지배적인 사고를 수용할 수 있는 능력이 요구된다고 하였다.

Piaget가 관심을 보인 것은 자발적으로 형성된 규칙(spontaneous rules)이며 이는 초등학교 시기 동안의 사회화 과정에서 형성된다. 일련의 규칙을 만들고 유지하려면 다른 사람의 관점을 수용하고 서로 이해할 수 있으며 협동심을 필요로 한다. 따라서 아동은 점점 더 논리적으로 성장되어 가면서 규칙이 지배하는 게임의 형태로 놀이한다.

⑤ 조직화된 스포츠

아동기에는 고도로 조직화된 스포츠 활동에 많이 참여하게 된다. 미국의 6~16세의 8백만 이상의 아동들은 매주 스포츠 활동에 3~4시간씩 할애하고 있다(Hughes, 1999; Johnson et al., 2005)고 한다. 초등학교 1학년 아동들은 숙제를 하는 시간보다 4배나 더 많은 시간을 스포츠 활동에 참여한다. 6~8세 아동은 전체 노는 시간의 약 2%, 8~10세 아동은 25%, 11~12세 아동은 40%가 스포츠 관련 활동에 참여하고 있다. 아동은 스포츠 활동을 하면서 신체적으로 건강해지며 자아존중감이 발달하고 성격형성에 영향을 준다. 지난 20년 동안 많은 학자들은 아동들의 성공적인 스포츠 참여와 스포츠맨으로서 자아에 대한 긍정적인 이미지 간에 상관관계가 있다고 하였다. 그러나 아동들에 따라서 개인차가 있기 때문에 운동을 잘하지 못하고 관심이 없는 아동들이나 성차에 따라 다른 결과를 나타낼 수도 있을 것이다.

현대에는 아동들을 위해 놀이를 적용한 스포츠 활동을 격려하고 있다.

현대에 들어와 놀이를 적용한 스포츠 활동을 격려하고 있다. 네덜란드 축구연맹은 축구를 발달적으로 적절하게 하면서 더 재미있게 하기 위해 코칭철학을 개발하였다. 과거의 축구가 반복 훈련과 기술 습득에 초점을 두어 성인 중심의 활동을 한 전통중심적인 접근 때문에 어린 축구 선수들이 축구를 포기한 사례가 있었음을 발견하였다. 그래서 어린 유아들을 대상으로 축구에 필요한 특정 기술을 익히기 위해 놀이와 같은 접근방법을 개발하였고 결과적으로 지루한 반복이 아니라 더 재미있는 게임처럼 하게 되었다.

chapter

4

놀이에서의 다양성

영유아들의 놀이행동 발달은 연령뿐 아니라 개인차와 놀이의 맥락적 변인에 따라 다르게 나타날 수 있다. 따라서 이 장에서는 성차 및 성격 등과 같은 놀이에 대한 개인차 변인과 함께 맥락적 요인으로 물리적 환경, 사회적 환경, 문화에 따른 놀이 다양성을 중심으로 살펴보고자 한다. 개인적 요인으로 성차는 놀이 유형과 내용, 놀잇감 선호 및 사용에 영향을 미치며, 성격은 인지 양식, 기질, 놀이성, 환상적 성향 등에 따라 놀이 특성이 다르게 나타난다. 맥락적 요인 가운데 물리적 환경은 유아교육기관 경험, 놀잇감과 놀이 공간에 따른 놀이의 다양성을 설명하고 있으며, 사회적 환경은 부모, 형제자매, 교사, 또래와의 관계에 따른 영유아의 놀이 참여 특성과 놀이 유형을 살펴볼 수 있다. 또한 놀이와 문화는 밀접한 관련성이 있어 문화적 특성으로 인해 각 문화권마다 다양한 놀이가 나타나게 된다.

복잡하고 다원화된 현대사회에서 다양하게 나타나는 유아들의 놀이발달을 포괄적으로 이해하기 위해서는 연령별 발달 경향성뿐 아니라 성, 성격 등과 같은 개인차 요인을 놀이의 맥락적 요인과 함께 고려하는 것이 필요하다. 유아들이 동일한 발달단계에 있더라도 개인적인 특성과 놀이 맥락의 다양성에 따라 놀이에 대한 선호도나 놀이행동이 다르게 나타날 수 있기 때문이다. 유아놀이에 영향을 미치는 개인적 요인으로는 성과 성격이 가장 많이 고려되고 있으며 이외에도 인지 능력, 기질 등이 고려된다. 또한 놀이행동이 이루어지는 맥락적 요인에는 주로 물리적 환경, 사회적 환경, 문화 등을 들 수 있다. 이러한 놀이의 다양성에 대한 이해는 교사가 유아들의 놀이 경험을 풍부하게 하도록 준비하게 하며, 유아의 적극적인 놀이 참여와 발달을 더욱 촉진시킬 수 있을 것이다.

따라서 이 장에서는 유아놀이의 다양성을 설명하는 요인을 개인차 요인과 맥락 적 요인으로 나누어 살펴보고자 한다. 개인차 요인으로는 성차와 성격에 따른 놀이 다양성을 살펴볼 것이다. 또한 맥락적 요인으로는 물리적 환경, 가정 환경, 사회적 환경, 문화에 따른 놀이 다양성에 대해 다루고자 한다.

1. 놀이 다양성에 영향을 미치는 개인차 요인

1) 성(性)과 놀이

성은 사회적 표시이며 중요한 개인차 변인으로, 다른 개인적 특성보다 놀이 뿐만 아니라 사람들의 일반적 행동 특성을 설명하고 예측하는 데 중요한 역할을 한다. 놀이에 관한 연구들을 살펴보면, 유아들이 참여하는 놀이 유형이나 내용, 선호하는 놀잇감 및 놀이친구 간의 상호작용은 성별에 따라 차이가 있는 것으로 나타나고 있다.

유아들은 선호하는 놀잇감에서 성별에 따른 차이를 보인다.

(1) 놀이 유형과 내용

남아와 여아의 놀이 유형을 살펴보면, 일반적으로 남아는 놀이에서 독립적이며, 탐색활동을 적극적으로 하기 때문에 거친 신체놀이, 대근육 활동과 기능놀이를 많이 한다. 남아들이 거친 신체놀이에 참여하는 비율은 대개 놀이시간의 약 5~10%, 최대 20%이며 여아들보다 2~3배 정도 더 많이 참여한다(Smith, 1997). 반면에 여아는 남아보다 일찍 소근육 능력이 발달하여 앉아서 하는 놀이나 구성놀이를 더 많이 하는 것을 알 수 있다. 그러나 4세가 넘어서면서 여아들도 적극적 놀이활동에 참여하게 되고 남아도 여아처럼 오래는 아니지만 앉아서 하는 놀이를 전보다 더 즐기기 시작한다.

놀이 공간 사용에 있어서도 남아들은 실외놀이를 선호하고 보다 넓은 물리적 공간을 요구한다. Harper와 Sanders(1975)는 만 3~5세 유아들의 놀이시간과 공간 사용에 대해 연구하였는데, 남아가 실외놀이를 더 많이 하였으며 여아는 실내놀이 빈도가 남아보다 많은 것으로 보고하였다. 놀이 공간 사용에 있어서도 남아가 1.2~1.6배나 더 많은 공간을 사용하고 더 많은 놀이 영역에서 활동하였다.

가상놀이의 경우에는 참여 빈도나 놀이 조직성, 복잡성, 사물 변형과 같은 수준에서 성차가 나타나지 않지만 가상놀이의 주제와 내용 측면에서는 분명한 차이가 나타난다. 가상놀이 주제에서 남아는 환상적이고 모험적인 주제를 선호하고 영웅적 역할을 연기하며 신체적으로 활동적인 역할을 수행하여, 군인 · 경찰놀이, 자동차 · 교통놀이, 선장 · 해적놀이, 로봇 · 우주놀이, 공사 · 수선놀이를 즐겨하게 된다. 반면, 여아들은 일상 경험에 기초한 주제를 선호하고 관계 중심적이고 양육적 역할을 보여 주는 경향을 나타내어 가정생활 내용, 결혼, 소꿉놀이 등의 정적인 역할을 많이 한다(김온기, 1983; Mcloyd, 1980). 그러나 가상놀이에서 나타나는 성 역할적 사회화는 남녀 유아들에게 좀 더 다양한 경험을 제공한다면 가상놀이 주제 및 내용에 대한 관심과 흥미도 다양하게 나타날 수 있을 것이다.

유아들은 동성의 놀이친구를 선호한다.

사회적 놀이 발달에서 성차는 주로 놀이친구의 성 선호도와 사회놀이에서의 상호작용 양식에서 나타난다. 유아는 남아와 여아 모두 동성의 놀이친구를 더 선호하며(Martin & Fabes, 2001; Ramsey, 1998), 이러한 경향은 여아들의 경우에 더 일찍 나타난다. 그러나 유아기 이후부터는 여아의 동성 놀이친구 선호도가 감소하고 남아들의 동성 놀이친구 선호도는 더 증가하게 된다. 반면 구성놀이의 경우에는 이성에 대한 편견은 적게 나타나는 것으로 밝혀지고 있는데, 이는 구성놀이가 주로 교사에 의해 더 구조화되고 감독이 더 많이 이루어진다는 측면에서 자발적으로 나타나는 동성 집단 구성과는 차이가 나타날 수 있다.

사회놀이의 상호작용 양식의 경우에서도 성차를 나타내어 남아들은 더 독단적이고 지배적인 상호작용을 하는 경향이 나타난다. 또한 대집단 경쟁놀이에 더 많이 참여하고 규칙 지배적 활동을 선호하며 활동 자체에 초점을 두는 경향이 나타난다. 여아들의 경우에는 소집단이나 친한 친구들을 더 선호하며 주관적이고 개인 간의 사회적 관계에 더 관심을 보인다.

(2) 놀잇감 선호 및 사용

놀이 유형과 놀이 장소에서 남아와 여아의 차이가 있을 뿐 아니라 유아가 선호하는 놀잇감에서도 차이가 나타난다. 여아의 경우 인형이나 소꿉, 미술도구를 더 오래 가지고 노는 반면, 남아는 블록이나 바퀴달린 놀잇감, 구성 놀잇감을 선호하는 것으로 나타나고 있으며 이러한 차이는 2세 이전부터 시작된다. Liss(1981)의 연구에서 유아들이 놀잇감을 선호하는 범위에도 차이가 나타남을 알 수 있다. 여아는 놀잇감에 대한 선호 범위가 남아보다 넓어 남아용 놀잇감을 포함한 모든 범주의 놀잇감을 골고루 가지고 노는 반면 남아는 여아용 놀잇감을 거의 사용하지 않는다는 것을 알 수 있다.

놀잇감 선정에서의 성 차이는 주로 문화적 요인에 기인하며 특히 성인, 또래, 대중매체의 사회화 영향에 기인하는 것으로 알 수 있다. 예를 들면, 성인들은 아주 어린 유아들에게 성유형화된 장난감을 제공하는 경향이 많다. 부모들은 자녀들이 성에 적합한 장난감을 가지고 놀 때 더 좋아하였으며 성에 부적합한 장난감을 가지고 놀 때 실망을 나타냈다고 한다(Eisenberg et al., 1985). 따라서 성인들은 유아에게 성적절성에 관하여 간접적인 메시지를 전달하고 있음을 알 수 있다. 문화적 요인에서 성인의 영향 이외에 대중매체에서 장난감 광고가 주는 메시지를 분석해 본 결과, 성적절성에 대한 메시지가 많이 나타나는 것으로 밝혀졌다. Schwartz와 Markham(1985)은 광고에서 성유형화에 대한 암시가 있다는 점을 지적해 주고 있다. 여아용 자전거는 파스텔 색조에 꽃무늬인 반면, 남아용 자전거는 짙은 색에 굵직한 타이어와 거친 소리를 내었다. 여아용 복장은 신부, 발레리나, 간호사, 치어리더의 모습이었고, 남아용 복장은 군인, 천문학자, 경찰과 같은 전통적인 남성상을 나타내었다. 또한 매직 요술도구 세트에서 여아는 남아 요술가의 보조자로 나왔으며 경주용 차 광고에서는 남아가 놀이하고 있을 때 여아는 놀이를 구경하고 있는 배경 인물로 등장하였다. 부엌 장난감 광고에 등장하는 여아는 식탁에 앉아 있는 남아에게 식사를 준비하고 있는 역할이었다.

이와 같이 유아의 성에 따른 놀잇감 선호는 환경적인 요인, 즉 문화적인 요인이나 주위 성인들의 다양한 강화가 영향을 줄 뿐만 아니라 유전적 · 내적 · 생물학적인 기제와도 상관이 있다. Berenbaum과 Hinse(1992)는 태내 발달 동안에 아드레날린 선에서 남성 호르몬인 앤드로겐을 과다하게 분비하게 하는 선천성 부신 과다형성(CAH) 상태의 여아 26명을 연구하였다. 이 호르몬은 뇌를 통해 여성을 '남성화'시킨다. 하등동물에서는 자궁에서 앤드로겐이 과다하게 분비되면 암컷이 수컷의 행동 특성을 발달시킨다고 알려져 있다. 선천성 부신 과다형성(CAH) 환자들은 전통적인 여아용 장난감보다 남아용 장난감을 훨씬 더 많이 가지고 노는 경향이 있음을 관찰하였다. 연구대상 수가 적어 일반화시키는 데에는 어려움이 있으나 그 결과는 흥미로운 것이라 볼 수 있다.

더 나아가서 성유형화된 장난감을 가지고 놀이하는 경향과 유아의 인지발달 간에는 상관관계가 있는 것으로 알려지고 있다. 남아용 장난감은 구성, 사물이나 패턴 조작, 공간 이동 등을 요구하므로 공간기술이 발달되어 수학과 과학 성취도 검사에서 높은 점수를 받았고, 여아용 장난감은 언어적 상호작용을 촉진시켜 언어기술 영역에서 높은 점수를 받았다(Serbin et al., 1979; Tracy, 1987).

2) 성격과 놀이

성격은 한 개인 행동의 특성이 다양한 상황에서 지속적으로 나타나는 것을 말한다. 일반적으로 성격은 인지적 성숙의 차이에 의해 나타나는 것이 아니며 시간이 지나도 안정적인 것으로서 인간 행동을 설명해 주는 또 다른 주요한 변인으로 간주된다. 놀이의 다양성을 설명해 주는 변인으로서 성격은 인지양식, 기질, 놀이성, 환상적 성향 등으로 나누어 살펴볼 수 있다.

(1) 인지양식

인지양식은 인지과제에 대한 유아들의 반응 유형을 말하며 장 독립적 인지양식과 장 의존적 인지양식으로 나누어진다. 사물을 지각할 때 그 사물을 둘러싼 배경, 즉 장(field)에 영향을 받지 않거나 비교적 적게 받는 장 독립적인 유아는 주변의 장을 보다 분별된 방식으로 경험하고, 지각대상을 분리해서 지각하는 경향이 있으며, 반대로 배경에 영향을 많이 받는 장 의존적 유아는 심리적 분화가 잘 이루어지지 않아 대상을 전체적으로 파악하는 경향이 있다.

아동의 인지양식과 놀이 간의 관계를 살펴본 연구들은 유아의 인지양식에 따라 놀이행동에 차이가 있다는 점을 밝혀 주고 있다(Coates, Lord & Jakabovics, 1975; Saracho, 1998, 1999). 3세에서 5세 사이의 유아들을 대상으로 인지양식에 따른 놀이행동을 관찰한 연구를 살펴보면 장 의존적 유아보다 장 독립적 유아가 놀이에 더 몰두하는 것으로 나타났다. Saracho(1998, 1999)는 유아들의 놀이양식은 그들의 다른 인지양식을 반영한다고 하였다. Saracho는 유아의 인지양식에 따른 놀이의 특징으로 장 의존적인 유아는 타인에게 강한 호기심을 보이고 이에 민감하게 반응함으로써 사회적 기술을 습득할 기회가 많아 병행, 연합, 협동놀이를 자주 하는 반면, 장 독립적인 유아는 사회적 능력보다 분석적 능력을 가지고 있어서 혼자놀이를 더 많이 하는 것으로 보고하였다.

유아는 놀이를 통해 사회적 상황에 직면하고 수용 가능한 방식으로 사회적 문제를 해결하며, 서로 돕고 협력하는 것을 배울 수 있다. 뿐만 아니라 이러한 놀이 형태가 유아의 인지양식에 따라 차이가 있음을 나타내는 연구들이 대체적으로 장 독립적 유아들은 혼자놀이를 많이 하며, 장 의존적 유아들은 사회적인 놀이를 많이 하는 것으로 보고하고 있다. 이러한 결과들은 장 독립성-장 의존성 인지양식과 사회적 행동양식과의 관련성, 즉 놀이 또한 사회적 행동의 한 양상이라는 점으로 볼 때 인지양식과 놀이와의 관련성을 시사받을 수 있다.

(2) 놀이성

유아의 놀이성(playfulness)은 놀이 상황에서 나타나는 개인차와 관련된 심리적 개념으로, 다양한 놀이행동을 일으키는 성향 내지 태도를 말한다. 많은 연구들이 놀이성이 놀이 영역 선택에 영향을 주고 놀이성 요인에서 높은 점수를 받은 유아들이 신체적으로 활동적이고, 사회적 놀이와 상상놀이에서 높은 점수를 받는다는 결과를 보여 주고 있다(유애열, 1994; 이경주, 2002; Lieberman, 1977; Singer et al., 1980).

Lieberman(1977)은 유아들의 놀이성을 신체적 자발성, 사회적 자발성, 인지적 자발성, 즐거움의 표현, 유머감각의 다섯 가지로 구분하였다.

〈표 4-1〉 Lieberman의 놀이성

종류	특징
신체적 자발성	신체를 활용한 풍부하고 조화로운 움직임
사회적 자발성	또래와 어울리고 협력할 수 있는 능력
인지적 자발성	상상력, 창의력, 사고의 유연성
즐거움의 표현	웃음, 행복감과 즐거움을 표현하는 것
유머감각	재미있는 사건의 식별 및 인식, 호의적인 농담, 장난기

출처: Lieberman(1977) 재인용.

놀이성이 높은 유아들은 강화나 승인에 의지하지 않고 자기주도적으로 행동하고 놀이를 완수하는 특성을 가진 반면, 놀이성이 낮은 유아들은 의존성이 강한 것으로 나타났다(Rogers et al., 1998).

(3) 환상적 성향

환상적 성향(fantasy-making predisposition)이란 가상놀이나 내면화된 환상을 표현하는 정도를 말하며, 일생 동안 전반적으로 나타나는 성격 특징의 하나이다(Singer, 1995). 일반적으로 환상적 성향이 높은 유아는 환상성이 낮은 유아보다 놀이 가운데 높은 수준의 상상력, 긍정적 정서, 집중력, 사회적 상호작용, 협동성을 보이며, 기다림이 요구되는 상황에서 충동 통제를 더 잘 하는 것으로 나타났다(Berk, Mann, & Ogan, 2006).

(4) 기질

유아의 기질을 연구한 초기의 대부분 연구들은 가정에서 어머니와의 관계를 주요 변인으로 다루어 왔으나, 최근에는 가정 이외의 교육기관에서 또래관계에 대한 관심이 증가하고 있다.

Thomas와 Chess(1977)는 유아의 기질 유형에 따라 또래관계에 차이가 있다고 하였다. 까다로운 유아는 유치원에서 또래와 처음 만나는 것과 같은 새로운 상황에서 지속적으로 소리를 지르고 부정적인 반응을 보인다. 반면 순한 유아는 또래관계도 긍정적이고 무난한 과정을 보여 또래집단에 적응하는 데 어려움과 강한 스트레스를 느끼더라도 대부분 또래에게 적합한 반응을 융통성 있게 발달시킨다. 더딘 기질의 유아는 새로운 상황에서 철회적인 반응과 느린 적응을 보이므로 사회적인 적응에 대해 점차적인 갈등을 겪기 시작한다.

이러한 또래관계는 놀이활동에도 영향을 미쳐 순한 기질의 유아는 미술활동, 조작놀이활동을 많이 선택하는 반면, 까다로운 기질의 유아는 쌓기놀이, 대근육활동 영역을 많이 선택하는 것으로 나타났다(김용희, 1991). 또한 순한 기질의 유아는 병행놀이를, 까다로운 유아는 단순한 사회적 놀이 형태 및 방관자적인 행동을 한다고 보고하였다. 그러나 이와 반대로 이지현(1998)의 연구에서는 까다로운 기질의 유아가 미술, 역할, 조작, 쌓기 영역을, 순한 기질의 유아는 역할놀이 영역을 선호하였고 순한 기질의 유아가 연합놀이나 협동놀이를 더 많이 한다고 하였다. 김수진(1995)의 연구에 따르면 까다로운 기질의 유아가 놀이실에서 더 많이 활동하였고 더딘 기질의 유아는 또래 및 교사 상호작용을 적게 하였다고 보고하였다. 또한 순한 기질의 유아는 놀이 가운데 '대화하기'를 많이 시도하였으며, 더딘 기질의 유아는 놀이에서 '제안 따르기'를 많이 하는 것으로 나타났다.

유아의 기질에 따른 실외놀이 형태를 조사한 연구에서는 순한 기질의 유아가 까다로운 기질의 유아보다 집단 극놀이를 선호하고, 까다로운 기질의 유아는 방관자적 행동을 많이 보였으며, 순한 기질의 유아가 놀이 유형 중 쫓기 게임을 즐긴다고 하였다 (김형미, 1998).

이상에서 살펴본 것처럼 유아의 기질이 놀이에 영향을 미치는 중요한 변인 중 하나로 볼 수 있으나 연구마다 다양한 결과들이 도출되고 있음을 알 수 있다.

3) 연령별 놀이 특성

놀이에 있어서 유아의 연령을 고려하는 것은 놀이가 유아의 성숙에 미치는 영향을 알 수 있도록 할 뿐만 아니라 유아의 연령에 적합한 다양한 놀잇감 및 놀이 기회에 관한 유용한 정보를 제공해 줄 수 있다는 점에서 도움을 줄 수 있다.

유아들의 놀이는 연령별로 커다란 차이를 나타낸다. 연령이 증가할수록 혼자놀이에서 사회적 놀이로 변화하고, 놀이 지속시간도 길어질 뿐만 아니라 복잡한 규칙이나 고도의 기술이 필요한 놀이를 많이 하는 것으로 나타나고 있다.

유아들의 연령별 놀이 특징을 살펴보면 다음과 같다. 영아는 대부분의 시간을 혼자놀이, 방관자적 놀이와 병행놀이를 하며 지낸다. 그러나 유아교육기관에 가게 되면서 새로운 사람들과 사회적 관계를 맺게 되면 혼자놀이보다 병행놀이가 많이 이루어진다. 이때의 병행놀이는 주로 신체언어로 상호작용하는 경우가 대부분이다.

3~4세 유아는 낯선 유아와 함께 놀이활동에 참여하여 사회적 상호작용을 하며 협동놀이를 하게 된다. 또한 극놀이를 즐기기 시작하여 4세경에는 많은 시간을 극놀이를 하며 보내게 된다.

3~4세 이후부터 취학 전 연령까지는 상상놀이가 절정에 달하는 시기이다. 이 시기의 유아는 다른 사람의 역할뿐 아니라 생물과 무생물의 세계도 놀이 속에 재현할 수 있다. 또한 대·소근육이 발달하여 운동놀이와 미술활동, 그리고 블록으로 하는 구성놀이에도 흥미를 보인다. 그러나 이러한 놀이 가운데 아직까지 또래 간에 완전한 협력관계가 형성된 것은 아니다(유효순 외, 2005).

4) 지능과 놀이

유아의 지능과 놀이의 상관은 몇몇 연구에서 지적되고 있다. Jeffree와 McConkey(1976)의 연구에서는 유아의 지능과 상징놀이 참여 간에 정적 상관이 있는 것으로 나타났으며, 다른 연구에서도 상징놀이 수준과 지능 간에 높은 상관이 있음이 밝혀졌다(Hill & McCunc-Nicolich, 1981).

유아의 지능 수준에 따른 놀이의 차이는 우수아와 정신지체아의 놀이 특성을 연구한 결과로부터 추론해 볼 수 있다. 우수아에 대한 장기적 연구를 실시한 Terman(1920)의 연구결과를 보면, 우수아와 일반아의 놀이에 상당한 차이가 있음을 알 수 있다. 즉, 우수아는 신체적 운동이나 거친 게임에는 흥미를 보이지 않았으며 지적이고 조용한 놀이에 흥미를 나타냈다. 또한 자신보다 약간 나이가 많은 유아를 놀이친구로 선호하였으며 경쟁적 게임은 덜 선호하는 경향을 보였다.

반면에 정신지체아는 놀이활동에서 독창성이 적고 복잡하며 규칙이 없는 단순 게임을 선호하고 자신보다 나이가 어린 유아들과 노는 것을 좋아했다. 뿐만 아니라 우수아보다 사회성 활동을 좀 더 좋아하는 경향이 있으며 구성 놀잇감을 덜 선호하고, 놀잇감의 선택과 게임 수준이 자신보다 생활연령이 더 어린 유아와 유사하였다.

그러나 지능이 놀이에 영향력을 미친다는 연구결과와 달리 일부 연구결과에서는 놀이와 지적 능력 간의 관계가 입증되지 않았다. 예를 들면, Smilansky(1968)는 사회극놀이의 훈련효과가 유아의 지능에 따라 차이가 있는지 살펴본 결과, 유아의 인지능력은 사회극놀이 훈련 효과에 아무런 차이를 나타내지 못한 것으로 나타났다.

즉, 유아의 인지능력은 유아의 놀이에 영향을 미치는 충분조건은 아니지만 유아가 놀잇감을 선택하거나 활용하는 방법, 놀이친구와 상호작용하는 방식이나 놀이 내용의 복잡성 등에 영향을 미치는 것으로 생각할 수 있다.

2. 놀이의 맥락적 요인

맥락(context)이라는 용어는 일반적으로 주변 환경이라는 의미와 특정한 행동과 관련된 전체적인 상황으로 사용된다. 유아들의 놀이를 포함한 행동과 발달은 환경과 문화를 포함하는 맥락 가운데서 나타나게 된다. 유아들의 놀이를 위한 주변 환경으로서의 맥락은 Bronfenbrenner가 제시한 미시체계, 중간체계, 외체계, 거시체계의 생태학적 접근에 의해 설명될 수 있다.

따라서 이 절에서는 놀이의 다양성에 영향을 미치는 맥락적 요인으로 물리적 환경, 가정 환경, 사회적 환경, 그리고 문화에 따른 놀이의 다양성에 대해 살펴보고자 한다.

1) 물리적 환경

(1) 유아교육기관의 경험

유아교육기관에서의 경험이 유아의 놀이에 미치는 영향은 유아의 사회적 상호작용과 사회적 놀이 및 성숙에 영향을 주지만, 그 영향력은 긍정적일 수도 부정적일 수도 있다. 부정적인 면에서는 광범위한 유아교육기관 경험의 결과는 공격성을 나타내고 성인의 말에 복종하지 않는다(Clarke-Stewart, 1984; Phillips, McCartney, & Scarr, 1987)는 것이다.

긍정적인 면으로는 발전된 수준의 사회놀이와 관계가 있으며 복잡한 사회적 상호작용에 영향을 준다는 것이다. 이러한 긍정적인 결과는 Schindler, Moely와 Frank(1987)의 연구에서도 잘 나타나고 있다. 즉, 유아교육기관에서 많은 시간을 보낸 유아는 사회적으로 성숙한 연합놀이뿐 아니라 구성놀이에 더 많이 참여하였으며 혼자놀이, 방관자 놀이, 몰입하지 않는 행동에 덜 참여하는 경향을 나타낸다고 하였다.

Howes(1980)는 좀 더 나이 들어 유아교육기관에 다닌 유아보다 더 어린 시기부터 유아교육기관에 다닌 유아들이 더욱 협동적으로 사회놀이를 하며, 일반적으로 더 쉽게 친구와 함께 지내지만 유아교육기관에서 보낸 시간은 협동놀이의 양과는 무관한 것으로 나타났다.

유아들의 놀이에서 유아교육기관에서의 경험이 긍정적이거나 부정적인 상반된 결과를 보이는 것은 어떻게 설명할 수 있을까? 많은 사람들은 유아교육기관 자체의 질에 영향을 받는다고 하였다. 예를 들어, Phillips와 그의 동료들(Phillips, McCartney, & Scarr, 1987)은 성인과 유아가 자주 상호작용을 함으로써 유아교육기관의 환경이 언어적 자극이 많을 때, 원장이 비교적 경험이 많을 때, 교사와 유아의 비율이 낮을 때 긍정적인 결과가 일어난다고 하였다.

요약하면, 유아교육기관의 경험을 통해 사회적인 성숙이 강화되고 사회적 상호작용과 사회적 놀이의 질이 좀 더 복잡한 수준으로 나아갈 수 있다. 그러나 유아교육기관 경험의 효과는 유아들을 둘러싼 환경적 특성에 영향을 받으며 상당한 변인들이 유아교육의 질에 영향을 주고 있다.

(2) 놀잇감 및 놀이공간

놀잇감에 따라 유아의 사회놀이, 인지놀이 활동에 영향을 미치게 되고, 놀잇감의 재료가 어떤 것인가에 따라 유아들의 놀이 유형과 놀이행동이 결정되며, 놀이활동을 통해 유아의 행동을 관찰할 수 있다. 놀잇감의 양과 크기, 유형 등은 유아들의 사회놀이 활동에서 발생하는 상호작용의 질에 영향을 준다. 따라서 다양한 놀잇감을 갖추고 놀이활동 영역을 구획하거나 경계지은 공간 상황에서는 놀이활동이 활발히 이루어지고 놀이 지속시간이 길어지며, 다른 유아와 함께 노는 행동, 놀잇감을 정리하는 행동이 나타난다. 반면 놀잇감이 부족하면 유아의 경험이 제한된다.

불완전하여 사용할 수 없고 파손되어 있는 놀잇감은 유아에게 좌절감을 안겨 주고 유아 스스로 능력이 없는 존재라고 느끼게 한다. 교사가 난이도가 다양한 자료를 제시하는 것은 유아가 시간이 흐름에 따라 성취감을 느끼도록 도와준다. 교사는 교실에서 유아가 단순한 것에서 복잡한 수준까지의 놀잇감(예를 들어, 몇 조각으로 구성된 퍼즐에서 많은 조각을 포함하는 퍼즐), 그리고 구체적인 것에서 추상적인 놀잇감(분류활동을 할 수 있는 실제의 나뭇잎과 나뭇잎 그림들)을 선택할 수 있도록 놀이실 환경을 구성해야 한다. 모든 유아가 원하는 것을 가지고 놀 수 있고 교사가 유아의 요구에 따라 활동을 단순화하거나 확장시킬 수 있도록 놀잇감을 충분히 갖추는 것 또한 중요하다.

또한 극놀이의 놀잇감 종류에 관한 Mann(1984)의 연구는 유아들에게 어떤 이야기를 들려준 후, 한 집단의 유아에게는 이야기의 특성과 사건을 담은 현실적인 놀잇감을 주고, 다른 집단의 유아에게는 비현실적인 소품을 준 후 유아들의 극놀이 행동을 살펴보았다. 현실적인 놀잇감을 가진 유아들은 더 현실적이고 구체적으로 이야기에 따른 극놀이를 하였으며, 이야기에 대해 질문할 때 이야기를 더 잘 기억하였다. 그러나 비현실적인 소품을 가진 유아들은 창의적인 상상력을 요구하는 인지활동을 더 많이 하였다. 이야기의 연출은 기술적으로 그다지 정확하지는 않았지만 창의적이었다. Mann은 어린 연령의 유아들에게는 실제적인 놀잇감이 필요하다고 결론을 내렸지만, 상상놀이에 익숙해졌을 때는 비실제적인 놀잇감이 창의성을 자극하기 위해 필요하다고 하였다.

한편 놀이실의 놀이공간과 환경은 유아교육 프로그램의 질을 결정하는 중요한 요인이다. 놀이공간은 유아들의 대근육 활동과 사회놀이의 질에 영향을 미칠 수 있다. 그리고 놀이공간의 장소가 바깥인가, 실내인가에 따라 놀이활동 유형이 달라진다. 실내 놀이공간에서는 구성놀이 활동이 주로 발생하고, 바깥놀이공간에서는 기능놀이와 다양한 놀잇감을 통한 창의적, 상상놀이 활동이 발생한다.

유아교육기관에서 놀이공간을 흥미 영역별로 구분하는 중요한 이유는 융통성을 최대화하고 놀이의 전반적인 질을 강화하기 위함이다. 따라서 블록놀이 영역에서 구성

놀이를 하든지, 소꿉놀이 영역에서 극놀이를 하든지, 미술 영역에서 그림이나 찰흙으로 창의적인 놀이를 하든지 간에 유아의 주의력은 놀이공간이 계획한 활동에 초점을 두게 되는 것이다.

또한 소규모 놀이공간을 계획하는 데 있어서 공간이 너무 복잡하면, 유아의 놀이가 촉진되기보다 방해받을 수 있다. 그리고 넓고 개방된 공간은 뛰고 달리고, 일반적인 거친 활동, 즉 대근육 활동이 많이 일어나므로 조용하고 창의적인 놀이 형태를 방해한다. 교실이 크지만 영역별로 나누어지지 않는 방은 여러 가지 놀이 교재를 함께 제시해 주지만, 개방된 교실에서 유아는 다른 유아나 다른 놀이 자료, 계속되는 다른 놀이 활동 때문에 특별한 활동을 하는 데 방해받는 경향이 있다. 유아는 넓은 공간에 있을 때보다 융통성 있는 영역 구분에 따라 적은 공간에 있을 때 상상놀이를 더 많이 한다.

소꿉 영역, 쌓기놀이 영역, 그리고 기어오르기와 같은 여러 유아들이 한 번에 같이 노는 곳에서는 상호작용 놀이가 활발하게 일어난다. 또한 이러한 영역들에 놀잇감이 풍부하게 준비되어 있을 때 더욱 긍정적인 상호작용이 이루어질 수 있다.

한편 친구들 간의 상호작용은 모래놀이 영역, 물놀이 영역, 미술 영역, 언어 영역에서 적게 일어난다. 이러한 영역들에서는 혼자놀이가 많고 유아들 간에 서로 어떻게 상호작용해야 하는지를 알려주는 자극이 적다.

종합적으로 살펴볼 때 적절한 놀이공간과 놀이환경을 제공해 주는 것이 유아들의 학습에 효과적임을 알 수 있다. 따라서 유아교육기관에서는 유아들에게 다양한 학습기회를 제공하기 위해 놀이공간을 교육적으로 정비하고 놀잇감을 준비해 주는 것이 중요하다.

2) 가정 환경

(1) 부모

다양한 요인들이 유아가 자라면서 경험하게 되는 놀이의 종류와 질, 그리고 유아가 얼마나 놀이를 즐기고 창의적인가를 결정하는 데 도움을 줄 수 있는데 이 가운데 많은 요인들은 바로 가정환경에서 기인한다. 부모가 자녀와 상호작용하는 방법은 지속적으로 유아의 삶에 영향을 미친다. Csikszentmihalyi(1990)는 유아가 적절한 놀이 경험을 하기 위해 가정환경이 갖추어야 할 특성으로 '기대의 명료성, 현재에 초점을 맞춤, 아이에게 선택의 기회를 줌, 아이를 신뢰해 줌, 그리고 도전을 제공함'과 같은 다섯 가지 요소를 제시하고 있다. 이러한 다섯 가지 요소들이 지속적으로 제공되는 경우 유아들이 최적의 놀이 상태와 같은 삶의 경험을 이룰 수 있다.

그러나 이러한 유아의 창조적 놀이 경험을 증가시키는 가족역동의 형태에 반하는 가정환경을 제공하는 경우가 많아 유아놀이에 부정적 영향을 미치게 된다. 자녀가 학교와 사회에서 높은 학문적 성취와 가시적인 성과를 이루는 데 주로 관심을 가지고 있는 부모의 경우 자녀에게 학업에 대한 지나친 부담과 압박을 주는 경우가 많다. 이러한 부모들은 놀이가 유아들의 학습과 발달에서 중요한 역할을 한다는 점을 명심하고 실제적으로 유아들이 학교와 가정에서 충분한 놀이 경험을 할 수 있도록 지원해야 할 것이다.

현대의 부모들은 직업과 가사 등으로 바쁜 시간을 보내기 때문에 자녀들과 충분히 놀이하는 시간을 갖지 못하는 경우가 많다. 따라서 장난감 구매나 구조화된 과외활동 프로그램에 자녀를 등록시켜 줌으로써 이러한 부족을 보상하려고 한다. 그러나 이러한 상업화된 장난감이나 구조화된 활동보다는 부모가 유아와 함께 시간을 보내면서 놀이 시간을 가지는 것이 유아의 놀이 필요에 부응할 수 있는 가장 바람직한 방법이다.

유아들은 부모와의 놀이로부터 많은 유익한 점을 얻을 수 있다. 여기에는 언어, 상징적 표현, 탐구적 행동, 부모와의 애착관계, 그리고 사회적 관계 형성 등이 포함된다(Damast, Tamis-LeMonda와 Bornstein, 1996; Haight, 1998). 영아기와 걸음마기 동안 이루어지는 부모-유아 놀이 상호작용은 이후의 유아들의 놀이뿐만 아니라 놀이 가운데 또래간에 상호작용을 할 수 있는 방법을 배우도록 해준다. 온화하고 지시적이지 않으며 놀이 시에 반응적인 언어태도를 가지는 부모의 역할은 유아의 놀이기술을 발달시키는 데 긍정적 영향을 미치는 것으로 나타난다. 부모는 유아가 다음 단계의 놀이 발전에 도달할 수 있는 도전적 놀이 경험을 제공할 수 있다.

부모의 양육태도와 유아의 놀이와의 관계도 상당히 밀접한 관련성을 보여 주고 있다. 예컨대, 부모가 유아에게 자주 체벌을 가하면서 통제하는 경우, 그 유아는 공격적인 행동성향이 강해지고 상상놀이에 참여하는 빈도가 적어지며, 부모와 유아 간의 과잉 접촉은 유아의 독립적인 놀이나 탐색 기회를 박탈하여 유아의 자유로운 놀이발달이 제대로 이루어지기 어렵다.

따라서 부모의 양육태도는 유아의 발달 전반에 지대한 영향을 미치며 특히 유아의 놀이에 미치는 부모의 영향력은 의도적이고 직접적이기도 하다. 즉, 부모는 유아에게 상징놀이를 위한 소품을 제공해 주기도 하고 그들이 놀이를 시작하도록 제안하거나 활동을 격려한다. 유아들이 참여하는 비현실적 환상놀이가 부모의 비현실적 현상에 대한 인식과 상당히 관련된다는 연구도 있다(Boyatzis & Watson, 1993).

부모와 유아 놀이 사이의 이러한 연결성은 부모-유아 간의 애착의 질에 달려 있으며 안정감 있는 부모-유아의 애착은 유아가 보다 더 탐색적이고 적극적으로 사물을 이용한 상징놀이에 몰두하도록 할 뿐 아니라 보다 더 독립적이고 행동적인 융통성을 가지도록 하는 데 중요한 요소가 된다.

(2) 형제자매

가정환경에서 부모 요인 이외에 형제자매의 관계도 유아의 정서적 · 인지적 · 사회적 행동의 기반을 형성하는 데 중요한 역할을 담당하며 유아의 놀이행동에도 많은 영향을 미치는 것으로 나타난다.

형제자매의 놀이와 사회적 상호작용은 일반적으로 부모-자녀 간 행위 패턴과 다르며 또래관계와도 구별된다. 유아놀이에서 어머니는 감독자와 교수자의 역할을 수행하지만, 형제는 동등한 놀이 상대자로 유아놀이에 참여한다. 부모보다는 형제와의 상상놀이가 훨씬 정교한 형태로 전개된다. 유아들은 형제들과 흥미와 관심이 유사하기 때문에 '달나라 여행', '바다에서의 모험', 그리고 '괴물놀이' 같은 주제를 가지고 부모들과는 할 수 없는 놀이활동을 수행한다.

성별과 서열은 형제자매의 놀이방식을 고찰하는 데 반드시 염두에 두어야 할 요소이다. 가령 동성 형제자매의 관계는 이성 형제자매의 관계보다 경쟁적인 것으로 알려져 있다. 동성 형제자매의 경우 성별 고정관념적 놀이에 참여하는 경향도 강하다(Stoneman, Brody, & Mackinnon, 1986). 물론 손위 형제자매가 지배적 성향을 띠는 것이 사실이지만, 남동생이나 여동생은 대체로 손위 형제자매의 가르침이나 지시를 잘 받아들인다.

일반적으로 형제자매가 있는 유아들의 경우 형제자매가 없는 유아들보다 가정 내에서 다양한 사회적 관계를 경험함에 따라 놀이행동이 다르게 나타날 수 있다. 형제자매 유무 이외에도 성별, 순위와 위치, 터울, 문화 등이 종합적으로 작용하여 한 유아의 다양한 놀이행동을 이끌어 내는 전체 상황으로서의 맥락을 형성한다.

3) 사회적 환경

(1) 교사

교사는 유아들의 놀이에서 다양성을 이끌어 낼 수 있는 중요한 사회적 변인 역할을 한다. 유아의 놀이 활성화를 위한 교사 역할을 강조한 Smilansky(1968)는 교사가 놀이 주제와 관련된 직접 경험을 제공하고 놀이기술을 훈련시킬 때 유아의 사회극놀이 양과 질이 향상됨은 물론이고 인지발달과 교육적 효과를 보일 수 있다고 하였다. 또한 Vygotsky(1978)도 교사가 근접발달영역에서 비계설정을 통해 유아가 스스로 할 수 없는 수준 높은 형태의 놀이를 하도록 도와줄 수 있음을 지적하였다.

교사의 놀이 개입은 놀이의 양과 질 및 놀이발달에 중요한 영향을 미치는 것으로 나타난다. 유아놀이 시 교사가 개입할 때 놀이 지속시간이 길어지고 정교해지며, 사회적 상호작용을 더욱 활발하게 하였다. 또한 보다 수준 높은 인지적 활동으로 이끌고 언어발달, 창의성과 문제해결력이 증진되는 것으로 나타났다.

그러나 놀이지도 시 과도한 교사 개입이나 진행되고 있는 유아놀이의 내용을 고려하지 않은 부적절한 개입은 오히려 놀이의 질을 떨어뜨리거나 놀이 자체에 대한 유아의 흥미를 없애는 결과를 초래할 수 있다.

교사의 놀이 교수효능감도 유아들의 놀이행동에 영향을 미칠 수 있다. 놀이 교수효

교사의 적절한 놀이 개입은 유아의 놀이를 활성화시키고 놀이발달에 중요한 영향을 미친다.

능감은 놀이에서 교사의 역할과 행동이 유아들을 긍정적 방향으로 변화시킬 수 있다는 신념과 놀이지도 시 자신의 지도능력에 대한 신념을 포함하는 의미이다. 놀이 교수효능감이 높은 교사는 놀이에서 직접적 참여, 대화, 방향 제시 등을 통해 놀이를 격려하고 확장하는 긍정적 상호작용을 보여 유아가 인지 · 사회적 수준이 높은 협동적 구성놀이와 극놀이에 많이 참여한다. 반면, 놀이 교수효능감이 낮은 교사의 경우 유아놀이를 방해하는 상호작용이 많이 나타났으며, 유아가 비놀이행동, 방관자적 행동 및 학습활동 중심의 놀이를 많이 나타내는 것으로 밝혀졌다(신은수, 2000).

(2) 또래

심리학자 Fogel(1979)이 수행한 영아들의 또래와의 상호작용에 관한 재미있는 연구가 있다. Fogel은 5~14주 된 아기들을 세 개의 사회적 환경에서 관찰하였다. 첫 번째는 영아들이 혼자 있는 것이고, 두 번째는 영아들이 어머니를 쳐다보고 있는 동안 관찰한 것이며, 세 번째는 어머니 무릎 위에 앉아서 같은 또래를 쳐다보고 있는 것이다. 영아들은 잠시 동안은 혼자 있을 때가 평온해 보였다. 어머니를 쳐다보았을 때는 미소를 지었고 때때로 혀를 내밀고 팔다리를 움직이기도 하였다. 그러나 같은 또래를 볼 때

유아의 놀이발달에서 또래와의 친밀성, 또래의 성, 연령은 중요한 역할을 한다.

는 질적으로 다른 반응을 보였다. 즉, 아기들은 의도적으로 뚫어지게 쳐다보며 더 가까이에서 보기 위해 몸을 앞으로 내밀었다. 또한 아주 흥분한 것처럼 머리와 팔을 심하게 움직였다. 이와 같이 아기들은 출생 후 2~3개월 때도 또래에 대해 분명하고 명백한 관심을 나타낸다. 아기들은 서로 의사소통을 하려고 노력하고 더 나아가서 또래와 협동놀이를 하려는 기초적인 신호를 보인다. 따라서 영아와 걸음마기 유아들은 전적으로 자기중심적이어서 또래와 의미 있는 상호작용을 할 수 없다고 말하기는 어렵다(Hughes, 1999).

유아의 사회성 발달을 위하여 또래와의 상호작용의 중요성을 고려해 볼 때 또래가 유아의 놀이에 중요한 영향을 미친다는 것을 알 수 있다. 여기에서는 놀이에 영향을 미치는 또래의 요인 중에서 또래와의 친밀성, 또래의 성, 또래의 연령을 중심으로 살펴보고자 한다.

① 또래와의 친밀성

일반적으로 안정되고 일관성 있는 또래관계는 유아의 전반적인 사회적 능력의 정도와 다른 사람에 수용되는 가능성 및 폭넓고 성숙된 사회적 협동놀이와 관련되어 있다. 오랫동안 동일한 교육환경에서 매우 안정된 또래집단과 상호작용한 유아는 안정되고 일관성 있는 집단에 속하지 않는 동일 연령의 유아보다 더 성숙한 방법으로 놀이한다. 따라서 이전 유아교육기관에서 알았던 또래와 같이 학교에 들어간 유아는 학교를 더 좋아하고 학교와 관련된 불안의 징후가 더 적게 나타난다.

이와 같이 또래의 친밀성은 유아의 놀이에 영향을 준다. 예를 들어, 유아는 친하지 않은 또래보다 친한 또래와 있을 때 극놀이에 더 많이 참여한다. 또래와 친할 때 놀이에서 더 많은 사회적 조직과 협동, 더 높은 열의와 집중력을 나타낸다. 그리고 유아가 특별한 또래집단과 더 편안함을 느낄 때 상상놀이는 더 복잡하게 되고 더 높은 수준의 인지기능이 반영된다.

한편 유아의 전반적인 사회적 능력의 정도와 다른 사람에 수용되는 정도가 놀이에 어떻게 영향을 미칠까? 또래들이 좋아하는 인기아, 또래집단에 잘 수용되지 않는 거부아와 또래에 의해 수용되지도 않고 거부당하지도 않는 고립아 간의 놀이 참여방식 및 개입방식은 다르게 나타난다(Hughes, 1999).

먼저, 인기아들은 친구관계가 좋고 학업성취가 뛰어나며 운동을 잘하고 신체적으로 매력적인 아동으로 보통 유아들보다 자신감이 높고 자신에 대해 긍정적인 개념을 가지고 있다. 인기아들은 놀이를 주도하고 지도력이 있으며 협동적인 놀이에 많이 참여한다. 또한 다른 유아들에게 관련있는 적절한 말을 해주고 건설적인 제안을 제시함으로써 사회적인 대화를 성공적으로 이끈다.

두 번째, 거부아들은 반사회적이고 적대적이며 신체적인 매력이 없고 공부를 잘하지 못한다. 거부아들은 지도력이 부족하고 사회적 기술이 부족한 데다 공격적 성향이 강하기 때문이다. 이러한 거부아들은 또래와 장난감을 같이 잘 사용하지 못하며 가끔 다른 친구를 놀이에서 고의로 배제시킨다. 거부아들은 다른 또래들과 참여하고 있는 게임에서 계속 하고 싶지 않을 때에도 새로운 놀이 방향을 제시하지 않고 불평만 하는 등 부적절한 말을 하고 건설적인 대안을 제시하지 않고 단지 다른 사람이 한 것에 대해 비난을 한다.

세 번째, 고립아들은 공격적이지도 적대적이지도 않다. 이들은 거부아들보다 보통 신체적으로 더 매력이 있다. 거부아들과 공통점은 사회적 기술이나 사회적 경험이 부족하다는 것이다. 한 그룹의 유아들이 이미 놀이를 하고 있는데 나중에 한 유아가 와서 놀이를 하고 싶어 하는 경우, 인기가 있는 유아와 인기가 없는 유아들 간에는 놀이의 참여방식이 다르다. 인기아는 우선 참여한 다음 자신의 행동을 그룹의 흐름에 적응시킨다. 거부아는 다른 또래들이 이미 하고 있는 놀이에 개의치 않고 자기에게 유리하게 흥정을 하고 자신의 주장을 강요한다. 그러나 무시 당하는 유아들은 옆에 서서 지켜보는 경우가 많다.

② 또래의 성

유아의 놀이발달은 성(性)에 따라 다르게 나타나기도 하며, 또래의 성은 사회적 놀이의 질에 영향을 준다. 유아는 동일한 성의 또래와 놀 때 새로운 물체를 더 탐색하고 익숙한 놀이에는 시간을 더 적게 보낸다(Rabinowitz, Moely, Finkel, & McClinton, 1975). 남아가 남아와 같이 놀고, 여아가 여아와 같이 놀이할 때 전통적으로 성유형화된 놀이를 한다. 다른 말로 하면, 동성(同性)끼리의 놀이는 어떤 면에서는 유아의 시야가 넓어지지만 동성놀이와 남녀 혼성놀이에 대한 가치를 설명하는 면에서는 한계가 있다.

대부분의 유아는 동성의 친구를 좋아하며 심지어 2세의 경우에도 동성 친구를 좋아한다(La Freiere, Strayer, & Gauthier, 1984). 그러나 동성끼리의 놀이처럼 혼성놀이를 잘 격려할 수 있는 방법은 교사들이 교실에서 혼성놀이를 하도록 유도하여야 하며, 학교에

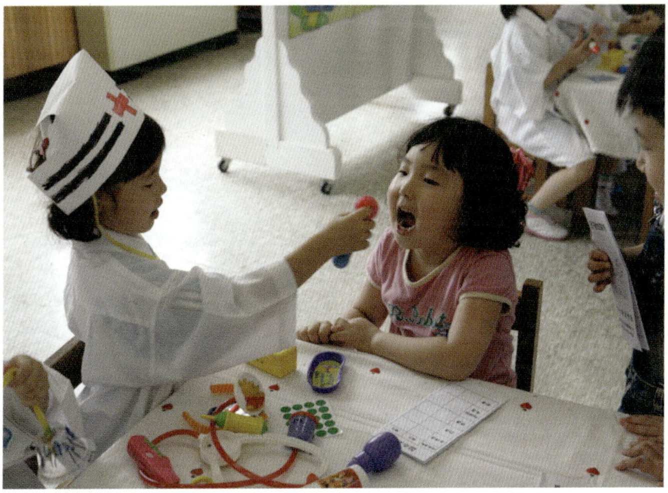

교사는 동성 간의 놀이뿐 아니라 남아와 여아 간의 혼성놀이도 격려하여야 한다.

서의 교육과정은 성역할에 관한 비고정화된 가치를 강조하고, 남아와 여아가 더 많이 상호작용하도록 교실의 환경을 계획한다면 혼성놀이가 더 많이 일어날 수 있다.

③ 또래의 연령

2~3세의 영유아들은 어떤 연령의 친구와도 상호작용하는 경향이 있다. 그러나 유아가 성장함에 따라 점점 더 자신과 비슷한 연령의 친구를 선택하는 경향이 있다. 초등학교에 들어가는 시기가 되면 자기들보다 어린 유아나 나이 든 유아들보다 전형적으로 동일 연령의 친구를 좋아한다(Berk, 1989).

동일 연령의 친구들과 놀이하는 것은 여러 가지 방법에서 혼합 연령 집단에서 놀이하는 것과 다르다. 동일 연령의 친구들과의 상호작용은 혼합 연령 집단보다 일반적으로 더 적극적이고 언어적 상호작용의 범위가 넓으며 협동적인 극놀이가 더 많이 일어난다(Lederberg, Chapin, Rosenblatt, & Vandell, 1986).

다른 한편으로 협동적인 구성놀이는 동일 연령 집단보다 혼합 연령 집단에서 더 자주 일어난다(Roopnarine et al., 1992). 그러므로 두 가지 유형의 연령 집단이 모두 협동을 촉진하지만, 그 유형은 다르다. 친구의 행동을 모방하는 것은 같은 연령이나 나이가 많은 경우에(그러나 친구의 나이가 더 적다면 그렇지 않다) 상호작용이 더 잘 일어난다. 유아들은 동일 연령보다 나이 많은 친구와 더 쉽게 사회적 상호작용을 한다. 왜냐하면 나이 든 유아는 놀이를 구조화하는 데 있어 사회 지도자의 역할을 취하기 때문이다.

따라서 유아에게 다양한 연령의 또래와 활발한 상호작용을 할 수 있는 기회가 주어지도록 해야 할 것이다.

4) 놀이와 문화

놀이는 현재와 과거의 모든 인간 문화에서 관찰된다. 놀이는 유아가 속해 있는 문화의 가치를 반영하고 전달하며 유지시키는 기능을 하므로 문화적 맥락에서 유아놀이를 이해하는 것은 매우 중요하다.

각 문화의 특징에 따라 다양한 놀이 형태가 존재한다.

인간의 놀이의 양과 형태는 사회나 문화권에 따라 상당한 차이가 있다는 것이 비교문화적으로나 각 사회문화 내에서 모두 관찰된다. 어떤 사회에서는 유아들이 고도로 복잡하고 정교한 게임에 몰두한다. 어떤 사회에서는 게임이 너무나 단순하다. 또 다른 사회에서는 어떤 경쟁적 게임의 종류가 거의 존재하지 않는다.

또한, 다양한 문화 속에 독특한 놀이 형태가 존재한다. 에스키모 여아의 특정 문화에서의 놀이에 관한 연구(deMarrais, Nelson, & Baker, 1994)에서는 남서부 알래스카 마을에 살고 있는 6~12세 여아들의 '진흙에 이야기 새기기(storyknifing in mud)' 놀이의 중요성에 대해 설명하고 있다. '이야기 새기기'는 여아들이 놀이 가운데 또래들로부터 친척관계, 성역할과 지역사회 규범, 문화 내에서 소중하게 여기는 가치를 습득할 수 있는 기회를 제공한다. 즉, 놀이를 통해 여아들이 자신의 문화와 관련된 기술, 습관, 태도를 학습할 수 있는 기회를 가지게 되는 것이다. 폴리네시아 유아들은 손을 길게 맞잡고 하는 쫓기 게임인 keu tictoc 놀이를 하며(Martini, 1994), 중국 유아들은 명절에 불꽃놀이나 연날리기를 한다(Pan, 1994).

성인이 놀이에 대해 가지는 신념과 태도도 문화적 가치관에 따라 다양할 수 있다. 유아들의 행동에 반응하는 미국과 멕시코 어머니들의 태도의 차이를 통해 설명해 보자. 멕시코 어머니들은 미국 어머니들보다 실패에 대해 더 잘 보상해 주며 시도했다는 이유만으로도 칭찬해 준다. 또한 멕시코 어머니들은 미국 어머니보다 또래에 대해 공격적인 행동을 하지 못하게 저지한다. 미국 어머니들은 자녀들에게 좀 더 어려운 목적을 선택하게 하고 만약 자녀들이 그 목적을 달성하지 못하더라도 자신들의 기대를 낮추지 않는 경향이 있다. 미국 어머니들은 실패를 인정하기보다는 계속 시도해 보도록 유아들을 격려하는 경향이 있다. 멕시코 어머니들은 유아의 성취 수준보다는 유아들이 어떻게 느끼는지에 더 많은 관심을 보인 반면 미국 어머니들의 경향은 그 반대이다(Hughes, 1999).

일본과 미국의 어머니들을 대상으로 자녀양육 패턴을 비교한 연구(Stevenson, Azuma와 Hakuta, 1986)에서도 문화적 차이가 나타났는데, 전형적으로 미국 어머니들은 걸음마시기 유아들에게 독립심을 강조하고 신체적 · 언어적으로 자신의 권리를 주장할 수 있도록 격려할 뿐만 아니라 자녀의 주의를 환경으로 돌려 환경을 탐색하도록 하는 데 비해 일본의 어머니들은 자녀들을 자신 가까이로 다가오게 함으로써 의존성을 조장하고, 타인과 좋은 관계를 유지하고 타인의 요구에 순응하도록 하는 것으로 나타났다.

오늘날에는 국가 간의 교류와 대중매체의 발달로 인해 각 문화마다의 고유한 특성이 사라져 놀이 유형이 동질화되는 경향을 보인다. 놀이와 문화 간의 상호관련성을 고려해 볼 때 문화적으로 다양한 놀이 형태는 놀이를 더 풍성하고 창의적으로 발전시킬 수 있다는 점에서 더욱 장려할 필요가 있다.

chapter

5

놀이환경

영유아의 성장 · 발달에 있어 주위의 환경은 매우 중요하다. 유아에게 어떠한 환경을 제공해 주는가에 따라서 놀이가 활성화되기도 하고 억제되기도 한다. 이 장에서는 유아들에게 제공되는 물리적 환경을 놀잇감, 실내 놀이환경과 실외 놀이환경으로 분류하여 설명하였다. 유아에게 놀잇감이 왜 필요한지, 놀잇감의 구조성 및 복합성에 따른 분류, 다양한 놀잇감을 범주화하여 그 유형을 알아보았다. 또한 실내 놀이환경에서는 일반적 고려사항 및 적절한 공간 배치와 흥미 영역을, 실외 놀이환경에서는 놀이시설의 시대별 변천에 따른 놀이터 유형, 환경구성 및 안전관리에 대해서 기술하였다.

유아기는 성장과 발달의 속도가 빠르고 감수성이 예민한 시기로서 이 시기 동안 어떠한 환경이 제공되는가의 여부는 그들의 성장 · 발달에 매우 중요하다. 유아를 둘러싼 환경은 부모, 교사, 또래와 같은 인적 환경과 유아교육기관의 건물 및 내 · 외 각종 설비, 교재 · 교구를 포함하는 물리적 환경으로 구분된다. 환경은 그 환경을 구성한 원장이나 교사의 철학이나 신념이 반영되므로 유아교육기관의 프로그램 특성에 맞게 구성되어야 할 것이다. 여기에서는 시설 · 설비를 포함한 실내 · 외 물리적 환경을 중심으로 설명하기로 하겠다. 실내 · 외 공간의 위치, 디자인, 놀이 자료들은 유아의 활동을 활성화하기도 하고 억제하기도 하므로 교실환경은 유아에게 직접적인 영향을 미친다. 인간의 모든 행동은 환경과의 관계 속에서 작용한다는 Lewin의 이론은 영유아와 환경이 서로 능동적인 상호작용을 한다는 것으로 외적 조건인 환경이 인간의 심리적인 특성에도 많은 영향을 미친다는 것이다. NAEYC(2001)에서는 질적으로 우수한 유아교육기관의 실내 · 외 물리적 환경은 영유아들이 적극적으로 매일의 활동에 참여할 수 있으며 성인과 영유아가 쉽고 구성적으로 상호작용할 수 있도록 설계되어야 한다고 하였다. 이 장에서는 유아교육기관의 놀이환경을 놀잇감, 실내와 실외 놀이환경으로 나누어 살펴보고자 한다.

1. 놀잇감

놀이에 대한 흥미를 유도하여 놀이를 지속시키는 역할을 하는 놀잇감은 영유아들이 참여하는 놀이 유형과 놀이의 내용에 중요한 영향을 미친다. 예를 들면 어떤 교실에 다양한 종류의 블록과 집짓기 세트가 준비되어 있다면 유아들은 구성놀이를 할 가능성이 크다. 그 근처에 장난감 차와 도로 표시판이 있다면 유아가 자신의 구성놀이에 교통 관련 내용을 통합할 가능성이 높다. 따라서 교사는 놀잇감이 유아 놀이에 미치는 영향을 고려하여 놀이에 제공할 놀잇감의 유형에 대해 세심하게 계획하는 것이 필요하다.

유아 놀이에 대한 이론들이 수세기에 걸쳐 변화해 온 것처럼 놀잇감을 보는 시각도 이러한 역사적 흐름과 맥을 같이하여 변화·발전되어 왔다. 유아들의 놀이를 더욱 심층적으로 이해하기 위해서는 놀이도구이자 매개체인 놀잇감을 이해하는 것이 필요하다. 놀잇감의 중요성을 고려하여 놀잇감의 개념 및 역할, 놀잇감과 유아발달 간의 관계, 놀잇감의 특징 및 유형, 선택기준을 중심으로 살펴보고자 한다.

1) 놀잇감의 개념 및 역할

놀잇감은 놀이를 하고자 하는 흥미를 유발시키고 효율적 놀이로 진행시키는 도구이자 매개체 역할을 하는 모든 물건을 지칭한다. 놀잇감은 사용되는 맥락에 따라 장난감, 놀이 자료, 물건 등으로 불리기도 하며 놀이용으로 제작된 상품화된 놀잇감 이외에 생활용품, 자연물, 교사나 부모가 제작한 교재·교구 등이 있다.

유아들에게 적합한 놀잇감에 대한 개념은 각 시대의 특성과 밀접하게 연관되어 발달해 왔다(Pellegrini, 2009; Sutton-Smith, 1986). 중세시대에는 군사적 가치를 강조하여 이와 관련된 놀이와 놀잇감을 중요시하였으며, 이후 근대에 들어서면서(1600년부터 1800년 사이) 유아들에게 자기 소유의 놀잇감이 주어졌으나, 유아의 놀잇감은 유치하고 사소한 것으로 여겨졌다. 1700년대 후반부터는 Locke의 사상에 영향을 받아 교육적 놀잇감에 대한 관심이 증가하여 놀잇감이 학습도구로 활용될 수 있는 것으로 고려되었다. 19세기 영국과 독일에서는 장난감 사업이 팽창하여 놀잇감에 대한 가치가 더욱 부각되었다. Froebel이 은물을 만들면서 놀이발달에서 놀잇감의 중요성이 강조되었다. 이후 교육적 놀잇감에 대한 관심은 더욱 증가하였으며 현대 놀잇감은 기술공학의 발달로 인해 전자 놀잇감 개발에까지 이르렀다. 이와 같이 놀잇감은 단순한 놀이도구의 의미를 넘어서서 그 시대의 가치를 반영하는 것이라 볼 수 있다.

유아는 사물을 이용하여 외부 세계 표상을 시작하며 상징적 표상을 통해 의미있는 경험을 획득하는 과정에서 놀잇감은 놀이를 자극하거나 뒷받침해 주는 역할을 한다. 또한 특정 유형의 놀잇감은 특정 유형의 놀이를 이끌어내어 유아가 참여하는 놀이의 유형과 내용 모두에 중요한 영향을 미친다. 예를 들면, 블록이나 레고와 같은 놀잇감은 구성놀이를 격려하며, 쇼핑카트, 놀이용 돈, 상품상자, 금전등록기 등과 같은 소품들은 유아들이 가게놀이 주제에 대한 극놀이를 하도록 촉진할 수 있다. 놀잇감은 놀이의 사회적 측면에도 영향을 미칠 수 있다. 퍼즐이나 그림책과 같은 놀잇감은 혼자놀이를 장려하며 블록이나 소꿉놀이 소품은 집단놀이를 유도한다.

놀잇감은 유아의 놀이를 유발하고 촉진할 뿐 아니라 유아의 성장과 발달에도 많은 영향을 미친다. 좋은 놀잇감은 유아의 상상력을 자극하고 놀이에 몰입하도록 격려하여 유아가 연합적 놀이를 하도록 유도한다. 모래, 물, 찰흙 등과 같이 구조화 정도가 낮은 개방적 놀잇감은 다양한 방법으로 놀이가 가능하도록 해 유아의 창의성을 증진시킬 수 있다. 따라서 놀잇감은 유아들이 발달적으로 중요한 유형의 놀이를 하도록 자극함으로써 유아발달에 직 · 간접적으로 영향을 미칠 수 있으며 동시에 유아의 발달 수준은 유아가 선택하는 놀잇감 유형에도 영향을 미치게 된다.

2) 놀잇감의 특징

유아의 학습과 발달에 영향을 미치는 놀잇감의 특징은 학자에 따라 다양하게 구분되지만 주로 놀잇감의 구조성, 복합성, 재질, 규모, 문화적 특성 등에 따라 나눌 수 있다.

(1) 개방적 놀잇감과 폐쇄적 놀잇감

개방적 놀잇감과 폐쇄적 놀잇감은 놀잇감의 구조성(structure)과 사실성(realism) 정도에 따라 구분되는 놀잇감의 특성이다. 놀잇감의 구조성은 놀잇감이 특정한 용도로 사용되는 정도를 나타내며, 사실성은 놀잇감이 실제물과 닮은 정도를 나타낸다. 놀잇감의 사실성이 높을수록 구조성이 높은 것으로 간주되어 폐쇄적이 되며 사실성이 낮은 놀잇감은 다양한 용도로 사용될 수 있어 개방적이라 볼 수 있다.

개방적 놀잇감의 예는 물, 모래, 찰흙 등이며 유아가 이러한 놀잇감을 가지고 놀이할 때 유아들의 발달 수준이나 놀이 경험에 따라 다른 방식으로 놀이할 수 있다. 반면 폐쇄적 놀잇감은 지그소우 퍼즐, 비행기 모형 장난감 등이며, 이러한 놀잇감들은 반복적인 사용으로 유아들에게 숙달감을 심어 줄 수 있으나 반대로 제한된 사용방법으로 인해 좌절하거나 지루해 할 수 있다.

놀잇감의 구조성을 연속선상으로 나타내었을 때 개방성과 폐쇄성의 중간 정도에 해당하는 놀잇감도 있다. 이러한 놀잇감들로는 어떻게 사용될 수 있는지를 말해 주는 물리적 특성을 어느 정도 가지고 있는 레고나 블록 또는 특징이 명확하지 않은 인형이나 장난감 등이 있다. 유아들의 발달과 다양한 놀이 촉진을 위해 교사들은 개방적 놀잇감과 폐쇄적 놀잇감을 함께 제공해 주도록 한다(엄정애, 1992; Trawick-Smith, 1990).

(2) 단순 놀잇감과 복합적 놀잇감

놀잇감의 구조가 단순한지 혹은 복잡한지에 따라 단순한 놀잇감과 복합적인 놀잇감으로 분류할 수 있다. 놀잇감의 형태가 규칙적이고 조각의 수가 작으며 연결이 간단한 경우 단순 놀잇감으로 볼 수 있으며, 놀잇감의 형태가 불규칙적이고 여러 개의 조각으로 구성되며 부품 간의 연결이 복잡할수록 복합적 놀잇감이라 한다. 놀잇감의 복합성 정도는 유아의 놀이행동, 탐색활동과 호기심 등에 영향을 미친다. 유아는 연령이 높아짐에 따라 단순 놀잇감보다는 복합적 놀잇감을 선호하며 놀이시간도 복잡한 유형의 놀잇감을 가지고 놀 때 더 긴 것으로 나타났다.

교사는 놀잇감의 복합성과 놀이 간의 관계를 고려하여 유아들에게 놀잇감과 놀이기구 및 주변의 여러 가지 물건들을 다양한 방법으로 결합하도록 격려하는 것이 필요하다. 예를 들면, 유아들은 목공놀이 영역에서 나무를 가져오고 미술 영역에서 털실을 가져와 이를 결합하여 꽃 받침대를 만들 수 있으며, 언어 영역에서 쓰기도구를, 미술 영역에서 미술재료를, 그리고 목공놀이 영역에서 나무를 가져와 결합하여 장식판을 만들 수도 있다.

(3) 부드러운 놀잇감과 딱딱한 놀잇감

놀잇감의 재질에 따라 솜, 헝겊, 물 등의 경우는 부드러운 놀잇감에 속하며, 나무, 플라스틱, 철재 등은 딱딱한 놀잇감에 해당된다. 유아교육기관에는 플라스틱 블록, 나무 블록, 퍼즐, 미끄럼틀, 철봉 등 대부분의 놀잇감들이 단단하고 딱딱한 재료를 사용하는 경우가 많다.

그러나, 최근 유아들이 기관에서 보내는 시간이 점점 길어져 정서적인 안정의 필요성을 고려할 때 부드러운 놀잇감도 충분히 제공하는 것이 필요하다. 딱딱한 재료의 경우 유아들이 그것에 맞추어 적응하고 일정한 방식으로 놀잇감을 사용하도록 요구하는 특성을 가지고 있는 반면, 부드러운 재료는 유아가 그 순간에 느끼는 감정에 충실히 반응하도록 함으로써 긴장을 풀고 스트레스를 해소하는 데 도움을 준다(Prescott, 1994).

(4) 다문화적 놀잇감

최근 유아교육기관에 오는 유아와 그 가족의 다양성이 점차 증가함에 따라 놀잇감의 문화적 다양성에 대한 측면도 고려하는 것이 필요하다. 다문화적 놀잇감은 유아가 자신의 문화와 다른 사람의 문화를 긍정적으로 받아들이고 이해할 수 있도록 돕는다.

크레용, 물감, 공, 딸랑이, 블록 등 유아들이 가지고 노는 놀잇감의 대부분은 문화적으로 중성인 경우가 많으나 사람을 나타내는 인형이나 사람 그림을 포함하는 놀잇감의 경우, 다양성에 대한 고려가 매우 중요하다. 예를 들면, 직업을 나타내는 인형에서 간호사가 여성인 경우만 있거나 가족 유형에서 항상 아빠, 엄마, 형, 동생으로 구성된 가족만을 정상적인 것으로 소개하는 그림책이 있을 경우 편견을 심어줄 수 있어 주의하여야 한다. 또한 금발머리의 백인 얼굴을 한 인형만을 보여 준다면 이러한 인형들 역시 편견을 내포하고 있는 것이다. 유아들을 위한 놀잇감은 인종, 민족, 가족 구조, 성별, 직업, 장애 등의 측면에서 다양성을 반영하여야 한다. 교사는 놀잇감 자체가 가지고 있는 외형적인 편견의 유무뿐만 아니라 놀잇감을 가지고 놀이하는 과정에서 어떤 방식으로 표상하는지를 관찰함으로써 유아가 놀이를 통해 다문화적 태도를 함양하도록 지도해야 한다.

3) 놀잇감의 유형

유아 놀잇감의 종류는 매우 다양하며 이를 범주화해 보면 모형 놀잇감, 구성 놀잇감, 조작 놀잇감, 대근육 놀잇감, 실물 놀잇감과 전자 놀잇감 등으로 구분할 수 있다.

(1) 모형 놀잇감

모형 놀잇감은 사람, 동물, 자동차 등 실제 존재하는 대상이나 사물 혹은 책, 텔레비전 프로그램, 영화 등에 나오는 주인공을 축소한 모형을 말한다. 이러한 놀잇감은 유아들이 쉽게 조작할 수 있고 역할놀이를 할 수 있도록 격려하며 블록이나 미술 재료 등과 같은 다른 놀잇감과 결합하여 창의적으로 사용될 수 있다. 모형 놀잇감은 역할놀이를 위한 놀잇감, 교통기관 놀잇감, 생물체 놀잇감으로 구분할 수 있다. 역할놀이 놀잇감은 다양한 역할을 할 수 있는 의상이나 소품, 일상생활 용품이 포함될 수 있고 교통기관 놀잇감은 자동차, 트럭, 기차, 배 등 바퀴가 있는 놀잇감이 포함되며, 생물체 놀잇감은 동물이나 사람을 축소하여 표상한 것을 말한다.

자동차

사람 모형

동물 모형

(2) 구성 놀잇감

구성 놀잇감은 사용방법이 미리 정해져 있지 않고 다양한 방법으로 구성활동을 할 수 있는 비구조적인 놀잇감으로서 구성놀이를 위해 설계된 놀잇감이다. 구성 놀잇감에는 다양한 크기와 소재로 된 블록들이 있으며 주로 단위 블록, 테이블 블록, 속이 빈 큰 블록, 폼 블록 등으로 구분된다.

단위 블록(unit block)은 나무로 만든 블록 세트로서 표준단위로 되어 있으며 세트의 모든 다른 크기와 모양은 단위의 배수로 되어 있다. 단위 블록은 유아의 수 기술학습과 다양한 형태의 패턴이나 게임, 복잡한 구조물 구성에 활용할 수 있다.

테이블 블록(table block)은 테이블 위에서 사용하도록 만든 작고 단위화된 블록으로 주로 단단한 나무나 플라스틱으로 만든다. 레고와 듀플로 블록, 와플 블록, 띠 블록, 꽃 블록 등이 있다. 유아의 소근육 발달을 도와주며 단위 블록에 비해 작은 공간에서도 사용할 수 있고 덜 시끄럽다는 측면이 있다.

속이 빈 큰 블록(hollow block)은 대형 블록으로 재질은 나무, 플라스틱 또는 두꺼운 종이로 만들게 된다. 유아의 근력과 협응력 발달에 도움이 된다.

폼 블록(foam block)은 주로 부드러운 플라스틱 폼(foam)이나 우레탄 폼 또는 내구성이 있는 비닐로 제작된다. 이러한 블록은 크기가 크고 부드러워 체조와 같은 신체활동에 사용될 수 있고 연령이 어린 유아나 신체장애를 가진 유아들에게 효과적이다.

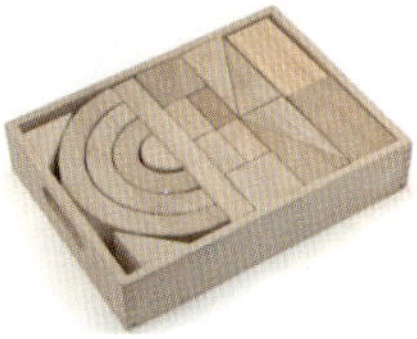
단위 블록

테이블 블록

속이 빈 블록

폼 블록

(3) 조작 놀잇감

조작 놀잇감은 유아들에게 특정한 기술이나 개념을 가르치기 위해 고안된 놀잇감으로 교수 및 구성적인 결과에 초점을 두어 제작한 것이 대부분이다. 조작 놀잇감에는 인지적인 학습과 관련된 자료와 눈과 손의 협응력 및 소근육 발달을 돕는 놀잇감들이 많다. 조작 놀잇감은 상품화된 놀잇감과 교사가 제작한 놀잇감으로 나눌 수 있다.

조작 놀잇감의 대표적인 것으로 퍼즐을 들 수 있다. 퍼즐은 눈과 손의 협응, 모양과 크기 연결, 일대일 대응의 발달을 가능하게 하며 부분으로 전체를 구성하는 능력을 길러준다. 퍼즐은 모양판 퍼즐(formboard puzzle)과 조작 그림 퍼즐(jigsaw puzzle)로 나눌 수 있다. 이 외에도 크기별로 쌓아 올릴 수 있는 놀잇감, 끈 끼우기 놀잇감, 나무못 판(pegboard) 세트, 짝 맞추기 놀잇감, 분류하기 놀잇감, 일상생활 훈련틀 등이 조작 놀잇감에 속한다.

다양한 조작 놀잇감

(4) 대근육 놀잇감

대근육 놀잇감은 유아의 대근육 발달과 협응력을 기르기 위해 고안된 것이다. 이 유형의 놀잇감은 넓은 공간이 필요하고 대체로 소음이 많이 발생하므로 실외에서 활용되는 경우가 많다. 그러나 연령이 어린 영아들도 대근육 발달을 위해 실내에서 대근육 놀잇감을 활용하여 놀이하도록 하는 것이 바람직하다. 대근육 놀잇감에는 탈 수 있는 놀잇감, 미끄러지는 놀잇감, 뛰어오르는 놀잇감 등이 있다.

걸어 다니는 놀잇감

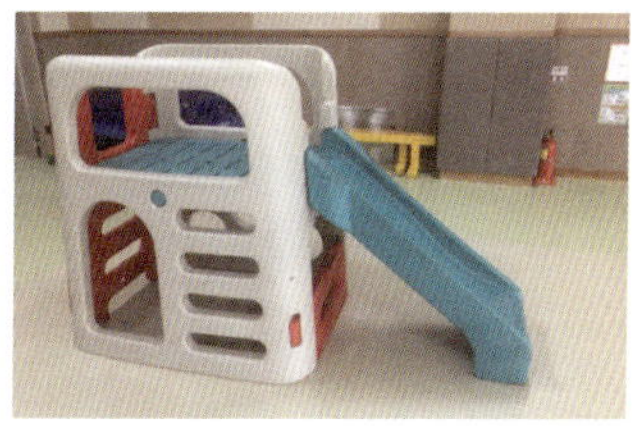

미끄러지는 놀잇감

(5) 실물 놀잇감

실물 놀잇감은 실제적 혹은 사실적 놀잇감이라고도 하며 자연물, 폐품, 조형 재료나 문해 자료 등 유아들이 놀이에 사용하는 실세계의 모든 실물들을 말한다. 실물 놀잇감은 다양한 감각과 구성, 상상놀이를 경험하는 기회를 제공하게 된다. 또한 놀이 속에서 실물을 활용하는 경험은 사회적 상호작용 기술, 문제해결 능력, 표상능력 및 언어발달을 촉진시킬 수 있다(Pellegrini, 2009). 실물 놀잇감에는 물, 모래, 점토, 진흙, 음식물, 나무와 공구, 성인 의상 등이 있다.

실물 놀잇감(직접 기른 야채와 과일로 요리하기)

실물 놀잇감(자연물)

(6) 전자 놀잇감

미디어와 정보기술의 발달이 유아들의 놀잇감에 변화를 가져와 다양한 전자매체들이 놀잇감으로 활용되고 있다. 유아들의 놀이와 발달에 영향을 미치는 중요한 전자매체로는 텔레비전, 컴퓨터, 게임기, 비디오 등을 들 수 있다.

전자매체는 유아의 놀이를 적절히 자극하여 긍정적 영향을 미칠 수도 있으나 과도한 전자매체에 노출되는 것은 부정적인 영향을 줄 수 있으므로 전자 놀잇감에 과잉 노출되지 않도록 중재하는 것이 필요하다.

4) 놀잇감의 선택

유아들을 위한 놀잇감의 종류는 헤아릴 수 없을 정도로 많으며 그 가운데 안전성과 위생에 문제가 있거나 교육적으로 가치가 없는 놀잇감도 있다. 따라서 놀잇감을 선택할 때는 안전성, 연령 및 발달 적합성, 내구성, 경제성 등 놀잇감 선택의 기준을 고려하는 것이 필요하다.

(1) 놀잇감 선택의 기준

① 안전성

영유아의 놀잇감 선정 시 가장 중요하게 고려해야 할 부분이 안전성이다(이숙재, 2004). 놀잇감의 안전성과 관련해서 살펴보아야 할 부분은 다음과 같다.

- 놀잇감 재질이 유해한 것이 아니어야 하며 페인트가 벗겨지지 않아야 한다.
- 놀잇감 모양에서 모서리가 날카롭거나 뾰족한 가장자리가 없어야 한다.
- 놀잇감 구조가 단단해서 부서지거나 부품이 쉽게 떨어지지 않아야 한다.
- 표면이 거칠거나 베일 위험이 있는 것, 긁힐 수 있는 것은 제공하지 않는다.
- 놀잇감 크기가 최소 35mm 이상되어 유아가 삼킬 위험이 없어야 한다.

② 연령 및 발달 적합성

영유아가 성장 · 발달하면서 그에 따른 놀이행동과 놀잇감 사용 방식이 달라지기 때문에 놀잇감은 영유아의 연령과 발달 특성에 적합한 것이어야 한다.

③ 내구성

놀잇감은 영유아가 가지고 놀다가 쉽게 부서지지 않도록 견고하게 만들어진 것이라야 한다. 놀잇감의 내구성을 살펴볼 때는 재질이나 구조가 튼튼한지, 각 부품의 접착력이 충분한지, 조작이 견고하고 편리한지, 그리고 보관하고 관리하기가 용이한지 등을 중심으로 판단할 수 있다.

④ 경제성

놀잇감의 경제성은 단지 비용만을 의미하는 것이 아니라 저렴하고 경제적이면서도 사용방법이나 활용 측면에서 다양하며 교육적 가치가 높은 것을 의미한다.

(2) 연령별 발달에 적합한 놀잇감

유아들은 특정한 놀잇감을 가지고 놀 수 있는 발달수준에 도달하지 않으면 놀잇감을 자유롭게 가지고 놀기 어렵다. 따라서 유아들의 발달수준을 고려하여 연령에 적합한 놀잇감을 제공하여야 한다. 연령에 따른 발달에 적합한 놀잇감을 간단히 소개해 보면 다음과 같다.

① 영아기(출생~만 1세)

이 시기 영아들은 Piaget의 감각운동기 시기에 해당되므로 움직이는 것, 감각을 자극하는 놀잇감들이 좋다. 모빌, 딸랑이, 고무 공, 헝겊 공, 소리나는 공, 오뚝이, 인형(다양한 재료 사용), 일상용품(냄비, 플라스틱 수저, 거울 등), 물놀이 용품(스펀지, 물에 뜨는 플라스틱 소품)을 제시하는 것이 좋다.

② 유아 전기(만 1~3세)

이 시기에는 걷기를 배우고 움직임이 활발해지기 때문에 운동기술을 발달시키는 대근육 놀잇감, 다양한 운동기능을 결합해 사용해야 하는 놀잇감, 사회적이며 상상적인 놀잇감, 탐구능력과 기능발달을 위한 놀잇감 그리고 음악, 미술, 움직임을 위한 놀잇감 등을 들 수 있다.

③ 유아 후기(만 3~6세)

이 시기 유아는 상상과 논리적 사고 및 대·소근육의 협응력을 길러줄 수 있는 놀잇감을 제공하도록 한다. 따라서 이전보다 더 다양한 상상놀이 소품과 보다 복잡한 퍼즐, 게임, 대·소근육 놀잇감 및 과학, 수학, 문해, 미술 재료를 첨가하도록 한다.

2. 실내 놀이환경

영유아의 실내 놀이환경은 신체적·정신적·심리적으로 안정감을 느끼고 편안하게 생활할 수 있는 부드럽고 온화한 분위기를 조성해 주어야 하므로 햇볕이 잘 들어오는 남향이나 동향의 1층에 배치하는 것이 좋으며 공간 크기는 영유아 1인당 3.3~5m^2가 적당하다. 또한 실내에서 생활하는 유아의 발달 특성, 기관의 프로그램 특성, 교실 공간의 특수성을 고려하여 공간을 구성해야 한다. 여기에서는 실내 놀이환경의 일반적 고려사항, 공간 배치 및 흥미 영역에 대해서 설명해 보기로 하겠다.

1) 일반적 고려사항

유아의 놀이 가능성을 최대화하기 위해서는 교사가 유아와 함께 활동하고, 상호작용하고, 놀이하도록 유도하고 안내하는 물리적 환경에 대한 고려가 매우 중요하다. 환경은 특정한 놀이행동을 지지할 뿐만 아니라 부정적인 행동을 장려하거나 피로, 좌절, 심지어 공격적 행동을 일으킬 수도 있다(Kritchevesky, Prescott, & Walling, 1977).

유아들의 공간인식은 실용적인 용도를 위해 공간이 설계된다고 보는 성인들의 시각과 다르며 자연스럽게 자신이 즐길 수 있는 공간의 다양한 맥락과 잠재성에 주목하게 된다(Greenman, 1988). 따라서 물리적 환경에서 놀이 공간 구성과 설계 시의 유의점을 살펴보는 것이 필요하다.

유아의 발달 특성을 고려하는 경우, 영아들을 위한 공간은 가정과 같은 분위기를 조성해 보다 더 안락하게 구성하는 것을 말하며, 영아들의 움직임을 고려하여 실내에서도 대근육 운동을 위한 공간 구성이 이루어지게 된다. 기관의 프로그램 특성은 기관의 철학적 관점이 개방적인지 구조성을 강조하는지 여부와 반일제 혹은 종일제를 실시하는지에 관한 것이며 이러한 측면들을 고려하여 환경구성을 다르게 할 수 있다. 교실 공간의 특수성은 출입문 위치나 창문 위치, 실외 연결 통로 등 현재 놀이 공간이 가지고 있는 특성을 파악하여 가장 효율적 공간을 구성하도록 하는 것이다.

Greenman(1988)은 유아의 놀이 공간을 위해 고려해야 할 일반적 지침들을 다음과 같이 제시하였다.

① 경험이 풍부하게 이루어질 수 있는 공간

유아기는 물리적 세계를 포함한 자신의 세계를 확장하는 시기이다. 따라서 유아는 자연물과 인공적 놀잇감(물, 모래, 돌, 나뭇잎, 과일, 동물, 나무, 막대기, 숨을 수 있는 장소, 쌓기 블록, 로프, 색종이, 음악 등)을 다양하게 탐색할 수 있는 기회가 필요하다. 또한 이러한 놀잇감을 조작할 수 있도록 함으로써 유아의 놀이를 향상시킬 수 있다(냄비와 팬 두드리기, 모래밭에서 맨발로 걷기, 깔대 이용하여 물놀이하기 등).

② 놀이가 촉진되는 공간

유아들의 놀이 공간은 놀이가 촉진되기 위해 특별히 설계될 필요가 있다. 예를 들면, 유아가 거친 신체놀이를 하기 위해서는 충분한 공간이 제공되고, 극놀이를 위해서는 다양한 극놀이 소품과 놀잇감, 그리고 모든 영역에서 놀이를 격려할 수 있는 충분한 놀잇감을 제공하는 것을 들 수 있다.

③ 교수방법이 풍부한 장소

교사는 직접적으로 놀이를 가르치기보다는 유아의 요구를 미리 파악하여 유아에게 놀이를 구성하고, 시범을 보여 주고, 확장하고, 모든 놀이를 촉진시킬 수 있는 환경을 구성해 줌으로써 유아의 놀이가 더 복잡하고 세련된 수준으로 나아가도록 해야 한다.

④ 다양한 사람들과 함께하는 장소

유아들은 자신의 경험을 바탕으로 해서 놀이하기 때문에 놀이 확장을 위해서는 다양한 유형의 사람들과 상호작용하는 방법을 아는 것이 필요하다. 따라서 교사는 유아들이 지역사회의 다양한 사회적 환경에 접촉할 수 있도록 기회를 제공하도록 한다. 이러한 경험은 유아의 놀이에서 역할 모델을 제공하고, 사회극놀이에서 등장인물 설정, 모든 구성놀이에 대한 아이디어(빵 만들기, 집짓기, 진료하기 등)와 놀이를 통해 나타나는 다양한 사회와 세계를 표상하도록 도와줄 수 있다.

⑤ 의미있는 장소

유아는 동식물을 돌보거나 다른 사람이 자신을 필요로 하는 활동에 참여함으로써 자신의 소중함을 느끼고 책임감을 배우게 된다. 이러한 경험들은 놀이에서 보다 어리고 미숙한 놀이 상대자를 도와주고, 놀이를 세련되게 만들기 위한 환경구성 방법을 가르치고 놀잇감을 정리하는 방법도 보여 주도록 한다.

이 외에도 Johnson 등(2005)은 유아들의 놀이를 장려하는 놀이 공간의 공통적 특성으로 다음과 같은 측면을 제시하고 있다.

- 모든 유아가 사용하기에 충분하고 다양한 놀잇감을 제공한다.
  다양한 놀이 종류와 놀이 난이도에 따라 유아들이 사용할 수 있는 충분한 놀잇감이 제공되어야 한다.
- 놀잇감의 선택과 정리가 용이해야 한다.
  유아가 사용할 곳에 인접하게, 유아의 높이에 적절하게 분류된 보관장이 필요하다.
- 충분한 공간을 제공한다.
  놀이의 종류와 놀잇감에 따라 공간에 대한 고려 내용이 다르게 나타난다. 예를 들면, 큰 블록놀이보다 테이블 블록놀이 시 공간이 적게 요구되며, 교사가 놀이에 함께 참여하는 경우에는 충분한 공간이 필요하게 된다.
- 약간의 혼잡스러움과 소음이 허용되어야 한다.
  놀이는 어느 정도의 소음과 혼잡스러움이 허용되는 환경에서 잘 이루어지기 때문에 활동성과 소음을 고려하여 놀이 영역 간에 구분을 하는 것이 필요하다.
- 교사의 감독이 용이해야 한다.
  놀이 가운데 일어나는 문제를 해결하기 위해 혹은 놀잇감을 안전하고 적절하게 사용하기 위해 교사의 도움이 필요한 경우가 있기 때문에 놀이 영역은 교사의 감독이 용이하도록 설계되어야 한다.
- 청결유지가 용이해야 한다.
  놀이의 종류에 따라 정리와 청결유지가 용이하도록 설계한다. 예를 들면, 미술 영역을 개수대와 인접하게 배치하고, 물 · 모래상자 아래에 청소하기 쉬운 바닥을 깔아놓거나, 블록 영역에 손질하기 쉬운 카펫을 둘 수 있다.
- 지속적으로 변화하고 다양성을 추구하도록 한다.
  유아는 새로움과 자극을 지속적으로 찾기 때문에 교사는 놀이환경을 주기적으로 변화시킬 필요가 있다.

2) 공간 배치

유아의 놀이활동은 놀이 영역의 공간 배치에 영향을 받기 때문에 효율적으로 배치하여야 한다. 교실 놀이 영역은 놀이실의 크기, 교육 목적 및 유아 연령에 따라 적절하게 선정하고 배치하도록 한다. 일반적으로 유아들은 넓고 단일한 공간보다는 다양한 영역으로 나누어진 공간에서 놀이할 때 놀이의 질이 높아지는 것으로 나타난다(Field, 1980; Moore, 1987; Sheehan & Day, 1975). 놀이실을 놀이 영역으로 구분할 때 각 놀이 영역의 시각적 · 물리적 경계가 뚜렷해지기 때문에 다른 친구들의 방해를 받지 않고 독립된 공간과 놀잇감으로 인해 안정되게 놀이에 몰두할 수 있고, 구분된 놀이 영역 가운데 유아가 자율적으로 선택하는 놀이 영역에 참여할 수 있어 유아의 자율성 및 의사결정능력에 도움을 줄 수 있다.

놀이 공간을 배치할 때 고려해야 할 기본적인 요소는 다음과 같다.

첫째, 놀이의 활동성과 소음 정도, 그리고 물의 필요 유무에 따라 정적 놀이 영역과 동적 놀이 영역, 물이 필요한 영역과 물이 필요없는 영역으로 구분하여 배치한다. 정적 놀이 영역에는 주로 언어, 과학, 수 · 조작, 조형, 컴퓨터 영역을 배치하고, 동적 놀이 영역에는 쌓기놀이, 역할놀이, 음률, 목공놀이, 물 · 모래놀이 영역을 배치한다. 또한 조형과 과학 및 물 · 모래놀이 영역은 물을 사용하기 편리한 곳에 배치하도록 한다.

둘째, 서로 연관되는 영역은 인접하게 배치하여 영역 간 활동이 통합되도록 한다. 예를 들어, 역할놀이 영역과 쌓기놀이 영역은 서로 통합될 수 있는 영역으로 인접해 배치하면 놀이가 더욱 활발해지며 두 영역의 교구 활용도도 다양해진다.

셋째, 놀이 영역의 구분을 위해서 책꽂이, 교구장 및 칸막이를 L자형이나 U자형으로 설치하도록 한다. 칸막이는 유아들이 자유롭게 드나드는 데 불편함이 없도록 하고, 유아의 키높이보다 낮아야 하며 놀이 종류에 따라 요구되는 공간 크기나 통로를 고려하여 설치해야 한다.

넷째, 각 놀이 영역의 명칭을 그림이나 글씨로 표시하여 영역 구분이 명확하게 이루어지도록 한다. 또한 교구장에도 놀잇감 명칭을 표시하여 유아들이 놀이를 선택하고 정리하는 데 도움을 주도록 한다.

다섯째, 한 영역에서 다른 영역으로 이동이 용이하도록 통로를 만들고 놀이실 출입구 가까이에는 영역 배치를 피하도록 한다. 유아가 놀이가 이루어지고 있는 중간으로 이동하거나 먼 거리를 돌아서 이동하지 않도록 통로를 명확히 구성하여 놀이 진행을 방해하지 않도록 한다. 또한 출입구 근처는 많은 사람들이 드나들기 때문에 놀이에 집중을 하기가 어렵다.

여섯째, 놀이 영역 배치는 필요에 따라 융통성 있게 변화될 수 있도록 해야 한다. 교구장이나 기타 시설물도 이동이 쉽도록 제작하여 유아의 흥미와 요구에 따라 각 흥미영역을 확대 및 축소할 수 있도록 한다. 또한 교실에서 진행되는 학습 주제에 따라 영역 배치를 변화시킬 수 있어야 한다.

일곱째, 전체적인 공간 배치는 교사가 유아를 돌보고 지도하는 데 불편함이 없도록 해야 한다. 유아들이 자유롭게 놀이할 때 교사는 교실 내 모든 유아들의 놀이를 전체적으로 살펴볼 수 있게 배치되어야 한다.

Frost와 Kissinger(1976)는 실내놀이 영역의 공간을 소음의 발생 정도와 물의 사용 여부에 따라 다음과 같이 구분하여 배치하고 있다.

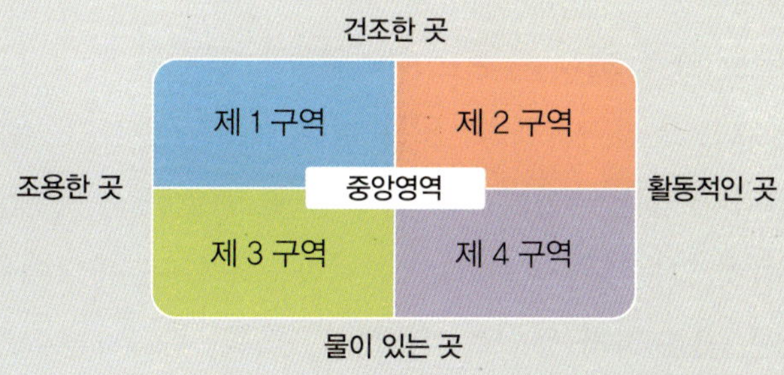

- **제1구역(조용하고 건조한 영역)** : 언어 · 독서 영역, 수 · 조작 영역, 게임, 소집단활동
- **제2구역(활동적이고 건조한 영역)** : 쌓기 영역, 목공 영역, 극놀이 영역, 음률 영역, 대근육활동
- **제3구역(조용하고 물이 있는 영역)** : 조형 영역, 간식 먹기
- **제4구역(활동적이고 물이 있는 영역)** : 물놀이 영역, 모래놀이 영역, 과학 영역, 요리활동, 화장실과 싱크대
- **중앙 영역** : 이야기 나누기나 게임과 같은 대집단활동

〈그림 5-1〉 놀이활동 영역의 공간 배치

3) 흥미 영역

유아교육기관의 놀이환경은 다양한 흥미 영역(학습 영역) 혹은 활동 영역으로 놀이 공간을 배열하고 있다. 흥미 영역(interest center)은 활동실 내의 공간을 교구장이나 칸막이 등으로 경계를 지어 구분하고 비슷한 내용의 활동들을 묶어 교구와 교재, 그 밖의 자료들을 모아 구성한 교실 내의 각 영역을 말한다. 활동의 성격이 비슷한 교구와 자료를 한 곳에 모아두는 경우, 유아의 자발적 놀이 참여가 유도될 뿐만 아니라 놀이가 내용별로 구분되어 있으므로 원하는 놀이 영역을 스스로 선택할 수 있으므로 이를 통해 의사결정능력과 판단력 및 자율성을 기를 수 있으며, 유아들이 각자 다른 영역에서 활동하기 때문에 획일적인 절차에 의해 놀이가 진행되지 않고 각자의 발달 특성과 성숙도, 욕구, 흥미에 따라 다양하고도 자유롭게 놀이를 할 수 있게 된다.

흥미 영역은 실내와 실외에 모두 설치하며 실내 흥미 영역의 경우 일반적으로 쌓기놀이 영역, 역할놀이 영역, 수·조작놀이 영역, 언어 영역, 조형 영역, 과학 영역, 음률 영역, 물·모래놀이 영역, 목공놀이 영역, 컴퓨터 영역 등을 들 수 있다. 각 영역은 놀이실의 크기나 프로그램의 특성에 따라 비슷한 영역을 통합하거나 축소하여 융통성 있게 구성할 수 있다.

① 언어 영역

유아의 언어발달을 돕기 위해 다양한 언어활동과 관련된 놀잇감으로 구성된 놀이 영역이다. 언어 영역은 일반적으로 책 읽는 영역, 듣기·말하기·읽기·쓰기 영역을 함께 포함한다. 언어 영역은 교실에서 햇빛이 잘 들고 밝은 쪽에 배치하여야 하며 방해받지 않도록 소음이 있는 활동적 영역과 분리하도록 한다. 바닥에는 카펫을 깔고 부드러운 의자나 쿠션, 낮은 탁자 등으로 아늑하고 편안한 분위기를 조성한다.

언어 영역에서는 다양한 언어활동을 할 수 있도록 안락한 분위기를 제공해야 한다.

② 수 · 조작 영역

수 · 조작 영역은 유아들이 소근육을 이용하여 놀잇감을 조작하며 놀이하는 영역으로 눈과 손의 협응력, 소근육 및 감각기능의 발달을 도와주고 논리 · 수학적 사고를 촉진시켜 줄 수 있다. 퍼즐, 레고, 끼우기 등 소근육을 이용한 다양한 조작 놀잇감과, 수 개념, 모양과 크기 개념 등과 관련된 수학활동을 포함하는 교육적 놀잇감을 제공하도록 한다. 수 · 조작 영역은 개별적인 탐색활동을 많이 하기 때문에 조용한 곳에 배치하고 바닥에 카펫을 깔아 앉아서 놀이할 수 있도록 한다. 유아가 손쉽게 놀잇감을 이용하도록 낮은 교구장에 종류별로 진열해 두고 놀이한 후 정리할 수 있도록 구성한다.

③ 과학 영역

과학 영역은 다양한 동식물 및 자연현상과 물리적 현상에 대해 관찰하고 탐색하도록 준비된 영역이다. 유아들은 동식물을 직접 길러 봄으로써 생명을 사랑하는 마음을 기르게 되고, 여러 가지 과학적 현상들을 탐구함으로써 발견의 기쁨을 맛보게 된다. 과학 영역은 햇빛이 잘 들고 조용하며 안정된 공간에 배치하고, 물의 사용이 용이한 공간에 둔다. 또한 동식물과 함께 유아들이 관찰할 수 있는 탐색적 환경 제공이 필요하며 자석, 현미경, 저울, 낙엽, 씨앗, 조개껍데기 등을 진열하는 정리장 및 선반도 필요하다.

과학 영역에서는 동식물 관찰을 통해 발견의 기쁨을 느낄 수 있다.

④ 조형 영역

조형 영역은 유아들이 다양한 재료를 가지고 그리기, 만들기 등을 통해 자신의 생각을 표현할 수 있는 기회를 제공해 준다. 조형 영역은 물이 가까운 곳에 배치하고, 조형 활동을 할 수 있도록 이젤 그림판, 종이, 물감, 크레용, 점토 등 다양한 미술 재료를 제공한다. 조형활동 후 바닥 청소를 쉽게 할 수 있어야 하며, 활동 결과물을 말리거나 전시할 수 있도록 건조대와 전시 공간이 필요하다.

⑤ 쌓기놀이 영역

쌓기놀이 영역은 유아가 블록과 소품을 가지고 블록 구성물을 만드는 영역으로 다양한 모양과 크기의 블록을 충분히 제공하고 넓은 공간을 제공해야 한다. 활동적이고 건조한 곳에 배치하며 블록 소음을 줄이기 위해 바닥에 카펫을 까는 것이 좋다. 또한 쌓기놀이는 역할놀이 영역 옆에 배치하여 통합적 놀이가 이루어지도록 하면 효과적이다. 다양한 블록과 모양 소품을 정리할 수 있는 교구장을 배치하고 보관할 블록의 모양이나 윤곽을 그림이나 사진으로 표시해 두도록 한다.

⑥ 역할놀이 영역

다양한 역할과 행동을 가작화하여 나타내는 역할놀이는 유아들이 매우 좋아하는 영역 가운데 하나이다. 움직임이 많고 동적 활동이 주로 일어나므로 정적 활동 영역과는 구분하여 배치하는 것이 좋다. 역할놀이 영역에는 놀이도구 상자와 커다란 거울, 가구 등이 비치되므로 6.6~9.9m²(약 2~3평) 정도의 넓은 공간을 확보해야 한다. 다양한 직업을 상징하는 복장 및 도구를 제공하여 유아의 가작화 행동을 확장시키고 놀잇감을 주기적으로 변화시켜 다양한 역할놀이를 유도하도록 한다.

역할놀이 영역은 다양한 역할의 가작화가 일어나는 곳이다.

⑦ 음률놀이 영역

음률놀이 영역에서는 주로 음악 듣기, 몸 움직이기, 노래 부르기, 악기 다루기 등이 이루어지며 생활 속에서 음악과 움직임을 경험하도록 준비된 영역이다. 음률 영역은 정적 영역과 분리하여 배치하며 주로 쌓기놀이 영역이나 역할놀이 영역에 인접하여 배치한다. 유아가 자유롭게 신체를 표현할 수 있도록 넓은 공간을 확보하고 바닥에 부분 깔개를 사용하여 소음을 방지하는 것이 필요하다.

음률놀이 영역은 다양한 악기와 음악 듣기 경험을 할 수 있다.

⑧ 물 · 모래놀이 영역

물 · 모래놀이 영역은 물과 모래를 이용해서 놀이를 하는 영역으로 주로 실외에 설치되나 실내에 설치할 수도 있다. 물 · 모래 영역은 물을 사용하기 편리한 공간에 배치하고 바닥에는 신문지나 장판을 깔아 안전과 정리를 고려하도록 한다.

⑨ 목공놀이 영역

목공놀이는 나무와 망치, 못 등의 도구를 사용하여 구성물을 만드는 놀이를 해 보는 것으로 소음이 많이 발생하며 위험한 도구를 사용하므로 유아의 왕래가 적고 감독이 용이한 장소에 설치해야 한다. 목공놀이가 안전하게 진행될 수 있도록 충분한 공간에 구성하며 튼튼한 책상, 나무 선반, 목공용 도구를 준비하고 보안용 안경도 필요하다. 우리나라 유아교육기관에서는 실내에 배치하기보다 실외나 별도의 공간에 배치하는 경우가 많다.

⑩ 컴퓨터 영역

컴퓨터 영역은 컴퓨터를 사용하여 다양한 놀이를 하는 영역으로서 교실 내에 한 영역으로 구성하여 컴퓨터와 다른 놀이를 통합하도록 격려하는 것이 좋다. 컴퓨터는 전기 콘센트 가까이에 배치하고 습기가 없는 한쪽 벽면에 안전하게 배치하여 유아의 왕래에 방해가 되지 않도록 한다. 유아들이 궁금해하는 것을 인터넷으로 조사하고 자료를 출력하도록 인터넷 연결과 프린터기 설치도 필요하다. 유아 간의 상호작용을 격려하기 위해 컴퓨터 한 대에 의자를 2~3개 준비하는 것이 좋다.

이와 같은 실내 흥미 영역 구성은 주로 만 3~5세 유아들을 위해 유아교육기관에서 주로 배치하는 영역들이다. 영아들을 위한 흥미 영역은 유아들을 위한 흥미 영역만큼 세분화되지 않고 보다 통합적으로 구성된다. 영아들을 위한 흥미 영역은 주로 쌓기놀이 영역, 역할놀이 영역, 탐색놀이 영역, 창의적 놀이 영역, 대근육 놀이 영역 등으로 구성된다.

3. 실외 놀이환경

영유아들은 실내에서 뿐만 아니라 실외에서 놀이하는 것을 더 좋아한다. 실외 놀이환경은 보다 덜 구조적이고 활발한 신체활동 및 자연과의 상호작용을 통하여 긴장을 해소할 수 있으므로 유아들에게 필수적인 요소이다. 영유아의 흥미를 유발하고 다양한 놀이활동을 제공해 주어야 하며 융통성 있는 놀잇감, 점진적인 도전감, 다양한 종류의 경험, 여러 가지 유형의 놀이를 촉진할 수 있어야 한다. 실외놀이의 교육적 효과는 운동적 기술 발달 외에 인지적 발달, 의사소통능력의 확대, 사회적 기술 향상, 독립성과 긍정적 자아개념을 형성하는 데 중요하다(1장 참고). 그러므로 유치원 및 어린이집의 실외 놀이터는 영유아의 전인적 성장발달을 촉진시키는 복합기능을 수행하도록 계획하는 것이 바람직하므로 다양한 놀이 형태를 유도하는 것이 중요하다. 여기에서는 실외 놀이시설의 시대별 변천과 실외 놀이터의 유형 및 흥미 영역을 중심으로 설명해 보기로 하겠다.

1) 놀이시설의 시대별 변천

실외 놀이기구의 발달은 시대에 따라 다양하게 변천해 왔다(Johnson et al., 2005).

① 제조된 놀이기구 시기

1910~1950년대는 철강, 철재기구, 나무로 만든 놀이기구가 많았고 그네, 미끄럼틀, 시소, 오르기 기구 등이 콘크리트나 아스팔트 위에 설치되었다. 자동차가 많아지자 학교 놀이터와 동네 놀이터는 구별되어 도로로부터 떨어진 곳에 담장이 설치되어 구별되었다.

② 신기함의 시기

1950~1960년대는 놀이터 운동이 레크리에이션 운동으로 바뀌면서 신기함과 환상적 요소를 갖춘 구조물이 놀이터에 첨가되기 시작하였다. 이러한 놀이터의 모습은 유아의 발달적 요구보다 실제로 설계하고 판매하는 회사에 의해 제조된 놀이기구가 중심이 되었으므로 유아의 발달적 요구를 반영하지는 못했다. 1960년대 미국에서 선풍을 일으킨 우주 경쟁의 영감을 받아 제조한 로켓 모양 놀이 구조물을 그 예로 들 수 있다.

③ 복합 놀이기구의 시기

1970~1980년대 나무로 만들어진 복합기구가 만들어졌고 1980년대에는 금속과 폴리우레탄 재질의 놀이기구가 유행하였다. 미끄럼틀과 그네가 있는 신체적 활동, 올라갈 수 있는 기회, 극놀이집, 숨는 장소, 모래구성놀이와 이동놀이기구 등이 한데 모여 있는 복합놀이기구가 있었으며 회전그네, 밧줄에 타이어가 수평으로 매달려 있는 그네도 있었다.

④ 현대적 시기

현대적 시기의 놀이터는 안전성과 접근 용이성이 강조되면서 유아교육기관과 놀이터에서 설립되기 시작하였다. 미국의 소비자품질안전위원회(CPSC) 지침서, 미국 장애인법(ADA) 지침서의 영향을 받아 안전성을 강조하고 있다. 현재 미국에서는 놀이터 관련 소송 빈도가 높아져 철저한 감독을 강조하고 있으므로 유아교육기관에서는 유아의 발달적 요구에 적합하도록 노력하면서 안전과 용이성의 지침을 따르기 위해 노력하고 있다.

2) 실외 놀이터의 유형

실외 놀이터는 전통적 놀이터, 창조적 놀이터, 모험적 놀이터, 현대적 놀이터의 네 가지 유형으로 분류할 수 있으며 학자에 따라 창조적 놀이터와 현대적 놀이터를 같이 보기도 하고 창조적 놀이터와 모험적 놀이터를 함께 묶기도 한다.

① 전통적 놀이터

전통적 놀이터는 그네, 미끄럼틀, 시소 등의 철제 고정물이 평평한 지면에 설치되어 있으며 주로 대근육을 사용하는 단조롭고 반복적이고 제한적인 놀이 형태가 주로 나타나며 안전사고의 위험이 높다.

② 창조적 놀이터

창조적 놀이터는 여러 가지 고정시설물 이외에 타이어, 목재, 고무, 전선 감개 등의 다양한 이동기구들을 이용하여 유아 스스로 조작할 수 있다. 창조적 놀이터는 영유아들이 자신의 놀이 요구를 다양한 방법으로 충족시킬 수 있으므로 창의적으로 확산시킬 수 있지만 유지비가 많이 들고 안전문제가 있다.

③ 모험적 놀이터

모험적 놀이터는 1943년 덴마크의 Sorensen이 최초로 설립하였으며 공사장에서 사용하는 여러 가지 건축자재 등 다양한 재활용품을 이용하여 놀이하는 곳이다. 영유아들이 안전사고가 일어나지 않고 자유로운 분위기에서 놀이할 수 있도록 놀이지도자가 상주하며 유럽에 많이 보급되어 있다. 그러나 미국에서는 교사들의 감독문제, 안전문제 등으로 많이 보급되지 못하였다.

④ **현대적 놀이터**

현대적 놀이터는 전통적, 창조적, 모험적 놀이터의 장점을 모두 모아 영유아의 놀이 요구를 최대한 충족시켜 주기 위한 곳이다. 미국의 소비자품질안전위원회(CPSC) 지침서에 바탕을 두어 전통적 놀이시설을 설치하고 창조적/모험적 놀이터의 다양한 놀이기구를 배치하여 유아들이 다양하게 놀이할 수 있도록 하였다. 또한 건축가나 디자이너가 나무, 건축 자료를 이용해서 미적으로 구성 · 설비한 고비용 놀이기구도 포함되어 있으며 모든 놀이기구 아래에는 충격을 완화해 주는 바닥재를 까는 것과 같이 안전문제를 고려하였다.

실외 놀이환경은 물리적 설계, 영유아의 신체적 활동 수준, 또래들 간의 상호관계에 의하여 영유아의 놀이행동에 영향을 준다(Barbour, 1999). 예를 들어 신체적 운동능력이 높은 유아(HPC, high physical competence)와 신체적 운동능력이 낮은 유아(LPC, low physical competence)를 전통적 실외 놀이환경과 현대적(창조적, 모험적) 실외 놀이환경에서 놀이하도록 한 결과, 전통적 실외 놀이터에서는 HPC 유아가 보다 자신감 있게 신체적 놀이활동에 참여하고 다양한 활동을 시도하였으나 LPC 유아는 놀이환경을 소극적으로 다루고 신체적 활동에서도 의욕을 나타내지 못한다고 하였다. 또한 유아들에게 놀이터를 선택할 수 있는 기회를 주었을 때 전통적 놀이터보다 모험적 · 창조적 · 현대적 놀이터에 많이 머물러 있었다. 따라서 유아들의 놀이행동은 실외 놀이터의 유형에 따라 차이를 보이므로 각 유아의 발달 및 신체적 특성에 따라 실외 놀이터의 유형을 고려하여 환경을 제공해 주어 다양한 경험을 할 수 있도록 해야 한다.

3) 실외 놀이환경의 구성

실외놀이는 실내놀이의 연장이므로 실내의 모든 놀이를 실외에서도 할 수 있도록 공간을 구성하고 유아에게 즐거움을 제공해 주어야 하며 동시에 안전해야 한다. 실외 공간의 영역 구분은 모래놀이나 미술활동 등 조용한 활동을 위한 공간이 1/3 정도, 그네타기, 달리기, 자전거타기 등 활동적인 공간이 2/3 정도로 배치하는 것이 바람직하다(Decker & Decker, 1992). 실외놀이 흥미 영역은 운동, 물 · 모래, 작업, 역할, 동식물 기르기, 정적 혹은 휴식 등으로 분류할 수 있으며 각 영역은 놀이실의 크기나 프로그램의 특성에 따라 비슷한 영역을 통합하거나 축소하여 융통성 있게 구성할 수 있다.

① 운동

운동놀이 영역에서는 오르기, 매달리기, 구르기, 달리기 등 다양한 운동놀이를 할 수 있는 활동적인 공간으로 조용한 영역과 떨어지도록 배치한다.

② 물 · 모래

배수가 잘 되고 수도가 가까우며 햇볕이 잘 비치는 곳에 위치하고 직사광선을 막을 수 있는 천막이나 나무그늘도 활용하며 다양한 보조 자료를 함께 제공한다.

③ 작업

실외에서 접할 수 있는 다양한 환경의 특성을 통해 다양한 주제와 활동으로 놀이를 확장해 가므로 그림을 그릴 수 있는 재료와 다양한 목공놀이기구를 마련해 준다.

④ 역할

놀이집이나 텐트 등 역할놀이 소품을 설치하여 극화놀이가 확장될 수 있도록 하며 그늘진 곳에 물 · 모래놀이 영역과 인접하여 배치하면 다양한 놀이를 할 수 있다.

⑤ 동식물 기르기

동식물을 기르는 것은 유아들이 동식물의 성장과정을 관찰하고 사랑할 수 있으며 자연학습을 할 수 있으므로 관리가 까다롭지 않은 동식물을 키우는 것이 효과적이다.

⑥ 정적 혹은 휴식

그늘지고 구석진 곳에 다른 활동으로부터 방해를 받지 않는 책보기, 조작놀이, 휴식 취하기를 하면서 긴장을 풀도록 한다.

다양한 실외 놀이공간이 필요하다.

실외 놀이터의 바닥을 잔디, 흙, 시멘트 등의 다양한 느낌을 주는 표면으로 구성하여 용도에 맞는 놀이가 일어나도록 할 수 있다. 돌, 플라스틱, 쇠, 나뭇잎, 그리고 각종 식물, 채소밭, 생물 등에 이르기까지 실내보다 더 다양한 자연의 재료들을 실외환경에서 제공하는 것이 좋다. 또한 자전거, 바퀴달린 손수레, 연장, 실외 게임 도구 등을 정리하여 보관하기 위한 옥외 창고가 필요하다. 지붕만 가진 전이공간은 더운 날 햇빛을 가리고 눈이나 비를 피하면서 실내놀이실을 확장시키는 효과가 있어서 물 · 모래놀이나 미술활동을 하기에 편리하다. 특히 영아를 위해서는 실외 놀이공간은 필수적이다. 실내에서 이루어지는 것과 유사한 활동이 이루어지도록 구성해야 하며 실내 공간과 인접해 있어야 한다.

이상에서 유아의 실내 및 실외 놀이환경을 알아보았는데 유아의 적절한 발달을 위해서 실내환경과 실외환경 두 가지 모두를 필요로 한다. 그러나 대도시에 위치해 있는 유아교육기관들은 시골이나 소도시에 위치해 있는 유아교육기관에 비해 실외 놀이공간이 협소하며 실외보다 실내환경을 고려하는 데 시간과 비용을 더 많이 사용하는 것 같다. 이는 일차적으로 공간과 자원의 부족 때문이라 생각되나 실외환경이 유아의 발달에 미치는 중요한 영향을 간과하기 때문이기도 하다. 특히 자연을 접할 기회가 부족하고 실제로 실내에서는 제공될 수 없는 여러 가지 강점이 실외환경에 있으므로 두 공간을 모두 활용할 수 있는 것이 최상이다. 날씨가 따뜻한 날에는 실외 놀이터로 연결된 벽을 터서 문을 만들고 실내 · 외의 활동을 통합시켜 유아가 자유롭게 드나들 수 있으면 좋다.

이러한 점을 고려하여 유아교육기관들은 제한된 비용으로 소규모의 텃밭이나 정원을 꾸며 시골의 자연을 작은 공간에 옮겨 적용한 예도 볼 수 있다. 작은 텃밭은 돌보는 사람들에게 생산의 즐거움과 아름다움을 제공하며 특히 유아에게는 이러한 기본적인 것 외에도 자연에 대한 지식을 넓히고 창의적인 활동 기회를 제공한다는 장점이 있다. 도심 안에서 어린이를 위한 놀이 공간을 확보하기 위해 노력한 예로서, Frost(1997)는 축소된 소규모 시골(compact countrysides)을 도시 내에 만들 것을 제안하였고, 스웨덴에서는 옥외에 야생정원을 꾸며 다양한 날씨를 경험할 수 있도록 하는 학교가 시도되어 성공적으로 운영되고 있다. 또한 필자가 방문한 독일의 프뢰벨 유치원은 실외 놀이환경을 세 부분으로 나누어, 한 부분은 정원을 손질하지 않고 자연의 생태계를 파악하기 위해 자연의 상태로 그대로 남겨 놓았고, 한 부분은 유아들이 게임이나 놀이할 수 있도록 약간의 공간을 마련해 두었으며, 또 한 부분은 의자와 책상을 준비하여 작업을 하거나 함께 이야기 나누도록 하였다.

실외공간에서의 유아는 실내에서 하던 놀이와는 다른 모습으로 놀이를 한다. 실외놀이에서 활동하는 유아가 실내놀이에서 노는 유아들보다 상징놀이와 사회적 놀이를 더 많이 하고 다양하게 한다. 이는 비교적 넓은 공간에, 구조화가 덜 되고 자연 자료를 많이 이용하며, 교사와 유아의 참여도가 큰 곳이므로 다양한 놀이가 이루어지기 때문이다. 따라서 실내놀이와 함께 실외놀이도 적극적으로 이루어지도록 적절한 환경을 제공하는 것이 필요하다.

4) 실외 놀이터 안전관리

영유아들은 발달 특징상 호기심이 많고 활동적이기 때문에 집에서나 유아교육기관에서 안전사고가 많이 일어난다. 특히 실내보다는 실외 놀이터에서 놀이시설물에 따른 안전사고가 해마다 증가하고 심하게는 사망에 이르게 된다. 놀이시설물에 관련된 안전사고의 대부분은 영유아의 연령, 발달 특징, 신체 크기 등을 고려하지 않은 시설설비, 정기적인 안전점검 미비 및 성인들의 지도 부족으로 일어난다. 따라서 놀이터의 안전은 세계적인 쟁점이 되고 있으므로 미국 소비자제품안전위원회(U.S. Consumer Product Safty Commission, www.cpsc.gov)에서는 『공공놀이터 안전을 위한 핸드북(Handbook for Public Playground Safety)』을 발간하여 2~12세 유아의 놀이터 안전지침을 제시하고 있다. 우리나라에서도 유치원시설안전관리 매뉴얼(교육부, 2009), 어린이 놀이시설 안전관리 법령집(행안부, 2009) 등을 제정하여 유치원 및 어린이집 시설 안전관리 지침을 마련하였다.

유아놀이시설의 안전지도를 위하여 크게 두 가지로 분류 · 설명할 수 있다. 먼저, 영유아들이 실외놀이를 하기 전에 성인들은 수시로 혹은 일정 기간에 놀이시설 및 기구를 점검하여야 하며, 다음으로 실외놀이 시간에 영유아의 감독을 철저히 하여야 한다.

① 실외놀이시설을 정기적으로 점검하여 안전사고를 사전에 방지해야 한다.

놀이시설의 배열 및 배치, 놀이시설의 뾰족한 부분, 모서리, 튀어나온 부분, 구멍, 틈새 등을 수시로 점검해야 하며 눈으로 살펴보는 일상적인 점검 외에 안전 기준표에 따른 조작상의 점검이 필요하다. 이를 위해 교육부(2009)에서 제시한 유치원시설안전관리 매뉴얼과 보건복지부(행안부, 2009)에서 제시한 어린이집 안전점검를 참고하기 바란다.

② **영유아와 실외놀이 시, 성인의 적절한 감독 및 지도가 필요하다.**

성인과 유아의 비율, 적절한 감독, 손쉬운 응급처치 대비 등이 필요하다. 실외놀이에서는 주로 대근육 활동이 많이 일어나므로 활동적인 유아들의 지도 감독을 위하여 실내놀이보다 더 많은 수의 성인이 필요하며 모든 유아들이 다 보일 수 있도록 놀이시설물을 배치하여 적절한 감독을 해야 한다. 만약 응급상황이 발생하였을 시, 응급처치함은 손쉽게 사용 가능해야 하며 응급실 전화번호, 부모님과 연결 등이 신속하게 이루어질 수 있도록 대비하여야 하고 모든 사건은 반드시 기록으로 남겨져야 한다. 우리나라뿐만 아니라 세계적으로 실외 놀이터 안전사고와 관련된 소송이 해마다 급증하고 있으므로 놀이시설 생산업체 및 유아교육기관에서 놀이시설 안전문제에 많은 관심을 보이고 있다.

실내 및 실외환경에서의 놀이시설 및 놀잇감의 점검내용을 설명해 보면 다음과 같다.

(1) 실내환경

① 비품

점검내용	설명
1. 날카로운 물건(칼, 송곳, 가위 등)은 잠금장치가 있는 곳에 보관하고 있다.	• 칼, 송곳, 가위 등과 같이 날카로운 물건은 잠금장치가 있는 곳에 보관함.
2. 미술도구는 안전성이 검증된 것을 사용하고 있다.	• 학용품을 구입할 때는 국가통합인증마크(KC)가 있는 제품을 구입하여 사용하도록 함. • 유아의 건강과 쾌적성을 확보하기 위하여 실내공기를 오염시키는 화학물질이 발생하지 않는 재료를 사용해야 함.
3. 모든 카펫이나 커튼, 벽지는 방염처리된 것을 사용하고 있다.	• 소방시설 설치유지 및 안전관리에 관한 법률에 의해 화재발생 시 이용자의 유독가스에 의한 상해를 최소화하기 위한 방염대상물품(커튼, 카펫, 벽지 등)을 설치해야 함.
4. 교구장, 수납장 등에는 아래 부분에 무거운 비품을 보관하고 있다.	• 카세트와 같은 무거운 비품은 아래쪽에 배치해 두도록 함.

② 놀잇감

점검내용	설명
1. 모든 놀잇감에는 날카로운 부분이나 모서리, 가시, 갈라진 곳, 삼킬 우려가 있는 작은 부속품이 없다.	• 안전한 놀잇감을 유아들에게 제공하기 위해 놀잇감의 날카로운 부분이나 모서리, 가시, 갈라진 곳, 삼킬 우려가 있는 작은 부속품이 없는지 확인해야 함. 삼킬 수 없는 안전한 크기(3.2cm 이상)의 놀잇감을 제공함.
2. 장난감 상자에는 상자 안에 유아가 갇힐 우려가 있는 빗장 등의 장금장치가 없다.	• 장난감 상자는 유아가 상자에 들어갔을 때 안에 갇힐 수 있는 빗장 등의 잠금장치가 없는 것을 제공해야 함.
3. 놀잇감은 유아가 꺼내고 수납하기 알맞은 높이에 있으며 크거나 무거운 놀잇감은 교구장 아래에 위치해 있다.	• 놀잇감의 위치는 유아가 쉽게 꺼내고 정리할 수 있어야 하며 크고 무거운 나무 블록 같은 놀잇감은 아래쪽에 위치해 있어야 함.
4. 놀잇감을 구입할 때 안전성이 검증된 것인지 확인한 후 구입하고 있다.	• 유아들이 사용하는 완구는 국가통합인증마크(KC)가 있는 것을 구입하여 제공해야 함.

(2) 실외환경

① 놀이시설

점검내용	설명
1. 모든 놀이기구 및 시설은 낙후되거나 휘어진 곳이 없다.	• 모든 놀이기구나 실외시설물이 망가지거나 휘어진 곳이 없는지 확인해야 함. • 식수대나 쓰레기 처리대가 파손되지 않고 청결하게 유지되는지 확인해야 함.
2. 실외 놀이시설물은 안전검사를 필한 제품을 사용하고 있다.	• 2004년 12월 9일 이후 설치되는 모든 놀이기구는 안전검사를 필한 제품을 설치하여 사용해야 함. • 해당되는 놀이시설물에 대해서는 안전검사필증을 확인함.
3. 실외놀이 시설물은 설치검사를 받아 안전하게 고정 및 설치되어 있다.	• 어린이놀이시설안전관리법에 의해 2015년 1월 26일까지 모든 실외놀이터는 설치검사를 받아 안전성이 입증되어야 함.

점검내용	설명
4. 기둥의 고정 및 조임장치의 조임상태가 양호하다.	• 각 놀이시설물의 기둥이 바닥에 단단히 고정되었는지 기둥을 흔들어 확인하고 조임상태가 양호한지 확인해야 함.
5. 기구의 베어링의 윤활유 주입이 잘 되고 있다.	• 베어링 부분(그네 회동구, 회전놀이기구의 회전축)을 움직여 보아 원활하게 움직이는지 확인해야 함.
6. 유아의 몸이 빠지거나 낄만한 틈새가 없다.	• 손가락 끼임: 8mm 이하 또는 25mm 이상 • 몸: 90mm 이하 또는 230mm 이상 • 발: 30mm 이하
7. 녹슬거나 금이 가거나 페인트칠이 벗겨진 곳이 없다.	• 놀이기구에 녹이 슬거나 금이 가는 등 노후가 진행되면 기구 자체가 위험해 질 수 있음. • 각 놀이기구들을 살펴보고 녹슬거나 금이 가거나 페인트칠이 벗겨진 곳이 없는지 확인하도록 함.
8. 부서진 부분이나 부패, 돌출부, 거친면이 없다.	• 놀이시설물의 부서진 부분, 부패, 돌출부, 거친면이 있으면 유아들이 시설물을 이용하다 상해를 입을 수 있으므로 표면이 부드러운지를 항상 확인해야 함.
9. 연결된 부분에 볼트나 나사가 풀려져 있지 않다.	• 돌출부: 8mm 이하, 곡선 최소반경: 3mm • 돌출부와 인접사이 거리: 25mm 이하 • 볼트의 나사선: 영구히 덮여질 것 • 볼트와 나사가 풀려져 있지 않는지 확인해야 함.
10. 실외 놀이시설이 옥상에 설치되어 있는 경우에 추락방지를 위한 견고한 안전망이 설치되어 있다.	• 옥상에는 추락사고의 위험이 높기 때문에 가급적 놀이공간을 설치하지 않아야 함. 부득이하게 놀이시설을 설치하는 경우에는 1.5m 이상의 높이(난간과 안전망 높이의 합)로 견고한 안전망이 설치되어야 함. • 옥상 난간과 놀이기구는 최소한 1.5m 이상 거리를 두고 설치되어야 함.
11. 실외 환경과 놀이시설에 대한 일일 안전점검을 실시하고 기록 · 관리한다.	• 놀이터에 대한 일일안전점검 일지를 작성하여 기록 · 관리하도록 함.
12. 놀이시설물은 정기시설검사를 받고 있다.	• 놀이시설물은 설치검사 후 2년에 1회 정기시설검사를 받아야 함.
13. 정기적으로 안전교육을 받고 있다.	• 어린이놀이시설 안전관리교육은 2년마다 4시간씩 어린이놀이시설안전관리지원기관에서 받아야 함.

② 바닥

점검내용	설명
1. 유아가 추락할 가능성이 있는 놀이시설물 아래와 주변의 공간(안전지대)은 충격을 흡수할 수 있도록 되어 있다(30cm 이상의 모래, 우레탄, 고무매트, 나뭇조각).	• 추락할 가능성이 있는 놀이시설물 아래와 주변 공간에는 충격을 흡수할 수 있는 충격흡수재를 설치해야 함. • 놀이터 바닥은 최소 30cm 이상의 충격흡수재(모래 등)가 설치되어야 함.
2. 놀이터는 배수가 잘 되고, 바닥에 쓰레기가 없다.	• 놀이터는 장마가 오고 난 후 물이 고이지 않도록 배수가 잘 되는 구조이어야 하며 바닥에는 쓰레기가 없는지 확인해야 함.
3. 모래가 유실되거나 딱딱하게 굳어있지 않다.	• 모래는 쉽게 유실될 수 있으므로 유실된 모래는 주기적으로 채워 넣어주고, 최소 3년에 1번은 모래를 교체해 주도록 함. • 모래관리 시 정기적으로 아래쪽에 있는 모래가 위쪽으로 올 수 있도록 뒤집어 주거나 세척하도록 함.

〈표 5-1〉 유치원 시설안전관리 매뉴얼

구분		번호	점검사항	그렇다	아니다	비고
실내	비품	1	날카로운 물건(칼, 송곳, 가위 등)은 잠금장치가 있는 곳에 보관하고 있다.			
		2	미술도구는 안전성이 검증된 것을 사용하고 있다.			
		3	모든 카펫이나 커튼, 벽지는 방염처리된 것을 사용하고 있다.			
		4	교구장, 수납장 등에는 아래 부분에 무거운 비품을 보관하고 있다.			
	놀잇감	1	모든 놀잇감에는 날카로운 부분이나 모서리, 가시, 갈라진 곳, 삼킬 우려가 있는 작은 부속품이 없다.			
		2	장난감 상자에는 상자 안에 유아가 갇힐 우려가 있는 빗장 등의 장금장치가 없다.			
		3	놀잇감은 유아가 꺼내고 수납하기 알맞은 높이에 있으며 크거나 무거운 놀잇감은 교구장 아래에 위치해 있다.			
		4	놀잇감을 구입할 때 안전성이 검증된 것인지 확인한 후 구입하고 있다.			

구분		번호	점검사항	그렇다	아니다	비고
실외	놀이시설	1	모든 놀이기구 및 시설은 낙후되거나 휘어진 곳이 없다.			
		2	실외 놀이시설물은 안전검사를 필한 제품을 사용하고 있다.			
		3	실외놀이 시설물은 설치검사를 받아 안전하게 고정 및 설치되어 있다.			
		4	기둥의 고정 및 조임장치의 조임상태가 양호하다.			
		5	기구의 베어링의 윤활유 주입이 잘 되고 있다.			
		6	유아의 몸이 빠지거나 낄만한 틈새가 없다.			
		7	녹슬거나 금이 가거나 페인트칠이 벗겨진 곳이 없다.			
		8	부서진 부분이나 부패, 돌출부, 거친면이 없다.			
		9	연결된 부분에 볼트나 나사가 풀려져 있지 않다.			
		10	실외 놀이시설이 옥상에 설치되어 있는 경우에 추락방지를 위한 견고한 안전망이 설치되어 있다.			
		11	실외 환경과 놀이시설에 대한 일일안전점검을 실시하고 기록 · 관리한다.			
		12	놀이시설물은 정기시설검사를 받고 있다.			
		13	2년에 4시간씩 안전교육을 받고 있다.			
	바닥	1	유아가 추락할 가능성이 있는 놀이시설물 아래와 주변의 공간(안전지대)은 충격을 흡수할 수 있도록 되어 있다(30cm 이상의 모래, 우레탄, 고무매트, 나뭇조각 등).			
		2	놀이터는 배수가 잘 되고, 바닥에 쓰레기가 없다.			
		3	모래가 유실되거나 딱딱하게 굳어있지 않다.			

〈표 5-2〉 어린이집 안전점검 체크리스트

구분	점검항목	점검결과						조치사항
		/ 월	/ 화	/ 수	/ 목	/ 금	/ 토	
실외 환경	1. 어린이집 보호벽 및 주변의 관리 상태는 양호한가?							
	2. 실외 놀이공간 주변의 돌, 유리조각, 요철, 녹이 슨 부분, 벗겨진 페인트, 돌출된 모서리가 방치되어 있지는 않은가?							
	3. 확인되지 않는 식물이나 잡초는 모두 제거하였는가?							
	4. 놀이터 바닥에 오물, 방치된 물 웅덩이가 없는가?							
실내 환경	1. 문과 창문 등의 추락위험은 없는가?							
	2. 바닥에는 다칠 수 있거나 미끄러운 곳이 없는가?							
	3. 복도, 계단, 비상계단, 미끄럼대 등에 방치된 물건이 없어 피난계단, 미끄럼대 등을 사용하기에 양호한가?							
	4. 모든 보육용품과 비품이 제자리에 있는가?							
	5. 보육용품이나 비품 유리창 등에 날카로운 모서리 등이 없는가?							
놀잇감 및 놀이 기구	1. 망가져 날카롭고 위험한 것은 없는가?							
	2. 유해 색소가 칠해진 놀잇감은 없는가?							
	3. 영유아가 삼킬 만한 작은 놀잇감이나 부품은 없는가?							
	4. 부품이 빠지거나 작은 볼트 등이 빠진 것은 없는가?							
	5. 놀잇감 및 놀이기구의 수납 상태가 양호한가?							
실외 놀이 기구 및 공간	1. 모든 놀이기구가 바닥에 안전하게 고정되어 있는가?							
	2. 놀이시설물의 상태(틈새나 간격)가 영유아의 몸에 끼이지 않는 넓이 인가?							
	3. 기초대, 지지대 등 매설 부분이 노출되지 않았는가?							
	4. 모든 놀이기구 아래와 주위(안전지대)의 충격흡수재 성능은 양호한가?							
	5. 보수가 필요한 놀잇감 및 놀이기구가 방치되어 있는가?							
	6. 놀이기구의 높이가 영유아에게 적합한가?							
	7. 품질경영 및 공산품 안전관리법에 의한 안전검사를 필한 제품인가?							

(점검상태 : 양호○, 보통△, 불량×)

〈표 5-3〉 미국 정부가 규정한 놀잇감 안전 규정(Bronson, 1995)

1. 모든 연령의 유아를 위한 놀잇감

- 전자식 놀잇감은 충격이나 고온의 위험으로부터 안전해야 한다.
- 놀잇감의 페인트에 섞여 있는 납의 함량은 철저하게 규제되어야 한다.
- 독소가 들어 있는 자료로 놀잇감을 만들어서는 안 된다.

〈교육과 보육에서 해야 할 일〉

- 놀잇감에 연령과 안전도 검사 표시
- 적절하고 안전한 사용법에 대한 설명이나 그림
- 어린 유아가 가지고 놀게 될 경우 위험할 수 있는 놀잇감에는 나이 든 유아를 위한 것임을 표시
- 놀잇감 파손과 위험도에 대한 정기적인 검사(위험한 놀잇감은 즉각적으로 수리하거나 폐기)
- 놀잇감의 안전한 보관 : 놀잇감이 튀어나와 걸리는 부분이 없어야 하며 상자와 선반의 안전 상태를 점검하여 유아들의 놀잇감을 잘 정돈하도록 해야 한다.
- 개별적인 유아의 안전을 위해 어떤 종류의 놀잇감은 집단놀이에는 적합하지 않으며 어떤 종류는 집단놀이를 위한 것임을 이해해야 한다.

2. 3세 미만을 위한 놀잇감

- 견고해야 한다(거칠게 사용해도 가능한 부서지지 않아야 함).
- 놀잇감은 삼킬 수 있을 정도로 작은 조각이어서는 안 된다.
- 특히 영아용 놀잇감은 삼킬 수 없을 정도로 커야 하고 작은 조각으로 분해되지 않아야 한다.

〈교육과 보육에서 해야 할 일〉

- 놀잇감의 청결도, 날카로운 목소리, 뾰족한 끝, 부서진 조각, 벗겨진 페인트 등에 대한 정규 점검 실시
- 입 안에 넣고 씹기에 안전한가, 청결하게 잘 닦여져 있는가를 점검할 것
- 영아를 위하여 부드러운 놀잇감을 선택하되 벨벳이나 털이 길게 난 천으로 된 것은 피하고 청결함을 확인할 것
- 영아의 놀잇감은 씹거나 삼킬 수도 있으므로 청결도나 안전(예를 들어, 질식할 수 있는 것)을 확인할 것
- 영아를 위한 모빌이나 시각을 자극하는 놀잇감은 안전을 고려하여 영아의 손이 닿지 않는 곳에 달아 놓아야 함
- 질식의 위험에 대비하여 영아 주변에 리본, 줄, 전선 등은 두지 말 것

3. 8세 미만의 유아를 위한 놀잇감

- 전기로 작동하는 놀잇감은 열을 내서는 안 된다.
- 날카로운 끝이 없어야 한다.
- 날카로운 모서리가 없어야 한다.

chapter

6

놀이와 유아교육

놀이는 그 특성상 교육목적을 달성하는 데 좋은 매개체가 될 수 있다. 교사는 유아의 놀이 참여를 유도하고 놀이를 정교화하는 등 놀이를 교육적으로 이끄는 역할을 해야 한다. 이 장에서는 유아의 놀이가 교육적이고 의미있도록 지도하기 위한 교사의 역할과 구체적인 교수전략에 대한 이해를 돕고자 한다. 또한 유아교육기관에서 주로 이루어지는 놀이에 대한 교육적 접근을 자유선택놀이와 게임을 중심으로 소개할 것이다.

놀이는 영유아의 발달과 교육에 중요한 역할을 담당한다. 왜냐하면 놀이는 그 특성상 교육목적을 달성하기 위한 좋은 매개체가 될 수 있기 때문이다. 유아교육기관에서 교사는 영유아의 놀이를 교육경험으로 연결하여 교육 효과를 증진시키는 중요한 역할을 담당한다. 따라서 교사는 영유아가 질적으로 높은 수준의 놀이에 참여할 수 있도록 지원하여야 하며 이를 위해 놀이행동을 관찰하고 적절한 놀이 개입시기와 유형을 민감하게 선택할 수 있는 능력을 갖추어야 한다. 이 장에서는 유아의 놀이가 교육적이고 의미 있도록 지도하기 위한 교사의 역할에 대해 살펴보았다. 구체적인 교수전략에 대한 이해를 돕기 위해 유아교육기관의 자유선택놀이와 게임 활동을 중심으로 소개하고자 한다.

1. 놀이의 교육적 장점

놀이는 교육목적을 달성하는 데 있어 중요한 역할을 한다. 하지만 우리는 어떤 학습 기술이나 개념을 가르치는 데 놀이를 활용하지 않고도 가르칠 수 있다. 그렇다면 왜 놀이를 교육에 활용할까? 그 해답의 핵심은 교육의 가장 중요한 과제－어떻게 하면 유아가 배우고 싶어 하는 동기유발을 유도해 낼 수 있는가－에 대한 해답을 놀이가 제공한다는 것이다. 교육에 놀이를 활용할 때의 장점을 좀 더 자세히 정리해 보면 다음과 같다.

- 놀이의 가장 대표적인 특성은 재미있고 즐겁다는 것이다. 놀이와 교육적 활동이 통합되면서 나타나는 즐거운 감정은 학습에 대한 긍정적인 태도를 증진시킨다. 다시 말해 학문적 기술과 내용이 놀이와 통합될 때 놀이에서 수반되는 즐거운 감정이 교육과 연결된다.
- 놀이는 교육적 활동에 참여하는 동기를 제공해 준다. 유아의 놀이를 강화하거나 보상할 필요가 없는 것처럼 놀이의 내재적 동기화 특성은 '읽기'나 '쓰기'와 같은 교육적 활동이 매우 흥미 있고 내적으로 동기화할 수 있게 도와준다.
- 놀이의 가작화 요소는 학문적 활동이 유아에게 의미 있고 중요한 활동이 되게 도와준다. 놀이의 가작화 상황에서 나타난 유아의 인식, 예를 들면 문자는 타인에게 메시지를 전달하는 것이라는 것은 현실에서도 적용하여 사용할 수 있도록 도와주는 것을 발견할 수 있다.
- 놀이는 목표나 결과보다는 과정지향적인 특성을 가진다. 놀이는 새롭고 어려운 시도를 할 수 있는 환경을 제공하게 된다. 따라서 놀이는 새로운 학습에 도전하는 자극을 제공하는 것이다.
- 놀이가 가지고 있는 특성은 자유선택이다. 선택은 유아에게 힘을 실어준다. Lickona (1983)는 『착한 아이로 키우기』라는 저서에서 선택이 갖는 힘에 대한 예를 제시

한다. Lickona는 어린 아들과 길을 건널 때마다 안전상의 이유로 아들의 손을 잡고 건너야 했다. 하지만 매번 길을 건널 때 아들은 손을 잡아 빼려고 애를 썼다. 마침내 박사에게 좋은 생각이 떠올랐는데 아들에게 "길을 건널 때 어느 쪽 손을 잡을지 선택해."라고 말했다. 그랬더니 아들은 당장 아빠의 손에 자신의 왼쪽 손을 올려놓았고 둘은 평화롭게 길을 건너갔다. 이처럼 어떤 교육활동을 할지 스스로 선택할 때 유아는 그 활동을 중요하게 느끼고 전력을 다하게 된다(Lickona, 1983).

재미있고 즐거운 놀이의 특성은 교육활동이 내적 동기화되는 것을 돕는다.

2. 놀이지도를 위한 교사의 역할

유아는 스스로 놀이를 찾아내고 놀이방법을 고안하며 놀이방법을 또래에게 전달하는 무궁무진한 능력을 가지고 있으므로 유아에게 놀이를 지도한다는 것은 사실 무의미한 것일지도 모른다. 하지만 놀이는 유아의 발달에 적합한 학습기회를 제공하는 최선의 방법 중 하나이며 특히 유아놀이에 영향을 주는 환경으로서 교사는 유아의 적극적 놀이 참여를 유도하며 유아놀이를 정교화하는 등 유아의 놀이를 교육적으로 이끄는 역할을 한다(신은수, 2000). 유아의 놀이가 교육적이고 의미 있도록 지도하기 위한 교사의 역할에 대해 살펴보고자 한다.

1) 놀이 환경 조성자로서의 교사

교사의 놀이 환경 조성은 유아들이 독립적이고 주도적으로 놀이에 참여하여 다양한 놀이 경험을 하는 데 중요한 역할을 한다. 유아놀이를 위한 최적의 놀이 환경은 적절한 시간 제공, 놀이 공간 조성 및 배치, 놀이 자료 제공, 놀이에 필요한 경험 등의 자원 제공에 있다(Johnson et al., 1999).

높은 수준의 놀이를 촉진하는 데 있어 가장 중요한 측면 가운데 하나가 유아들이 놀이할 시간을 적절하게 제공해 주는 것이다. 학자들마다 다양한 놀이시간을 제시하지만 공통적으로 유아들을 위한 놀이시간은 충분히 제공되어야 한다고 주장한다. 유아들이 자료를 탐색하고 자신들의 놀이를 구성하여 놀이 속에 몰입하기 위해서는 상당한 시간이 소요되기 때문이다. 유아의 연령과 놀이 기술에 따라 차이가 있을 수 있으나 놀이시간은 하루 동안 짧게 분절되어 여러 번 제공되기보다는 한 번에 보다 오랫동안 지속적으로 시간이 주어질 경우 놀이가 더 풍부해질 수 있다.

여러 연구들이 놀이시간과 놀이의 복합성이 밀접하게 관련됨을 강조하여, 15분의 시간보다 30분의 놀이시간을 제공했을 때 유아는 더 높은 사회적 · 인지적 양식의 놀이를 한다고 하였다(Christie, Johnsen, & Peckover, 1988; Tegano & Burdette, 1991). 놀이에 주어지는 시간이 짧은 경우 비놀이 활동(예: 비참여행동, 방관자적 행동, 전환행동)을 하거나 기능(운동)놀이나 비사회적 병행놀이 같은 보다 단순한 형태의 놀이를 하는 경향이 나타났다. 그러나 더 긴 놀이시간이 주어질 때는 유아들이 사회극이나 구성놀이를 더 많이 하였다. 사회극놀이나 구성놀이처럼 인지적으로 복잡한 유형의 놀이의 경우 계획하고 실행하는 데 많은 시간이 걸린다. 사회극놀이의 경우 함께 놀이할 친구를 모으고, 역할을 협상하며, 극 전개를 위해 이야기 흐름에 대한 의견 나누기, 사물에 가상적 의미 부여하기, 소품 만들기 등의 시간이 필요하다. 또한 복잡한 구성놀이의 경우 몇 시간이 걸리거나 수일에 걸쳐 완성되기도 한다.

놀이할 수 있는 공간과 공간 배치 방법은 유아가 참여하는 놀이의 유형과 질에 중요한 영향을 미치기 때문에 적절하게 제공되어야 한다. 놀이 유형에 따라 공간 사용 정도가 달라지지만, 다양한 놀이가 이루어지기 위해서는 충분한 공간 제공과 함께 활동 내용에 따라 흥미영역별로 구분하여 배치하는 것이 좋다. 흥미영역별로 배치하는 것은 유아들이 다양한 놀이를 자율적으로 선택하여 경험하도록 해주고, 각 활동에 참여하는 유아의 수를 조절하는 효과가 있어 놀이 참여자들 사이의 공격적 행동빈도를 줄이고 다른 유아의 방해 없이 안정된 분위기에서 놀이에 몰두하도록 돕는다.

놀이 자료는 유아들이 놀이할 때 사용하는 모든 물건을 의미하며, 놀이 자료의 특성에 따라 놀이 유형이 달라질 수 있다. 예를 들면, 주제와 관련된 여러 가지 소품들은 극놀이를 자극하는 반면, 블록, 퍼즐, 그리고 미술 재료는 구성놀이를 자극하게 된다.

교사는 흥미영역별로 적절한 놀이 자료를 제공해 주어야 하며, 특히 진행되고 있는 생활주제 관련 놀이 자료를 제공해 주되 주제가 바뀌는 시점에 교체하는 것도 중요하다. 예를 들어, 동식물과 자연이 생활주제이고 동물이라는 소주제로 진행되고 있다면, 동물과 관련된 책들을 언어영역에 제공해 준다. 조형영역에서는 종이판화 활동을 계획했다면 동물 모양을 찍어볼 수 있는 판화틀을 제공하며, 역할놀이영역에서는 동물극을 하기 위해 여러 가지 동물 가면들과 다양한 소품을 준비하는 것이 필요하다. 특히, 이러한 기본적 자원 제공과 함께 유아의 흥미와 욕구에 따라 놀이 자료를 매일 첨가시키고 교체하여야 한다.

유아는 자신의 사전경험과 지식에 기초하여 놀이의 상황과 행동을 표현하며, 자신이 이해한 경험적 맥락에서 역할을 수행하며 놀이한다. Smilansky(1968)는 놀이에 대한 사전경험이 사회극놀이 훈련과정의 효과를 증진시킨다는 연구결과를 통해 놀이에서 사전경험의 중요성을 제기하였다.

유아들이 놀이를 효율적으로 하기 위해서는 학습 주제와 관련된 구체적인 경험을 갖는 것이 필요하다. 특히 역할놀이의 경우 유아의 사전지식이 놀이내용에 그대로 반영되어 나타나게 되는데, 만일 유아가 자신이 맡은 역할에 대한 경험이 부족하다면 역할놀이는 유지되기가 어렵다. 따라서 교사는 유아들에게 견학의 기회를 제공하거나, 다양한 직업을 가진 자원인사들을 교실에 초청하기, 주제와 관련된 책이나 영상물 보여주기 등을 통해 학습주제와 관련된 풍부한 경험을 제공해 주도록 한다.

2) 놀이 관찰 및 평가자로서의 교사

놀이를 관찰하는 것은 교사들이 유아 개인의 놀이에 대한 흥미와 놀이 수준 및 발달을 파악하도록 하며, 유아놀이의 발달을 위해 무엇이 필요한지 인식할 수 있도록 해준다. 즉, 유아가 어떠한 놀이와 놀잇감을 선호하며, 어떤 친구와 주로 놀이를 하는지, 인지적 · 사회적 놀이수준이 어떠한지에 대한 정보를 제공해 줌으로써 유아 개개인의 전반적 발달에 대한 이해가 가능하게 한다. 또한, 교사는 세심한 관찰을 통해 유아의 놀이를 평가하고 이러한 평가결과를 토대로 놀이를 지원하고 확장 · 발전시키도록 도울 수 있다.

유아교사는 효과적인 놀이지도를 위해 유아들을 주의 깊게 관찰할 필요가 있다. 관찰은 유아들이 놀이활동을 할 때 무엇을 도와주어야 하고, 언제 개입해야 할지, 놀이를 확장하기 위해 무엇을 해야 할지에 대한 정보를 제공해 준다. 또한 교사가 유아들에게 놀이 제안을 하기 위한 기초로서 뿐만 아니라 교사의 참여와 놀이를 제안하여 확장 · 연결하는 역할도 한다.

유아들의 놀이를 관찰할 경우 관찰할 대상과 내용에 대해 분명하게 정해두어 체계적인 방법으로 관찰하도록 한다. 이를 위해서는 교사가 유아의 관점에서 놀이를 실행해 보고 적극적인 관점에서 관찰하는 것이 바람직하다.

놀이 관찰의 결과를 기록하고 평가하는 것도 매우 중요하다. 관찰 기록을 통해 유아들이 놀이계획에 따라 효과적으로 놀이에 참여하고 있는지, 놀이과정에서 겪고 있는 어려움은 어떤 것이 있는지 등에 대해 평가하도록 한다. 평가의 결과는 유아가 성공적으로 놀이에 참여할 수 있도록 지도하는 데 반영하도록 한다.

2019 개정 누리과정에서는 유아놀이에 시선을 주고 주목하며 기록해야 하는 것이 교사의 교육적 행위로서 제시하고 있다. 즉 교사는 유아가 놀이에서 무엇을 경험하고 어떻게 놀이하고 배우면서 놀이를 이어가는지를 이해하기 위해 놀이의 흐름을 따라가면서 관찰한 유아의 놀이 경험을 2~3줄의 문장이나 몇 장의 사진으로 내용, 방식, 과정을 기록해야 한다(교육부, 보건복지부, 2019b, p.29).

〈표 6-1〉 유아 놀이 흐름에 따른 교사의 기록 예시

누가	언제	어디서
만 3세 유아	2020년 6월 2일(화) 오후 자유놀이	교실 미술공간
【유아가 주도한 놀이–물감으로 그림그리기】		

- 오후 자유놀이 시간 설이는 투명한 컵에 물을 받아와 종이에 물감으로 색칠을 하였고, 아현이도 컵에 물을 받아와 활동을 시작함. 설이는 "(그림을 가리키며) 이런 풀밭을 그릴거예요"아현이는 "나도 풀밭을 그릴거야"라고 이야기하며 종이에 물감으로 풀밭을 그림. 설이는 사과나무가 있는 풍경을 그렸고 아현이는 풀밭과 해를 그렸음.
- 설이와 아현이를 보고 서준이가 "선생님 저도 물감하고 싶어요"라고 이야기 하면서 투명 컵에 물을 받아와 활동을 시작함. 서준이는 종이를 가져와 다양한 색의 물감을 이용하여 포도와 초코릿을 그렸음. 서준이는 "선생님 저는 포도도 그리고 초코릿도 그렸어요"라고 이야기 하면서 물에 붓에 묻은 물감을 헹구며 "이것 좀 봐요 엄청 붉은 보라색이 되었어요"라고 말함. 설이도 "선생님 어두운색이 되었어요"

3) 놀이 참여자로서의 교사

교사가 유아놀이에 참여하는 것은 놀이를 주의 깊게 관찰하면서 필요한 시간, 장소, 자료와 같은 놀이 환경을 제공, 필요한 제언을 하거나 옆에서 놀이하기와 같은 소극적 참여와 놀이집단의 구성원이 되어 유아와 함께 놀이하는 적극적 참여로 나누어 볼 수 있다(McDaniel, Issac, Brooks, & Hatch, 2005; 신은수 외 4, 2001). 교사는 놀이과정에 참여하여 상호작용함으로써 유아들의 놀이가 확장되도록 지원한다. 개정 누리과정에서는 교사가 유아와 상호작용하면서 놀이를 직접적, 간접적으로 지원할 것을 제시하고 있다. 교사의 놀이 참여 방법으로는 첫째, 놀이자료와 공간, 놀이방법, 안전이나 규칙 등에 대해 제안하기 둘째, 정서적으로 지원하기 셋째, 유아 놀이에 함께 참여하기 넷째, 보다 높은 수준의 사고 촉진을 위한 질문하기를 제시하고 있다(교육부(2019), 놀이실행자료).

4) 문제해결자로서의 교사

교육 현장에서 놀이가 진행되는 동한 다양한 갈등이 발생한다. 갈등은 주로 또래를 통제하려고 하는 것과 놀잇감을 서로 차지하려는 데서 발생한다. 유아들은 연령이 증가하면서 놀잇감으로 인한 갈등은 감소하지만 또래를 통제하려고 하는 데서 오는 갈등, 즉 사회적 갈등은 증가하게 된다. Molly와 McMurray(1996)의 연구에 의하면 면담에서 대부분 교사들이 "아이들이 스스로 문제를 해결하도록 노력하고 있다"라고 밝히고 있지만, 실제 관찰결과 교사들은 일이 일어나자마자 개입해서 유아들이 스스로 갈등을 해결할 수 있는 기회를 거의 주지 않는 것으로 나타났다. 갈등이 나타날 때마다 교사가 개입할 필요는 없다. 대부분의 경우 유아들 스스로 갈등을 해결하기 때문에 자력으로 해결할 수 있는 기회를 제공해 주어야 한다. 이때 교사가 유아 갈등해결에 도움이 되는 대화법을 알려준다면 유아 스스로 문제해결하는 데 도움을 줄 수 있을 것이다.

● **자신의 감정을 상대방에게 적절하게 전달하기**

1) 행동 – 예) OO야 네가 내가 만든 oo를 무너뜨려서.
2) 감정 – 예) 내가 많이 속상했어.
3) 바라는 마음 – 예) 네가 사과했으면 좋겠어.

● **적절하게 사과하기**

1) 인정하기 – 예) 내가 네가 만든 블록을 무너뜨려 속상하겠다.
2) 사과하기 – 예) 미안해.
3) 해결하기 – 예) 내가 어떻게 하면 마음이 풀리겠니?
4) 약속하기 – 예) 다음부터는 조심할께.

● **거절할 때 상대가 기분 나쁘기 않게 거절하기**

1) 마음 읽기 – 예) 나랑 같이 미술놀이 하고 싶다고 했는데 지금 같이 놀 수 없어서 미안해.
2) 이유 – 예) 왜냐하면 지금은 철수랑 블록놀이하고 있거든.
3) 약속 – 예) 이 놀이 다 끝나고 같이 놀까? / 내일 미술놀이 같이 하자.

뿌리깊은 유치원 교사 연구회(2018)

그러나 다른 유아에게 신체 또는 언어적으로 해를 끼치거나 공격적인 행동을 할 때는 교사가 적절히 개입을 해야 하는데 문제해결자로서 교사가 유념해야 할 요소는 다음의 세 가지이다(최석란 외, 2006).

첫째, 갈등을 일으킨 문제를 이해하는 것이다.

- 문제를 정의할 때 구체적인 행동이나 물체와 같이 경험할 수 있는 부분에 초점을 둔다.
  예) 둘 다 팽이를 가지고 놀고 싶은데 팽이는 하나이구나.
- 발생한 문제에 관련한 다른 사람의 관점에 대해 이해할 수 있도록 알려준다.
  예) 철이는 이 팽이를 가지고 놀고 싶고, 지성이도 갖고 놀고 싶은데 팽이는 하나뿐이네.
- 발생한 문제와 관련된 특정 행동과 그 결과 그리고 행동이 어떻게 문제의 원인이

되었는지 알도록 해준다.

예) 철이야, 네가 지성이가 가지로 놀고 있던 팽이를 빼앗기 때문에 지성이가 화가 나서 널 때린 거야. 지성아 네가 철이를 때렸는데 맞은 철이 기분은 어떨 것 같아?

둘째, 문제해결을 위한 다양한 해결방안을 찾는다. 갈등해결을 위해 갈등에 관련된 모든 유아에게 만족을 줄 수 있는 해결책을 찾도록 해야 한다. 예를 들어 놀잇감을 뺏는 갈등상황에서 교사가 대안을 제시하거나 공유할 것을 제안할 경우 모두가 이기는(win-win outcome), 즉 모두가 만족하는 결과를 가져온다. 반면 격리시키거나 놀잇감 주인에게 주는 방법은 한 쪽이 이기는 결과(win-lose outcome)를, 둘 다 격리시키거나 교사가 놀잇감을 빼앗으면 둘 다 지는 결과(lose-lose outcome)가 나타나게 된다.

- 교사는 이전에 사용했던 해결책을 제안함으로써 대안을 제시할 수 있다.
- 갈등을 해결했던 유아들의 경험을 이야기해 보게 함으로써 해결방안에 대한 아이디어를 찾도록 도와준다.
- 교사는 갈등상황에 대한 다양한 해결방법이나 이전에 사용했던 긍정적인 해결방안을 유아에게 제시할 수 있다.

셋째, 갈등해결을 위해 협상을 하는 것이다. 갈등을 서로 간 풀어야 할 문제로 인식한다면 양측 모두에게 유익한 창조적인 해결책을 발견할 수 있게 되고 또한 그렇게 되면 양측의 관계는 더욱 좋아질 수 있다. 따라서 양편 모두에게 이익을 주는 결과를 만드는 협상, 즉 둘 다 이기는 우호적 협상(Integrative Negotiation)을 통하여 문제를 해결하도록 교육하는 것이 필요하다.

2019 개정 누리과정에서는 유아의 놀이를 지원하기 위한 교사의 역할을 다음과 같이 제시하고 있다(교육부, 보건복지부, 2019b, p.233).

- 유아에게 충분한 시간을 제공하고 융통성 있는 공간 운영하기
- 유아의 놀이를 기다리고 지켜보기

- 놀이에서 나타나는 유아의 생각을 수정하지 않고 따라가기
- 놀이 공유하기
- 다양한 매체를 제공하고 자유롭게 선택하는 유아의 놀이 따라가기
- 함께 놀이하기
- 교사가 제안을 하되 유아들이 그것을 어떻게 경험하는지 바라보기

3. 교사의 놀이 개입

유아교육에서는 오랫동안 교사의 놀이 개입에 대한 다양한 견해가 존재해 왔다. 놀이 개입을 지지하는 입장에 의하면 교사가 놀이 개입을 통해 유아놀이를 지원하고 반응적 상호작용을 함으로써 놀이의 발달적 가능성을 극대화시킬 수 있다고 주장한다(Balke, 1997; Meyerhoff, 1988). 반면 놀이 개입에 대해 부정적인 측면을 강조하는 입장은 교사가 유아놀이에 참여할 때 나타날 수 있는 잠재적인 위험성에 대해 지적한다. 관련 연구에 의하면 교사들은 놀이 개입을 할 때 학업성취에 초점을 두게 되어 유아놀이를 방해하거나 중단시키는 결과를 가져온다고 한다(Jones & Reynolds, 1922). 또한 교사가 지나치게 놀이과정을 통제하고 구조화하여 유아의 자연스럽고 자발적인 놀이능력을 제한하게 되어 문제해결이나 위기 대처의 기회를 감소시킬 수 있다고 밝히고 있다. 이와 같이 교사가 유아놀이에 개입하는 것에 대한 찬반 논쟁은 유아들의 놀이에 교사가 개입하는 것의 긍정적 측면과 부정적 측면을 모두 고려하여 효과적인 방법으로 개입하는 것이 중요하다는 것을 알려주고 있다.

놀이 개입은 자원 제공하기와 관찰하는 역할에 비해 교사의 적극적인 참여가 이루어지므로 놀이 개입 시 매우 신중한 접근이 필요하다. 교사가 적절한 방식으로 놀이에 개입할 때 유아의 놀이 경험은 더 풍부해질 수 있지만, 주의 깊은 관찰에 기초하지 않은 개입의

경우 놀이의 가작화 맥락이나 기본 틀을 무너뜨리게 돼 유아의 놀이를 중단시킬 수도 있다. 따라서 교사는 유아의 놀이 시도 진행과정에 대한 체계적인 관찰과 함께 유아의 놀이 상황, 흥미, 사전경험에 기초하여 융통성 있게 다양한 방법으로 개입하여야 한다.

교사의 놀이 개입 유형은 학자들에 따라 다양하게 제시하고 있으나 대부분이 최소한의 개입에서 최대한의 개입까지 연속선상으로 설명하고 있다. Wood, McMahon과 Cranstoun(1980)은 교사의 놀이 개입을 병행놀이, 공동놀이, 놀이교수, 현실대변인의 네가지 유형으로 분류하였으며, Wolfang과 Sanders(1982)는 개방적 모형에서부터 구조적 모형으로의 연속적 개입 유형인 관찰하기, 비지시적 진술하기, 질문하기, 지시적 진술하기, 모델 보이기, 신체적으로 개입하기로 제시하였다. 이 밖에도 Spidell(986)은 유아교육기관의 교사 개입 유형으로 교수, 대화, 유지, 칭찬, 방향 제시, 환경 수정, 참여 및 시범의 방법을 제시하였다. Johnson, Christie와 Wardle(2005)는 여러 학자들의 의견을 종합하여 교사의 놀이 개입 유형을 비참여자(uninvolved), 방관자(onlooker), 무대 관리자(stage manager), 공동 놀이자(coplayer), 놀이 지도자(play leader), 감독 및 방향 전환자(director/redirector)로 구분하여 제시하였다. 교사 개입 유형에 대한 견해들 중에서 Wood 등(1980)과 Johnson 등(2005)의 분류를 중심으로 살펴보면 다음과 같다.

1) Wood, McMahon과 Cranstoun(1980) 놀이 개입 유형

Wood 등(1980)은 교사가 유아의 놀이에 참여하는 방법에는 병행놀이(parallel playing), 공동놀이(co-playing), 놀이교수(play tutoring), 현실 대변인(spokesman for reality)의 네 가지 유형이 있다고 제안하였다.

① 병행놀이

교사가 유아의 가까이에서 같은 놀잇감으로 놀이를 하는 경우로서 감각운동놀이나 구성놀이와 같이 단독놀이 형태의 놀이에 개입하는 방법으로 사용된다. 이때 교사는 유아와 아무런 상호작용도 하지 않으며 어떠한 간섭도 하지 않는다. 이러한 교사 개입

방식은 유아에게 안정감을 주며, 유아가 놀이를 보다 가치 있는 행동으로 느낄 수 있게 해주어 놀이가 오래 지속되도록 하는 효과가 있다. 또한 유아는 교사의 행동을 관찰하면서 새로운 놀이방법을 배우게 된다.

② 공동놀이

교사가 진행 중인 놀이에 참여하지만 놀이에 대한 전반적인 통제권을 유아가 갖도록 하는 경우로서, 교사는 유아의 말과 행동에 적극적으로 관심을 표현하며 유아의 요구에 따라 놀이에 참여한다. 이때 교사는 놀이를 보다 확장시키기 위해 정보나 수단을 요구하거나 아동의 행동과 말에 대응하는 등의 치밀하게 계획된 대화기법을 사용하여 놀이의 진행에 영향을 주거나 의견을 제시하게 된다. 이러한 교사 개입방식은 놀이에 대한 '승인(approval)', 놀이의 지속성 이외에 교사와 유아 간의 '라포(rapport)' 형성에 효과가 있다.

③ 놀이교수

놀이 훈련 경험(play-training experiences)을 이용한 교사 개입방법으로서 주로 교사가 놀이를 시작한다는 것과 교사가 놀이에서 보다 많은 통제권을 행사한다는 것, 또 교사가 유아에게 구체적인 놀이행동을 가르친다는 점에서 다른 개입방법과 구별된다. 이러한 개입방법을 통해 스스로 놀이를 시작하지 못하거나 다른 유아와 함께 놀이하는 데 어려움을 보이거나, 혹은 같은 놀이를 매번 반복하는 유아에게 보다 직접적인 놀이지도를 할 수 있게 된다.

놀이교수는 교사 주도적인 개입방법으로 유아에게 새로운 놀이행동을 가르치는 놀이교수형태가 있다.

- 외적 개입

농구 경기장에서 코치가 선수들에게 경기를 지도하는 것처럼 교사는 놀이자로서 참여하지 않고 바깥에서 유아의 놀이행동을 격려하기 위한 제안과 설명을 하는 방법이다. 교사는 놀이를 확장할 수 있는 다양한 제안을 통하여 유아가 택한 놀이의 역할에 대해 조언하고 유아 간의 사회적 상호작용과 언어적 대화를 촉진시키거나 놀이에 필요한 소품을 제안하기도 한다.

- 내적 개입

교사가 유아의 놀이에 직접 참여하여 진행될 놀이에서 역할을 담당하고 적극적으로 유아와 함께 놀이에 참여하는 유형이다. 교사는 유아에게 놀이행동을 보여주거나 역할에 관련한 행동, 언어적 상호작용을 지시한다.

- 주제환상극 놀이 훈련

Saltlz와 Johnson(1974)에 의해 개발된 훈련방법으로 동화를 들려주고 동화내용을 극화하도록 훈련하는 개입방법이다.

④ 현실 대변인

유아가 놀이와 현실을 연결할 수 있도록 교사가 놀이 상황의 외부에 머무르면서 질문과 제안을 사용하여 놀이에 개입하는 유형으로서 이러한 개입방법은 현재 진행 중인 유아의 놀이에 대한 주의 깊은 관찰과 이해 없이 표면적인 특징에만 초점을 두고 시도되는 경우, 자칫 유아의 놀이 진행을 방해하거나 중단시키게 된다. 그러나 효과적으로 사용되는 경우, 유아의 사고기술을 향상시키고 새로운 개념을 가르치는 즐거운 방법이 될 수 있다. 예를 들면 케이크를 굽는 척하면서 놀이를 하는 두 명의 유아를 관찰하던 교사는 유아들에게 분수에 대해 가르칠 수 있는 기회를 발견하고 다음과 같이 개입할 수 있다(James et al., 1999).

교사: 애들아 케이크를 반으로 나눌 수 있을까? 선생님이 나눠볼까? 이렇게.

유아: 네.

교사: 그리고 반으로 나눈 케이크 두 조각 중 한 개를 다시 반으로 나누면 모두 몇 조각이 될까?

유아: 두 개.

교사: 아니지 조각들을 모두 세어보자.

유아: 하나, 둘, 셋.

교사: 세 개. 맞아. 나머지 조각도 반으로 나누어 볼까? 케이크는 모두 몇 조각이 되었지?

유아: 네 개.

2) Johnson, Christie와 Wardle(2005) 놀이 개입 유형

Johnson등(2005)은 교사가 유아의 놀이에 개입하는 유형을 비참여자(uninvolved), 방관자(onlooker), 무대 관리자(stage manager), 공동 놀이자(coplayer), 놀이 지도자(play leader), 감독 및 방향 전환자(director/redirector)로 구분하였다. 이러한 놀이 개입 유형 가운데 교사가 비참여자 역할을 하는 경우, 유아는 기능적 운동놀이나 거친 신체놀이에 집중하는 경향을 나타낸다(Enz & Christie, 1997). 또한 최대한의 개입을 하는 경우에는 놀이의 학습적 측면을 강조하여 부적절한 결과를 가져올 수 있다. 따라서 연속선상의 양 끝에 해당하는 교사의 개입 유형은 유아놀이를 지원하는 데 한계가 있으며, 가운데에 있는 방관자, 무대 관리자, 공동 놀이자, 놀이 지도자의 역할은 놀이를 확장하고 촉진시키는 데 효과적이라고 할 수 있다. 구체적으로 살펴보면 다음과 같다.

① 비참여자

교사가 유아의 놀이에 관심을 보이지 않고, 참여하지 않으며 무시하는 유형이다. 유아들이 놀이하는 동안 교사는 행정업무를 하고 있거나 다른 활동을 준비하고, 다른 사람들과 사적 대화를 나누는 등 놀이와 관련 없는 업무를 수행하는 경우이다. 이러한 경우 교사의 개입이 없기 때문에 유아들이 자유롭게 놀이를 할 수 있으나 놀이를 확장시키거나 지원하는 지지적 개입 유형으로 보기 어렵다.

② 방관자

교사가 놀이가 이루어지는 근처에 서서 유아의 놀이를 지켜보면서 고개를 끄덕이거나 다른 비언어적 승인의 표시를 통해 놀이에 대한 관심을 표현하는 것이다. 또한 때때로 언어적 격려나 조언을 할 수도 있지만, 놀이에 직접 참여하거나 놀이를 방해하는 행동은 하지 않는 소극적 개입 유형이다. 이러한 방법의 개입은 유아에게 교사가 자신의 놀이에 관심을 갖고, 의미 있는 활동으로 인정하고 있음을 느끼게 해준다. 또한 교사에게 있어서도 유아의 놀이를 관찰하는 것을 통해 놀이 진행에 대한 여러 가지 정보를 얻을 수 있다는 장점이 있다. 이러한 정보는 교사가 개입해야 할 적절한 시기와 개입 유형을 결정하는 데 도움을 준다.

③ 무대 관리자

방관자처럼 옆쪽에 머물며 유아들의 놀이에 직접 참여하지는 않지만 방관자 역할과 달리 놀이를 위해 필요한 소품과 의상과 같은 놀이 자료를 제공하고 놀이가 진행되면 도움을 제공하는 보다 적극적 역할을 취한다. 이러한 과정에서 교사는 Vygotsky(1978)의 근접발달지대와 같은 효과를 가져올 수 있도록 도움을 주거나 제안을 하게 된다.

④ 공동 놀이자

교사가 유아의 놀이에 실제로 참여하여 유아의 파트너가 됨으로써 적극적 참여자 역할을 한다. 이때 교사는 유아가 놀이의 주도권을 가지고 놀이의 내용과 진행을 통제할 수 있도록 하면서도 사물이나 행동을 가작화하는 새로운 놀이기술이나 상호작용의 전략을 배울 수 있도록 모델을 보여주어야 한다.

⑤ 놀이 지도자

놀이 지도자 역할은 공동 놀이자에서처럼 유아의 놀이에 들어가 적극적으로 참여하는 것이지만, 교사가 보다 많은 영향력을 발휘하는 것이다. 교사가 놀이의 계획, 중재, 구성에 참여하여 새로운 놀이 주제를 제안하거나 기존의 주제를 확장하기 위해 새로운 사건의 플롯 요소나 소품을 소개할 수도 있다. 공동 놀이자 역할보다 많은 영향력을 발휘하여 놀이 에피소드가 더욱 풍성하게 확장될 수 있도록 개입한다. 예를 들면, 유아가 스스로 놀이를 시작하지 못하거나 놀이의 진행에 어려움을 보이는 경우, 교사는 새로운 놀이를 소개하거나 기존의 놀이에 흥미와 긴장감을 가져오기 위한 소품이나 줄거리를 개입시키게 된다.

⑥ 감독자 및 방향 전환자

교사가 유아의 놀이를 지시하고 통제하는 경우를 말하며, 놀이와 상관없이 유아의 관심을 학습목적 방향으로 전환시킨다. 감독자로서의 개입 유형은 놀이에 지나치게 개입하여 유아의 자발적 욕구를 침해하게 되며, 방향 전환자의 개입 유형은 놀이를 하는 도중에 놀이와 관계없는 인지학습으로 유도함으로써 유아의 놀이를 방해하게 된다. 이러한 유형은 놀이 촉진에 효과적인 개입 유형이라고 보기 어려우며 놀이에 참여하지 못하는 유아에게 놀이를 시작하도록 짧게 감독자 역할을 하거나, 놀이 가운데 의미 있는 학습의 기회가 생길 경우 진행 중인 놀이와 연관지어 방향 전환자 역할을 할 수 있

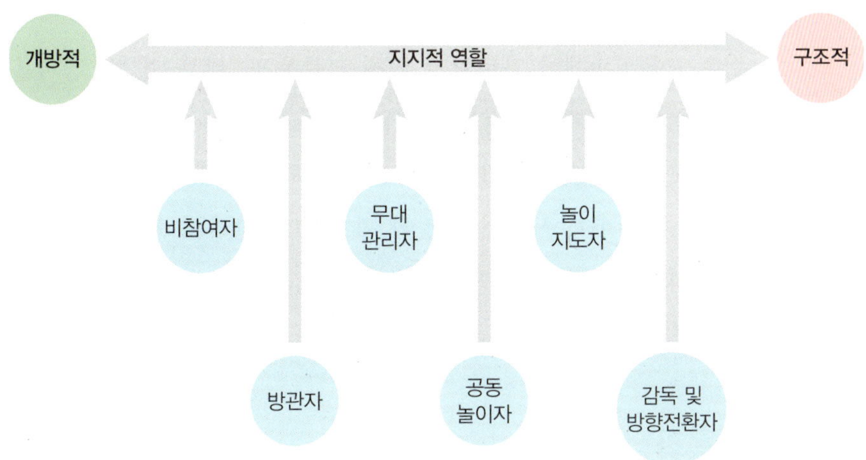

〈그림 6-1〉 Johnson, Chrishie와 Wardle의 놀이 개입 모형

다. 그러나 유아가 거절할 경우에는 강요해서는 안 된다.

이상에서 살펴본 것과 같이 유아놀이에서 교사의 개입은 놀이자인 유아를 중심으로 자기 주도적 놀이를 하도록 하는 놀이의 본질을 유지하도록 하는 것이 중요하며 상황에 따라 개입 유형을 융통성 있게 적절히 사용하도록 한다. 또한 놀이상황에서 개입이 필요한 시점을 파악하여 짧게 놀이를 촉진시킨 후 놀이 진행에 방해가 되지 않도록 나오는 것도 중요하다.

4. 교육과정과 놀이

유아교육기관에서 운영되고 있는 교육과정은 놀이를 활성화시킬 수 있으며, 유아의 놀이가 교육과정에 영향을 미치기도 한다. 놀이가 교육과정과 갖는 관련은 교사가 놀이를 교육에 연관시키려는 노력 정도에 달려 있다. 교육과정(curriculum)은 다양한 의미로 사용되지만 주로 교육기관에서 가르치기 위해 교육목표, 내용, 방법, 평가를 체계적으로 조직화한 교육계획과 학습과정을 말하며 유아교육에서는 교사가 지도하고자 하는 내용과 방법이 포함된 교육프로그램 전체를 의미하기도 한다. 교사는 유아의 놀이를 교육과정과의 관계 속에서 생각하는 것이 필요하다. 따라서, 놀이와 교육과정과의 연계에서 얻는 장점과 놀이와 교육과정과의 관계 그리고 유아교육과정에서 사용되는 놀이의 역할을 살펴보고자 한다.

1) 놀이와 교육과정의 관계

유아교육기관에서 일어나는 놀이와 교육과정과의 관계를 관계의 양을 중심으로 살펴보면 다음의 세 가지 유형으로 나타날 수 있다.

① 분리적 관계이다.

유아들의 놀이활동이 교육과정과는 완전히 분리된 경우이다. 예를 들어, 교실에서 '교통기관'에 대한 주제를 진행하면서 소꿉놀이는 전형적 가정놀이 놀이 자료만 있고, 쌓기영역에는 교통기관과 관련된 놀잇감은 하나도 없으며, 언어영역이나 수영역에서도 교통기관과 관련된 것은 하나도 없는 경우이다.

② 병렬적 관계이다.

학문적 교육과정과 관련된 놀이 기회를 유아들에게 제공한다. 그러나 이러한 관계에서 얻을 수 있는 장점을 이용하려는 시도가 없는 경우이다. '교통기관'의 주제를 진행하는 경우의 예를 들어 보면, 교사가 교통기관과 관련된 극놀이영역을 꾸미고 교통기관과 관련된 놀이 자료를 쌓기영역에 갖다 둔다. 그러나 교사는 이러한 교통기관과 관련된 도구에 대한 유아들의 관심을 이끌어내기 위한 소집단 활동이나 책읽기 시간 등과 연결하려는 시도를 하지 않는 경우이다. 유아들은 교통기관에 대해 배운 것을 놀이할 수 있는 기회는 가지나, 스스로 알아서 해나가야 한다.

③ 진정한 통합이다.

교사는 놀이와 교육과정을 연결하여 이러한 관계에서 얻을 수 있는 학습의 잠재성을 이용하려는 노력에 열중한다. 예를 들면, '교통기관'의 주제를 진행하는 교사는 교통기관과 관련된 흥미영역을 구성한다. 그런 다음 교사는 유아들에게 자동차와 관련된 책을 읽어준 후, 유아들이 자동차 정비 놀이를 할 때 책에서 나온 내용의 활동(타이어 압 체크하기, 주유하기 등)을 해보도록 제안하다. 이처럼 교사는 교통기관과 관련된 놀이를 하도록 유아들의 관심을 이끌어내고 학문적 내용과 유아들의 놀이와의 연결을 시도한다.

놀이와 교육과정 간의 관계는 관계의 방향을 중심으로 살펴볼 수도 있다. 놀이와 교육과정 간에는 양방향적 관계가 나타날 수 있는데, 하나는 교육과정이 놀이 경험을 도출시키는 방법이고, 또 다른 하나는 유아의 놀이행동이 교육과정의 내용에 영향을 미치는 방법이다. 자세히 살펴보면 다음과 같다.

① 교육과정에서 도출된 놀이

교사는 유아들이 문학, 수학, 과학 등의 교육과정영역과 관련된 개념과 기술을 학습할 수 있는 놀이 경험을 제공한다. 가게놀이영역에서 수 세기와 수 인식을 학습할 수 있는 경우가 예이다. 교육과정에서 도출된 놀이는 교수와 관련하여 두 가지 기능을 하게 된다.

첫째, 유아들에게 놀이를 통해 기술과 개념을 학습할 수 있는 기회를 먼저 제공한다. 그런 다음 놀이를 통해 목표한 기술과 개념 형성이 잘 안 된 유아들에게 직접적인 교수를 제공하는 경우이다.

둘째, 놀이를 통해 이미 교육받은 기술을 연습할 수 있는 기회를 제공하는 경우이다.

② 놀이에서 도출된 교육과정

놀이에서 도출된 교육과정의 일반적 유형은 자유놀이 혹은 자발적 놀이시간 중에 일어난다. 예를 들어, 유아가 놀이에서 고래나 상어에 관심을 갖는다면 교사는 유아의 흥미에 맞추어 물고기와 바다에 사는 여러 가지 생물에 초점을 둔 통합 및 학문 간 상호 연관된 주제를 고안할 수 있다. 유아는 문학, 수학, 과학과 관련된 다양한 기술 및 개념을 사용하고 학습할 수 있는 기회를 갖게 된다.

2) 2019 개정 누리과정과 놀이

그동안 유아교육에서는 유아의 놀이를 중요시해 왔다. 누리과정에서도 유아의 놀이가 지속적으로 강조되어 왔으나 2019 개정 누리과정은 '유아 중심' 교육과 '놀이 중심' 교육을 다시 한 번 강조하고 있다. 이는 그동안 자유선택 활동을 중심으로 놀이를 운영하여 왔지만 유아가 자유롭게 주도하는 놀이가 실천되지는 못했다는 반성과 함께 '놀이'가 가진 본질적 가치를 다시 한 번 되새겨보고 유아가 자신에게 가장 적합한 방식으로 스스로 놀이하며 배우도록 하는 진정한 의미에서의 '놀이 중심' 교육으로 나아가고자 하는 것이다. 교사는 유아놀이의 가치과 의미를 이해하는 가운데 유아가 놀이를 통해 배울 수 있도록 지원해야 할 것이다(개정 누리과정 놀이이해자료, 2019; 개정 누리과정 해설서, 2019).

(1) 2019 개정 누리과정 놀이 중심 교육과정의 방향

① 교사 중심 교육과정에서 유아놀이 중심 교육과정으로 변화

개정 누리과정은 '유아와 놀이'를 최우선적으로 존중하여 학습자인 유아가 주체가 되는 교육과정임을 강조하고 있다. 그동안 교사가 학습자의 배움을 미리 예상하여 사전에 조직하는 교사 중심 교육과 놀이가 이루어져 왔다면 개정된 교육과정에서는 유아의 주도적 놀이가 중심이 되는 교육과정으로 전환하는 것이 필요한 것이다.

② 충분한 놀이시간 확보 권장

개정 누리과정에서는 유아가 안전한 환경에서 마음껏 놀이할 수 있도록 실내 · 외 놀이 환경을 포함하여 유아가 자유롭게 놀이하는 시간을 충분히 확보하도록 하고 있다. 유아들이 놀이에 몰입함으로써 배움의 기회를 얻기 위해서는 일정시간을 확보하는 것이 중요하기 때문이다.

③ 유아놀이와 배움의 의미에 대한 재이해

유아 놀이 중심 교육과정은 기본적으로 교사가 직접적으로 지식을 가르치지 않는다 할지라도 유아가 놀이를 하면서 스스로 배울 수 있다는 점을 이해하는 가운데 놀이지도가 이루어져야 한다는 점을 강조한다. 교육과정 5개 영역의 내용을 교사가 가르치거나 지식을 전달하는 것이 아니라 유아가 직접 경험하며 스스로 배우도록 하는 내용임을 중요하게 생각한다.

(2) 놀이하며 배우는 유능한 유아

개정 누리과정에서 가정하는 유아는 놀이하며 배우는 유능한 유아이다. 유아는 태어날 때부터 놀이하는 능력을 가지고 태어났으며, 영아기부터 세상과 소통하는 방식으로서 놀이를 활용하게 된다. 놀이에서 발휘되는 유아의 능동성과 주도성은 학습과 배움에 있어 잠재적 힘이며 원동력이다. 유아는 놀이하면서 개별 경험을 바탕으로 각자의 방식으로 배워가게 된다. 2019 개정 누리과정에서는 놀이하는 유능한 유아 이미지와 추구하는 인간상을 연계하여 제시하고 있다. 유아의 유능함은 모든 놀이에서 동시에 일어날 수 있고 통합적으로 나타난다. 그리고 자연스럽게 추구하는 인간상으로 순환된다.

① 유아는 몸을 움직인다.

놀이에서 유아는 몸을 움직이고 다양한 감각을 활용하여 세상을 경험하게 된다. 몸을 움직이면서 주변의 물체, 사람, 환경 등과 상호작용하는 가운데 자신의 몸을 안전하게 보호하고 건강하게 할 수 있는 힘을 가지게 된다.

② 유아는 하고 싶은 것을 스스로 선택한다.

유아는 놀이하는 가운데 하고 싶은 것을 적극적으로 탐색하고 선택하고자 하는 욕구를 나타내며, 자신이 원하는 것을 할 수 있는 자유를 가지기 원하고 하고 싶은 놀이를 선택하고 놀이 방식 및 규칙을 만든다. 스스로 선택하고 결정하며 행동하는 가운데 유아는 자유로움과 주도성을 배우고 자신감을 가지게 됨으로써 자신이 유능한 존재임을 깨닫게 된다.

③ 유아는 상상한다.

유아기는 상상력이 풍부한 시기로서 세상에 대한 모든 것에 궁금해하고 호기심을 가지게 된다. 유아의 상상력과 호기심은 놀이를 하면서 가장 활발하게 펼쳐질 수 있다. 놀이하면서 자신이 상상하고 탐구한 것을 자신만의 방식으로 자유롭게 표현하는 가운데 창의성이 개발되는 것이다.

④ 유아는 재미와 기쁨을 느낀다.

놀이를 통해 유아는 사물과 매체, 사람과 자연, 우주를 만나고 그 가운데에서 아름다움을 느끼게 되며 재미, 즐거움, 기쁨, 따스함, 안락함 등 다양한 감정을 경험하게 된다. 유아가 주변 환경 속에서 느낀 감정과 아름다움과 같은 감성을 표현하는 가운데 부정적인 감정을 해소하는 기회도 가질 수 있다.

⑤ 유아는 주변과 관계를 맺는다.

유아는 놀이를 하면서 또래, 교사 등 다른 사람들과 서로 도움을 주고받고 소통하며 주변에 있는 동식물에 이르기까지 세상과 소통하고, 협력하며, 배려하고 돌보는 능력을 가지고 있다.

(3) 유아 놀이의 의미

개정 누리과정에서 유아 놀이의 의미는 바로 놀이가 유아의 삶이자 배움의 방식이라는 것이다. 유아들에게 놀이는 단순한 경험의 하나가 아니라 세상에 대해 알고 있는 혹은 알아가야 할 수 많은 내용을 자신의 방식으로 학습하고 표현하는 배움 행위 그 자체이다(교육부, 보건복지부, 2019).

① 배움의 주체인 유아와 배움의 내용이자 방식, 과정인 놀이

유아는 놀이과정에서 자연스럽게 세상과 관계를 맺고 세상에 대해 알아나가는 배움의 주체이다. 놀이는 교육과정 내용을 유아에게 전달하고 가르치기 위한 수단으로서 인식될 것이 아니라 놀이 자체가 유아의 배움이 일어나는 가장 중요한 원천이 되고 놀이 가운데 교육과정을 실현할 뿐 아니라 다양하고 폭넓은 학습이 일어나도록 할 수 있다.

② 배움으로서의 유아 놀이 경험의 의미와 특성

개정 누리과정 5개 영역의 내용은 놀이에서 연계되고 통합되며 순환되게 된다. 교육과정의 실행력을 높이기 위해서는 유아들에게 놀이의 주요 특성인 자유롭고 주도적이며 즐거움을 가져다주는 놀이 경험을 제공할 필요가 있다. 유아가 중심이 되고 놀이가 살아나는 교육과정으로서 놀이가 진행될 때 유아의 놀이 경험은 더욱 풍성해 지고 교육과정 5개 영역의 내용뿐 아니라 다양한 배움의 기회를 가질 수 있다.

③ 유아 놀이 경험과 개정 누리과정이 추구하는 인간상

유아의 놀이에서는 즐거움, 호기심, 사상, 움직임, 탐색, 자유, 표현 등 여러 가지 경험이 일어날 수 있으며 이러한 경험들은 교육과정 내용에서 지식, 기술, 태도, 가치

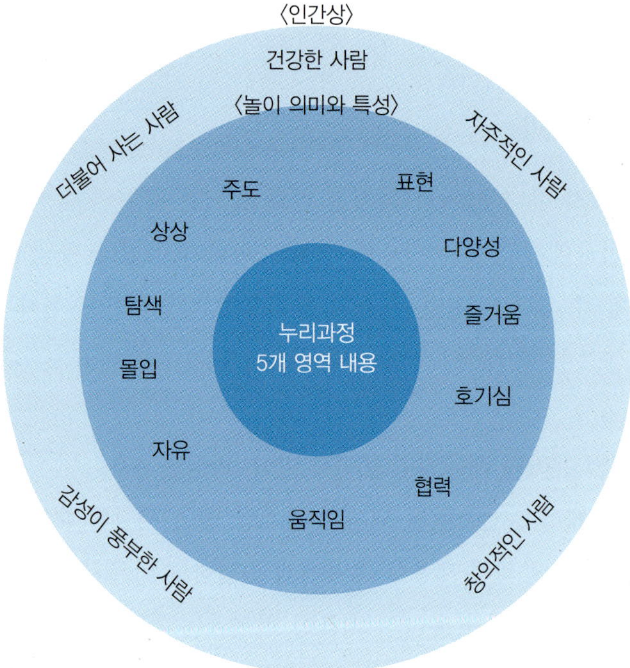

〈그림 6-2〉 유아 놀이 경험과 개정 누리과정에서 추구하는 인간상 관계

출처: 교육부, 보건복지부(2019). 개정 누리과정 놀이이해자료.

와 연결될 수 있으며 때로는 이러한 내용영역을 넘어서는 경험을 가질 수도 있다. 유아들은 놀이 경험을 통해 개정 누리과정이 추구하는 5가지 인간상인 건강한 사람, 자주적인 사람, 창의적인 사람, 감성이 풍부한 사람, 더불어 사는 사람으로 성장하는 것이 가능할 뿐 아니라 동시에 교육과정에서 강조하고 있는 배움의 내용, 방식, 과정의 역할도 담당하고 있는 것이다.

5. 유아교육기관의 놀이지도 실제

이 장에서는 교사의 효율적인 놀이지도를 위한 놀이 환경구성 및 교수전략을 알아보기 위해 유아교육기관에서 일어나는 놀이를 자유선택놀이와 게임으로 나누어 살펴보고자 한다.

1) 자유선택놀이

유아교육기관의 하루일과는 해당 기관이나 지역사회의 특성, 부모의 요구나 교육적 필요, 기관의 운영시간, 교사 대 유아의 비율에 따라 다양하게 운영될 수 있으나, 일반적으로 등원, 자유선택놀이, 정리정돈, 대 · 소집단활동, 간식 및 휴식, 바깥놀이, 평가 및 귀가활동으로 구성된다.

이러한 여러 가지 하루일과 중에서 자유선택놀이 시간은 유아가 유아교육기관의 실내와 실외에서 경험할 수 있는 다양한 흥미 영역별 놀이활동 중에서 자신의 욕구와 흥미에 따라 자유롭게 계획하고 놀이하고 평가해 보는 시간이다. 다시 말해 유아는 자유선택놀이 시간 동안 자신이 하고 싶은 놀이활동을 결정하여 자유롭게 자료를 선택하고 자신의 흥미와 발달수준에 맞게 놀이를 한다. 유아교육기관에서 자유선택놀이는 자유선택활동, 작업시간, 코너 학습, 흥미 영역별 학습 등으로 다양하게 불리며, 주로 등원과 귀가 전후 혹은 종일제 프로그램의 경우, 점심식사 이후 실내 또는 실외 흥미 영역에서 이루어지게 된다.

(1) 자유선택놀이의 의의

자유선택놀이는 유아교육기관의 실내와 실외에서 경험할 수 있는 다양한 흥미 영역별 활동 중에서 자신의 욕구와 흥미에 따라 자유롭게 계획하고 놀이하며 놀이에 대한 평가를 해보는 시간이다. 자유선택놀이 시간의 교육적 의의는 다음과 같다.

① 스스로 선택하고 활용하는 경험을 할 수 있다.

교사의 주도하에 이루어지는 대 · 소집단 활동과는 달리, 자유선택놀이 활동은 유아 자신이 선택한 영역에서 자유로운 의지에 의해 재료를 선택하여 자신만의 독특하고 다양한 방법으로 놀이를 하게 되므로 유아는 보다 자발적이고 능동적으로 활동에 임하게 된다.

② 자율적이고 능동적인 학습이 이루어질 수 있다.

자유선택놀이 시간은 유아의 개인적인 흥미와 욕구, 관심을 드러낼 수 있는 자기만족의 수단이며 편안하고 즐거운 상태에서 스스로 생각과 감정을 조절하여 놀이할 수 있는 자기학습의 중요한 기회이다.

③ 유아 개인별 수준을 고려한 지도가 가능한 시간이다.

자유선택놀이는 비슷한 흥미를 가진 유아들이 모여 소집단을 구성하므로 교사는 대집단 활동에서와는 달리 유아 각자의 개별적인 특성을 고려하여 지도하는 것이 가능하다. 따라서 교사는 개별 유아의 활동을 자세히 관찰할 수 있는 기회를 갖게 되고 그들의 특성을 파악할 수 있게 된다.

④ 통합교육이 이루어질 수 있는 효과적인 시간이다.

자유선택놀이는 유아에 의해 자유롭게 선택 · 활용되는 시간이지만 교사는 각 영역의 활동이 일관성을 가진 주제로 통합될 수 있도록 계획하고 조직해야 한다. 예를 들어, '과일'이라는 생활 주제를 가지고 자유선택놀이를 계획한다고 할 때, 과학 영역에서는 다양한 과일의 씨 모양을 유아가 관찰할 수 있도록 하고, 미술 영역에서는 과일나무 꾸미기를, 수 영역에서는 과일 모양의 자료를 주어진 수만큼 융판에 붙이는 활동을 할 수 있도록 계획하는 것이다. 이러한 경험을 통해 유아는 주어진 주제에 대해 보다 통합적인 이해를 할 수 있게 될 것이다.

⑤ 사회적 기술을 익힐 수 있다.

자유선택놀이는 유아와 유아 간, 유아와 교사 간 및 유아와 자료 간의 활발한 상호작용을 가능하게 한다. 이러한 상호작용은 유아의 돕기, 양보하기, 순서 기다리기 및 남에 대한 배려와 같은 긍정적인 사회적 기술의 획득에 도움이 되며 유아가 자기중심적인 사고에서 벗어나 탈중심화를 획득하고 대인관계 측면에서 보다 성숙할 수 있도록 하는 계기가 되기도 한다.

⑥ 스스로 선택하고 결정하는 경험을 통하여 자율감과 선택에 대한 책임감을 기른다.

유아가 하고 싶은 놀이를 스스로 선택하도록 하는 것은 수동적인 생활태도를 가진 유아들에게 상당한 도움이 된다. 자유선택놀이는 말뜻 그대로 유아 자신에게 의미 있는 놀이활동을 선택하고 놀이에 대해 계획하도록 하는 활동이므로 유아는 이를 통해 자신을 역량 있는 존재로 인식하게 될 뿐만 아니라 자율감과 책임감도 기르게 된다.

⑦ 유아 개인의 욕구와 흥미가 존중되므로 즐거운 시간이 될 수 있다.

대부분의 유아교육기관에서는 하루일과를 자유선택놀이로 시작하는 경우가 많은데 이것은 하루의 시작을 자유롭고 편안한 상태에서 맞게 함으로써 유아교육기관에서의 활동 전체에 대해 긍정적인 태도를 갖도록 하기 위한 배려가 포함되어 있다. 이처럼 자유선택놀이는 유아의 개별적인 흥미와 욕구를 최대한 존중해 주는 시간으로서 유아는 자유로운 활동 속에서 커다란 즐거움을 느끼게 된다.

(2) 자유선택놀이를 위한 준비

자유선택놀이의 준비 단계에서 교사는 다음의 몇 가지에 유의해야 한다.

① 시간

자유선택놀이를 위한 시간을 계획할 때는 대상 유아의 연령, 참여도, 유아교육기관의 교육철학, 교육시간 및 교육환경, 날씨 등에 따라 융통성 있게 운영할 수 있으나 유아가 자료를 탐색한 후 놀이를 준비하고 놀이에 몰입하여 충분한 시간을 보낼 수 있도록 시간을 배정하는 것이 중요하다. 놀이시간은 하루일과의 1/3~1/4 정도 배정하는 것을 추천할 수 있는데(이기숙 외, 1995), 유아들에게 필요한 놀이시간은 적어도 30~50분 정도, 길게는 1시간 30분 정도로 하여 충분히 배려해 주도록 한다. 특히, 사회극놀이나 구성놀이와 같은 복합적인 놀이의 경우, 계획과 실행에 상당한 시간이 걸린다. 사회극놀이의 경우, 함께 놀이할 친구를 모으기, 역할을 협상하기, 극의 내용에 대해 의견 나누기, 사물에 가상적 의미 부여하기, 극에 활용할 소품 만들기 등 놀이를 계획하고 놀이를 진행하며 마무리 할 때까지 많은 시간이 걸리며, 복잡한 구성놀이의 경우도 수 시간 혹은 수일이 걸려서 완성되는 경우도 있다.

실내 자유선택놀이는 등원 후 바로 실시하는 경우가 많으며 실외 자유선택놀이는 간식시간 이후에 이루어지는 것이 보통이다. 실외 자유선택놀이의 경우, 안전을 위해 학급별로 시간을 달리하여 진행하는 것이 좋으며 종일제 학급을 운영하는 경우에는 자유선택놀이를 오전과 오후로 나누어 몇 차례 더 실시하기도 한다.

② 활동 공간

수준 높은 놀이를 위해서는 적절한 공간이 제공되어야 한다. 실내 자유선택놀이를 위한 활동실의 크기는 유아들이 충분히 활동할 수 있을 만큼 넓어야 하며, 활동 내용에 따라 영역별로 구분하여 배치하는 것이 좋다. 즉, 분리대나 여러 형태의 교구장 등을 활용하여 활동 내용에 따라 놀이 영역의 경계를 구분지어 공간을 배치하는 것이 바람직하다. 이러한 흥미 영역에 따른 구분은 유아가 폭넓고 다양한 놀이 경험을 가질 수 있도록 해주며 각 활동에 참여하는 유아의 수를 조절하는 효과가 있어 놀이 참여자들 사이의 공격적 행동의 빈도를 줄이고 다른 유아의 방해 없이 안정된 분위기에서 활동에 몰두할 수 있도록 하는 데 도움이 된다.

③ 활동 자료

자유선택놀이를 위해 교사는 유아의 발달 정도, 흥미, 욕구 및 교육 주제에 맞는 적절한 교구와 자료를 준비해 줄 수 있어야 한다. 각 자료의 내용은 주제에 따라 변화 있게 제시되어야 하며 다양한 영역별 특성이 반영되도록 하면서 동시에 전체적으로 일관성이 있어야 한다. 자유선택놀이 상황을 위해 적절한 활동 자료를 교사가 미리 예측하여 준비한다는 것은 상당히 어려운 일이다. 또한 놀이를 위한 다양한 놀잇감을 흥미영역에 제공해 두고 주기적으로 관리해야 한다. 유아의 흥미와 욕구를 반영한 놀이환경의 구성은 유아에게 의미 있는 놀이 맥락을 제공하여 놀이가 효과적으로 진행될 수 있도록 도와줌으로써 놀이에 긍정적 영향을 미친다. 특히 자유선택놀이가 피상적인 영역별 교구 활용의 수준을 넘어 유아의 흥미와 욕구를 만족시키고 보다 발전적인 의미에서 유아의 창의력을 계발시킬 수 있기 위해서는 교사가 유아의 자유선택놀이 내용을 매번 체계적으로 관찰하고 이를 기록 · 분석함으로써 그들의 놀이행동 경향과 자료활용 방식 등에 관한 정보를 획득하는 과정이 반드시 요구된다. 이러한 정보수집과 분석을 통해 교사는 유아가 어떤 방식으로 자료를 활용하는지를 알 수 있게 되며 놀이가 다음 과정으로 진행되기 위하여 필요한 적절한 활동 자료를 선별하여 제공할 수 있게 되는 것이다.

④ 사전 경험

Smilansky(1968)가 놀이에서 사전 경험의 중요성을 지적한 바와 같이 유아가 자유선택놀이를 효율적으로 하기 위해서는 학습 주제와 관련된 구체적인 사전 경험을 갖는 것이 필요하다. 특히 역할놀이의 경우는 유아의 사전 지식이 그대로 반영되어 나타나게 되는데 유아는 자신이 맡은 역할을 표현할 때 그 역할에 대한 기존의 이해를 그대로 나타내게 된다. 이때 만일 유아가 자신이 맡은 역할에 대한 경험이 부족하다면 그 역할놀이는 제대로 수행되기가 어려울 것이다. 그러므로 교사들은 견학, 자원인사 초청, 동화 들려주기, 슬라이드 필름 보기 등을 통해 학습 주제에 관련된 사전 경험을 제공할 수 있도록 해야 한다.

사전 경험은 유아의 역할놀이를 위한 필수요소이다.

(3) 자유선택놀이의 운영

자유선택놀이는 등원 후 바로 시작할 수도 있고 교사가 그날 준비된 활동을 소개한 후 시작할 수 있다. 자유선택놀이는 놀이 계획, 놀이 진행, 놀이 평가의 단계로 운영되며 각 단계는 전적으로 유아의 자발성과 욕구에 부응하기 위한 유아 중심의 견지에서 계획·조직됨을 원칙으로 한다. 그러나 이러한 자유선택놀이가 교육목적을 달성하고 유아의 창의력을 신장시킬 수 있기 위해서는 교사의 철저한 계획과 준비가 수반되어야 한다.

① 놀이 계획

놀이 계획은 유아가 어떤 흥미 영역에서 무슨 놀이를 하고 싶은지 스스로 계획하는 것을 말한다. 즉, 자유선택놀이의 계획은 유아가 자신이 어떠한 놀이를 하고 싶다는 선택과 그러한 선택을 놀이활동으로 표현해 내기까지의 과정을 보다 체계적으로 수행할 수 있도록 하기 위해 실시된다.

놀이 계획은 교사가 유아에게 어떤 영역에서 무슨 놀이를 할 수 있는지 집단으로 소개하거나 유아와 함께 교실이나 실외 영역에 준비된 여러 활동들을 둘러본 후 이루어진다. 즉 자유선택놀이 시간에 어떤 놀이를 할 것인지 계획하기 위해서는 교실의 각 흥미영역에서 어떤 놀이와 놀잇감을 가지고 놀이할 수 있는지를 잘 알 수 있도록 소개하는 것이 선행되어야 한다.

- 개별적으로 유아를 데리고 각 흥미영역을 둘러보면서 소개하기
- 전체 또는 소집단으로 어떤 놀이 활동이 준비되어 있는지 설명해 주거나 놀잇감을 직접 보여 주면서 놀이 소개하기

놀이 소개를 마치면 유아가 놀이를 계획할 수 있도록 지도한다. 놀이 계획을 통해 유아들은 자신의 흥미나 관심에 따라 놀이를 계획하고 계획한 것을 실천할 수 있도록 도움을 받는다.

- 말로 표현하는 방법 소집단 혹은 대집단으로 모여서 어떤 놀이를 하고 싶은지 유아 자신의 생각을 발표하는 형태로 학기초나 어린 유아에게 효과적이다. 발표를 통해 표현능력이 길러질 수 있으며 다른 유아의 놀이계획을 듣고 참고로 계획할 수 있다는 장점이 있다.
- 놀이 계획판을 활용하는 방법 전체 유아의 놀이 계획을 한꺼번에 파악할 수 있도록 전체 유아의 이름표가 있는 놀이 계획판에 놀이 영역을 표시하게 하는 방법으로 자신의 놀이 계획과 다른 유아의 계획을 비교할 수 있는 장점이 있다.
- 놀이 계획 · 평가지를 활용하는 방법 하루 또는 일주일 단위로 놀이 계획과 평가를 함께 할 수 있도록 만들어진 종이자료를 활용하여 유아가 개별적으로 놀이를

계획하도록 하는 방법이다. 교사가 각 유아의 자유선택놀이 상황을 주기적으로 평가하고 문제점이나 특성을 진단해 볼 수 있다는 장점이 있다.

② 놀이 진행

놀이 진행은 유아가 놀이 계획을 한 후 자신이 계획한 대로 놀이하는 것을 말한다. 교사는 유아가 놀이를 계획하여 자신의 놀이를 진행할 수 있도록 도와주어야 한다. 이때 교사는 유아들의 놀이과정을 관찰하면서 놀이가 잘 이루어질 수 있도록 적절한 개입과 자료를 첨가하는 등 다양한 방법으로 도움을 줄 수 있다.

③ 놀이 평가

자유선택놀이 시간을 마친 후 놀이 평가시간을 갖는다. 교사는 유아들이 자신의 놀이를 회상하고 놀이 계획과 관련지어 어느 영역에서 어떤 방식으로 놀았는지 표현해 볼 수 있게 지도한다. 평가시간을 이용하여 다음날 이루어지게 될 활동을 미리 소개함으로써 시간을 절약할 수 있으며, 유아의 평가 내용을 토대로 활동 내용에 대한 유아의 반응, 놀잇감이나 놀이 공간의 활용, 유아 간의 상호작용 등을 평가하여 다음 자유선택활동을 계획하는 데 있어 수정과 보완을 위한 기초 자료로 활용할 수 있다.

- 말로 표현하는 방법 소집단 혹은 대집단으로 모여서 자유선택놀이 시간 동안 놀이가 어떻게 이루어졌는지 평가하기 위해 말로 표현하여 발표하는 방법이다. 다른 친구의 놀이 경험이나 평가 내용을 듣게 됨으로써 자신의 놀이 활동을 계획하거나 평가하는 데 도움을 받을 수 있는 장점이 있다.
- 놀이 계획 · 평가지를 활용하는 방법 유아 개별적으로 놀이를 평가하는 방법으로 교사는 각 유아의 놀이 평가표를 수집하여 분석함으로써 유아의 놀이 참여경향 및 평가능력을 파악하여 지도하는 데 도움을 받을 수 있다.

교사는 자유선택놀이 시간에 이루어진 유아들의 활동을 구체적이고 다각적으로 평가하고 이를 토대로 다음의 놀이 활동을 계획하기 위해 각 영역에 준비된 놀이 자료가 교사가 계획했던 바대로 사용되었는지, 자료의 난이도는 적절했는지, 또 수량은 부족하지 않았는지, 내용은 적절했는지, 다른 예상하지 못했던 문제점이나 보완점은 없었는지 평가한다.

2) 게임

게임은 놀이의 특성상 규칙을 포함하고 있으므로 유아는 게임을 통해 자신의 행동을 통제하는 것을 배우고, 규칙을 지키면서 문제를 해결하기 위한 시도를 하게 된다. 또한 또래와 함께 참여하는 집단 게임의 경우, 유아는 자기중심적인 태도에서 벗어나 사회 도덕적, 정서적 발달을 이룰 수 있게 된다. 여기서는 게임에 대한 이해를 돕기 위한 전반적 내용과 유아교육 현장에서 이루어지는 게임의 유형을 분석하고, 게임의 지도에 있어서 앞으로의 개선점을 중심으로 살펴보고자 한다.

(1) 게임의 정의

어린 영아의 까꿍놀이, 좀 더 성장한 유아의 숨바꼭질, 구슬치기, 술래잡기, 그리고 공기놀이, 또는 조용히 둘러앉아 주사위를 던져서 말을 움직이는 판 게임이나 카드 게임 등 게임에는 수없이 많은 형태의 놀이가 포함된다. 그러나 게임은 그 성격이 지적인 것이든 감각운동적인 것이든 간에 두 가지의 핵심적인 특성이 포함되어 있다.

첫째, 게임은 두 명 이상의 놀이 참여자 사이에서 경쟁이 나타나게 된다. 즉, 게임은 놀이 참여자들이 이기기 위해 노력하고 반대로 상대편이 이기지 못하도록 견제하면서 갖게 되는 신체적 또는 지적 경쟁이 포함된다.

둘째, 게임은 놀이 참여자들 간에 규정된 일정한 규칙이 포함된다. 게임은 놀이 참여자들이 약간의 수정을 할 수 있고 미리 정하지 않는 한 놀이 중간에 바뀔 수 없고, 사전에 모든 참가자들이 찬성한 일련의 규칙에 의해 운용된다. 규칙 그 자체는 체스게임처럼 부호로 전해지거나 참가자들 사이의 한시적인 합의의 형태로 존재할 수도 있다. 즉, 유아들은 자기들보다 나이 많은 또래들로부터 규칙을 배울 수 있고 특별한 게임을 시작할 때 자신들 나름의 규칙을 만들 수도 있다. 따라서 게임은 일련의 규칙과 참여자들 사이에서 나타나는 경쟁의 요소를 포함하는 놀이의 형태로 정의내릴 수 있다.

(2) 게임의 경쟁성

경쟁이 게임의 기본적인 특성이라는 점에는 상당한 논란이 있어 왔다. 모든 사회·문화의 구성원들은 게임을 한다. 하지만 게임에서 나타나는 경쟁의 요소는 사회·문화적 요인에 영향을 받아 여러 가지 형태를 띠게 된다. 사회·문화적 배경에 따라 게임에서의 경쟁이 어떤 모습으로 나타나는지를 인류학자들에 의해 밝혀진 것을 중심으로 살펴보면 다음과 같다.

① 신체적 기술 게임의 경쟁

신체적 기술 게임(games of physical skill)에서는 경쟁에서 지든 혹은 이기든 그 결과는 놀이자의 신체적 기술에 의해 결정된다(Sutton-Smith & Roberts, 1981). 달리기, 역도 등이 그 예로서 이런 게임에서의 경쟁은 기술이나 정신적 전략에 의존하지 않고 완전히 경쟁자의 신체적 기술에 국한된다.

신체적 기술 게임은 일반적으로 기술적 정교화가 제한된 단순한 문화에서 발견되는 유일한 경쟁 형태이다. 그런 문화에서는 특정 운동기술을 습득해야만 생존할 수 있다. 예를 들어, 수렵사회에서는 정글에 거주하는 사람들에게 요구되는 기술인 빽빽한 덤불을 끊기 위해 날카로운 도구를 사용하는 것과 같은 효과적인 무기 사용능력이 기본적인 경쟁의 내용이 된다. 그들이 생존을 위해서 하는 일에서 사용된 동일한 기술이 경쟁에서 잘 나타난다.

따라서 열대 정글과 같은 수렵사회의 사람들은 게임의 형태로 달리기, 경쟁적 추적, 작살 던지기 대회 등을 즐기며 게임은 흔히 날이 넓은 큰 칼이나 그 비슷한 도구를 사용하는 데 있어 속도와 기술을 보여 주는 것과 관련되어 이루어진다. 바꾸어 말하면, 게임은 일에서 필요한 동일한 신체적 기술이 필요하다. 단지 게임의 차이는 즐거움과 휴식의 분위기에서 그러한 기술들이 표현된다는 점이다.

② 찬스 게임의 경쟁

찬스 게임(games of chance)의 결과는 순전히 운에 의해 결정된다. 경쟁에서 이기느냐 지느냐의 여부는 주사위가 굴러가는 것이나, 수레가 돌아가는 데 달려 있다. 그렇다면 어떤 유형의 문화가 찬스 게임을 강조할 것인가? 예상할 수 있는 것처럼, 그런 게임들은 전형적으로 매일의 생활에서 운명이 큰 역할을 하는 사회에서 존재한다. 이런 사회는 통제할 수 없는 요인들에 자신의 운명을 맡긴다는 공통점을 가진, 고도로 다양하고 지리적으로 넓게 퍼진 민족들이다(Sutton-Smith, 1981). 따라서 그들은 개인적 · 사회적 · 환경적으로 상당히 불명확한 삶을 살아야 함을 배운 사람들로서 불확실한 생계를 찾아서 방황하고, 날씨 조건과 같은 통제할 수 없는 환경에서 살고 있음으로 인해 자신의 삶을 지배하는 운, 찬스의 요인을 강조하는 놀이로서 자신들의 문화를 나타내게 된다.

③ 전략 게임의 경쟁

전략 게임(game of strategy)은 경쟁의 결과가 게임 참가자들에 의해 만들어진 합리적 선택에 의해 결정된 것들로서 이런 게임들은 상당한 정도의 지적 기술을 요구한다. 전략 게임에서의 경쟁은 역시 문화의 일반적 특성을 반영한다. 이러한 문화들은 기술적으로 진보했고 아주 복잡하다. 생존이나 성공이라고 부를 수 있는 것은 신체적 기술이나 운이 아닌 사람들의 정확하고 합리적 선택능력에 의해 좌우된다. 전략 게임의 범주에 포함되는 것은 판 게임(예: 체스), 카드 게임, 컴퓨터 게임, 추측이나 기억이 관련된 광범위한 게임(예: 스무고개) 등이다. 또는 게임 참여자들의 신체적 기술에 의존하지만 상당히 조직화된 스포츠도 전략 게임의 유형에 포함되는데, 이러한 스포츠는 창의성, 계획성, 전략, 상대방의 역할과 관련하여 자신의 행동 여부를 상상해 보는 능력이 요구된다.

한 가지 유의해야 할 것은 이러한 세 가지 경쟁의 범주들이 문화의 유형에 따라 배타적으로 나타나는 것은 아니라는 점이다. 원시적 문화들은 신체적 기술의 게임에서만 경쟁하지만 그런 게임들은 찬스 게임을 강조하는 문화에서도 발견된다. 그리고 기술적으로 앞선 문화의 유아들은 전략 게임에 더 몰두할지 모르나 이들 또한 다른 두 가지 경쟁 유형의 게임에도 참여한다.

(3) 게임의 유형

유아교육기관에서 행해지는 게임의 유형은 크게 두 가지로 접근할 수 있다. 먼저 자유선택놀이 시간을 이용하여 유아가 스스로 게임을 해 볼 수 있도록 배려하는 것이고, 그 다음으로는 교사가 교육적 목적을 가지고 의도적으로 게임을 계획하여 대집단 형태로 게임을 이용하는 경우이다. 어느 경우이든 교사는 유아에게 적절한 게임을 선정하여 실행하고 평가하는 과정을 거치게 된다. 게임을 선정하고 수행하기 위해서는 먼저 게임의 유형을 알아두는 것이 많은 도움이 되므로 게임의 유형을 살펴보고 그 다음으로 구체적인 게임 지도에 대해 다루어 보고자 한다.

유아들이 즐기는 게임의 종류는 다양하다. 게임의 분류기준으로는 첫째, 유아의 발달에 따른 게임, 둘째, 유아의 집단 구성 형태에 따른 게임, 셋째, 놀이 참여자가 게임을 하는 동안 어떤 활동을 하느냐에 따라 분류한 게임, 넷째, 게임을 누가 만들었는지에 따른 분류이며 이를 토대로 각 유형을 살펴보고자 한다.

① 발달에 따른 게임 유형

게임은 다른 놀이에 비해 다양한 규칙을 포함하고 있으므로 유아가 게임의 규칙을 이해하고 놀이에 참여할 수 있어야 한다. 따라서 연령별 발달 수준을 고려하여 실시되어야 한다. 유아의 연령별 발달 수준에 따른 게임의 유형은 다음과 같다.

〈표 6-2〉 유아의 연령에 따른 게임의 유형

연령	게임의 유형
3세	3세 유아는 게임의 의미를 이해시키는 활동부터 시작되어야 한다. 지시가 적고 규칙과 게임 방법에서 기억할 부분이 간단한 게임 유형이 바람직하며 결과 중심의 평가가 아니라 유아의 개별적인 성과에 대하여 많은 인정과 격려를 해주어야 한다.
4세	4세 유아는 게임에 필요한 간단한 지시를 듣고 기억하여 활동할 수 있다. 이 시기에는 3세에서 경험한 원 게임이나 자유대형 게임을 연장하여 실시하되 게임의 방법과 규칙을 점차적으로 늘리면서 차츰 더 다양한 게임을 제시해 줄 필요가 있다. 편의식이 형성되고 게임에 대한 의미를 알게 되면 개별적으로 출발하는 게임방법에서 연속적으로 이어서 하는 릴레이 방식의 게임을 경험해 볼 수 있도록 단계적으로 진행한다.
5세	5세 유아들은 게임의 방법과 규칙이 단순한 것부터 시작하여 점차적으로 복잡한 것을 선택할 수 있도록 게임을 준비한다. 즉 자기 자리에서 출발하는 것과 출발선을 정해서 동시에 출발하는 것, 자기 편을 돌아오는 것과 목적물을 돌아오는 릴레이 게임 등을 융통성 있게 선택할 수 있다.

② 집단 구성 형태에 따른 게임 유형

집단의 구성 형태에 따라 유아의 게임을 분류하면 원 게임, 자유대형 게임, 편 게임으로 나눌 수 있으며 그 내용은 다음과 같다.

유아들은 공을 한 쪽에서 다른 쪽으로 옮기는 간단한 편 게임을 통해 편에 대한 의식을 가지게 된다.

〈표 6-3〉 유아의 집단 구성 형태에 따른 게임의 유형

연령	게임의 유형
원 게임	유아들과 원으로 둘러앉거나 서서 하는 게임으로 교사나 술래의 주도에 의해 이루어진다. 유아들은 원 게임을 하면서 집단에 대한 소속감을 느낄 수 있고 간단한 규칙을 이해하고 지키는 경험을 할 수 있다. 원 게임의 주된 특징은 이기고 지는 결과가 뚜렷이 구분되지 않고 누구나 성취감을 느끼면서 자신감을 형성하도록 도움을 줄 수 있다는 것이다. 그러므로 처음 집단에 소속되거나 게임의 방법과 규칙에 익숙하지 않은 유아들, 연령이 낮은 유아들에게는 원 게임을 선정하여 지도하는 것이 게임을 이해시키는 데 있어서 바람직한 방법이 된다. 원 게임의 예로는 '수건돌리기', '의자 빼기' 등이 있다.
자유대형 게임	자유대형 게임은 원 게임과 마찬가지로 지시가 적고 이기고 지는 결과가 뚜렷이 구분되지 않는 것이 특징으로, 간단한 형태와 모양, 색깔, 수 등과 관련된 짝짓기 활동이나 음악을 이용하여 움직임과 멈춤을 연속적으로 경험해 보는 다양한 형태의 게임이 제시될 수 있다. 이러한 형태의 게임은 원 게임에 비해 유아들이 좀 더 자유롭게 장소를 이동하면서 공간을 탐색하고 자신의 신체를 최대한 활용해 볼 수 있다는 특징이 있다. 반면 자유대형 게임은 활동이 진행될 때 유아들이 자유롭게 움직이므로 게임이 시작되기 전에 게임 방법과 규칙에 대해 충분히 이야기를 나누고 놀이 규칙 등을 결정한 후 진행해야 할 것이다.
편 게임	유아들이 두 편 혹은 세 편으로 나뉘어져 이루어지는 게임이다. 편 게임에는 활동에 참여하는 방법에 따라 1인 경기 혹은 2인 1조 협동 게임 그리고 릴레이 게임 등 다양한 게임 방법이 포함된다. 1인 경기는 한 편에서 유아가 한 명씩 나와서 활동을 해보는 게임이며 2인 1조 협동 게임은 두 명 혹은 세 명의 유아가 힘을 합쳐 한 조가 되어 게임을 하는 것이다. 릴레이 게임은 목적물을 돌아와서 다음 친구와 악수를 한 후 출발하는 방식으로 할 수도 있고 유아가 모두 줄 대형으로 늘어서서 공을 한 쪽에서 다른 쪽으로 옮기는 것과 같은 단체 경기로 진행할 수 있다. 편 게임은 원 게임과 자유대형 게임에 비해 편에 대한 의식이 있어야 하고 다른 게임에 비해 필요한 지시와 규칙이 많은 게임 유형이므로 원 게임과 자유대형 게임을 통해 게임에 대한 의미를 이해하고 정해진 규칙을 지켜야 한다는 인식을 충분히 갖도록 한 후에 편 게임을 실시하는 것이 좋다.

③ 놀이 참여자의 행동에 따른 게임 유형

- 목적물 맞추기 게임 물체를 표적으로 정하고 놀이자의 행위에 따라 물체가 어떻게 움직이는가를 알 수 있는 게임이다.
- 경기 가장 단순한 경기는 똑같은 시간에 출발하여 가장 빨리 목표점에 다다르는 것이며 다양한 과업이 포함된 경기, 시간과 공간의 변형 경기, 똑같은 행동이 반복되는 경기 등 세 가지 종류로 나눌 수 있다.
- 쫓기 게임 한 명이 다른 한 명을 잡으려고 하고, 다른 한 명은 잡히지 않으려고 피하는 형태의 게임이다. 이 게임은 어느 한 명이라도 게임에서 그 역할을 못한다면 진행할 수 없다.
- 숨기기 '숨바꼭질'과 같은 게임으로 물체를 숨기거나 자신의 몸을 숨기는 게임이다.
- 알아맞히기 게임 '비밀 주머니' 속으로 손을 넣어 물건 알아맞히기, 듣고 알아맞히기, 보고 알아맞히기, 언어적 힌트로 알아맞히기 등이 이 게임에 포함된다.
- 언어적 지시 게임 유아들에게 흥미로운 게임으로 술래의 지시에 따라 움직이는 게임과 '선생님 가라사대'와 같이 술책이 사용되는 게임, 파트너와 함께 지시에 따라 하는 게임이 포함된다.
- 카드 게임 그림 카드를 가지고 여러 종류의 게임을 하는 것으로 놀이방법은 비슷하거나 똑같은 것끼리 짝짓기, 순서대로 배열하기 등 다양하며, 자유선택놀이 시간의 게임으로 많이 운영되고 있다.
- 판 게임 게임판과 주사위, 그리고 말을 이용하는 게임으로 일정한 길을 따라 말을 움직여 가는 게임, 일정한 방법을 통하여 공간을 채워 가는 게임 등 다양한 방법으로 할 수 있으며 카드 게임처럼 주로 자유놀이시간의 소집단 게임으로 많이 활용된다(Kamii & DeVries, 1980).

④ 제작자에 따른 게임의 유형

- 교사가 만든 게임 교사가 게임을 만들 때에는 유아의 발달 특징을 고려할 수 있고, 유아교육과정의 다른 여러 영역과 통합하여 사용할 수 있도록 만들 수 있다.

즉, 교사가 만든 게임은 게임뿐 아니라 다른 영역(수, 과학, 음악, 언어 등)과 아울러 사용할 수 있다. 우리나라의 유치원 교사들은 직접 제작한 게임을 주로 사용하는데 이 경우 학급별 유아의 흥미도와 발달 수준을 고려하여 다양한 방식의 게임을 실시할 수 있어 시판되는 것을 구입하는 경우보다 효율적인 것으로 생각된다.

- 유아가 만든 게임 유아가 게임에 익숙하게 되면 간단한 게임을 만들 수 있게 된다. 혼자서 게임을 만들기도 하고, 또래 유아와 함께 생각을 나누어 만들기도 하며, 교사와 유아가 소집단으로 함께 만들 수도 있다. 이러한 게임은 유아의 사고와 관심을 그대로 반영하고 있으므로 다른 유아도 즐겨 게임을 하게 된다. 유아가 게임을 개발하는 과정에서 재미있는 생각을 전개하고 창의적인 사고를 펼 수 있어 상당히 추천할 만하다.
- 상품화된 게임 교사나 부모가 쉽게 선택할 수 있고 시간을 절약할 수 있는 장점이 있다. 그러나 시판되고 있는 게임의 경우, 내용과 질적인 부분, 비용의 측면을 충분히 고려하여 유아에게 적합한 내용의 게임을 선정하고 활용에 있어서도 다양하고 교육적인 방법으로 활용할 수 있도록 지도하는 것이 필요하다.

(4) 게임의 지도

게임 지도에서 우선되어야 할 것은 게임의 선정이다. 교사는 유아가 능동적으로 게임에 참여할 수 있도록 발달수준에 적합하면서 유아들이 흥미 있어 하는 게임을 선정해야 한다. 만 3세와 같이 연령이 어린 유아일수록 규칙이 단순하고 이기고 지는 것이 강조되지 않으며 유아들이 자유롭게 활동하면서 즐겁게 참여할 수 있는 게임이 적합하다. 반면에 연령이 높아질수록 규칙이 다소 복잡한 게임이나 편을 나누어 하는 게임이 적절하며 점차 전략을 세워 서로 협동해야 하거나 세련된 운동기술을 요하는 다양한 종류의 게임, 게임 규칙을 변형시키거나 새로운 게임방법을 고안해서 할 수 있는 게임 등을 할 수 있다(유치원 지도서, 2009). 그 밖에 게임을 선정할 때 고려해야 하는 사항으로는 장소와 시간, 집단의 크기가 있다.

선정한 게임을 수행할 때는 유아의 자발성을 최대한 존중하면서 즐겁게 게임을 진

자유놀이시간에 소집단으로 카드게임을 즐길 수 있다.

행하도록 해야 한다. 게임 수행 시 교사의 역할은 교사의 권위를 축소시키고, 유아 스스로 게임을 이끌어 나가 보도록 도와주는 역할, 그리고 유아가 사고하는 방법에 따라 게임을 수정하도록 배려하는 역할이다. 좀 더 구체적으로 살펴보면 다음과 같다(DeVries & Kohlberg, 1987).

① 유아들이 사고하는 방법에 따라 게임을 수정하도록 지도한다. 즉, 유아들로 하여금 규칙에 대한 그들의 이해 정도에 따라서 게임을 하도록 한다.

유아들은 게임의 규칙을 그들 나름대로의 방법으로 동화시키는데 이러한 방법이 교사가 제시한 게임 방법과 다를 수도 있다. 이런 경우, 유아들이 규칙을 잊어버린 것으로 생각하고, 게임 규칙을 준수하도록 강요하게 되기도 한다. 그러나 그런 방식은 자칫 유아의 자율성을 손상하는 계기가 될 수도 있으므로 가능한 한 게임에 참가한 유아들이 토의를 통해 게임의 규칙을 기억해 내고 이를 준수할 수 있도록 간접적인 방법으로 유도함이 바람직하다.

② 경쟁하도록 강요하지 않는다.

게임은 무엇보다 유아들이 이기고 지는 것에 지나치게 집착하지 않도록 지도하는 것이 우선되어야 한다. 게임에는 경쟁이 따르기 마련이다. 그러나 유아들이 게임을 통해 이기고 지는 결과에만 초점을 맞추도록 해서는 안 되며 또래와 어울리며 즐겁게 상호작용하는 과정에서 양보와 타협을 배울 수 있도록 하는 것이 더욱 중요하다. 이를 위해 경쟁하는 게임보다 유아가 협동하여 할 수 있는 게임을 많이 제공하는 것이 바람직하다.

③ 게임을 평가할 때는 유아들이 얼마나 능동적이었는가에 의해 평가한다.

게임을 수행한 후에는 평가하는 시간을 가져야 한다. 교사는 평가기준을 명확하게 제시하여 주어 게임에서 이기고 지는 결과를 공정하게 판가름하고, 게임을 하는 과정에서 느낀 점이나 게임 규칙을 지키는 것이 중요하다는 것을 유아 스스로 평가해 볼 수 있도록 하는 시간을 마련하는 것이 좋다. 그러나 앞서 언급했듯이 유아가 결과가 아닌 게임 자체를 즐길 수 있도록 하기 위해서 교사는 유아가 얼마나 공정하게 게임을 하는지, 서로 돕는지, 또 누가 가장 즐겁게 게임에 참여하였는지, 왜 졌는지, 응원을 열심히 하였는지 등에 대해 평가해 줌으로써 유아들 사이에서 나타나기 쉬운 결과 중심의 과잉경쟁을 어느 정도 완화할 수 있을 것으로 생각한다.

교사는 점수판에 의한 승패 평가뿐 아니라 과정에 대한 평가도 함께 하도록 한다.

④ 성인의 권위를 축소시키고 유아가 스스로 게임을 조절, 통제하도록 권장한다.

교사는 상품화되어 있는 게임의 경우, 일정하게 표기된 게임의 규칙을 준비하여 사용하고 교사나 유아에 의해 만든 게임의 경우에도 임의로 규칙을 변경하지 않도록 규칙 판을 따로 만들어 사용하는 것이 좋다. 그렇게 함으로써 유아들은 교사의 권위보다 더 높은 일반화된 규칙이 있음을 이해하게 되고 일상생활에서 규칙을 준수하는 것을 자연스럽게 받아들일 수 있게 된다.

⑤ 게임에 놀이 참여자로서 함께 참여한다.

참여자로 함께 게임을 함으로써 교사와 유아 사이가 더욱 친밀해지고 동등한 관계로 형성될 수 있다. 교사보다 권위가 더 높은 존재는 바로 게임의 규칙이기 때문에 유아들은 교사의 지시가 아닌 스스로의 판단에 의해 규칙에 따르게 되고, 규칙에 따라 게임을 조절함으로써 더 많은 자율성을 발달시킬 수 있다.

⑥ 문제 상황이 일어났을 때 규칙과 놀이하는 방법에 대해서 그리고 공정한 것이 무엇인지에 대해서 상호 보완적인 토의과정을 거쳐 일치점에 이를 수 있도록 유아를 도와준다.

게임 수행에서 나타나는 문제 상황을 상호 보완적으로 해결하는 방법으로는 새로운 규칙을 제안하거나, 게임의 규칙에 대해 타인이 동의할 수 있도록 협상하거나, 타협하는 방법 등이 있다.

⑦ 유아들이 게임을 만들어 보도록 장려한다.

게임을 해 본 경험이 있는 유아들은 게임을 스스로 만들 수도 있다. 교사는 비어 있는 게임 판, 주사위, 종이, 필기도구와 같은 다양한 재료를 준비해 주어 게임을 만들어 볼 기회를 제공하는 것이 좋다.

chapter 7

놀이행동 관찰과 평가

영유아들의 놀이행동 관찰과 평가는 효과적인 놀이지도를 위해 필요하고도 중요한 활동이다. 놀이평가에는 유아의 놀이행동에 관한 기술적 자료나 정보수집이 포함된다. 교사는 놀이 관찰을 통해 개별 유아들의 놀이 발달 특성과 강점, 관심 영역을 이해하고 놀이지도를 위한 적절한 환경 준비와 개입시기를 결정하는 교수 계획을 수립할 수 있다. 또한 놀이 평가는 유아가 놀이를 통해 교육적이고 발달적인 목표를 달성했는지에 대한 정보도 알려줄 수 있다. 놀이 관찰 방법에는 체크리스트, 평정척도, 일화기록 등이 있으며 이러한 관찰 내용을 기록하고 문서화하는 작업도 필요하다.

유아들의 놀이를 촉진하기 위해서는 유아의 놀이행동을 관찰하고 평가하는 것이 중요하다. 놀이 평가는 유아들의 놀이행동에 관한 기술적 자료 혹은 정보를 수집하여 놀이행동의 다양한 측면, 즉 유아가 선호하는 놀이 유형, 좋아하는 놀잇감이나 놀이도구, 놀이 공간, 유아가 즐기고 참여하는 놀이 주제, 성인과 친구와의 상호작용 등을 이해할 수 있도록 한다. 또한 놀이 상황을 확장하고 풍부화하기 위한 부가적 시간, 재료, 공간, 사전 경험들을 제공할 시기를 알 수 있다. 이러한 정보는 유아놀이에서 성인의 개입과 또래 지원의 적절한 시기를 알려주며 가장 효과적인 개입 유형에 대한 단서를 제공해 줄 수 있다는 점에서 가치가 있다.

유아놀이에 대한 평가에는 놀이 관찰과 기록이 포함된다. 관찰방법에는 유아가 여러 시간에 걸쳐 어떻게 놀이했는지에 대한 경로를 지속적으로 살펴보기 위한 체크리스트와 평정척도뿐 아니라 서술식 기록과 일화기록, 사후기록까지 다양하다. 교사는 기록이나 녹음 또는 다른 방법을 통해 자신이 관찰한 것을 기록화 할 수 있다. 이 장에서는 유아 놀이 관찰의 필요성 및 목적, 체계적이고 객관적인 놀이 관찰 방법, 놀이 관찰을 위한 척도, 놀이 기록에 대해 살펴보고자 한다.

1. 놀이 관찰 및 평가의 목적과 원리

1) 놀이 관찰 및 평가의 목적

일반적으로 평가는 유아의 발달과 학습과정에서의 성취와 진보의 증거들을 수집하기 위해 관찰하고 기록하는 과정을 말한다. 교사는 유아들의 놀이행동을 지속적으로 관찰하고 평가함으로써 놀이를 촉진하기 위한 자료로 활용할 수 있다. 즉, 놀이 평가의 목적은 유아의 놀이행동 발달 정도를 평가하고, 놀이 교수활동의 적절성을 평가하여 유아의 놀이발달을 극대화할 수 있는 교수 · 학습 경험을 제공하기 위한 것이다.

(1) 유아 놀이행동의 이해

유아 놀이 관찰은 유아의 전반적 행동 특성을 이해하는 데 도움을 준다. 놀이행동을 통해 유아의 놀이 양상과 놀이 발달 수준뿐만 아니라 신체발달, 인지발달, 언어발달, 사회정서 발달의 상태를 알 수 있고, 관심 영역, 개인적 요구 및 흥미, 또래관계 등에 대해 파악하고 평가하는 것이 가능하다.

(2) 교사의 놀이지도 반성

놀이행동 관찰은 교사의 교수방법에 대한 이해를 돕는다. 교사가 제공한 놀이활동에 유아가 적극적인 관심을 보이고 참여하는 경우 유아 발달 수준에 적합한 놀이활동을 제공한 것으로 볼 수 있으며, 유아가 놀이에 참여하지 않거나 관심을 보이지 않는 경우 놀이 수준이 유아에게 너무 쉽거나 어려운 것일 수 있다. 역할 영역에서 여러 명의 유아가 놀이하고 있으나 한 가지 주제에 관련된 놀이가 조직적으로 이루어지지 않고 각자 다른 놀이에 참여하고 있다면 교사의 개입이 필요한 시점이라 볼 수 있다.

이러한 관찰을 통해 교사는 자신의 놀이지도 방법을 반성하고 유아 놀이 참여를 유지하고 발전시키며, 유아의 요구에 부응하는 다양한 놀이 교수행동을 개발하게 된다.

(3) 다음 놀이활동 계획을 위한 기초

관찰 결과 얻은 자료는 다음 놀이활동을 계획하는 데 중요한 기초가 된다. 유아의 놀이행동 평가는 유아의 놀이지도에 관한 의사결정을 하기 위해 놀이행동 및 발달 정도를 주의 깊게 관찰, 기록, 문서화하는 과정을 통해 이루어진다. 평가결과 분석을 통해 다음 활동을 결정하는 데 근거자료로 활용할 수 있다.

(4) 놀이 평가 결과를 통해 부모 및 교육행정가와 소통

교사는 유아 놀이 평가 결과를 기록화하여 부모와의 면담자료로 활용함으로써 효율적 의사소통을 가능하게 할 뿐 아니라 이러한 놀이활동 기록 자료가 유아에 대한 부모의 이해를 도울 수 있다는 점에서 효과적이다. 또한 놀이활동 평가결과는 원장, 장학사 등 교육전문가들과 교육과정 전반에 대해 협의하는 과정에서 유용한 자료로 활용될 수 있다.

유아들의 놀이행동 관찰과 평가는 놀이를 촉진하기 위한 자료로 활용될 수 있다.

(5) 프로그램 평가

교사가 제공하고 있는 놀이활동 평가를 통해 각 유아교육기관이 가지고 있는 특수한 교육프로그램의 목표에 부합하는 놀이 프로그램을 제공하고 있는지를 살펴봄으로써 프로그램 효율성 평가에 기여할 수 있다.

2) 놀이 관찰을 위한 일반적 원리

놀이행동을 체계적 · 객관적으로 관찰하는 것은 관찰자가 편견이나 주관적 해석 없이 유아들에게 일어나는 행동을 주의 깊게 기록하는 것이다. 유아들의 놀이행동을 정확히 관찰하기 위해서는 다음과 같은 일반적 지침을 염두에 두어야 한다.

(1) 관찰자는 무엇을 관찰하는가

- 먼저 유아의 놀이에 대해 알고자 하는 관심 주제를 결정하고, 문제와 가설을 명료히 한다.
- 관찰하고자 하는 놀이행동의 주체자인 유아를 선정한다.
- 관찰하고자 하는 놀이행동이 나타나는 상황이나 맥락을 결정한다.
- 연구하고자 하는 놀이행동에 관한 정보수집에 적절한 관찰방법을 선택한다.

(2) 관찰자는 어떻게 관찰해야 하는가

- 유아가 자신의 능력을 최대한 발휘할 수 있는 환경에서 관찰하도록 노력한다. 다양한 놀이행동이 나타날 수 있는 충분한 놀잇감과 시간이 주어졌는지 확인한다. 만약 이와 같은 환경이 제공되지 않았다면 유아가 특정 놀이를 하지 않은 것은 놀잇감이 부족하거나 시간이 부족해서이지 유아의 놀이 기술 부족 때문은 아닐 수도 있다.
- 가능한 한 실내와 실외 모든 영역에서 유아를 관찰한다. 때로는 실외에서 바깥놀이를 할 때 질 높은 사회놀이나 인지놀이가 일어나는 경우도 있기 때문이다.
- 유아들끼리 서로 친숙해지고 놀이환경에 익숙해질 때까지 기다렸다가 관찰한다. 유아들은 잘 알고 있는 또래가 있는 경우에 보다 질 높은 놀이 유형을 나타낸다. 학기초에 이루어지는 관찰은 유아의 진정한 놀이능력을 제대로 평가하기 어렵다. 따라서 놀이 관찰은 유아가 교실에 어느 정도 익숙해진 후 실시하는 것이 효과적이다.

- 유아의 놀이행동을 정확히 관찰하기 위해서는 반복하여 관찰한다. 단 하루의 관찰을 통해서 놀이행동을 결정하는 것은 바람직하지 않다. 유아는 질병, 가정문제, 여러 가지 일시적 조건 등에 의해 놀이행동에 영향을 받을 수 있다. 최소한 일주일에 2~3회 정도는 관찰해야 하며 시간을 분산하여 관찰함으로써 일시적 요인이 줄 수 있는 영향을 최소화할 수 있다.

2. 놀이 관찰법

관찰법은 실험적으로 조작된 상황이 아닌 자연적 상황 속에서 나타나는 인간 행동을 직접 관찰하여 기록하고 분석함으로써 개인이나 집단 행동을 이해하는 것을 의미한다. 관찰 결과를 기술적으로(descriptive) 기록하는 것은 나타난 현상을 있는 그대로 기술하여 유아의 행동을 파악하고 이해하기 위한 것이라 볼 수 있다. 관찰은 놀이활동 가운데 자연스럽게 이루어짐으로써 유아의 놀이에 대한 흥미, 태도, 능력 등을 평가하는 데 가장 바람직한 방법이라 볼 수 있다.

유아 놀이 관찰방법은 크게 일화기록, 시간표집, 사건표집, 행동목록표, 평정척도 등이 있다. 이 가운데 일화기록이나 사건표집은 비구조적인 관찰법으로 놀이관찰자는 빈 카드나 빈 관찰지에 놀이 장면을 그대로 묘사하듯 기록한다. 일화기록은 행동목록표나 평정척도보다 시간이 훨씬 더 걸리지만 유아의 놀이행동이나 놀이 발생 상황에 대해 보다 풍부한 설명을 제공해 준다. 반면, 행동목록표와 평정척도는 매우 구조적이고 무엇을 관찰할지 그리고 어떻게 정보를 기록할지가 구체적으로 제시되어 있어 간편하게 사용할 수 있는 장점이 있지만 유아놀이에서 제한된 장면과 놀이 주변 상황에 대한 제한된 정보만을 제공해 준다. 따라서 놀이행동을 관찰하는 경우 사용상의 편리성과 정보 제공의 풍부성 간의 관계를 잘 고려하여 관찰방법을 결정해야 한다.

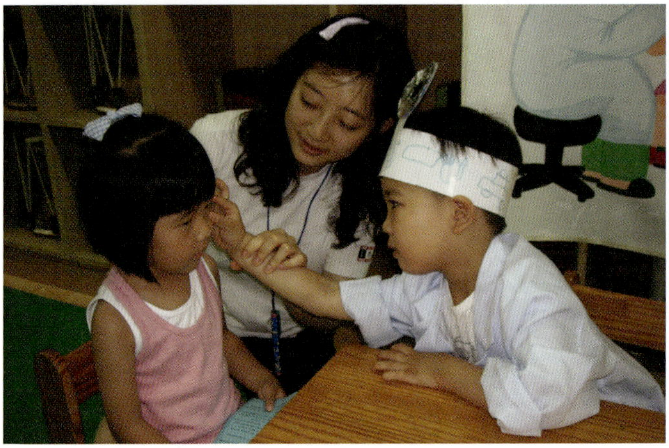

놀이 관찰은 자연스러운 놀이상황에서 이루어질 수 있다.

1) 일화기록법

일화기록법(anecdotal records)은 어떠한 사건(에피소드)이 발생하는 동안이나 발생한 직후 그 사건을 기록하는 것을 말한다. 이러한 기록은 놀이하는 동안 발생한 특정 사건, 유아의 놀이 능력, 유아의 전반적 발달 상황에 대한 증거 자료로 사용될 수 있다. 일화기록은 간단하지만 유아와 관련된 다양한 정보를 제공해 준다. 일화기록은 관찰자가 보고자 하는 놀이행동이 나타날 때 언제 어디서든지 기록이 가능하며 관찰된 사건을 있는 그대로 사실적이고 객관적으로 기록하는 것이 매우 중요하다. 일화가 발생하는 중이거나 발생한 직후에 즉시 기록하는 것이 좋으며 관찰대상의 이름, 날짜, 시간, 장면 등과 같은 기본적인 정보를 기록하고, 유아의 놀이행동에 대한 서술적인 정보를 포함하도록 한다. 이러한 자료는 나중에 유아의 놀이행동을 해석하고 평가하는 데 중요한 역할을 하게 된다. 일화기록을 할 때 다음과 같은 점을 염두에 두는 것이 필요하다(Irwin & Bushnell, 1980).

- 일시, 놀이 상황, 기본적 활동에 관한 정보를 포함해야 한다.
- 중심인물의 행동과 말을 기록한다.

- 일화의 연속성을 유지한다.
- 사용된 언어를 정확하게 기록한다.
- 객관적이며 정확하게 기록한다.

다음은 놀이행동을 기록한 일화기록의 예이다. 이 기록은 민영이의 사회극놀이 기술(역할수행, 가상적 전환, 사회적 상호작용)을 나타낼 뿐 아니라 민영이의 읽고 쓰는 능력(개별적인 각본 사용과 기능적 목적을 위해 문자 사용)의 발달 정도도 나타내 준다.

〈일화기록법의 사례〉

대상유아 : 민영 기록일: ○○년 ○월 ○일

민영이가 역할놀이 영역에서 가게놀이를 하고 있다. 민영이는 놀이 공간 한쪽에서 가게 종업원인 것처럼 가장하고 있다. 민영이는 빈 종이에다 아무렇게나 글씨를 써서 손님들이 산 물건을 적고 있다. 그리고는 손님으로 가장한 유아에게 "이 물건들을 집으로 배달해 드리면 돼요?"라고 말했다. 손님 역할의 유아는 "예"라고 대답했고 돈을 내는 척했다. 민영이는 다른 손님들에게도 물건값을 받고 계산을 해 주었다.

2) 시간표집법

시간표집법(time sampling)은 관찰하고자 하는 놀이행동을 정해진 시간 동안 시간 간격에 맞추어 반복적으로 관찰하는 방법이다. 이 방법은 쉽게 관찰이 가능하고 자주 일어나는 놀이행동을 관찰하는 데 유용하게 사용된다. 놀이 가운데 시간표집법을 사용하는 방법은 먼저 한 유아를 15초 동안 관찰한 후 관찰한 놀이행동이 어느 범주에 해당되는지 표시한다. 다음 유아를 동일한 방법으로 관찰하고 기록한 다음, 그 다음 유아에게 실시하고, 관찰 대상 유아가 모두 끝이 나면, 다시 처음의 유아에게로 가서 두 번째 관찰을 실시하도록 한다.

시간표집법은 관찰하고자 하는 시간 한계가 뚜렷하고 관찰행동에 대한 정의가 분명해서 신뢰도와 객관성이 높은 장점을 가지고 있다. 자료 수집 측면에서도 한꺼번에 여러 명의 유아를 관찰할 수 있어 효율적이며, 부호로 기록하여 결과를 해석하는 데도 시간과 노력을 절약할 수 있다. 빠르게 일어나는 행동을 체계적으로 관찰하는 데 가장 적합하고 통계적 분석이 가능하다(황해익, 송연숙, 정혜영, 2003). 그러나 결과 해석에서 질적 방법의 해석이 어려우며 시각적으로 관찰 가능한 행동에는 적합하지만 유아 내면의 감정이나 생각을 관찰하기는 어렵다. 또한 사건이 일어난 순서를 알 수 없어 행동 간의 상호관계를 이해할 수 없다는 단점이 있다.

〈시간표집법의 사례〉

• 관찰유아 : ○○○ • 생년월일 : ○○년 ○월 ○일 • 관찰시간 : ○시~○시
• 관찰자 : 교사 ○○○ • 성별 : 여 • 관찰일자 : ○○년 ○월 ○일
• 관찰일 현재 유아 연령 : ○년 ○개월

초	사회적 놀이			비놀이			활동	메모
15초 동안	혼자 놀이	병행 놀이	집단 놀이	비참여	방관	전이		
15초			V					친구들과 소꿉놀이함
15초						V		부엌에 가서 그릇을 가져옴
15초		V						혼자 그릇에 모형 음식을 담음
15초(1분)			V					상을 차려두고 친구들을 불러모음
15초			V					친구들과 함께 식사시간을 가짐
15초						V		뛰어가서 냅킨을 가져옴
15초		V						혼자 앉아 뒷정리를 하고 있음
15초(2분)			V					친구들과 같이 소꿉놀이 세트를 옮김
이하 생략								
합계	0	4	12	0	1	2	1	
요약	○○○는 주로 집단놀이를 많이 한다. 병행놀이는 가끔 나타나지만 혼자놀이는 거의 하지 않는다. 친구들과 상호작용하는 것이 어렵지 않으며 음식을 나누어주는 등 친사회적 행동을 보인다.							

3) 사건표집법

사건표집법(event sampling)은 관찰하고자 하는 특정 행동이나 사건이 나타나는 것을 기다리다가 그 행동이나 사건이 발생하면 기록하는 방법이다. ABC 서술식 사건표집법은 자연스러운 상태에서 일어나는 행동의 원인과 결과를 알 수 있으며, 특정 놀이행동의 원인을 알아보고자 할 때 가장 적합한 방법이다. 기록하는 방법은 먼저 관찰하려고 하는 선행사건(A)과 행동(B), 그리고 후속 결과(C)를 행동이 일어나는 순서대로 기록한다. 이 방법의 장점은 사건의 전후관계가 분명히 나타나 놀이행동의 상황과 배경을 잘 이해하도록 해 준다. 특정 사건이 발생할 때에만 주의를 기울이기 때문에 시간

〈서술식 사건표집의 예〉

관찰유아 : 만 4세 지영

관찰맥락 : 지영이는 수줍음이 많은 만 4세 여자아이이다. 일화기록 상에는 실내 · 외 활동에 잘 참여하는 것으로 기록되어 있으나 최근 자유놀이 시간에 집중하지 않고 주위를 배회하고 있어 그 원인을 알아보고자 서술식 사건표집법을 통해 관찰하기로 하였다.

관찰내용

- 관찰아동 : 김지영
- 연령 : 4세 10개월(여아)
- 관찰일: ○○년 ○월 ○일
- 관찰자 : ○○○
- 관찰행동 : 자유놀이 시간에 나타나는 행동

구분	사건 전	사건	사건 후
8 : 45 ~ 9 : 20	지영이가 유치원에 도착한 후 가만히 있자 선생님이 "자유놀이 시간이에요"라고 한다.	교사가 자유놀이 시간이라고 말하지만 지영이는 친구들이 노는 것을 쳐다보고 있다.	혜빈이가 블록을 가지고 놀자고 하니 지영이가 5분간 놀다가 집중하지 않고 교실 문을 열고 들어오는 준혁이를 쳐다보거나, 아무 표정 없이 주위를 둘러보고 있다.
9 : 20 ~ 9 : 30	교사가 다시 "지영이가 원하는 것을 가지고 놀아요"라고 말한다.	지영이는 다른 유아들이 놀고 있는 것을 바라보고 있다.	지영이가 점토를 가지고 3분간 놀다가 다시 교실 안을 둘러본다.
9 : 30 ~ 9 : 40	지영이가 점토를 제자리에 갖다둔다.	지영이가 가만히 서서 친구들이 게임하는 것을 보다가 민지가 쳐다보자 웃는다.	민지가 "너도 와서 게임 같이 할래?"라고 하자 지영이가 그곳으로 간다.

이 절약될 수 있으며 자주 일어나지 않는 특정 행동을 연구할 때 주로 사용한다. 교사의 시간과 노력이 많이 요구되며 관찰 초점을 가지고 시작하기 때문에 교사의 주관적 관점이 반영될 수 있는 단점이 있다.

4) 행동목록법

행동목록법(checklists)은 관찰해야 할 행동의 목록표를 사전에 만들어 놓고 그 기준에 해당되는 행동의 존재 유무를 기록하는 방법이다. 유아놀이 관찰에서 행동목록표를 사용하는 경우 놀이의 특정한 행동에 초점을 맞출 수 있고, 놀이 관찰을 더욱 체계적으로 만들 뿐 아니라 빠른 속도로 정보를 기록할 수 있다는 점에서 효율적이다. 특별한 훈련 없이도 관찰할 수 있는 가장 간단한 관찰방법으로 유아행동을 계속적으로 작성함으로써 단계적인 놀이행동 발달 상태를 기록하는 데 도움이 된다. 그러나 어떤 행동의 존재 유무만 기록함으로써 행동 출현 유무는 알 수 있으나 그러한 행동이 어떤 식으로 얼마나 오랫동안 나타났는지에 대한 정보를 얻을 수는 없다.

〈행동목록법의 사례〉

놀이에서의 사회성 발달

유아 : 생년월일 : 성별 : 관찰일시 :
관찰자 :

아래 내용은 유아 놀이에서 사회성 발달을 평가하는 체크리스트이다. 행동목록에 있는 행동이 나타나면 ∨ 표시를 하시오.

	예	아니오	비고
1. 친구들과 함께 놀이한다.	∨		
2. 다양한 형태의 놀이에 참여한다.		∨	
3. 친구에게 다가가 먼저 놀이를 제안한다.	∨		
4. 진행되고 있는 놀이에 자연스럽게 끼어든다.		∨	

5) 평정척도

평정척도(rating scale)는 놀이행동의 질을 판단하고 행동이 나타나는 정도를 표시하는 것으로 편리한 기록양식을 가지고 있다는 점에서 행동목록표와 유사하다. 그러나 평정척도는 행동의 유무를 단순히 체크하는 것이 아니라 관찰자가 행동의 정도와 행동의 질에 대해서도 판단할 수 있도록 한다(Pellegrini, 1995). 관찰자는 유아의 놀이 행동을 평가지 문항에 기술된대로 3단계(아니다, 보통, 그렇다), 5단계(전혀 아니다, 아니다, 보통이다, 그렇다, 매우 그렇다) 등의 수준을 판단하여 체크한다. 이러한 평정척도는 측정하기가 어려운 광범위한 행동이나 속성을 판단할 때 사용할 수 있다. 사용하기에 편리하고 작성하는 데 시간이 적게 소요되며 놀이발달 영역을 한꺼번에 평가하는 것이 가능한 이점이 있는 반면, 정확하고 객관적인 관찰항목 개발이 어렵고 개인적 편견이 개입될 우려도 있다.

〈평정척도법의 사례〉

유아 : ○○○ 생년월일 : ○○년 ○월 ○일 성별 : 여 관찰일시 : 자유놀이시간
관찰자 : ○○○

다음 각 항목에 적합한 평점을 1~5점으로 평가하여 해당 숫자에 표시하시오.

(1 : 아주 못함 2 : 못함 3 : 보통 4 : 잘함 5 : 아주 잘함)

항목					
1. 친구들과 함께 놀이한다.	1	(2)	3	4	5
2. 다양한 형태의 놀이에 참여한다.	1	2	(3)	4	5
3. 친구에게 놀이를 제안한다.	1	2	(3)	4	5
4. 놀이를 먼저 시작한다.	1	2	3	(4)	5

6) 매체를 활용한 놀이 관찰

디지털카메라, 비디오카메라, 핸드폰이나 녹음기는 평가와 교수 · 학습활동에 유용하게 활용할 수 있는 매체들이다. 디지털 사진은 교실 내 컴퓨터를 통해 쉽게 다운받고 프린트할 수 있다. 사진은 풍부한 정보원이고 다른 관찰 자료를 통해 얻은 정보를 보완해 사건에 대한 정확한 세부 내용을 제공해 준다. 놀이 장면을 카메라로 찍을 때 무작위로 찍어서는 안되며 사진을 찍는 목적과 순간을 분명하게 인식하고 있어야 한다. 관찰해야 하는 유아들의 놀이행동을 잘 포착해야 하며 찍은 후의 사진은 놀이의 수준이나 상태를 탐구하는 데 중요한 정보를 제공해 줄 수 있어야 한다. 비디오카메라나 핸드폰 등은 역시 컴퓨터에 탑재할 수 있고 편집이 가능해 편리하다. 비디오 촬영을 통해 놀이 관찰을 하는 것은 다음과 같은 측면에서 의의가 있다.

첫째, 교사가 유아 놀이를 체계적으로 관찰할 시간을 내기 어려운 문제점을 보완해 줄 수 있다. 비디오카메라를 관찰하고자 하는 놀이 영역에 설치해 두고 자동으로 기록하게 되면 언제든지 재생해 볼 수 있다.

놀이 장면을 카메라로 찍을 때 관찰해야 하는 유아의 행동을 잘 포착하는 것이 중요하다.

둘째, 비디오 촬영은 관찰보다 더 상세한 기록을 제공해 준다. 놀이 유형, 놀잇감, 유아와 또래, 유아와 성인 간의 상호작용 내용, 사용된 언어나 몸짓들을 보여 준다.

셋째, 비디오 녹화는 교사들의 관찰기술 증진에도 도움을 준다. 녹화한 비디오 테이프를 틀어두고 몇몇 교사가 함께 보면서 행동목록표나 평정척도에 기록해 보거나 기록한 것을 비교해 봄으로써 놀이 관찰의 신뢰도와 일관성을 증진시킬 수 있다.

넷째, 교사가 자신의 놀이지도 기술을 증진하기 위해 비디오를 사용할 수도 있다. 자신이 촬영한 비디오를 보면서 자신의 놀이지도 방법에 대한 검토를 할 수 있다.

비디오 촬영을 할 때는 다음과 같은 점에 주의해야 한다(Vukelich, 1993).

- 카메라를 모퉁이에 설치하여 유아들이 놀이하는 교실 내의 중심부가 찍히도록 한다. 가끔씩 카메라 각도가 주요 장면들을 잘 포착하고 있는지 확인해야 한다.
- 촬영이 제대로 될 수 있는지, 장비에 이상이 없는지 확인하기 위해 예비 촬영을 해 보는 것이 바람직하다. 이러한 시도는 유아들이 비디오 촬영에 익숙해질 수 있도록 해 준다.
- 촬영이 끝난 후 가능한 빨리 녹화된 테이프를 확인해서 촬영에서 부족한 부분을 보완하도록 한다.

3. 놀이 관찰척도

교사가 유아의 놀이를 체계적으로 관찰하고 평가할 수 있는 놀이 관찰척도는 유아의 사회·인지적 놀이 수준을 평가하는 Parten/Piaget 척도, 사회적 놀이와 관련된 Howes의 또래놀이 척도, 집단 사회극놀이를 평가하는 Smilansky의 사회극놀이 척도 등이 있다. 교사는 이러한 다양한 놀이 척도를 사용하여 유아 놀이에 대한 풍부한 정보를 얻을 수 있다.

1) 사회 · 인지적 놀이척도

(1) Parten/Piaget 척도

사회 · 인지적 척도는 유아의 놀이 유형에 대한 전반적 관점을 제공한다. 즉, 사회 · 인지적 척도를 통해 평가한 결과는 다른 특정한 관찰척도나 관찰절차의 필요성을 알려줄 수 있는 좋은 판별도구이다. 이 척도는 쉽게 사용할 수 있고 교사들이 유아들의 놀이 경험을 풍성하게 하는 데 매우 유용한 정보를 제공하기 때문에 유아들의 놀이 관찰에 많이 사용되고 있다. 사회 · 인지적 척도는 1970년대 중반 Rubin과 그의 동료들이 Parten의 사회적 놀이와 Piaget의 인지적 놀이 범주를 적용한 Smiliansky의 견해를 연합하여 만들었다. Rubin은 척도의 신뢰도를 높이고 사용하기 쉽도록 하기 위해 Parten의 사회적 놀이 가운데 연합놀이와 협동놀이를 집단놀이라는 한 개의 범주로 통합하였다(Rubin, Watson, & Jambor, 1978). 따라서 사회 · 인지적 놀이척도는 12개의 놀이 범주와 비놀이 행동 범주로 구성되어 있다.

〈표 7-1〉 사회/인지적 놀이 12가지 범주

구분	혼자놀이	병행놀이	집단놀이
기능놀이	혼자 – 기능놀이	병행 – 기능놀이	집단 – 기능놀이
구성놀이	혼자 – 구성놀이	병행 – 구성놀이	집단 – 구성놀이
극놀이	혼자 – 극놀이	병행 – 극놀이	집단 – 극놀이
게임	혼자 – 게임	병행 – 게임	집단 – 게임

사회 · 인지적 놀이척도를 사용하기 위해서는 먼저 이러한 12가지 놀이 범주와 비놀이 범주의 정의에 익숙해져야 한다. 이러한 범주들은 놀이행동을 관찰할 때 무엇을 관찰해야 하는지 구체적으로 알려준다. 사회 · 인지적 놀이 범주와 비놀이 범주를 설명하면 다음과 같다(Johnson et al., 2005).

① 인지적 수준

- 기능놀이(functional play) 사물 혹은 사물 없이 하는 반복적 근육운동을 말한다. 예를 들면 달리기, 뛰어오르기, 모으기와 버리기, 사물이나 자료의 조작, 비형식적 게임을 포함한다.
- 구성놀이(constructive play) 사물(블록, 레고)이나 자료(모래, 점토, 물감)를 사용한 구성하기가 포함된다.
- 극화놀이(dramatic play) 역할놀이나 가작화 변형들, 예를 들면 역할놀이(부모, 아기, 소방관, 상어, 영웅, 괴물로 가장하기)와 가작화 변형(눈에 보이지 않는 전화기를 들고 전화하는 척하기, 연필을 사용하여 주사 놓는 척하기) 등이 포함된다.
- 규칙있는 게임(game with rules) 인식, 수용, 이미 만들어진 규칙 따르기로 예를 들면, 술래잡기, 무궁화 꽃이 피었습니다, 구슬놀이, 카드놀이, 공차기 등이 포함된다.

② 사회적 수준

- 혼자놀이(solitary play) 대화거리 내에 있는 유아들과는 다른 자료를 가지고 혼자 놀이하는 것; 다른 유아들과 대화가 없다.
- 병행놀이(parallel play) 가까이에 있는 다른 유아들과 유사한 장난감을 가지고 놀거나 유사한 놀이에 참여하는 것; 그러나 다른 유아와 함께 놀이하려는 시도는 하지 않는다.
- 집단놀이(group play) 다른 유아와 함께 놀이하는 것; 역할이 정해져 있거나 그렇지 않은 경우도 있다.

③ 비참여/방관/전이

비참여적 행동, 방관적 행동, 한 가지 활동에서 다른 활동으로 전이하는 것 등이 포함된다.

④ 비놀이 활동

학문적 활동이나 교사가 지정한 과제와 같이 이미 정해진 절차에 반드시 따라야만 하는 활동을 말한다. 색칠하기, 학습지, 컴퓨터, 교육적 놀잇감을 포함하는 활동들이 비놀이 활동으로 고려된다.

사회 · 인지적 놀이척도를 사용하여 관찰된 놀이행동을 기록하기 위해서는 〈그림 7-1〉과 같은 관찰용지가 필요하다.

이름: ______________________ 관찰일시: ______________________

		인지적수준			
		기능놀이	구성놀이	극놀이	규칙있는 게임
사회적 수준	혼자놀이				
	병행놀이				
	집단놀이				

	비참여/방관/전이	활동
비놀이		

〈그림 7-1〉 사회 · 인지적 놀이척도 관찰용지

2) Howes의 또래놀이 척도

Howes(1980)는 Rubin의 사회 · 인지적 척도보다는 좀 더 사회놀이 행동을 세부적으로 관찰할 수 있도록 하기 위해 또래놀이 척도를 고안하였다. 이 척도는 단순 병행놀이, 관심을 가진 병행놀이, 단순 사회놀이, 상호보완적 놀이, 협동적 사회 가작화 놀이의 5단계로 이루어져 있다. Howes의 또래놀이 척도는 유아의 사회적 놀이 수준의

또래놀이 관찰은 각 유아의 사회적 놀이 수준을 파악하는 데 중요한 정보를 제공해 준다.

관찰이 가능하며 유아의 사회적 인식, 사회적 의사소통, 다른 유아와 협동하는 능력 등에 관한 정보를 제공해 준다. 각 유아의 사회적 놀이에 관한 개별 수준을 파악할 수 있어 유아의 사회적 놀이 수준을 높이는 데 유용한 정보를 얻을 수 있다. 이후 Howes는 Matheson과 함께 또래놀이 척도를 수정 보완하여 가장 높은 수준인 복합적 사회가작화놀이를 첨가한 6단계로 분류하였다. 또래놀이 척도의 여섯 단계를 자세히 살펴보면 다음과 같다.

① 수준 1 : 단순 병행놀이(Parallel play)

유아는 서로 근접한 곳에서 비슷한 활동에 참여하고 있지만 눈을 마주치거나 언어를 통한 사회적 행동을 하지 않는다. 예를 들면, 몇몇 유아가 쌓기놀이 영역에 앉아 놀이활동을 하지만, 자신의 놀이활동에 집중할 뿐 다른 사람의 존재에 관심이 없다.

② 수준 2 : 관심을 가진 병행놀이(Parallel aware play)

수준 1의 단순 병행놀이에서 눈을 마주치는 것이 첨가된 병행놀이이다. 예를 들면, 두 명의 유아가 블록을 가지고 놀 때 서로 가끔씩 쳐다보거나 상대방이 만든 것을 쳐다

본다. 비록 유아들이 사회적 상호작용을 하지는 않지만 다른 유아의 존재와 현재 활동에 관심을 갖는다. 이 단계에서 유아들은 종종 각각 다른 유아의 놀이를 모방하기도 한다.

③ 수준 3 : 단순 사회놀이(Simple social play)

유아들은 같거나 유사한 유형의 놀이활동을 하면서 사회적으로 상호작용한다. 그들은 이야기하기, 웃기, 만지기, 장난감 주고받기 등과 같은 사회적 교환행동을 나타내지만 협동활동은 일어나지 않는다. 예를 들면, 블록을 가지고 놀이하는 유아가 다른 유아의 블록 구성물을 보고 "그거 참 예쁘다"라고 말한다.

④ 수준 4 : 상호 보완적 놀이(Complementary and reciprocal play)

유아는 서로의 행동이 서로에게 반영되는 사회적 놀이에 참여하거나 게임을 한다(한 유아의 행동을 다른 유아가 그대로 따라하기). 예를 들면, 블록을 가지고 놀던 유아 중 한 유아가 다른 유아에게 블록을 하나 주고, 그것을 받은 유아는 다른 블록을 다시 준다. 숨바꼭질이나 잡기놀이 등이 이 범주에 속한다.

⑤ 수준 5 : 협동적 사회가작화 놀이(Cooperative social pretend play)

유아는 사회극놀이를 하는 동안 보완적인 역할을 수행한다. 역할이 분명하게 명명화될 필요는 없지만, 이때 유아의 행동은 맡은 역할과 분명히 일치되어야 한다. 예를 들어, 유아가 엄마 · 아빠의 역할을 흉내 내면서 인형을 목욕시키는 척할 수 있다.

⑥ 수준 6 : 복합적 사회가작화 놀이(Complex social pretend play)

이 수준에서 유아는 놀이에서 사회가작화 놀이와 상위 의사소통 모두를 나타낸다. 상위 의사소통은 유아가 놀이에 대한 그들의 가상 역할을 이야기하기 위해 일시적으로 놀이를 중단할 때 발생한다. 예를 들어, 명명하기와 역할 정하기를 하고("넌 엄마고, 나는 아빠야"), 새로운 놀이 각본을 제안하며("자, 우리 숲에서 길을 잃었다고 하자"), 현재 놀이 장면을 수정한다("나는 이것 그만 할래. 우리 도서관에 가서 책 빌리자"). 그리고 다른 유아의 행동을 가르쳐 주기도 한다("도서관에서는 책을 사는 게 아니야. 넌 그것을 빌려야 해").

또래놀이 척도를 위한 기록용지의 예를 들면 〈그림 7-2〉와 같다.

날짜	혼자 놀이 수준 0	단순 병행 놀이 수준 1	관심 있는 병행 놀이 수준 2	단순 사회 놀이 수준 3	상호 보완적 놀이 수준 4	협동적 사회 가작화 놀이 수준 5	복합적 사회 가작화 놀이 수준 6	성인 개입	환경과 자료

〈그림 7-2〉 또래놀이 척도의 기록용지

3) 사회극놀이 관찰척도

사회극놀이는 두 명 또는 그 이상의 유아들이 이야기나 실제 생활을 주제로 해서 역할을 담당하고 극화로 꾸며 이행하는 놀이 활동이다. 사회극놀이는 유아들에게 발달된 인지, 사회, 언어능력이 요구된다. Smiliansky(1968)는 사회극놀이를 인지적으로 가장 성숙된 놀이 유형으로 간주하고 있다. 사회극놀이에 참여하기 위해 유아들은 자신이 맡은 역할의 결정적 특징을 잘 나타낼 수 있어야 하며, 그러한 역할자로서 사물을 볼 수 있어야 한다. 또한 가상적 전환을 만들어 낼 뿐 아니라 해석을 할 수 있어야 하며 놀이에 적합한 언어 사용과 협동적으로 놀이 전체 과정에 참여할 수 있는 능력이 요구된다. Smiliansky의 사회극놀이 척도는 성숙된 형태의 사회극놀이를 평가하기 위한 준거로 다음과 같은 5가지 요인들을 제시하고 있다 : ① 역할 수행, ② 가상 전환, ③ 사회적 상호작용, ④ 언어적 의사소통, ⑤ 지속성.

사회극놀이 척도의 정의는 다음과 같다.

① 역할 수행(Role playing)

유아가 자신이 수행할 역할을 선정하고, 그러한 역할을 말로 나타내며("나는 엄마야") 역할에 적합한 행동을 하는 것이다(아기를 보는 척하는 것).

② 가상 전환(Make-believe transformation)

유아가 사물, 행동과 상황을 표상하기 위하여 상징을 사용한다. 실제 사물을 대신하기 위한 대치물이 사용되거나(블록을 컵으로 사용), 언어적 선언을 통해 상상적 사물을 창조하는 데 사용된다(빈 손을 쳐다보며 "내 컵이 비었어요"라고 소리치는 것).

실제 행동을 대신하는 축약된 행동을 하거나(망치질하는 것처럼 손을 올렸다 내렸다 하는 것), 말로 상상적 상황을 만들어 내는 것("자, 우리 비행기에 타고 있는 것처럼 하자") 또는 말로 상상의 행동을 나타내는 것("나는 지금 망치로 못질을 하고 있어") 등을 포함한다.

③ 사회적 상호작용(Social interaction)

적어도 두 명의 유아들이 놀이 사건과 관련하여 서로 직접적인 상호작용을 한다(또래놀이 척도의 항목에서 네 번째 놀이 단계인 상호 인식 있는 상호 보완적 놀이 단계부터 나타난다).

④ 언어적 의사소통(Verbal communication)

유아들은 놀이 이야기와 관련된 언어적 의사소통에 참여한다. 언어적 의사소통은 두 가지 유형이 있다.

상위 의사소통은 놀이 에피소드를 구조화하고 조직화하기 위해 사용된다.

- 특정 사물의 가장적 특징을 이용하기("자! 이 밧줄을 뱀이라고 하자.")

- 역할 분담하기("나는 아빠고 너는 아기야.")
- 이야기 구성하기("우리는 시장에 간 다음에 장난감 가게에 갈 거야.")
- 역할에 부적절한 행동을 한 놀이자를 견책하기("엄마는 그런 식으로 말하지 않아!" 또는 "바보야, 그것은 말이 아니라 뱀이야.")

가작화 의사소통은 유아가 맡은 역할에 적합하게 행동하고 말하는 것이다. 예를 들어, 교사 역할을 맡은 유아는 다른 놀이자에게 "자! 여러분 여기를 보세요"라고 말하는 것이다.

⑤ 지속성(Persistence)

유아들이 사회극놀이를 지속하는 데 결정적 요인이 되는 것은 연령이다. 만 4세 유아들은 5분 정도 놀이를 지속시킬 수 있으며, 만 5세 유아는 적어도 10분 정도 놀이를 지속하여 진행시킬 수 있다.

사회극놀이 척도의 관찰기록용지의 예는 〈그림 7-3〉과 같다(Johnson et al., 1999). 이 관찰기록에서는 다른 두 방법과 달리 한 유아를 적어도 15분간 지속적으로 관찰한 후 기록한다. 관찰기록지가 완성되면 관찰한 유아에게 사회극놀이의 각 요소가 나타나는지를 파악하여 사회극놀이 지도에 활용한다.

이름	역할 놀이	가상			상호 작용	언어적 의사소통		지속성
		사물	행동	상황		상위 의사소통	가작화	

〈그림 7-3〉 사회극놀이 척도의 기록용지

4) 놀이성 관찰척도

놀이성은 놀이에 대한 유아의 성향을 알아보는 것이다. 어떤 유아들은 자주 놀이를 즐기고 아주 빈약한 놀이 여건에서도 자신의 놀이 세계를 창조하는 성향이 있는 반면, 어떤 유아는 풍부한 환경에서 조차 놀이하지 않는 경향을 나타낸다. Barnett(1991)는 놀이성을 신체적 자발성, 사회적 자발성, 인지적 자발성, 분명한 즐거움, 유머감각의 다섯 가지 차원을 활용하여 측정하고 있다. 이러한 각각의 차원을 조작적으로 정의하는 4~5개의 행동 묘사를 개발하고 유아의 행동을 특징짓는 정도를 평가하기 위해 5점 반응척도를 개발하였다. 이 평가에서 낮은 점수를 받은 유아는 성인이나 또래의 지원이 필요하다(〈그림 7-4〉 참조).

항목	유아의 놀이성 척도				
	전혀	조금	다소	많이	아주 많이
신체적 자발성					
동작이 잘 협응된다.					
유아는 신체적으로 능동적이다.					
보다 능동적인 것을 선호한다.					
달리기, 한발뛰기, 껑충뛰기, 도약을 많이 한다.					
사회적 자발성					
타인의 접근에 쉽게 반응한다.					
타인과의 놀이를 제안한다.					
다른 유아와 협동적으로 놀이한다.					
놀잇감을 흔쾌히 공유한다.					
인지적 자발성					
스스로 게임을 창안한다.					
놀이에서 비전형적인 놀잇감을 사용한다.					
여러 가지 배역을 가장한다.					
놀이 동안 활동을 변화시킨다.					

항목	유아의 놀이성 척도				
	전혀	조금	다소	많이	아주 많이
분명한 즐거움					
놀이하는 동안 즐거움을 표현한다.					
놀이 동안 충만함을 나타낸다.					
놀이 동안 열정을 보인다.					
놀이 동안 감정을 표현한다.					
놀이하면서 노래하고 말을 한다.					
유머감각					
다른 유아들과 농담을 즐긴다.					
다른 사람을 조용하게 놀린다.					
재미있는 이야기를 한다.					
유머러스한 이야기에 웃는다.					
익살부리는 것을 좋아한다.					

〈그림 7-4〉 놀이성 척도

교사는 놀이성 관찰척도를 활용하여 유아의 놀이성을 평가하면서 성인의 개입과 놀이 친구가 필요한 유아를 발견하고 유아가 놀이에 즐겁게 참여할 수 있도록 도와줄 수 있다.

5) Penn의 상호작용적 또래놀이 척도

펜실베이니아 상호작용적 또래놀이 척도(Pennsylvania Interactive Peer Play Scale, PIPPS)는 Fantuzzo와 Sutton-Smith(1994)가 헤드스타트 참여 유아 가운데 상호작용 놀이 수준이 최상위인 유아 25명과 가장 낮은 수준의 유아 25명을 선정하여 그들의 놀이행동의 연속성을 분석한 것을 토대로 개발되었다. 이 행동들은 교사들에게 최근 2개월 동안 각각의 행동에 대해 관찰한 빈도를 나타내는 29개의 평가항목으로 분류되며 놀이 방해 12문항, 놀이 단절 9문항, 놀이 상호작용 8문항이다. 연구자들은 이들의 놀이를 비디오로 찍어 자세히 분석하여 유아들의 상호작용적 또래놀이에 내포된 세 가지 요소를 발견하였다.

- 놀이 상호작용 영역　친사회적 행동, 대인관계 기술, 자아통제, 그리고 언어적 주장과 관련된 긍정적 측면
- 놀이 방해 영역　공격적 행동과 자아통제의 부족과 관련된 부정적 측면
- 놀이 단절 영역　놀이행동의 위축과 같은 부정적 측면

Penn의 상호작용적 또래놀이 척도의 각 문항은 4점 척도(관찰되지 않음 1점, 가끔 관찰됨 2점, 자주 관찰됨 3점, 매우 자주 관찰됨 4점)로 평가한다. 놀이 방해와 놀이 단절은 점수가 낮을수록 긍정적 반응이며 반대로 놀이 상호작용은 점수가 높을수록 긍정적 반응으로 볼 수 있다.

상호작용적 또래놀이 척도는 교사가 학급 유아들의 놀이행동을 관찰하여 놀이지도에 반영할 수 있으며 또래 중재적 개입에도 도움이 된다. 또래 중재적 개입은 성숙한 수준의 상호작용 행동을 나타내는 유아가 미숙한 유아의 사회적 능력을 향상시키도록 도와주는 것을 말한다.

구분	상호작용적 또래놀이 척도			
	관찰되지 않음	가끔	자주	매우 자주
놀이 상호작용				
아이디어를 공유한다.				
다른 유아를 돕는다.				
또래 행동을 긍정적으로 지도한다.				
다른 유아가 참여하도록 격려한다.				
놀이활동에서 창의성을 보인다.				
놀이 방해				
싸움을 걸거나 시비를 건다.				
또래 유아들이 거부한다.				
역할을 바꾸지 않는다.				
고자질한다.				
다른 사람의 물건을 파괴한다.				

구분	상호작용적 또래놀이 척도			
	관찰되지 않음	가끔	자주	매우 자주
언어적으로 공격한다.				
울거나 불평하거나 화낸다.				
다른 유아의 물건을 뺏는다.				
신체적 공격을 한다.				
놀이 단절				
놀이집단 밖에서 배회한다.				
움츠린다.				
목표 없이 쳐다본다.				
다른 사람에 의해 무시된다.				
놀이집단 속으로 초청받지 못한다.				
놀이에 초대받았을 때 거절한다.				
놀이에서 갈팡질팡한다.				
교사 지시가 필요하다.				
불행해 보인다.				
한 활동에서 다른 활동으로 전이하기가 어렵다.				

〈그림 7-5〉 상호작용적 또래놀이 척도

4. 놀이 기록작업

놀이행동의 관찰과 기록의 후속활동으로 놀이 문서화 작업이 필요하다. 이것은 놀이에 대해 의사소통하는 데 중요한 역할을 한다. 위에서 제시한 관찰방법을 이용한 놀이관찰 기록(일화기록, 체크리스트, 디지털 사진 등)과 유아들의 놀이 산물과 조형물 표본은 각 유아별로 놀이 포트폴리오 작성을 통해 보관되어야 한다. 이야기 나누기 시간에 유아가 자신의 놀이에 대해 이야기하도록 격려한 후 놀이 에피소드에 대해 적은 내용, 유아 놀이과정에서나 놀이 후에 만든 구성물 사진을 찍은 후 기록한 것, 또는 유아에게 자신의 놀이에 대해 그림으로 표현하도록 한 것이나 놀이에 대해 면담한 내용들을 놀이 포트폴리오에 포함할 수 있다.

일반적으로 포트폴리오는 유아들의 노력, 진보, 성취를 나타내는 작품을 목적을 가지고 수집한다는 의미를 가지고 있다(Helm, Beneke, & Steinheimer, 1998). 포트폴리오 평가는 단순한 작품수집 차원이 아니라 작품의 샘플 선정 및 평가과정에 교사와 유아, 가족을 포함시켜서 작품에 대한 의견을 첨부하고 이를 심화학습 자료로 활용하도록 한다. 따라서 놀이 포트폴리오는 놀이에서 발생할 수 있는 개인차와 시간에 따른 놀이행동의 변화를 이해하는 데 유용한 자원이 될 수 있다.

포트폴리오 평가가 효과적으로 수행되기 위해서는 다음과 같은 요소들이 갖추어지는 것이 필요하다(황해익 외, 2001).

첫째, 일정 기간에 걸쳐 지속적이고 체계적으로 유아들의 놀이행동 관련 정보나 자료, 작품들이 수집되어 있어야 한다. 일회적 작품수집이 아니라 유아의 성장과 발달을 반영할 수 있는 일정 기간에 걸친 작품수집이 필요하다.

놀이행동 관찰과 기록 후에 문서화 작업을 하는 것은 놀이행동 지도에 귀중한 자료가 될 수 있다.

둘째, 유아의 놀이활동이나 작품에 대한 교사의 의견이 포함되어야 한다. 유아의 놀이행동이 이전과 달라진 점, 작품을 하면서 특이한 점 등에 대해 기록해야 한다. 맥락이 있는 평가기록이 유아 작품에 첨가될 때 의미 있는 평가가 이루어질 수 있다.

셋째, 놀이행동 관찰결과가 포함되어야 한다. 관찰 기록은 유아의 독특한 흥미, 장점, 요구를 잘 나타내 줄 수 있다.

넷째, 교사가 포트폴리오의 목적과 활용방법을 잘 이해하고 포트폴리오 자료를 자신의 교수 · 학습활동을 계획하고 수정하는 데 활용할 수 있어야 한다.

포트폴리오에는 일화기록, 관찰 양식, 작업 표본, 사진 등 유아에 대해 수집한 정보들을 보관하는 작업 포트폴리오와 유아의 성장과 학습을 잘 드러내 주는 정보를 선택하여 보관하는 전시 포트폴리오가 있다. 전시 포트폴리오를 선택할 때 유아가 참여하도록 함으로써 유아가 자신의 선택에 책임감을 갖도록 할 뿐 아니라 자신의 놀이활동에 대해 반성할 기회를 가지게 할 수 있다.

교사는 유아 개인별로 포트폴리오 평가 계획서를 준비하고 작업 포트폴리오 및 전시 포트폴리오를 언제, 어떤 방식으로, 어느 정도 수집할지 결정한다. 수집된 다양한 정보와 자료를 분석하고 요약하여, 유아 놀이행동 발달에 대한 전반적이고 종합적인 평가를 내린다. 학기 초와 학기 말을 비교해 보고 유아 개별적으로 강점과 진보가 필요한 분야를 평가하도록 한다. 교사 평가 이후에는 교사와 유아가 함께 포트폴리오를 살펴보면서 평가시간을 갖는 것이 필요하다. 이러한 과정은 유아로 하여금 자신의 놀이행동에 대한 장점과 단점을 알고 반성해 보는 기회를 가지도록 한다.

chapter

8

놀이치료

현대 산업사회의 발달로 유아들은 많은 스트레스를 받으며 살아가고 있다. 적절한 스트레스는 유아에게 긍정적인 영향을 주지만 많은 스트레스를 한꺼번에 받았을 때 유아들은 적응하지 못하게 되며 이런 상태가 오랫동안 지속되면 전문적인 놀이치료를 받아야 한다. 이 장에서는 유아들이 적응하지 못할 때 왜 놀이를 이용하여 치료를 받아야 하는지, 놀이치료의 주요 이론, 놀이를 이용하여 어떻게 특수아를 평가해야 하는지, 마지막으로 부적응아 혹은 특수아를 지도할 때 유아교사의 바람직한 역할에 대해서 알아보았다. 놀이치료는 부적응아뿐만 아니라 다양한 장애를 가지고 있는 특수아를 위해서도 꼭 필요하므로 현장에서 유아교사들은 이에 관한 다양한 지식이나 이론을 숙지한 후, 지도하는 것이 중요하다.

현대 산업사회의 발달로 적응에 문제를 가진 유아들이 많이 발견되고 있다. 여성의 역할 변화와 사회 진출, 성정체감의 변화, 가정의 붕괴, 양육에 대한 부모의 태도와 역할 변화 등의 사회적 스트레스 또는 유아들의 정상적인 성장과정에서 겪는 갈등이 유아에게 영향을 주어 스트레스가 될 수 있다. 이러한 스트레스를 받은 유아를 성인이 이해하지 못하거나 적절히 반응해 주지 못할 때, 유아에게 장기적 · 단기적으로 영향을 미치며 특히 장기적이고 강한 스트레스는 정신적 혹은 정서적 쇠약을 가져올 수 있다. 놀이치료의 대상은 일반적으로 정상적인 발달을 하고 있는 유아들뿐 아니라 특히 다양한 장애를 가지고 있는 특수아들을 위해서도 매우 중요하다. 그러나 불행하게도 특수아들은 유아교육기관이나 학교, 심지어 집에서조차 적절한 놀이 기회가 제공되지 않고 있다. 이 장에서는 먼저 놀이의 치료적 가치, 놀이치료의 주요 이론을 살펴보고 놀이를 통해 특수아를 어떻게 평가하고 지도해야 하는지, 유치원 및 어린이집 교사가 주의할 점들에 관련된 내용을 다루어 보았다.

1. 놀이의 치료적 가치

놀이치료는 다양한 부적응아 및 특수아를 위해 많은 전문가들이 사용한 합리적인 과정이다. 성인들의 심리치료는 언어를 통해 이루어지지만 유아들은 놀이를 통하여 가장 자연스럽고 편안하게 자신을 드러낼 수 있다. 놀이는 유아들에게 있어서 최선의 자기 표현 수단이며 자기 구성 매체이다. "유아들의 놀이는 그들의 언어이며 장난감은 그들의 단어이다."(Ginott, 1961)라고 하였듯이 놀이는 유아의 정서적 부적응 문제 및 자기 통찰을 예방하고 치료하게 한다. 놀이의 심리치료적인 요소의 근원을 살펴보면 다음과 같다.

- 놀이는 가장 즐거운 것이다.
- 놀이는 내적 동기에 의해 유발되는 자발적인 활동이다.
- 놀이는 감정을 효과적으로 전달할 수 있는 자연스러운 과정이다.
- 놀이는 유아의 긴장과 불안을 완화시키고 수동적인 태도를 감소시킨다.
- 놀이를 통해 분노, 불안과 좌절감 같은 감정을 분출할 수 있게 한다.
- 놀이는 놀잇감을 매개로 하여 마음을 주고받는 활동이며 사람이 중심이다.
- 놀이 속에서 유아는 진실되게 자유로우며 스스로 선택하여 무엇이든지 실험해 볼 수 있다.
- 놀이를 통해 유아를 관찰함으로써 더 잘 이해하게 된다.
- 놀이를 통해 유아들이 수용되고 관심을 받고 있다는 것을 느끼며 놀이를 할 때는 성인과 유아의 힘의 평등화가 있다. 또 유아는 평소보다 성인의 위협을 덜 받는다.
- 놀이는 사회적 기술을 발달시키는 기회를 제공한다.
- 놀이는 유아가 새로운 역할을 시도해 볼 수 있는 기회를 주고 안전한 환경에서 다양한 문제해결 방법을 실험해 보게 한다.

이러한 놀이치료가 실제로 유아들에게 어떤 효과를 주는지 아래 사례를 들어 설명해 보겠다. 부모–자녀의 관계가 적대감으로 발전하여 말더듬 증세를 보인 민호(만 4세)의 예를 들어 보자.

민호의 아버지는 냉정하고 지배적으로 민호가 출생할 때부터 별로 애정을 보이지 않았으며 민호의 바람직하지 못한 행동에 대해 무서운 체벌을 가하고 소리를 지르는 일이 많았다. 어머니는 성취하고 싶은 의욕은 높은데 행동력이 뒷받침되지 않아 늘 무기력함과 좌절감에 빠져 있었다. 민우의 주호소 문제는 말을 한 번 하려면 호흡이 곤란할 정도로 발성이 안 되었고 친구들 간의 의사소통이 어렵고 주위의 놀림감이 된다는 것이다. 놀이치료 과정에서 부모에 대한 적개심 · 공격성이 표출되고 나아가 불안감을 해소하고 자신감을 획득하였으며, 긍정적인 부모–자녀관계를 형성하였다(낭경화, 1998).

유아들은 언어 사용이 제한되어 있기 때문에 놀이를 통해 감정을 표현하고 과거의 경험을 재생하며 자신의 소망을 표현하여 유아들의 정신건강에 도움을 주므로 놀이치료는 스트레스를 받는 정상 유아들에게 큰 효과를 준다. 더불어 다양한 장애를 가지고 있는 특수아에게도 놀이 및 놀이치료의 효과가 매우 크다. 특수아들에게 있어서 놀이는 다음과 같이 몇 가지 중요한 기능을 한다(Beers & Wehamn, 1985).

첫째, 운동, 언어, 인지, 사회적 영역에서 바람직한 행동 발달을 촉진한다. 놀이활동은 신체활동을 통해 특수아의 대 · 소근육 운동기능을 발달시키며 집단 게임에서 의사소통활동과 표현활동을 함으로써 언어가 발달할 수 있고 또래와 협동하는 집단놀이를 통해 사회성의 발달한다.

둘째, 교육적인 활동을 강화한다. 특수아가 어떤 하나의 기능을 학습하면 놀이는 즐거움을 주는 방법으로 그 기능을 연습하고 강화하기 위한 수단을 제공한다. 따라서 학습된 기능이 놀이로서 제시되면 그것을 연습하고 숙달하는 것을 즐기게 된다.

셋째, 사회적으로 부적절한 행동을 억제한다. 유아가 놀이활동에 적극적으로 참여하게 되면 사회적으로 용인되기 어렵다고 생각하는 행동을 억제하게 된다. 다시 말해서, 놀이 기능을 획득함에 따라 자기 자극하기(self–stimulating) 행동이 많이 감소되었으며, 내적 요인에 의한 자해행위(self–inflicting), 전형적인 흔들기 행동(rocking behavior),

이상한 음성과 같은 행동들이 놀이를 통해 감소되거나 제거되었다.

넷째, 유아에게 즐거움을 제공한다. 제1장에서 언급하였듯이 놀이는 모든 연령의 정상 유아들에게도 즐거움을 제공해 준다. 특수아도 예외가 아니며 장난감이나 게임을 통한 놀이의 즐거움을 더 많이 필요로 하고 있다. 장애가 심한 특수아들은 어떻게 놀고 시간을 어떻게 이용하는가에 대한 직접적인 지도가 필요할 수도 있다. 그러나 경도의 특수아들은 정확한 훈련이나 지시 없이도 많은 여가활동을 즐길 수 있다.

다섯째 놀이는 특수아들이 독립심을 가지도록 도와주는 역할을 한다. 특수아들에 대한 일반적인 경향은 이들에게 너무 많은 도움을 준다는 것이다. 이러한 도움으로 인해 특수아들은 의존성과 무력함을 배우게 된다. 놀이는 평가나 비판, 처벌로부터 자유롭기 때문에 위험 수용, 도전이라는 독립성을 조장한다.

2. 놀이치료의 주요 이론

1) 정신분석적 놀이치료

정신분석이론에서 놀이치료자는 유아의 무의식적인 갈등을 통찰하기 위하여 유아의 놀이와 유아가 사용하는 말을 분석한다. 이 접근방법은 대부분 유아교육기관의 치료 프로그램에서 역할놀이 영역에 많이 사용되며 치료자는 거의 직접 개입하지는 않지만 "너는 그 인형에게 매우 화가 났구나."와 같이 유아의 놀이에 대해 간접적으로 설명해 준다(Johnson et al., 2005).

정신분석 이론에서 성공적인 놀이치료를 위해 강조하는 세 가지 필수조건은 다음과 같다.

첫째, 내담자는 자기 자신을 변화시키고자 하는 강한 동기유발이 있어야 한다. 내담자는 자신에게 문제가 있다는 것을 인식하고 해결책을 찾기 위해 노력해야 하며, 치료자는 자신의 문제를 해결하는 데 도움을 줄 수 있는 사람이라고 믿고 치료에 임해야 한다.

둘째, 내담자는 치료자에게 전이(transference)를 할 수 있어야 한다. 내담자는 마음에 문을 열고 치료자가 자기의 현재 삶에 커다란 영향을 미치는 사람, 예를 들면 아버지, 어머니, 남편, 아내 등의 대치물이 되도록 해야 한다.

셋째, 내담자는 자유연상(free association)의 과정에 참여할 수 있어야 한다. 내담자는 주어진 시간 동안 치료자 앞에서 마음속에 있는 모든 것, 즉 내적인 감정과 생각을 충분히 표현할 수 있어야 한다.

그러나 Freud(1968)에 따르면, 내담자가 성인이 아니고 유아일 경우에 이 세 가지 조건을 갖추기가 어렵다고 지적하였다.

첫째, 유아 내담자는 변화하고자 하는 동기가 부족하며 치료가 필요하다고 결정한 부모도 그러하다는 것이다. 따라서 치료자는 유아로부터 문제를 알아내려고 강요를 하게 된다.

둘째, 전이가 쉽게 이루어지지 않는다. 예를 들면, 성인 내담자의 경우에 치료자가 아버지의 대치물이 되어 권위주의적인 존재에 대하여 감정을 표현할 수 있다. 그러나 유아는 부모에 대한 강한 이미지를 가지고 있어서 치료자를 아버지의 대치물로 가정하지 못한다.

셋째, 유아들은 자아인식과 자유연상에 필요한 언어기술이 부족하다. 따라서 유아는 자유연상을 다른 방법으로 접근해야 하기 때문에 비언어적인 의사소통 수단으로 놀이를 이용한다.

Klein과 Freud는 유아와의 치료과정에 놀이를 도입한 정신분석 놀이치료에 대표적인 학자이다. 이들은 놀이치료 과정에서 놀이란 유아의 행동을 통해 통찰을 얻도록 돕는 도구이며 수단으로 보았다. 그러나 두 사람은 놀이치료 방법이나 입장에 차이가 있었으며 해석, 전이, 자유연상에 대해서 의견을 달리하였다. Klein은 전통적인 정신분석 이론을 강조하였고, Freud는 현대 정신분석 이론에서 많이 받아들여지고 있다.

먼저 Klein은 Hug-Hellmuth과 함께 유아 치료에서 놀이의 역할을 강조한 최초의 분석가이다. '놀이치료'라는 용어는 본래 유아의 놀이에 대해 정신분석적 해석을 내리는 치료적 과정을 자유연상과 같은 것으로 간주했던 Klein이 처음 사용하였다. 즉, Klein은 유아의 무의식적인 마음을 탐색하기 위하여 놀이를 광범위하게 사용한 사람으로 놀이활동을 성인의 자유연상과 동일하게 보았다.

Klein의 가정 중 하나는 유아의 놀이활동의 대부분은 부모와 유아 간에 관련이 있는 성적인 갈등이나 공격성에 관한 상징적인 표현이다. 유아가 부모에 대해 가지고 있는 감정, 즉 사랑과 증오, 적의와 분노 등으로 인해 모순과 혼란을 경험한다. 이러한 복잡한 감정을 유아들이 이해하고 말로 표현하는 것은 불가능하므로 유아는 여러 가지 장난감을 이용해서 이 복잡한 감정을 놀이로 나타낸다.

Klein은 놀이를 유아들이 자신을 가장 쉽게 표현하는 언어라고 믿었기 때문에 놀이치료실을 많은 종류의 장난감, 특히 자기 표현을 장려하는 장난감으로 갖추었다. 이러한 장난감의 대부분은 가족 간의 상호작용과 관련(예: 부모 인형, 아기 인형, 가정용 비품 등)이 있다. 유아가 놀이하는 동안 Klein은 유아가 무슨 말을 하는지 듣기 위해 주의 깊게 관찰하였고 놀이에 감추어진 상징적인 메시지를 이해하려고 노력하였다. 만약 한 유아가 인형으로 만든 가족 놀잇감을 가지고 놀면서 아버지 인형을 규칙적으로 모래에 묻는다면 Klein은 그 유아가 아버지에 대한 분노를 품고 있다고 보았다.

놀이치료실에는 유아 자신의 문제를 표현하도록 다양한 장난감이 전시되어 있다.

정신분석 이론가들 가운데서도 유아의 놀이에 대한 Klein의 해석적인 접근방법의 가치에 대해 전적으로 동의하는 것은 아니다. Freud는 Klein 연구의 한계점을 지적

하면서 Klein의 자유연상, 해석, 전이의 본질에 대해 의견을 달리하고 있다.

Freud는 놀이를 통해 '유아 분석'이라는 새로운 방법을 발달시켰다. 그는 유아의 놀이를 성인의 꿈과 유사한 방법으로 사용하였다. 즉, 상상력이 풍부한 놀이나 그림 등에서 무의식적 동기를 찾으려고 하였다. Freud는 놀이와 자유연상을 유사한 것으로 취급하는 것은 정당성이 없으며, 놀이에 대한 Klein의 해석은 가끔은 지나치고 극단적이라고 주장하였다.

그러나 Freud도 놀이가 유아들의 정신분석적 치료에 기여한다는 점은 부정하지 않았으며, 놀이를 통해 유아에 관한 유용한 정보를 모을 수 있기 때문에 놀이가 치료에 가치가 있다고 하였다. 놀이치료실에서 놀이를 하고 있는 유아를 관찰하면 자연스러운 환경에서 관찰하는 것보다 더 많은 정보를 얻을 수 있다. 놀이치료실과 같은 제한된 장소에서 놀이하고 있는 유아를 주의 깊게 관찰함으써 유아의 심리세계의 전부를 쉽게 볼 수 있다. Freud는 Klein보다 해석적인 피드백을 덜 사용하였고, 치료를 시작한 한참 후에 해석적인 방법을 사용하였으며, 유아의 놀이는 때때로 다소 의미있는 상징이 들어 있지만 그것은 상징 그 이상의 것은 전혀 아니라고 주장하였다.

정신분석적 놀이치료(psychoanalytic play therapy)에서의 치료자의 역할은 참여 관찰자의 역할이다. 치료자는 놀이를 통해 유아와 치료적 동맹을 맺어야 하며, 치료 동맹 과정을 통해 놀이에서 언어로 단계적으로 변화되어야 하며 유아의 꿈의 분석으로 발전하게 한다.

2) 아동중심 놀이치료

1940년대 Rogers는 내담자중심 치료, 비지시적 치료를 이론화하였으며, 이는 Axline에 의해 완성되었다. Freud의 제자였던 Axline은 인간의 내부에는 자신의 문제를 만족스럽게 해결할 수 있는 능력이 있을 뿐 아니라 성숙된 행동을 하고 싶어 하는 성장 충동이 있다는 가정을 하였으며, 이를 위해서는 치료의 세 가지 근본적인 특징인 진실성,

공감적 이해, 내담자에 대한 긍정적인 수용을 보이는 환경에서 치료과정이 일어나야 한다고 생각하였다.

Axline은 놀이치료자의 기본 원칙을 다음과 같이 설명하였다.

첫째, 치료자는 유아와 따뜻하고 친밀한 관계를 형성해야 한다. 유아가 치료실을 편안하게 놀이할 수 있는 초대받은 장소로서 느낄 수 있도록 따뜻한 미소와 깊은 관심을 가지고 대해야 한다. 그러나 Axline은 치료를 받기 위해 오는 유아들은 사회적 규칙을 따르는 데 익숙하지 않기 때문에 치료자와의 라포 형성은 쉬운 것이 아니라고 지적한다.

둘째, 치료자는 칭찬이나 비판 없이 유아를 있는 그대로 수용해야 한다. 그러나 치료자는 도움을 주고 싶지만 유아가 어떠한 도움을 원하지 않을 때는 치료자는 상당한 인내심이 필요하다.

Axline은 치료자가 따뜻하게 인사하며 치료실 안에 재미있는 장난감이 많이 있다고 제안하였지만 아무런 관심도 보이지 않았던 12세 진의 경우를 예를 들고 있다. 치료자는 유아의 태도를 수용하려고 노력하나 자신의 부족한 기술 때문에 어려움을 겪었다. 마침내 치료자는 "진! 나는 너를 도와주고 싶어. 나는 네 친구가 되고 싶은데 너를 괴롭히는 것이 무엇인지 이야기해 주었으면 좋겠어."라고 말하였다. 진은 한숨을 쉬면서 말하였다. "나를 괴롭히는 것은 아무것도 없어요!" 치료자는 진의 감정을 수용하지 못하였고 치료는 막혀 버렸다.

셋째, 치료자는 치료실에 있는 놀잇감을 유아가 원하는 대로 사용하여 유아 자신의 감정을 자유롭게 표현할 수 있도록 허용적인 분위기를 만들어 주어야 한다. 더 나아가서 유아의 생활 경험에 관해 상세하게 조사하는 질문을 해서는 안 된다.

Axline은 병원 경험 때문에 정신적 쇼크를 받고 치료받고 있는 5세 된 메이의 예를 들고 있다. 메이는 인형을 가지고 가족놀이를 하고 있고 도움을 주고자 하는 치료자는 너무 몰아붙이기 시작한다. 메이가 장난감 마차에 인형을 태우고 밀고 있을 때 치료자가 "애기가 지금 병원 가는 길이니?"라고 물었다. 메이는 그렇다고 대답한다. "애기가 병원가는 것을 무서워하지 않니?" 치료자가 묻는다. 메이는 또다시 그렇다고 한다. "그런 다음 무슨 일이 일어났어?" 치료자가 물으니 메이는 그냥 일어나서 창가로 다가 간다. 치료자를 등지고 서서 "그런 질문 얼마나 더 오래 할 거예요?"라고 묻는다.

넷째, 치료자는 유아의 감정을 인식하여 반영시켜 줌으로써 자신의 행동에 대한 통찰력을 갖도록 한다. 치료자는 유아가 감정을 말로 표현할 때 말하는 것이 무엇인지 정확하게 인식하도록 해야 하고 유아의 말에서 의도된 것보다 더 많이 읽으려고 해서는 안 된다.

잭은 "나는 형에게 침을 뱉었어요. 나는 아버지에게 침을 뱉었어요. 나는 그들의 얼굴에 침을 뱉었어요. 그들은 내 장난감을 주지 않았어요. 그는 내 총을 망가뜨렸어요. 나는 그들에게 보여 줄 거예요. 나는 그들에게 침을 뱉을 거예요."라고 말한다. 치료자는 "너는 아빠와 형한테 몹시 화가 나 있구나. 형과 아빠가 네게 한 대로 너는 그들의 얼굴에 침을 뱉고 싶어 하는구나."(Axline, 1969)라고 하였다.

Axline은 감정의 인식과 해석은 두 가지 다른 과정이지만 내담자의 놀이에서는 이 둘을 분리하기가 어렵다고 하면서 해석을 많이 사용하지 않도록 경고하고 있다. 그 이유는 어떤 특별한 해석도 실수가 있을 수 있으며 해석이 정확했다고 하더라도 치료자는 내담자가 나아가고자 하는 것보다 더 빨리 내담자를 밀어붙이고 있기 때문이라고 하였다.

다섯째, 치료자는 언제나 유아를 존중해야 하고 유아가 자기 스스로 문제를 해결할 수 있는 능력이 있음을 인식하여 유아 자신이 선택하고 스스로 변화를 가져오도록 해야 한다. 치료 성공의 책임은 유아에게 있고 이런 맥락에서 치료는 치료자가 아닌 유아가 중심이 되어야 한다. 유아가 성공의 책임이 자신에게 있다는 것을 인식할 때 자신감과 자아존중감을 얻게 된다.

여섯째, 치료자는 유아의 행동이나 대화를 이끄는 것이 아니고 유아를 따라 가야 한다. 비지시적인 치료에서는 조사하는 듯한 질문, 방향, 제안, 촉진, 비평, 유아의 행동에 대한 인정 등을 용납하지 않는다.

Axline은 인정은 비평과 마찬가지로 조작의 한 형태이며 그 행동이 옳기 때문에 그렇게 행동하는 것이 아니라 단순히 치료자를 즐겁게 하기 위한 방향으로 행동할 수도 있다고 하였다.

일곱째, 치료자는 치료가 점진적인 과정임을 인정하여 치료를 서두르지 않는다. 치료의 효과가 분명하게 나타나지 않는다고 해서 진전이 없음을 의미하는 것은 아니다. 치료할 때 유아를 서두르게 하면 지금까지 기술한 원칙 가운데 많은 것을 잃게 된다. 즉, 유아와 치료자 간에 형성된 라포에 손상이 갈 것이며 허용적인 분위기도 아니고 유아를 존중하는 것도 아니며 길을 안내하는 사람은 유아라는 사실을 잊어버리게 된다.

여덟째, 치료자는 한계를 분명히 정해 주어야 한다. 유아의 생활에서 한계가 없는 영역은 없다. 한계는 유아들이 현실을 직시하고 수행해야 할 책임을 인식하는 데 도움이 된다. 비지시적인 요법에서 한계는 일반적으로 세 가지가 있다.

- 유아들은 자신과 치료자에게 해를 끼쳐서는 안 된다.
- 유아는 치료실에 있는 놀잇감을 손상시켜서는 안 된다.
- 유아는 하고 싶은 대로 치료자와 함께 시간을 보낼 수 있지만 일단 치료시간이 끝나면 즉시 치료실을 떠나야 한다.

3) 구조화된 놀이치료

1930년대 후반에 구조적 놀이치료 기법이 좀 더 목표지향적인 접근을 위한 근거로서 정신분석적 이론을 사용하면서 발전되었다. 이 이론은 정신분석적 구조, 놀이의 정화적 가치, 치료과정과 초점을 결정하는 데 있어서의 치료자의 주도적인 역할 등을 강조하고 있다. 다시 말해서 Levy는 유아가 자유롭게 놀 수 있도록 일련의 특정 자극 상황을 만들어 주는 것으로 '구조화된 놀이'라고 불린다. 이 기법은 치료적으로 아무런 도움을 주지 못하는 활동이나 주의가 산만해지지 않게 함으로써 시간을 절약해 준다. 따라서 그때 그때 충동적으로 놀이 형태를 선택하는 일이 없도록 해준다.

치료자는 유아의 발달수준이나 개인의 특성 등 자신의 판단에 의해 유아의 장애를 지속시키거나 촉진시킨다고 생각되는 사건이나 상황, 갈등에 대해 극적인 놀이를 구성해 준다. 유아는 말로 하는 것이 아니라 어떤 일이 일어났는가를 행동으로 드러내도록 고무되어진다. 이러한 사실에 대한 정보는 유아의 부모나 유아 자신 혹은 그 외의 다른 사람으로부터 얻은 유아의 과거 행동, 유아의 자발적인 놀이, 이전의 구조화된 놀이에서 보여 준 변화 상태, 관련된 도구, 지난 시간의 놀이치료 후의 행동에 대한 어머니의 보고 등을 통해 얻어진다.

치료자는 단지 치료가 불완전하지나 않은가 하는 성공에 대한 두려움이나 치료를 완전하게 하겠다는 충동성 때문에 내담자의 문제와 명백한 관련이 없는 놀이의 형태를 사용하는 오류를 범하지 않아야 한다. 치료자는 유아와 치료적 관계가 성숙되었을 때 구조화된 놀이를 도입한다. 또한 치료자는 이러한 형태의 치료를 다룰 수 있다는 확신을 가지거나 자신감을 발달시켜야 하며 언제, 어디에, 어떻게, 얼마나 구조화된 놀이를 사용해야 되는지를 알아야 한다.

그러나 이 기법에서 주의해야 할 점은 피험자가 거부하는 상황에서 구조화된 놀이를 밀고 나가야 하는 딜레마를 치료자가 어떻게 할 것인가이다. 많은 유아 내담자들이 구조화된 놀이를 즉각적으로 즐겁게 행하지만 반면에 여러 가지 형태로 놀이를 거부하는 유아들도 있다. 유아의 저항이나 거부는 단순한 반대, 노여움, 자기 노출의 두려움, 자동화된 방어기제의 발동 등 여러 가지 많은 요인에 의해 야기될 수 있다. 치료자는 각각의 요인에 다양한 방법으로 대처해야 하며 보다 수용적인 태도로 격려해 주는 것이 좋다. 또한 치료자는 놀이를 촉진시켜야 할 경우를 제외하고는 결코 놀이에 참가해서는 안 되며 놀이 바깥에서 방관해야 한다. 구조화된 놀이 후에는 반드시 내담자의 자유놀이가 행해지는 것이 좋다.

구조화된 놀이치료(structured approaches) 방법의 종류에는 가장 의상 놀이치료(costume play therapy), 이야기 꾸미기(mutual storytelling), 책을 이용한 치료법(bibliocounseling), 미술치료 기법(art therapy) 등이 있다.

가장 의상 놀이치료란 연극 배우가 무대 위에서 극중 인물에 맞는 의상을 입고 그 역할을 연기하는 것처럼, 유아도 가장 의상을 입고 자유롭게 표현하는 것이다. 유아 자신에 관한 이야기를 할 때는 수줍어 할 수도 있겠지만 가장 의상을 입은 유아는 자기의 문제를 무심코 나타낼 수 있을 것이다.

이야기 꾸미기 기법은 Gardner(1972, 1986)가 개발한 것으로 자기와 직접 관련이 없는 가상의 친구 문제로 이야기 꾸미기를 하는 것으로 다른 사람의 문제를 말하는 동안 자신의 감정적 문제를 이야기하게 된다. 다시 말해서, '가상'의 친구 문제를 말하면서 자신의 문제를 안심하고 더 쉽게 말하게 된다는 것이다. 또한 더 나아가서 이 이야기를 듣고 다시 치료사가 원래 이야기에 있었던 갈등을 건설적인 방법으로 이야기를 재구성하여 들려 준다. 그때 유아는 문제를 다루는 데 있어서 이미 사용되고 있는 방법보다 더 효과적인 방법이 있을지도 모른다는 것을 알게 될 것이다.

책을 이용한 치료법은 문제가 있는 유아에게 주인공의 생활환경과 유아의 생활환경이 유사한 내용의 책을 읽게 하거나 혹은 상담자가 유아에게 큰소리로 책을 읽어 준다. 그런 다음 그 주인공의 행동, 사고, 감정, 문제 등에 대하여 상담자와 논의한다. 유아들은 자기의 문제에 관해 이야기하는 것보다 이야기 주인공의 문제에 관해 이야기하는 것이 더 쉬울 것이다.

미술치료 기법은 점토, 크레용 등과 같은 비구조적이고 개방적인 자료를 이용해서 유아 스스로 창의적으로 표현하게 하는 것이다. 유아들이 그린 그림이나 만든 작품을 통해 유아들의 분위기, 내적인 갈등, 자아 이미지 등 유아의 심리적인 상태를 평가할 수 있다. 유아의 미술품을 분석할 때는 과잉 분석할 위험이 있으므로 작품 하나로 유아의 심리적인 생활을 충분히 알 수는 없다. 그러나 만약 어떤 모양이 일관성 있게 반복되었을 때 혹은 주인공의 크기 및 다른 인물과의 상대적인 크기 등이 중요하므로 유심히 관찰하여 종합적인 평가를 내려야 할 것이다. 미술은 치료자가 유아를 이해하는 데 도움이 될 뿐만 아니라 유아의 감정을 자유스럽게 표현하는 정화법의 한 형태이다.

4) 관계놀이치료

Taft와 Allen에 의하여 소개된 관계놀이치료(relationship play therapy) 이론은 Rank의 이론에 기초를 두었다. 관계놀이치료 이론에서는 내담자의 과거 경험이나 무의식을 강조하기보다 오히려 현재의 상태를 중요하게 여기며 특히 치료자와 내담자의 관계의 발달이 중요하다고 강조한다. 따라서 치료자와 내담자의 현재 이 시점(here and now)에 치료의 초점을 둔다.

Taft와 Allen은 "유아란 건설적으로 행동할 수 있는 힘을 내면에 갖고 있는 존재이므로 놀이를 할지 안할지를 유아 스스로 선택할 수 있는 자유를 주어야 하며, 어떤 놀이활동을 할지도 스스로 선택하게 하여야 한다."고 강조하였다. 이렇게 선택의 자유를 주는 이론적인 근거는 유아는 자신과의 싸움을 통해 자신과 다른 사람과의 관계 속에서 자신의 존재를 분리하여 생각할 수 있는 능력을 점차 갖게 될 것이라고 믿기 때문이다. 또한 유아 자신의 성장과정에 대한 책임은 유아 자신이 스스로 가지고 있다고 가정하는 이론이므로 치료자가 계획한 것에 초점을 두는 것이 아니라 유아 자신이 어려움을 느끼는 것에 초점을 두기 때문이다. 따라서 치료자는 비지시적이며 다정다감하고 개방적이며 유아를 존중해야 한다. 또한 수용적인 분위기를 만들려고 노력해야 하며 유아를 비판하지 않고 치료를 강제로 시도하지도 않는다.

이 외에도 분석적인 놀이치료(Jungian play therapy), 행동주의적 치료(behaviorism play therapy), 인지행동놀이치료(rational-emotional behavior therapy), 발달놀이치료(developmental play therapy), 부모놀이치료(filial play therapy), 가족놀이치료(family play therapy) 등이 있으며 기법에 따라서 게임 놀이치료, 모래 놀이치료, 미술 놀이치료 등이 있다. 이러한 여러 가지 이론에 근거한 놀이치료 기법의 효과를 과학적으로 증명하기는 어려울 것이다. 왜냐하면 어떤 내담자에게는 아주 잘 적용되는 기술이 다른 내담자에게는 잘 적용되지 않을 수 있기 때문이다. 정확하게 언제 어떻게 놀이가 치료에 통합되는가는 내담자 개개인의 필요에 따라 달라질 것이다.

따라서 놀이가 치료에 상당한 효과가 있다는 것은 의심할 여지가 없다. Schaefer(1985)에 따르면 놀이는 긴장과 같은 감정을 완화시켜 주며 실제의 고통스러운 경험을 환상을 통해 보상받게 되고 유아가 문제를 다루는 데 있어서 대안을 다룰 가능성을 제안해 주는 등 놀이는 오늘날 유아들에게 실시되고 있는 모든 형태의 놀이치료에 성공적으로 통합되어 있다고 하였다.

3. 특수아를 위한 놀이의 가치

놀이는 일반적으로 발달하는 유아뿐 아니라 다양한 장애를 가지고 있는 특수아들을 위해서도 매우 중요하다. 그러나 불행하게도 특수아들은 유아교육기관이나 학교 심지어 집에서조차 적절한 놀이기회가 제공되지 않고 있다. 특수아들에게 있어 놀이는 몇 가지 중요한 기능을 한다.

- 놀이는 특수아의 운동, 언어, 인지, 사회적 영역에서 바람직한 행동 발달을 촉진한다. 놀이활동은 신체활동을 통해 특수아의 대 · 소근육 운동기능을 발달시키며 집단게임에서 의사소통활동과 표현활동을 함으로써 언어가 발달될 수 있고 또래와 협동하는 집단놀이를 통해 사회성이 발달된다.
- 교육적인 활동을 강화한다. 특수아가 어떤 하나의 기능을 학습하면 놀이는 즐거움을 주는 방법으로 그 기능을 연습하고 강화하기 위한 수단을 제공한다. 따라서 학습된 기능이 놀이로서 제시되면 그것을 연습하고 숙달하는 것을 즐긴다.
- 사회적으로 부적절한 행동을 억제한다. 유아가 놀이활동에 적극적으로 참여하게 되면 사회적으로 용인되기 어렵다고 생각되는 행동을 억제하게 된다. 다시 말해서, 놀이 기능을 획득함에 따라 자기 자극하기(self-stimulating) 행동이 많이 감소되었으며, 내적 요인에 의한 자해 행위(self-inflicting), 전형적인 흔들기 행동(rocking behavior), 이상한 음성과 같은 행동들이 놀이를 통해 감소되거나 제거되었다.
- 유아에게 즐거움을 제공한다. 제1장에서 언급하였듯이 놀이는 모든 연령의 정상 유아들에게도 즐거움을 제공해 준다. 특수아도 예외가 아니며 장난감이나 게임을 통한 놀이의 즐거움을 더 많이 필요로 하고 있다. 장애가 심한 특수아들은 어떻게 놀고 시간을 어떻게 이용하는가에 대한 직접적인 지도가 필요할 수도 있다. 그러나 경도의 특수아들은 정확한 훈련이나 지시 없이도 많은 여가활동을 즐길 수 있다.

- 놀이는 특수아들이 독립심을 가지도록 도와주는 역할을 한다. 특수아들에 대한 일반적인 경향은 이들에게 너무 많은 도움을 준다는 것이다. 이러한 도움으로 인해 특수아들은 의존성과 무력함을 배우게 된다. 놀이는 평가나 비판, 처벌로부터 자유롭기 때문에 위험수용, 도전이라는 독립성을 조장하게 된다.

4. 특수아를 위한 놀이 환경

Esposito와 Koorland(1989)는 동일한 장애를 가진 특수아라도 통합된 환경(정상아와 같이 활동)과 분리된 환경(다른 특수아와 활동)에서 그들의 놀이는 실질적으로 다르다는 것을 발견하였다. 예를 들어, 심한 청각장애를 가진 것으로 진단된 3세 된 미경이와 5세 된 재숙이가 다니고 있는 어린이집에서의 놀이를 관찰하였다. 놀이집단의 유아의 수나 성인의 역할이 두 집단 간에 동일하였다. 통합된 환경에서 미경이와 재숙이는 사회적으로 더 정교한 놀이를 한다는 것을 알 수 있었다. 병행놀이는 청각장애아의 교실(분리된 환경)에서 더 자주 나타났으며 반면에 연합놀이는 통합된 환경의 어린이집에서 더 전형적으로 나타났다. 따라서 전반적인 환경을 고려해 볼 때, 특수아와 정상아를 함께 교육하는 통합교육이 가장 바람직하다. 따라서 많은 학자들이 정상아와 특수아의 통합교육을 강조하였으며, 이러한 결과로 Wolery와 Bailey(1992)는 1980년대 후반부터 통합교육을 하는 기관들이 꾸준한 증가를 보이고 있으며 1989~1990년에 등록된 특수아를 위한 프로그램의 74%가 통합교육을 실시하고 있다고 주장하였다.

일반적으로 성인은 특수아, 특히 정신지체아의 놀이를 지도할 때 더 구조적인 환경이 필요하다고 생각할 것이다. 그러나 지나치게 구조적인 환경에서 계획하여 지도하는 것은 강요적인 것이 되어 놀이의 자발성이 감소되고 놀이의 질이 떨어진다. 예를 들어, Odom 등(1993)은 교사 주도적 활동이 정상아를 위한 유아교실에서보다 특수아를 위한 특수교실에서 더 자주 일어나며, 그런 놀이 형태는 정상아의 교실에서 볼 수 있는 것의 3배나 되었다고 하였다. Cielinski 등(1993)은 다른 유아의 어머니들보다 다운증후군이 있는 유아의 어머니가 자녀의 놀이에서 더 강요적이며 이러한 어머니의 강요성이 놀이활동을 단축시키는 것과 관련이 있다고 하였다. File(1994)도 교사가 정상유아와 특수아와 상호작용할 때, 발달지체 유아에게 더 지시적인 방법으로 상호작용한다고 하였다. 대부분의 연구결과에 따르면, 교사가 정상유아와 특수아와의 상호작용을 비교해 볼 때, 특수아와의 상호작용이 더 빈번하다고 하였으며 사회적 놀이보다 인지적 놀이를 더 많이 격려한다고 하였다.

현재의 물리적 · 사회적 환경은 특수아들의 능력을 최적으로 발휘하는 데 도움이 되지 않는다. Frost와 Klein(1979)은 교실이나 운동장과 같은 물리적 환경이 여러 가지 장애가 있는 유아에게 부적합하게 계획되었다고 하였다. 정상유아가 놀이하도록 유도하는 분위기는 특수아에게는 제한적이고 금지된 것으로 생각될 수 있다. 사회적 환경에 관해서도 성인들은 특수아는 놀이할 수 없으므로 놀이계획을 소홀히 하고 놀이를 격려하지 않는다고 지적하였다. 많은 연구자들이 특수아의 놀이가 격리된 환경보다는 통합

특수아들은 놀이를 통해 즐거움을 느끼고 친사회적 행동이 발달된다.

된 환경에서 더 풍부하고 다양하고 정교하다는 것이 밝혀졌는데도 특수아들끼리 놀이하도록 하고 있다(Esposito & Koorland, 1989; Kohl & Beckman, 1984). 특수아에게서 관찰된 가장 정교한 놀이는 놀이친구가 정상아이면서 생활연령이 더 어리고 정신연령이 동일할 때 일어난다.

그러나 File(1994)은 통합 프로그램에서 유아의 놀이를 검토해 본 결과, 특수아는 대체로 정상아 친구와 고립되어 있지 않았지만, 기대한 만큼의 효과는 없었다고 하였다. 예를 들어, 정상유아와 비교해 볼 때, 특수아는 주도력과 친사회적인 행동이 부족하며, Parten의 분류에서 높은 수준의 복잡한 사회적 놀이의 빈도가 적다고 하였다.

이상에서와 같이 특수아에게는 놀이하기 위한 적절한 물리적 환경의 부족, 특수아의 놀이를 계획하고 실행하도록 도와주지 못하는 성인 감독자, 적당한 놀이친구가 없는 것과 같은 모든 것 때문에 기본적으로 놀이 결함의 결과를 촉진한다. 따라서 특수아는 탐색, 상호작용을 위한 능력의 왜곡과 정상적인 유아기 경험의 상실 및 적절한 환경 구성 부족 등으로 정상유아와 비교하였을 때, 많은 차이점이 나타남을 알 수 있다.

5. 특수아들의 놀이

특수아의 놀이를 이해하기 위해 신체장애를 가진 유아, 정서장애아, 정신지체아 그리고 스트레스 받는 유아로 구분하여 소개하였다.

1) 신체장애아

(1) 시각장애

시각장애 유아들은 자신들 앞의 물건이나 놀잇감이 있는지 없는지를 모르기 때문에 물건을 사용하는 데 대한 동기가 부족하다. 그러나 일단 자신의 손에 물건을 가지게 되면 감각을 통해 탐구하고 쉽게 놓으려 하지 않는다. 실명이나 심각한 시각장애는 다른 또래나 성인의 놀이 모델링을 보고 모방할 수 없어서 고립된 혼자놀이를 하게 된다. 따라서 놀이를 통해 획득되고 연습하는 인지, 사회, 정서, 언어적 기술들은 시각장애의 정도에 따라 부정적인 영향을 미치게 된다. 시각장애 유아와 정상인 유아의 놀이에서 나타나는 차이는 질적인 특성보다는 양적인 특성에 기인한다는 것을 알아야 한다. 시각장애 유아는 주위 세계와 상호작용하는 것이 크게 제한되어 있으므로 공간과 시간에 적응하는 것이 어려우며 실제와 상상을 분리시키는 것도 어렵다(Frost & Klein, 1979).

시각장애 유아들의 놀이를 격려하는 방법에 대해 Frost와 Klein(1979)은 다음과 같이 제안하고 있다.

첫째, 교사는 자유선택놀이 시간 전에 놀이 재료, 준비물, 활동 놀이친구에 대한 모든 선택을 시각장애 유아와 의논해서 놀이시간의 이용을 계획하도록 격려해야 한다.

둘째, 교사는 감각이 풍부한 놀이환경을 제공하도록 노력해야 하며 놀잇감이나 사물을 직접 느껴 볼 수 있는 기회를 항상 제공해야 한다. 시각장애 유아를 지도하기 위해서는 다양한 감각적인 단서를 포함한 놀이환경이 필요하다. 따라서 교재로는 촉감이 다양한 교구들을 사용할 수 있고 실내와 실외 놀이환경에서도 다양한 촉감의 바닥을 사용하도록 하는 것이 좋다. 또한 실외놀이 중 안전의 문제가 있는, 예를 들어 그네가 있는 곳을 유아가 알아들을 수 있는 소리로 안내해 주어야 한다.

셋째, 감독하는 교사는 시각장애 유아와 함께 놀이 재료의 사용을 연습해야 한다. 놀이 재료의 사용법을 연습할 때 행동표상, 즉 운동적으로 활동을 부호화하게 된다.

넷째, 교사는 놀이에서 시각장애 유아를 격려하기 위해 적절한 강화를 많이 사용해야 한다.

마지막으로 놀이시간이 끝나면 시각장애아에게 피드백과 평가를 제공하여 놀이경험을 반영해야 한다.

(2) 청각장애

청각장애 유아들이 특별한 놀이 결손이 있다고 보고되고 있지 않다. 다만 통합된 환경과 분리된 환경(청각장애 유아들로만 구성)에서 나타나는 놀이는 다르다고 여러 연구에서 보고하고 있다(Esposito & Koorland, 1989). 즉, 정상유아와 함께 교육받는 통합된 환경에서 청각장애 유아는 더 성숙하고 정교한 놀이행동을 보인다고 한다. 청각장애 유아들의 놀이를 격려하기 위해서는 먼저 지시와 규칙이 있는 그림도표를 사용하는 것이 좋다. 또한 청각장애아들이 정보를 받아들이는 데 방해가 될 수 있는 여러 가지 소음을 제한해야 하며, 규칙을 전달하거나 정보를 제공할 때는 몸짓언어를 사용해야 한다.

2) 정서장애아

정서장애는 발달에 있어서 왜곡된 현상, 즉 기본적인 심리적 기능의 타이밍, 속도, 순서가 왜곡되어 있다는 것을 의미한다. 자폐증, 주의력결핍증 유아의 놀이에 관한 연구를 소개하였다.

(1) 자폐증

10,000명의 유아 중 4명의 유아에게 해당되는 정서장애인 자폐증은 언어적 · 비언어적 유형의 의사소통에서 중요한 손상을 나타낸다. 자폐아 대부분이 평균이나 평균 이상의 지능을 가지고 있지만 지적으로 손상된 것으로 진단된다. 그러나 지능에 관계없이 모든 자폐아에 공통된 일반적인 특성은 기본적인 의사소통능력이 어렵고 정상적인 사회적 환경 안에서 이해하고 역할을 할 수 있는 능력이 없다는 것이다. 즉, 자폐아는 자아와 외부 세계를 명확하게 구분할 수 없다.

자폐아는 의사소통상 문제가 있고 반복적인 행동을 하며 부적절한 방법으로 놀잇감을 사용한다. 또한 놀이와 반대되는 행동, 즉 머리 흔들기, 얼굴 가까이에서 물건 치기, 몸 흔들기 등은 사물을 이용한 놀이나 사회적 놀이를 하기 어렵게 한다. 따라서 다른 일반적 또래 유아들에 비해 사회적, 인지적 놀이에서 뒤처지게 된다.

(2) 주의력결핍증

주의력결핍증(attention deficit hyperactivity disorder, ADHD)의 증상을 알아보면 다음과 같다.

- 학교 공부나 어떤 활동을 할 때 주의집중을 잘 못하고 조심성 없이 실수를 자주 한다.
- 놀이를 하거나 공부를 할 때 주의를 계속 유지하기가 힘들다.
- 유아에게 무슨 얘기를 하면 듣지 않는 것으로 보인다.
- 지시에 따르지 않고 숙제나 일을 끝까지 하지 못한다.
- 쉽게 주의 산만해진다.
- 앉아서 손과 발을 만지작거린다.
- 앉아 있어야 할 시간에 자리에서 일어나 돌아다닌다.
- 과도하게 달리거나 기어오른다.
- 말을 너무 많이 하거나 질문이 끝나기도 전에 말을 불쑥 한다.
- 다른 사람에게 참견하거나 방해한다.

사실 이러한 특징은 일반 유아들에게서도 많이 나타나서 특히 많은 남아들이 ADHD로 오인되기도 한다. ADHD 유아는 놀이를 하는 데 문제가 있는데 주의집중 시간이 짧고, 충동적이기 때문에 놀이를 계속 유지해 나가가 어렵고 타인과 어울려 놀이하는 사회적 놀이에 영향을 미친다.

실외에서 직접적인 교수가 없는 자연적인 놀이는 ADHD 유아들의 증상을 개선시키는 데 도움이 된다. ADHD가 여아보다 남아에게서 많이 나타나는데 이러한 현상은 최근 유아교육기관의 실외놀이 결핍과 관련 있는 것으로 보인다. 학교나 유아교육기관의 실외 놀이환경이 시골과 같은 푸른 나무와 풀이 있고 동물을 접할 수 있는 자연친화적 환경일 때 유아의 ADHD 증상이 개선되는 효과가 있다고 보고되기도 한다(Taylor et al., 2001).

3) 정신지체아

정신지체는 생물학적 문제나 임신 중 산모가 섭취한 약, 술과 같은 부정적인 환경이 원인이 되어 나타날 수 있다. 거의 모든 정신지체 유아들은 정상적인 유아와 상징놀이나 사물을 이용한 놀이에서 수준 차이를 발견할 수 있다고 보고하고 있다(LI, 1985). 하지만 놀이에 대한 접근에서는 질적이 차이가 없다. 즉, 정신지체 유아는 단순히 지체되었을 뿐 지적인 면에서 동등하다면 정상유아들처럼 놀이할 수 있다.

4) 스트레스 받는 유아

유아의 놀이는 스트레스가 없을 때 가장 많이 일어난다. 사실 놀이의 질은 유아가 경험하는 스트레스 정도를 설명해 준다. 예를 들어, 안정적으로 애착이 형성된 유아는 자유놀이에 더 많이 참여하며, 또 유아들이 친한 놀이친구들과 있을 때처럼 주위 환경이 안전하고 익숙할 때 더 자유롭게 놀이한다. 물론 모든 스트레스가 나쁜 것은 아니다. 새로운 것에 대한 도전, 성취를 위한 도전도 스트레스가 될 수 있기 때문이다. 그러나 이런 도전은 더 나은 발전을 위해 필요한 것이다. 스트레스 없는 삶은 변화도, 도전도 없는 삶과 같다. 문제는 스트레스가 너무 강하고 길게 지속될 때이다.

스트레스는 한 개인이 자신의 적응능력으로 감당하기 어려운 내부 또는 외부로부터의 자극에 의하여 야기된 정신 · 신체적 긴장의 상태를 말한다. Chandler(1986)는 스트레스가 두 가지 조건에서 발생하는 정서적 긴장상태라고 보았다. 하나는 개인의 채워지지 않은 내적 욕구로 인해, 다른 하나는 환경적 요구나 위협으로 스트레스 상태가 발생한다는 것이다.

유아 자신의 내부로부터의 스트레스 원인에는 유아의 기질이나 유아가 성장하면서 내적인 심리적 구조와 이에 따른 정서 상태, 즉 불안, 창피, 죄책감, 자존심, 경쟁심 등의 심리적 요소에 의할 수 있다. 또한 뇌손상을 받아서 태어난 경우 또는 만성질환이나 선천성 기형을 가지고 태어났을 경우 이로 인하여 파생되는 양육의 문제와 발달상의 이상 등 유아가 성장하면서 생기는 어머니와의 격리불안 등을 들 수 있다. 적절한 격리불안은 어머니 관계를 잘 유지시키고 어머니가 원하는 방향으로 자기행동을 조절할 수 있게 만들 수도 있다.

외부로부터의 스트레스 원인에는 부모-자녀 간의 관계 및 가정에서 오는 스트레스, 교육 및 보육기관에서 오는 스트레스, 사회구조 및 가치관의 변화에서 오는 스트레스와 계획되지 않은 외부로부터의 사건에서 오는 스트레스를 들 수 있다.

발달단계별로 스트레스를 주는 원인을 살펴보면 다음과 같다. 영아기에 스트레스를 받는 원인으로는 원하지 않는 아이, 양육의 거절과 회피, 양육방법의 변화와 혼돈, 유아의 기질과 유아 학대와 방임을 들 수 있다. 걸음마기의 스트레스 원인으로는 핵가족화, 직장여성의 증가, 훈육의 기본 방향의 문제 등을 들 수 있다. 유치원 시기의 스트레스 원인으로는 인간교육 경시 등의 가치관 형성의 혼돈, 동생의 출생, 부모의 불화와 이혼, 부모와의 장기 이별, 가난, 부모의 실직, 외상후 스트레스 증후군(납치, 성폭력, 천재지변 등 감당할 수 없는 큰 사건을 당했을 때 나타나는 증상) 등을 들 수 있다.

여기에서는 교사 혹은 다른 성인에게서 정신적, 신체적, 성적 혹은 그 외의 다양한 학대를 받은 유아와 병원에 입원하여 스트레스 받은 유아의 놀이에 대해서 알아볼 것이다.

(1) 아동학대 피해자

최근 많은 연구자들은 유아의 놀이에서 신체적 · 성적 · 정서적 학대 혹은 이러한 것들의 혼합인 학대의 결과를 조사하였다. 예를 들어, Alessandri(1991)는 유아원에서 4~5세의 유아 15명의 놀이를 비교하였다. 유아들은 15가지(성, 사회 · 경제적 지위, 부모의 연령, 종교적 배경, 부모의 교육, 형제의 수 등)가 관련된 통제와 함께 학대받은 경험을 가지고 있었다. 학대받은 유아는 2년 전부터 학대(정서적 학대, 신체적 학대, 성적 학대, 무시)를 경험하였다. 15명 중 10명은 한 개 이상의 학대의 형태를 경험하였는데 유아원 교실에서 자유놀이 시간에 두 집단의 각 유아를 6주 동안 전체 60분을 관찰하였다. Alessandri(1991)는 특히 유아의 사회적 참여의 질과 인지놀이 수준에 관심이 있었다.

학대받은 유아는 통제집단의 유아보다 사회적 · 인지적으로 덜 성숙한 방법으로 놀이한다는 것을 발견하였다. 예를 들어, 학대받은 유아는 전반적으로 놀이를 더 적게 하고, 집단놀이와 병행놀이에 덜 참여하고 덜 상상적이고도 더 판에 박힌 방법으로 놀잇감을 이용한다. 그리고 학대받은 유아의 환상놀이 주제는 더 모방적이고 덜 창의적이다. 예를 들어, 통제집단은 괴물이나 초인적인 영웅과 같은 환상적인 인물의 역할을 흉내 내지만 학대받은 유아는 가정생활 장면을 반복적으로 흉내 낸다.

여러 가지 종류의 학대를 받은 유아 피해자들을 연구목적을 위해 같은 집단으로 연구하였지만, 어떤 심리학자들은 학대받은 종류에 따라 집단으로 나누어 놀이를 비교하였다. 예를 들어, Fagot 등(Fagot, Hagan, Youngblade, & Potter, 1989)은 세 집단, 즉 성적으로 학대받은 유아, 신체적으로 학대받은 유아, 학대받지 않은 유아로 나누어 유아의 자유놀이 행동을 관찰하였다. 다른 연구와 일관되게 학대받지 않은 유아 집단은 다른 유아 집단보다 놀이를 더 잘한다는 점을 발견하였으며, 아무것도 하지 않는 일에 덜 시간을 소비한다고 보고하였다. 학대받지 않은 유아는 다른 유아에게 더 긍정적으로 행동하며, 말을 더 잘하고, 협동놀이에 더 많이 참여하였다.

성적 학대(SA) 피해자와 신체적 학대(PA) 피해자의 차이점은 아주 흥미롭다. SA 유아는 통제집단보다 더 수동적이지만 반사회적이거나 부정적이지 않았다. SA 유아는 문제를 일으키지 않았으며 언제나 스스로 조용하게 놀이하였다. 반대로 PA 집단은 일반적으로 수동적이지만 정상아보다 좀 더 공격적이었다. PA 집단은 파괴적이고, 의사소통을 잘하지 않으며, 비사회적이었다. 생활에 자세히 알아보아야 할 문제가 있다고 추측하도록 교사에게 단서를 제공하였다. 그러나 성적으로 학대받은 유아는 자기 자신에게 주의를 기울이지 않았다. 성적으로 학대받은 유아의 놀이는 확실히 정상과 달랐지만, 이러한 차이점은 정상적인 놀이에 관해 거의 알지 못하는 사람들과 놀이가 유아의 심리적인 세계에 바람직한 영향을 준다는 것을 알지 못하는 사람들은 잘 알아차릴 수가 없을 것이다(Fagot, Hagan, Youngblade, & Potter, 1989).

어떤 연구자들은 학대받은 유아와 학대받지 않은 유아가 똑같이 인형을 가지고 성적인 방법으로 놀이한다는 것을 발견하였다(Cohn, 1991). 유아의 놀이를 해석할 때 주의를 요하는 중요한 교훈이 있다. 유아의 놀이는 심리적 세계를 반영하며 유아가 말로써 자신을 나타내는 것보다 더 자유롭게 자신을 나타내게 한다. 그렇지만 놀이 장면은 유아의 정서적 상태의 단서를 제공해 주며 훈련된 전문가들이 더 많은 질문을 하도록 유도하지만, 놀이만 가지고는 최종적인 답을 제공할 수가 없다. 특히 주제가 아동학대와 같은 중요한 것일 때는 더 그렇다.

(2) 병원에 입원한 유아의 스트레스

병원에 입원한 유아는 많은 스트레스로 인하여 정서적으로 움츠러들기, 다양한 공격적인 행동, 계속되는 울음, 불규칙적인 잠의 형태, 유아 자신이 받은 냉대를 분노로 퍼붓는 것과 같은 파괴적인 형태의 행동이 나타날 수 있다(Bolig, 1984; Wilson, 1986). 사실 병원에 입원한 경험은 실제 병원에 입원하였던 기간을 지난 후에도 계속 영향을 줄 수 있다. 아동 후기에 나타나는 불안한 행동과 반사회적 행동은 유아가 5세 이전에 병원에 입원한 기간과 관련되어 있다(Haslum, 1988).

병원에의 입원은 유아의 세계에서 안전하고, 편안하고 익숙한 모든 것에서 근본적으로 벗어나는 것을 나타낸다. 즉, 일시적으로 가족과 친구를 잃어버리고, 먹고 자는 형태에서 좋아하는 TV 프로그램까지 유아의 생활을 구성하는 많은 관습을 잃어버리게 한다. 유아의 일상생활에서 놀이보다 더 정상적인 것은 무엇인가?

유아가 병원에 입원함으로써 받는 스트레스를 줄이기 위해 유아의 외부 세계에서 익숙한 요소를 가능한 많이 병실에 가져오는 것이 중요하다. 이러한 요소에는 익숙한 사람, 여러 가지 옷, 솜인형 동물, 좋아하는 장난감, 다른 친구와 놀이할 기회들이 포함된다. 병원에서의 놀이를 위해 아래 세 가지 조건이 필요하다.

첫째, 아동 중심 분위기여야 한다. 병원의 다른 영역과 달리, 유아의 병실은 색깔이 다양한 모빌, 그림, 벽 색칠로 장식하고 여러 가지 장난감과 놀잇감이 포함된 온화하고 초청받은 느낌이 드는 장소이어야 한다(Bolig, 1984).

둘째, 적절한 놀잇감을 제공하여야 한다. 병원의 놀잇감은 유아에게 친숙해야만 하며 집과 병원 사이의 심리적 거리를 최소화하도록 해야 한다. 또한 놀잇감은 발달 수준과 흥미가 다른 유아에게 적합하도록 아주 다양화해야 한다. 필름, 테이프 레코드, 라디오, 레코드, 텔레비전, 비디오 게임과 같은 전기기구와 미술 준비물, 책, 게임, 악기도 포함될 수 있다. 만약 실외 놀이기구를 사용하는 활동이 가능하다면, 입원한 유아는 그러한 활동에서도 효과를 얻을 수 있을 것이다.

유아의 두려움을 극복하도록 교육하고 도와주기 위해 의료주제를 이용한 극놀이는 병원에 있는 동안 언제나 부족한 유아의 통제력을 키워 줄 수 있다. 유아는 인형으로 놀이하면서 반대의 역할을 취할 수 있으며 무기력한 환자 대신에 힘 있는 의사가 될 수도 있다. 이러한 일시적인 힘에 대한 환상은 자기확신감을 구축하는 데 도움을 줄 수 있으며 병원 경험을 덜 위협적인 것으로 만들 수 있다.

마지막으로 유아, 의료 직원, 부모가 극놀이 경험에 같이 참여할 때 공동체감, 즉 유아만 치료받지 않는다는 견해가 형성된다. 부모가 바람직한 방법으로 놀이에 참여하면 유아는 병원환경이 더 편안해지고 병원 경험에 대한 행복감이 유아에게 전달된다. 유아는 심장박동률, 체온, 혈압과 같은 생리적 측정치에서 나타나는 것처럼 더 빨리 회복되는 경향이 있고, 부모는 단순하게 지지적인 방관자보다는 치료과정에서 동반자로 나아가게 된다.

마지막으로 본질적인 요소는 온화하고 지지적인 성인 감독자의 지도이다. 병원 놀이실은 온화하고 수용적 · 허용적이며 일관성 있는 성인이 지도해야 한다. 성인 감독자가 없을 때 유아는 놀이할 수 없다. 심지어 나이가 더 많은 유아라도 병원 친구와의 관계를 발전시킬 준비가 될 때까지는 성인 감독자의 도움이 필요하다(Bolig, 1984). 가족으로부터 떨어져 있는 것은 병원에 머무르는 것에 대한 유아의 부정적 반응에 큰 부분을 차지하기 때문에 놀이 감독자는 일관성 있는 현상을 취해야 하는 것이 중요하다. 그러한 일관성은 교사와 유아 사이의 애착 발달을 촉진해 주고 그럼으로써 부모와 떨어져 있다는 유아의 격리감을 감소시킬 수 있다. 사실 바로 이러한 이유 때문에 숫자가 많은 간호사보다는 숫자가 적은 간호사에게 간호 받는 것이 점점 더 일반적이 되고 있다.

6. 놀이와 특수아 평가

특수아에게 있어 평가는 중요하다. 먼저 전문가들은 특수아들의 잠재적인 문제가 무엇인지를 알아보기 위해 검사하고 유아가 치료해 나가는 과정에서 IFSP(개별가족서비스 프로그램)와 IEP(개별화교육 프로그램)의 목표에 맞게 발달하였는지의 여부를 알아보기 위해 평가를 한다. 많은 전문가들은 놀이가 위험이 적은 활동이기 때문에 놀이에 기초한 평가를 권장하고 있다. 놀이에 기초한 평가 중 대표적인 것이 변형훈련놀이 평가(TPBA, Transdiciplinary Play-Based Assessment)이다.

TPBA는 Linder(1993)에 의해 개발되었으며 영아에서 6세 유아를 위한 도구이다. 인지, 사회 · 정서, 언어 · 의사소통, 감각운동 영역을 평가하며 수집된 자료는 유아의 IFSP와 IEP의 발달을 포함하여 다양한 목적에 맞게 설명된다. 이 평가는 다양한 전문가 팀이 개입하여 자연스럽게 놀이하는 유아를 관찰하면서 평가한다. 이 평가는 6단계로 이루어지며 60~90분이 소요된다.

- 1단계 비구조화된 촉진활동(unstructured facilitation)으로서 치료사는 유아가 다양한 놀이 영역과 놀이 자료를 자유롭게 선택하도록 비구조화된 놀이에 참여하도록 한다. 치료사는 유아가 최대한의 능력을 발휘하여 놀도록 격려하면서 라포 형성을 하며 20~25분이 소요된다.
- 2단계 구조화된 촉진활동(structured facilitation)으로 가능한 유아 주도적으로 놀이를 하지만 치료사는 1단계에서 하지 않은 활동, 인지 · 언어 영역 등을 하도록 요구하고 특별한 과업을 하도록 하며 10~15분이 소요된다.
- 3단계 유아-유아 상호작용(child-child interaction)으로 비구조화된 놀이 상황에서 다른 또래와 놀이하는데 이때 또래는 똑같은 성별과 발달수준이 유사한 유아이다. 이 단계의 목적은 유아의 사회적 발달을 관찰하며 평가하는 것이며 치료사는 유아가 주도하도록 하고 5~10분이 소요된다.
- 4단계 부모-유아 상호작용(parent-child interaction)으로 집에서 놀이하는 것처럼 부모들이 유아와 놀이하는 단계로 놀이하면서 5분 후에 잠깐 나갔다가 돌아올 것이라고 말한 뒤 나갔을 때 유아의 분리불안을 관찰한다. 역시 부모가 돌아왔을 때 관찰하면서 더 구조화되고 생소하고 도전적인 과업을 하도록 요구하면서 유아의 행동을 관찰하는 것으로 10분이 소요된다.
- 5단계 운동놀이(motor play)로 다양한 조각을 이용한 비구조화된 운동놀이를 하면서 치료사는 명백하지 않은 비구조화된 놀이를 하도록 요구한다. 물리치료사와 같이 참여하여 유아의 신체 발달과 활동에 따른 자료를 모으는 단계로 10~20분이 소요된다.
- 6단계 간식(snack)시간으로 3단계의 또래와 다시 만나서 놀이하며 간식을 먹는 단계로 사회적 상호작용, 자조기술, 적응행동을 관찰하며 5~10분이 소요된다.

이러한 놀이활동 단계가 끝난 후 전문가팀은 비디오를 분석하고 관찰행동을 서로 비교해 보고 관찰용지를 기록하는데 이 보고서가 IFSP와 IEP의 발달을 위해 사용되며 유아의 어떤 면이 부족한지, 앞으로 어떤 프로그램을 선택할지 등을 위해 이용된다

(Johnson et al., 2005). 이 외에도 Belsky와 Most(1981)의 영아놀이발달척도(Developmental Scale Infant Play), Fewell과 Rich(1987)의 놀이평가척도(Play Assessment Scale), Lifter와 Bloom(1998)의 발달적 놀이척도(Developmental Play Assessment) 등이 있다.

7. 유아교사가 주의할 점

유아교사는 문제가 있는 유아 및 특수아를 지도를 위해 아동중심 분위기, 적절한 놀잇감 및 놀이환경 제공, 수용적인 자세 등 놀이에 필요한 조건을 제공해야 한다. Wardle(2003)은 유아교사는 놀이치료에서 행해지는 아이디어들이 문제가 있는 유아 및 특수아를 지도하는 데 도움을 줄 수 있으므로 지도 시 유의할 점을 다음과 같이 기술하였다.

첫째, 놀이치료의 가치를 이해하고 유사한 과정들이 교실이나 실외놀이장에서 일어날 수 있으므로 지원적이고 비구조화된 환경을 제공해 주어야 한다.

둘째, 문제가 있는 유아 및 특수아의 놀이치료 개입이 커다란 효과가 있음을 신뢰하고 지지하여야 한다.

셋째, 문제가 있는 유아 및 특수아의 부모들이 가정에서도 자녀들과 다양한 놀이를 하도록 격려해야 한다.

넷째, 문제가 있는 유아 및 특수아의 부모들이 가정이나 유아교육기관에서 놀이의 중요한 가치를 확신하도록 도와주어야 한다.

다섯째, 모든 놀이치료에서 다양한 놀이 자료들을 포함하는 것처럼 유아들이 항상 많은 놀잇감을 이용하도록 해야 한다. 놀잇감이 문화적으로도 특별하고 각 유아의 실험적 상황에도 적절하므로 교사들은 모든 유아들의 성별, 문화 경험에 맞는 다양한 놀이 자료를 제공해 주어야 한다.

PART 02

놀이활동의 실제

제1장 실내놀이

제2장 실외놀이

chapter

1

실내놀이

실내놀이란 유아교육기관의 교실에서 이루어지는 놀이를 의미하는 것으로 다양한 놀이유형이 있다. 여기에서는 사람 혹은 사물을 표상하는 역할놀이, 블록이나 다양한 쌓기놀이 장난감을 이용하여 노는 쌓기놀이, 소근육의 조작을 통해 놀이하는 조작놀이, 컴퓨터의 소프트 프로그램을 이용하여 놀이하는 컴퓨터 게임을 소개하겠다.

실내놀이란 유아교육기관의 교실에서 이루어지는 놀이를 의미한다. 교실은 유아 스스로 놀이를 계획하고 선택해서 실행에 옮길 수 있도록 흥미 영역별로 구분하여 배치할 것을 권장하고 있다. 실제 편에서 다루게 될 실내놀이로는 먼저 유아가 엄마나 아빠가 되어 보기도 하고 의사나 소방관이 되어 보며 자신이 맡은 역할과 동일시해 보는 역할놀이에 대해 소개하고자 한다. 다음으로는 여러 종류의 블록을 이용하여 일상생활에서 보고 들은 것이나 상상한 것을 만드는 놀이를 하는 쌓기놀이에 대해 살펴본다. 다음으로는 끼우기나 바느질하기, 카드나 보드게임을 이용해서 놀이할 수 있는 조작놀이 그리고 유아가 기술공학에 참여하는 중요한 형태인 컴퓨터 게임에 대해 다루고자 한다.

1. 역할놀이

1) 교육적 가치

유아기 동안 가장 특징적으로 활발하게 이루어지는 놀이 중 하나는 역할놀이이다. 유아는 역할놀이를 통해 자신에게 흥미로운 사건이나 상황, 역할, 대상 등을 모방하거나 재현하게 되는데 이러한 놀이는 유아의 인지, 정서, 사회, 창의성 발달에 상당한 효과가 있는 것으로 보고되고 있다.

역할놀이는 유아의 발달 정도에 따라 흉내 내기를 반복하는 단순한 활동에서부터 또래와 함께 여러 가지 역할을 맡아 일정한 주제를 중심으로 의미 있는 상호작용을 하는 정교한 활동까지 그 모습이 다양하다.

유아들이 이러한 역할놀이를 통해 얻을 수 있는 교육적 가치는 다음의 몇 가지로 정리할 수 있다.

첫째, 사회화 기술을 발달시킨다.

역할놀이에서 유아가 경험하게 되는 다양한 역할들은 유아의 제한된 경험의 폭을 넓혀 주고 자신이 맡은 역할에 대한 이해를 가져오는 효과가 있다. 예를 들어, 교사의 행동을 따라하거나 엄마의 행동을 모방하는 유아는 놀이 중에 훨씬 더 어른스럽고 성숙된 태도로 행동하게 된다. 이는 역할놀이에 참여하는 동안 유아가 타인의 관점에서 세상을 경험하고 타인의 위치에 자신을 놓아 보는 조망수용능력을 발달시킬 수 있음을 시사한다. 또한 여러 명이 함께 참여하는 사회극놀이의 경우, 유아가 사회적 관계를 맺고 유지하는 데 요구되는 기다리기, 돕기, 함께 나누기, 협조하기와 같은 사회화 기술을 발달시키는 데도 도움이 된다.

둘째, 유아의 인지발달에 도움이 된다.

유아의 역할놀이에는 현실적 요소 외에 상상의 요소가 많이 포함된다. 상상력은 유아의 추상적 사고력 및 분산적 사고력과 밀접한 관련을 갖고 있으므로 유아가 역할놀이를 통해 자신이 경험한 인물과 사건을 창의적인 방법으로 재구성하거나 모방하는 과정을 통해 새롭고 창의적인 사고력과 문제해결능력을 발달시키게 된다.

셋째, 언어발달을 촉진시킨다.

역할놀이는 다양한 역할에 대한 내용으로 이루어지므로 유아들이 경험하는 언어의 내용도 풍부하게 확장된다. 예를 들어, 시장놀이를 하는 유아들은 갖가지 야채의 이름과 과일의 종류, 및 생선의 이름을 접하게 될 것이다. 이것은 자연스럽게 어휘력의 확장으로 연결되며 그 밖에 또래와의 빈번한 상호작용 기회로 인해 의사소통 기술이 발달하게 되며 언어적 표현력이 증진되는 효과가 나타나게 된다.

넷째, 정서적 안정에 도움이 된다.

유아는 놀이를 통해 자신의 내면적 욕구를 다양한 역할행동으로 표현하게 되며, 이를 통해 현실에서 가능하지 못했던 자아충족의 경험을 놀이행동을 통해 간접적으로 이루게 된다. 즉, 자신의 욕구에 따라 아름다운 공주가 되기도 하고 용감한 군인이 되어 적을 물리치기도 하는 것이다. 이러한 정서적 경험은 유아가 현실에서 충족하지 못하는 욕구불만을 자연스럽게 해소하는 효과를 갖고 있으며 질투, 분노, 공격성과 같은 부정적 감정을 발산시킴으로써 죄책감을 느끼지 않고 정서적 안정을 되찾게 된다.

2) 놀이지도 방법

역할놀이 지도를 위해 교사는 관찰자, 놀이참여자, 환경구성자로서의 역할을 수행하게 된다. 교사는 역할놀이 지도에 앞서 유아들의 역할놀이 성향을 파악하기 위해 학급에서 이루어지는 역할놀이 상황을 자세히 관찰해야 한다. 이때 관찰의 대상이 되는 내용은 유아의 역할놀이 행동, 사용되는 소품, 놀이 지속시간, 유아 간의 상호작용, 언어적 의사소통의 내용 등이며 이를 토대로 교사는 유아를 위한 역할놀이를 보다 발전시키고 확장시키기 위한 계획을 수립할 수 있다.

또한 진행되고 있는 놀이 상황에 교사가 직접 참여하기도 한다. 이것은 역할놀이의 관찰을 통해 보다 적극적인 개입을 통한 중재가 필요하다고 판단되는 경우에 이루어지게 되며 교사가 전체적 역할놀이 상황을 주도하기보다는 활동의 촉진자 혹은 격려자로서 참여하는 것이 좋다. 교사의 역할놀이 참여는 유아에게 훌륭한 모델을 제시할 수 있을 뿐만 아니라 유아가 놀이를 보다 진지한 활동으로 받아들이도록 하는 계기가 된다. 교사가 유아의 역할놀이에 참여할 때 주의하여야 할 점을 지적하면 다음과 같다.

첫째, 교사는 유아가 도움을 필요로 하는 경우에만 참여하는 것이 좋다.

둘째, 교사의 놀이지도 시 유아에게 강요하지 않아야 한다.

셋째, 교사는 유아가 스스로 설정한 놀이 주제를 유지할 수 있도록 해야 한다.

넷째, 한 가지 이상의 놀이기술을 지도하고자 하는 경우에 너무 길게 개입하기보다는 잠깐 중재하고 철수하는 것이 좋다.

역할놀이가 보다 활성화되기 위해 교사는 적절한 환경을 조성해 주어야 한다. 교사는 계절적 변화나 견학, 비디오 감상, 동화 들려주기 등 유아가 역할놀이의 주제로 활용할 수 있는 다양하고 의미 있는 생활사건들을 중심으로 필요한 소품이나 공간을 마련해 주고 주제와 관련하여 이야기 나누기 및 미술작업 등 역할놀이로 확장하여 진행할 수 있는 다양한 활동을 계획하여 실시함으로써 보다 효과적으로 유아의 역할놀이를 지도할 수 있다.

3) 놀이환경 구성

역할놀이를 위한 환경 구성 시 몇 가지 유의할 점은 극놀이가 이루어질 수 있는 아늑한 공간을 제시하는 것이 필요한데 공간의 일부를 무대 형식으로 약간 높게 만들어 주는 경우 더욱 활발한 극화놀이가 이루어질 수 있다. 또한 쌓기놀이 영역과 인접하여 배치하는 경우, 역할놀이와 쌓기놀이가 통합되어 더욱 활발한 놀이 활동으로 진행될 수 있다.

역할놀이 영역에 필요한 자료는 연령별로 약간의 차이가 있으나 여러 종류의 직업을 상징하는 복장과 도구, 유아용 전신거울 및 실물에 가까운 여러 가지 생활 소품 등을 들 수 있다. 역할놀이 환경 구성 시 연령별로 유의할 점은 〈표 1-1〉과 같다.

〈표 1-1〉 역할놀이 환경 구성 시 연령별 유의점

연령	역할놀이의 내용	제공해야 할 자료
2세	주제가 있는 역할놀이보다는 단순한 표상활동과 역할에 대한 재현이 위주가 되므로 여러 명의 유아들이 함께 어울리며 다양한 역할놀이 경험이 이루어질 수 있도록 풍부한 환경을 제공하는 것이 좋다.	소꿉놀이를 위한 그릇, 장난감 전화, 인형과 침대, 유모차, 가족역할놀이를 위한 옷과 모자, 가방 등
3세	3세 유아의 역할놀이는 가정생활과 관련된 가족놀이가 대부분이므로 가정과 같은 아늑한 분위기를 제공하는 것이 좋다.	실물과 유사한 생활 소품, 인형, 모형 음식, 가리개, 간이커튼 등
4세	병원놀이, 상점놀이, 음식점놀이, 미장원놀이 등 일상에서 접할 수 있는 다양한 역할들을 놀이로 표현할 수 있게 한다.	실물과 유사한 다양한 역할놀이 용품으로 메뉴판, 청진기, 헤어드라이기, 놀이용 돈, 잡지, 신문, 인형 등
5세	유아들이 다양한 역할놀이를 해볼 수 있도록 실물이나 실물과 유사한 역할놀이 용품을 제공하고 유아들이 직접 필요한 소품을 만들 수 있도록 자료를 제공한다.	역할놀이 규칙을 적을 규칙 판, 잡지, 동화, 사진, 그림 자료, 그 밖에 실물이나 실물과 유사한 역할놀이 용품 및 미술작업자료 등

4) 역할놀이 활동의 실제

활동1 _ 가족놀이

활동목표
- 가족 구성원의 역할을 이해한다.
- 역할에 적합한 언어를 사용할 수 있다.

준비물
- 가족 구성원을 표현할 수 있는 의상들(양복, 앞치마, 넥타이, 한복 등), 액세서리(귀걸이, 목걸이), 가방, 모자, 안경, 가발, 주방용품, 화장품, 인형, 유모차, 헌 TV, 라디오, 카메라, 전화기, 신문, 잡지 등

놀이방법

1. 유아들이 각자 가족 구성원의 역할을 분담한다.
   - 각자 가족을 소개해 보자(할아버지, 할머니, 아버지, 어머니, 형, 언니, 동생, 이모, 삼촌 등).
   - 가족의 재미있는 모습을 흉내 내어 보자.
   - 가족들이 가장 즐겁게 지냈던 경험을 이야기해 보자(소풍, 식사시간, 게임하기 등).
2. 놀이에 필요한 소품을 모으거나 직접 만들어서 역할 놀이 영역을 꾸민다.
   - 각 가정에 통신문을 보내어 가족놀이에 필요한 소품을 모은다.
   - 폐품을 활용하여 유아가 직접 놀이에 필요한 소품을 만들 수 있도록 한다.
3. 각자의 역할에 적합한 분장을 하고 가족놀이를 한다.

유의점
- 유아가 각자의 역할을 정한 후 어떤 주제로 가족놀이를 진행할 것인지 먼저 의논하도록 한다(예: 소풍가기, 아기 돌보기, 식사 준비하기 등).
- 어린 유아들의 경우, 소품을 직접 입에 넣기도 하므로 안전한 재료인지를 반드시 확인하고 자주 소독하도록 한다.
- 역할놀이에 필요한 소품을 유아가 직접 만들어 사용하거나 폐품을 재활용할 수 있도록 한다.

활동2 _ 소품상자를 이용한 역할놀이

활동목표
- 여러 가지 직업의 종류와 하는 일을 안다.
- 다양한 직업에 관심을 가지고 모든 직업은 특성이 있으며 소중한 것임을 안다.

준비물
- 여러 가지 역할놀이 의상(의사용 가운, 청진기, 헤어드라이기, 우편배달용 가방, 소방관의 방화복 등), 소품상자, 직업에 관련된 사진이나 그림 자료

놀이방법

1. 여러 가지 직업에 관한 의상과 소품들을 놀이 주제별로 각각의 소품상자에 담아 역할놀이 영역에 내준다.
2. 자유선택놀이 시간에 유아들이 원하는 역할을 맡아 의상을 입고 소품을 이용하여 역할놀이를 한다.
   - 이 상자를 열면 어떤 물건이 있을까?(주사기, 약봉지, 반사경…)
   - 어떤 놀이를 할 수 있을까?(병원놀이)
3. 원하는 의상을 입고 소품을 사용하면서 놀이를 한다. 각 역할에 따른 적절한 말과 행동을 한다.
   - 의사와 간호사는 아픈 사람을 치료한다. 119구조대와 연결하여 놀이를 할 수도 있다.
   - 환경미화원은 활동실에 있는 물건을 제자리에 정리해 주고 바닥에 떨어진 것을 줍는다.
   - 미용사는 친구들을 손님으로 맞이하여 머리를 손질해 준다.
   - 경비원은 쌓기놀이 영역에서 유아들이 만든 것을 지켜 준다.
4. 교사도 역할을 맡아 놀이에 참여하여 놀이 전개를 도울 수 있다.
5. 놀이가 끝난 후 놀이에 대한 이야기를 나눈다.
   - 어떤 사람이 되어 보았니? 해보니까 어땠니?
   - 놀이를 더 재미있게 하려면 어떻게 할까?

유의점 • 위험한 도구의 사용(가위, 날카로운 물건), 피해를 주는 행동(머리카락 자르기, 약 먹이기 등)에 대해 미리 주의를 주고 이야기 나누기를 통해 놀이의 한계를 분명히 정한다.

활동3 _ 주제환상극놀이(아기 돼지 삼형제)

활동목표
- '아기 돼지 삼형제' 동화를 듣고 이야기 내용을 토대로 한 극놀이 활동을 할 수 있다.
- 동화의 중심내용과 관련된 소품을 극화활동에 사용할 수 있게 제작할 수 있다.

준비물
- '아기 돼지 삼형제' 그림동화 혹은 레코드 테이프
- 짚, 나무젓가락, 종이벽돌, 가면 만들기에 필요한 미술도구, 무대 구성을 위한 커튼과 가리개
- 대사를 적을 수 있는 화이트보드

놀이방법 1. 동화 듣고 이야기 나누기: 그림동화 혹은 녹음된 테이프를 통해 아기 돼지 삼형제의 내용을 듣고 이야기 나누기 한다.

- 누구 누구가 나왔니?
- 첫째, 둘째, 셋째 아기 돼지는 무엇으로 집을 만들었니?
- 아기 돼지들의 집이 어떻게 되었니?
- 늑대는 어떻게 되었니?

2. 소품 제작하기

- 아기 돼지들은 어떤 재료로 집을 만들었니?
- 여기 있는 짚, 나무젓가락, 벽돌로 아기 돼지의 집을 꾸며 보자.

3. 극놀이 훈련하기

- 처음에는 교사가 주도가 되어 배역을 정해 주고 이야기의 해설자가 되어 전체극이 진행되도록 도우면서 유아들의 원하는 배역에 맞는 대사를 구성할 수 있도록 돕는다. 유아의 의견을 모아 각 배역에 대한 대사와 행동목록을 정하여 화이트보드를 이용한 대사판에 적는다.
- 유아들이 번갈아가며 배역을 맡아서 대사나 행동을 연습하도록 한다.

4. 극놀이 진행하기

- 점차 교사의 개입을 줄이고 유아가 주체가 되어 아기 돼지 삼형제를 극화할 수 있도록 한다.
- 무대, 조명, 음향, 효과 등을 적절히 첨가해 주어 극놀이의 재미를 느낄 수 있게 배려한다.

유의점 • 주제-환상극놀이(Thematic-fantasy play)는 Saltz와 Johnson(1974)에 의해 개발된 훈련방법으로서 동화를 들려주고 이것을 극화하도록 훈련하는 것이다. 이때 동화는 줄거리가 단순하고 반복된 사건이 포함되어 있으며 등장인물의 수가 너무 많지 않은 것이 좋다.

2. 쌓기놀이

1) 교육적 가치

쌓기놀이는 블록을 포함한 다양한 쌓기용 장난감을 가지고 노는 놀이이다. 블록은 나무로 만들어진 규격화된 쌓기 놀잇감으로 다양한 도형으로 구성되어 있으며 정확한 비율로 만들어진 유니트 블록을 기본으로 한다. 현재는 나무 외에 플라스틱, 우레탄, 스펀지, 종이, 자석 등 다양한 재질로 된 것들이 시판되고 있으며 쌓기 이외에 끼우거나 자력을 이용하여 붙이는 기능을 가진 것들로 더욱 발전되고 있다.

유아의 쌓기놀이는 연령에 따라 그 활용방법이 다르게 나타나며 단순한 구조를 만드는 단계에서부터 시작하여 점진적으로 발달하는 양상을 나타낸다. 쌓기놀잇감 중 블록 활용의 발달과정은 다음과 같다(최석란, 2005).

- 1단계 블록 탐색 단계
- 2단계 단순한 형태의 구조물을 만드는 단계
- 3단계 다리 만들기와 같은 좀 더 복잡한 구조물을 만드는 단계
- 4단계 폐쇄 공간을 만드는 단계
- 5단계 정교하고 장식적인 패턴이 나타나는 단계
- 6단계 구조물에 이름을 붙이는 단계
- 7단계 블록에 의한 표상이 활발하게 나타나는 단계

쌓기놀이의 교육적 가치는 유아의 정서, 사회성, 인지 및 신체 발달의 측면에서 다양하며 그 내용을 요약하면 다음과 같다.

첫째, 쌓기놀이는 유아의 정서적 안정에 도움이 된다.

구조물을 쌓고 무너뜨리는 과정을 자유롭게 반복하는 것은 유아가 억압된 감정을 해소하는 데 도움이 된다. 또한 쌓기놀잇감의 구조적 특성상 성취감을 쉽게 느낄 수 있어 유아가 자신감과 긍정적 자아개념을 형성하는 데 도움이 된다.

둘째, 쌓기놀이는 유아의 인지발달에 도움이 된다.

유아는 구조물을 만들기 위해 대상을 정확하게 관찰하고 측정하는 방법을 익히게 되며 형태, 크기, 길이, 높이, 위치 등의 개념과 부분과 전체의 관계, 수의 많고 적음 등을 이해하는 데도 효과가 있다. 또한 쌓기놀이는 유아의 보존개념의 형성과 분류, 유목화, 서열 등의 수학적 개념 형성에도 도움을 준다.

셋째, 쌓기놀이는 유아의 사회성 및 의사소통능력의 발달에 도움이 된다.

쌓기놀이는 혼자뿐만 아니라 여러 명의 유아들이 함께 놀이하기에 적합하다. 놀이 자료만 충분히 제공된다면 유아들은 여럿이 어울려 놀이하면서 공유하기, 협동하기, 나누어 갖기 등의 사회적 기술을 발달시키게 된다. 또한 쌓기놀이는 유아의 언어적 상호작용을 촉진시켜 자신의 생각을 말하고, 함께 놀이활동을 계획하고, 다른 사람의 생각을 들어 주는 등의 의사소통의 기회를 많이 제공하게 된다.

넷째, 쌓기놀이는 유아의 신체발달에 도움이 된다.

어린 유아에게 있어 쌓기놀이는 훌륭한 대근육 운동의 기회를 제공한다. 블록을 집기 위해 기고, 블록을 나르고, 자신의 키보다 높은 구조물을 만들기 위해 팔을 뻗거나 발돋움을 하면서 어깨, 허리, 팔, 다리 등의 대근육이 발달하게 된다. 또한 보다 나이 든 유아들이 사용하는 크기가 작은 블록의 경우, 집거나 끼우기 위해 섬세한 손동작을 필요로 한다. 이것은 유아의 섬세한 소근육 발달과 여러 가지 모양을 구별하는 시각적 변별력 및 눈과 손의 협응력을 발달시키게 된다.

2) 놀이지도 방법

쌓기놀이는 교사의 직접적 개입 없이도 유아들의 활발한 참여가 이루어지는 놀이 영역이다. 그러나 교사는 유아의 쌓기놀이 활동을 자세히 관찰함으로써 새로운 활동을 시도하는 것이 두려워 한 가지 활동만 계속하는 경우나 놀이방법을 몰라 주저하는 경우, 실패에 대한 두려움이 있는 경우, 또래와 잘 어울리지 못하는 경우 및 남녀 유아의 성별이 편중되어 있는 경우에는 보다 적극적인 개입을 통해 문제를 해결하도록 도와야 한다. 이때 교사는 질문하기나 조언하기 및 사진이나 그림 등의 다양한 자료를 사용하여 놀이를 확장하는 등 간접적인 방법을 사용하는 것이 바람직하다. 쌓기놀이를 보다 활성화하기 위한 방법으로 교사는 유아가 등원하기 전에 쌓기놀이 영역에 재미있는 구조물을 만들어 둔다거나 블록놀이를 위한 활동카드와 다양한 블록을 제공하여 블록에 관심을 갖도록 유도할 수 있다. 특히 쌓기놀이 영역은 남아의 편중이 나타나기 쉬운 영역으로 교사는 적절한 지도를 통해 남아와 여아가 함께 쌓기놀이 영역에서 놀이할 수 있도록 해야 한다.

또한 쌓기놀이 지도에 있어서 교사는 유아가 안전하게 놀이할 수 있도록 지도해야 한다. 이를 위해 교사는 유아 스스로가 규칙을 협의하도록 기회를 제공하여 놀잇감을 던지거나 부수는 행동을 하지 않고 적절한 거리를 유지하여 구조물을 만들 수 있도록 한다.

놀이가 끝난 후에는 충분한 시간을 할애하여 놀잇감을 스스로 정리할 수 있도록 하고 놀이가 끝나는 시간을 미리 알려 주어 유아가 스스로 놀이를 마무리할 수 있도록 한다. 이때 놀잇감의 유형별로 정리함을 구분하여 제공하면 유아가 보다 쉽게 정리할 수 있다.

3) 놀이환경 구성

쌓기놀이는 바닥이 평편하고 어린이들의 왕래가 많지 않은 장소에 배치하는 것이 좋으며 소음을 줄이기 위해 부분카펫을 설치하는 것이 좋다. 쌓기놀이 영역은 다른 놀이 영역에 비해 넓은 공간이 필요한데 Hirsch(1973)는 놀이실 바닥의 1/3 정도가 적당하다고 하였다.

쌓기놀이용 블록은 교구장에 보관하는 것이 좋으며 유아의 키높이보다 높지 않으면서 많은 수의 블록 무게를 지탱할 수 있도록 견고해야 한다. 또한 교구장은 블록의 크기나 형태에 따라 분류하여 정리할 수 있도록 여러 개의 칸으로 나뉘어져 있는 것이 좋고 각 칸마다 분류하기 쉽도록 블록의 형태를 나타낸 그림을 붙여 두면 유아가 스스로 정리하는 데 도움이 된다.

쌓기놀이용 교구의 종류로는 유니트 블록(unit blocks), 공간 블록(hollow block), 종이 벽돌 블록, 우레탄 블록 및 동물 모형, 소형 자동차와 교통표지판 등의 쌓기놀이용 소품 등이 있으며 이 밖에도 각종 잡지나 사진, 활동카드 등이 쌓기놀이 영역에 함께 제시되면 좋다. 연령에 따른 쌓기놀이 영역의 환경 구성은 다음과 같다.

〈표 1-2〉 쌓기놀이 환경 구성 시 연령별 유의점

연령	쌓기놀이의 내용	제공해야 할 자료
2세	쌓기를 통해 구조물을 만드는 행동보다는 쌓기 놀잇감에 대한 탐색이 활발히 이루어진다. 유아가 동그라미, 세모, 네모 등의 단순한 모양에서부터 시작하여 다양한 모양과 크기, 색, 질감의 쌓기 놀잇감을 통해 감각적 경험을 풍부하게 할 수 있도록 한다.	모서리가 둥글고, 유아가 삼키지 않을 만큼 충분히 크고, 가벼우며 유아가 입에 넣어도 유해하지 않은 재질의 단순하고 다양한 모양의 블록
3세	수평 · 수직으로 쌓기, 다리 만들기 등의 단순한 구조물을 만든다. 높이 쌓았을 때 무너질 것을 예견하는 능력이 부족하므로 무겁고 딱딱한 블록보다는 가볍고 부드러운 블록이 좋다. 구체적 계획 능력과 집중력이 부족하므로 단시간에 손쉽게 성취감을 느낄 수 있도록 비교적 크기가 크고 단순한 모양의 블록을 충분히 제공하는 것이 좋다.	정네모, 긴네모, 정세모 등과 같은 기본형태의 블록, 가벼운 종이 벽돌 블록, 스펀지 블록, 우레탄 블록
4세	보다 더 복합적인 입체 구조물을 만들기 시작하며 상상력이 풍부하여 주변 인물을 모방하고 동일시하는 놀이를 많이 하므로 역할놀이를 병행할 수 있는 소품을 쌓기놀이 영역에 함께 제공한다.	널빤지, 원기둥 등의 다양한 블록, 동물이나 사람모형, 각종 자동차와 교통 표지판 및 운전대, 경찰모자
5세	표상능력의 발달로 일상의 경험을 재구성하는 놀이뿐만 아니라 자신이 경험해 보지 않은 내용들도 놀이에 나타난다. 따라서 쌓기놀이를 통해 보다 창의적 구성놀이가 유도되고 문제해결능력을 발달시킬 수 있도록 하기 위해 블록과 쌓기놀이용 자료가 보다 더 다양하고 충분하게 제공되도록 한다.	건축물 사진, 그림카드, 크기가 작고 다양한 모양의 블록, 창의적 놀이를 유발하기 위한 도르래, 트럭 등의 다양한 소품

4) 쌓기놀이 활동의 실제

활동1 _ 쌓기놀이가 재미있어요

활동목표 • 다양한 방법으로 모양을 만들고 꾸밀 수 있다.

준비물 • 종이 벽돌 블록, 우레탄 블록, 블록 소품들(모형 자동차, 사람, 동물 모형)

놀이방법
1. 준비된 블록을 이용하여 여러 가지 방법으로 길게 이어 본다.
   • 여기에 있는 블록으로 집에서 유치원까지 오는 길을 만들어 보자.
2. 유아가 원하는 모양대로 만들 수 있도록 충분한 양의 블록과 놀이공간을 제공한다.
   • 길을 더 만들려면 무엇이 필요할까? 어느 쪽으로 길을 더 만들고 싶니?
3. 다양한 방법으로 블록을 높이 쌓아 본다.
   • ○○는 가슴까지 쌓았구나. 어떻게 하면 쌓은 벽돌들이 쓰러지지 않을까?
4. 쌓기를 어려워 하는 유아는 교사가 도와준다.
   • 선생님이 쌓은 것 위에 ○○의 벽돌을 놓아 보렴.

유의점 • 여러 명의 유아가 함께 놀이할 수 있도록 충분한 공간과 블록을 준비한다.
• 함께 놀이하면서 서로 양보하고 협동할 수 있도록 지도한다.
• 다른 유아의 구조물이 망가지지 않게 주의하도록 한다.

활동2 _ 사진을 보고 구성하기

활동목표 • 구조물의 특징을 변별할 수 있다.
• 다양한 형태의 개념을 인식한다.
• 다양한 건축물의 아름다움을 감상한다.

준비물 • 다양한 종류의 블록, 특징이 있는 건물의 사진(서울의 남대문, 경주의 불국사, 파리의 에펠탑 등)

놀이방법 1. 유아가 관심을 가지는 건축물의 사진을 보여준다.

- 이 사진의 건물은 어떻게 생겼니?
- 어떤 일을 하는 곳일까?

2. 유아에게 그것을 모방하여 블록으로 구성해 보도록 한다.

- 이 건물에서 가장 마음에 드는 부분은 어느 곳이니?
- 이 사진의 건물처럼 블록으로 꾸며 보자.

3. 유아가 재현한 건물의 사진과 원래의 사진을 나란히 전시해 준다.

유의점

- 유아의 수준을 고려하여 다양한 모양의 건축물 사진을 준비한다.
- 처음부터 너무 모방하기 힘든 건축물을 선택하지 않도록 한다.
- 유아가 세부적인 부분까지 자세히 볼 수 있도록 돋보기도 준비한다.

3. 조작놀이

1) 교육적 가치

조작놀이(manipulative play)는 퍼즐, 도미노, 구슬 꿰기, 바느질하기, 판 게임 등과 같이 유아가 손과 손가락의 소근육 조작을 통해 놀잇감을 맞추고, 분리하고, 재배열하는 등의 구성 및 게임활동을 하는 것을 말한다. 다른 놀이에 비해 정적이고 탐색적이며 정교함을 요구하는 특징을 지니고 있으며 유아 스스로 문제를 해결하는 과정에서 집중력과 지구력을 기를 수 있다는 효과가 있다. 조작놀이를 통해 얻게 되는 교육적 가치는 다음과 같다.

첫째, 소근육 및 눈과 손의 협응을 발달시킨다.

조작놀이는 주로 손과 손가락, 손목 등의 소근육을 활용하여 섬세한 조작을 하도록 구성되어 있으므로 소근육 조작 능력이 증진되는 효과가 있으며 정교한 조작활동은 눈과 손의 협응력을 발달시키는 데 도움을 준다.

둘째, 사고력 발달에 도움이 된다.

조작놀이를 통해 유아는 형태, 크기, 무게, 질감, 분류, 연속, 수와 같은 개념을 습득하게 되고, 퍼즐과 같이 부분으로 전체를 구성하는 활동을 통해 수렴적 사고 및 논리 · 수학적 사고를 발달시키게 된다. 또한 도미노와 빙고, 주사위 게임은 수의 조합, 계산, 기하학적 개념의 형성을 돕는다. 이 밖에 패턴활동과 지시카드는 창의적 구성능력과 기억력을 향상시키는 등 유아의 사고력 발달에 도움을 주게 된다.

셋째, 언어발달의 기초를 제공한다.

조작놀이는 유아의 어휘 및 문자 습득에 영향을 준다. 퍼즐, 패턴활동 등은 유아가 다양한 형태를 변별하는 데 도움이 되며 이것은 문자 식별의 기초를 제공한다. 또한 바느질하기, 구슬 꿰기 등은 유아가 글자를 쓰는 데 필요한 소근육을 발달시킨다. 또한 함께 놀이하는 또래와의 언어적 상호작용을 촉진시켜 의사소통 기술을 발달시키게 된다.

넷째, 학습태도의 형성에 도움이 된다.

조작놀이는 유아가 자발적으로 활동에 참여하여 집중할 수 있도록 구조화된 놀이이므로 유아의 탐구력, 관찰력 및 주의집중에 많은 도움을 준다. 또한 조작놀이를 하는 과정에서 유아는 스스로 목표달성을 위한 계획을 세우고, 조작하는 방법을 학습하는 시도를 끊임없이 하게 된다. 이러한 과정에서 유아는 바람직한 학습태도를 형성하게 되며 자신의 능력에 자신감과 성취감을 갖게 된다.

2) 놀이지도 방법

조작놀이 지도 시 교사는 유아가 발달수준에 적합한 놀이활동을 선택할 수 있도록 해야 한다. 이를 위해 교사는 유아의 연령과 발달수준을 고려하여 조작놀이 자료의 크기와 수량을 다르게 제공하고 단순한 활동에서부터 시작하여 점차 복잡한 활동으로 연결될 수 있도록 지도해야 한다. 이때 지시카드를 사용하여 자료의 활용방법을 알려 주면, 유아의 자발적 활동을 유도할 수 있다.

다음은 구슬 꿰기를 위한 지시카드의 내용으로서 단순한 활동에서부터 점진적으로 복잡한 놀이활동을 소개하는 실례이다.

- 지시카드 1 구슬 1개 혹은 2개를 끈에 꿰기
- 지시카드 2 목걸이 만들기
- 지시카드 3 끈에 꿰는 구슬의 색을 같게 하기(예: 파란색 구슬)
- 지시카드 4 끈에 꿰는 구슬의 모양을 같게 하기(예: 둥근 구슬)
- 지시카드 5 끈에 꿰는 구슬의 색과 모양을 같게 하기(파란색의 둥근 구슬)
- 지시카드 6 두 가지 색의 구슬을 번갈아 가면서 끈에 꿰기
- 지시카드 7 색과 형태 모두를 두 종류로 하여 일정한 순서에 맞게 끈에 꿰기

교사는 유아가 방해받지 않고 놀잇감에 대한 다양한 탐색을 할 수 있도록 편안하고 안락한 놀이공간을 제공하고 충분한 시간을 주도록 한다.

또한 처음 접해 보는 놀잇감에 대해서는 교사가 사용방법에 대해 직접 시범을 보이거나 유아들이 놀이방법에 익숙해질 때까지 함께 활동에 참여하는 등 직접적 개입이 필요하다. 유아가 조작놀이에 참여하지 않거나 늘 같은 수준의 놀이를 반복하는 경우에도 교사의 적극적 개입이 필요하며 이때 교사는 수준 조절해 주기, 시범보이기 외에 질문하기, 함께 놀이하기, 격려하기 등의 방법으로 놀이를 촉진할 수 있다.

3) 놀이환경 구성

조작놀이는 유아가 놀이에 집중할 수 있는 조용한 공간을 필요로 하므로 다른 놀이 영역과 분리된 곳에 배치하고 편안한 좌석과 적절한 조명을 마련해 주어야 한다. 놀잇감은 유아의 눈높이에 맞는 선반에 유형별로 나누어 진열하고 발달수준 또는 주제에 따라 내용을 교체해 주는 것이 좋다. 조작 놀잇감은 작은 조각으로 구성된 것이 많으므로 바구니나 상자에 담아 주는 것이 좋으며 정기적으로 점검하여 분실된 조각을 보충해 주어야 한다. 또한 한꺼번에 많은 양의 조작 놀잇감을 제시하기보다는 일정한 시기를 정해 교체해 주어야 하는데 유아의 능력, 시기, 생활 주제, 계절 등을 고려하여 적절한 조작놀잇감을 선택하여 제공하도록 한다. 조작놀이는 재료, 놀이방법, 구조화 등에 있어서 다른 놀잇감에 비해 매우 다양하며 곡식과 돌멩이와 같은 자연물에서부터, 단추, 병뚜껑과 같은 주변의 생활용품, 퍼즐, 도미노 등과 같은 상품화된 놀잇감과 교사가 직접 제작하여 사용하는 것까지 그 종류가 상당히 많다. 조작놀이용 놀잇감의 종류를 유형별로 묶어 정리하면 다음과 같다.

- 쌓거나 포갤 수 있는 놀잇감　크기가 다른 상자, 용기, 깡통, 실패, 나무 원반 등
- 퍼즐　나무, 고무, 폴리우레탄, 종이, 플라스틱, 판지 등 상품화된 것 외에 달력, 잡지, 사진 등을 활용하여 제작한 것

- 탱그램 직소우 퍼즐의 한 종류로서 여러 가지 도형을 이용하여 하나의 완성된 모형을 만드는 것으로 여러 가지 조각을 가지고 좀더 새롭고 독창적인 모형을 고안하도록 하는 놀잇감이다. 즉, 삼각형, 사각형, 원형, 타원형 등의 조각을 이어서 새로운 모형을 구성하게 한다. 대표적인 예로, 우리나라의 칠교놀이는 직선의 변으로 되어 있는 7개의 조각을 이용하여 여러 모형을 고안하도록 되어 있다.
- 나무못 판(peg board), 지오보드(geo board) 나무못을 못판에 박아서 놀이를 하거나 못판에 뚫려 있는 구멍에 나무망치를 가지고 나무못을 꽂아서 여러 형태를 만든다.
- 끼우거나 실에 꿰는 자료 구슬, 빨대 자른 것, 마카로니 물들인 것 등을 여러 가지 끈에 끼워 팔찌와 목걸이를 만들기, 조개껍데기, 단추, 구멍 낸 병뚜껑 등에 끈 꿰기
- 과학 관련 자료 배터리, 전구, 전선, 자석, 금속, 고무, 스펀지 등
- 수학 관련 자료 세기막대, 저울, 자, 측정 컵 등
- 몬테소리 교구 감각훈련 교구, 일상생활 훈련 교구 등
- 자연물 나뭇잎, 나뭇가지, 열매, 돌, 조개껍데기 등
- 짝 맞추기 자료 자물쇠, 열쇠, 병과 병뚜껑, 지퍼, 단추와 단춧구멍, 스냅, 부엌용품, 화장품 용기 등의 일상 생활용품
- 바느질 자료 플라스틱 바늘, 굵은 실, 펀치로 가장자리에 구멍을 내어 만든 바느질용 판
- 상품화된 게임 자료 카드, 공 넣기, 낚시 등

연령에 따라 조작놀이의 내용에도 차이가 나타나며 조작놀이를 위한 환경의 구성도 달라진다. 각 연령별 조작 놀잇감의 제시방법은 다음과 같다.

〈표 1-3〉 연령별 조작 놀잇감의 제시방법

연령	조작놀이를 위한 환경 구성
2세	입과 코, 귀에 들어가지 않는 크기의 위생적이고 안전한 놀잇감을 충분한 수만큼 제공한다. 성인의 도움 없이도 놀잇감에 대한 탐색이 이루어질 수 있도록 4~5조각의 단순한 모양의 퍼즐과 색, 모양, 크기, 질감을 비교 탐색할 수 있는 다양한 조작 놀잇감을 준다.
3세	퍼즐은 5~10개 정도의 조각, 손잡이가 있고 윤곽이 그려진 그림 퍼즐이 적합하다. 구슬은 구멍이 크고 잡기 편하며 끈의 끝이 빳빳해야 한다. 감각훈련 도구나 단추 끼우기와 같은 일상생활 훈련 도구를 제공한다.
4세	10~25개 정도의 조각이 있는 퍼즐, 도형, 숫자 등의 개념 학습용 퍼즐, 언어 및 수개념 형성을 위한 자료로 수와 수효 맞추기, 용도에 따라 맞추기와 같은 맞추기 등의 자료를 제공하고 그 밖에 다양한 도구(핀셋, 젓가락)를 제공하여 옮기기와 분류하기를 할 수 있게 한다.
5세	15~30개 정도 혹은 개인에 따라 그 이상의 조각이 있는 퍼즐, 바느질 놀잇감, 다양한 조작활동을 할 수 있는 게임자료와 놀이방법이 적힌 활동카드를 제공한다.

4) 조작놀이 활동의 실제

활동1 _ 뚜껑 맞추기

활동목표
- 사물의 크기를 비교하고 일대일 대응을 할 수 있다.
- 눈과 손의 협응능력과 문제해결능력을 기른다.

준비물
- 여러 가지 통(용기)과 뚜껑, 정리상자

놀이방법

1. 상자 속에 있는 여러 가지 통(용기)과 뚜껑을 살펴본다.
   - 이 상자 속에 든 물건으로 무엇을 하면 좋을까?
   - 서로 어떤 관계가 있는 물건인지 생각해 보자.
2. 서로를 비교해 본 후 같은 짝끼리 찾아서 뚜껑을 닫는다.
   - 모양과 크기가 다른 각 용기의 뚜껑을 찾아서 닫아 보자.
3. 맞춰진 용기들을 크기 또는 높이 순서대로 놓아 본다.
4. 다시 뚜껑을 열어서 섞은 후 상자를 정리해 둔다.

유의점 • 유리와 같이 깨질 염려가 있는 통은 사용하지 않고 내용물을 확인하여 제거하고 깨끗이 씻어 건조시킨 후 사용하도록 한다.

활동2 _ 젓가락으로 상자 쌓기

활동목표 • 주의 집중력과 젓가락 사용에 필요한 눈과 손의 협응 능력을 기른다.
• 과제 완수에 필요한 인내심을 기른다.

준비물 • 나무젓가락, 작은 크기의 종이 상자 여러 개

놀이방법
1. 3~5명씩 소그룹으로 앉게 한다.
2. 그룹당 15~20개 정도의 종이상자를 준비한다.
3. 한 명씩 차례로 상자를 쌓아 보게 하고 다른 유아가 젓가락으로 상자를 쌓는 것을 관찰하도록 한다.
4. 각자 자신의 종이 상자를 쌓아 본다. 젓가락 사용이 미숙한 유아는 상자 대신 집기 쉬운 스펀지 조각을 사용하도록 한다.

유의점 • 유아들 사이의 간격을 충분히 두어 앉게 하여 젓가락으로 다른 유아를 다치지 않게 유의한다. 상자의 크기와 무게는 작고 가벼운 것으로 충분한 양을 준비한다.

4. 컴퓨터 게임

1) 교육적 의미

1980년대 이후 급속하게 보급된 컴퓨터는 이제 초등학생들이 가장 즐기는 놀이의 하나로 대두되고 있다. 최근 실시된 조사에서는 컴퓨터 게임이 초등학생이 선택한 놀이 중 4위(19.6%)를 차지했으며, 특히 남아들에게 있어서는 가장 선호하는 놀이(33.1%)인 것으로 보고되었다(이순형 외, 1999).

유아의 경우에 있어서도, 실제로 과반수 이상의 유치원이 유아용 컴퓨터를 보유하고 있는 것으로 조사됨에 따라(교육부, 1995) 유아들 역시 가정 및 교육기관에서 자주 컴퓨터 놀이를 접하고 있는 것으로 생각할 수 있다.

그러나 유아교육과정에 컴퓨터를 도입하는 문제는 긍정과 부정적 입장으로 대별되어 있다. 먼저 부정적 입장은 유아기의 발달 특성상 컴퓨터가 제시하는 추상적이고 상징적인 정보를 받아들이고 처리하는 것이 부적합하며, 2차원적인 화면과 키보드 조작에 국한된 컴퓨터 활동은 유아기 신체발달을 위한 풍부한 감각 경험의 기회를 제한하고 또래와의 상호작용 기회 및 놀이행동을 위축시킴으로써 창의성 발달을 포함한 인지발달을 저해한다고 본다.

이에 대해 긍정적 입장에서는 유아기의 개방적 · 탐구적인 특성으로 인해 컴퓨터에 대한 인식을 발달시키기에 오히려 적합하며 올바른 컴퓨터 사용을 유도함으로써 사회적 · 언어적 · 수학적 능력과 문제해결력을 발달시킬 수 있다고 본다. 이러한 주장은 컴퓨터 게임이 눈과 손의 협응능력, 시각적 정보처리 능력, 논리적 사고력을 증진시킨다는 Lowery와 Knirk(1982, 1983), Okagaki와 Frensch(1994), Orosy-Field와 Allan(1989) 등의 연구에 의해 입증되기도 했다(이순형 외, 1999).

유아의 컴퓨터 게임 허용 여부에 대한 논란에도 불구하고 현재 많은 수의 유아가 컴퓨터 게임을 접하고 있으므로 이를 보다 긍정적이고 교육적인 방향으로 유도하기 위한 방법을 모색하는 것이 중요하다고 생각된다.

2) 놀이지도 방법

유아교육기관에서 컴퓨터 게임은 흥미 영역의 한 부분으로 활용되고 있으며 주제별 교육과정을 위한 보조 자료로 이용하고 있다. 교사는 유아들의 컴퓨터 게임이 단순한 흥미 중심의 활동이 아니라 보다 교육적인 내용의 활동으로 이루어질 수 있도록 하기 위해 적절한 교육 내용을 구성하고 환경을 정비해야 할 필요가 있다.

컴퓨터 게임 지도에서 교사가 유의할 사항은 다른 영역의 놀이와 마찬가지로 유아들이 서로 의견을 나누고 협력하고 양보하는 경험을 갖도록 하는 것이다. 이를 위해 컴퓨터 게임을 위한 선행 활동을 계획하고 다른 활동과의 통합적 운영을 모색해야 한다.

컴퓨터 게임에 앞서 교사는 유아가 정확한 컴퓨터 사용 지식을 익힐 수 있도록 컴퓨터를 켜고 끄는 방법 및 소프트웨어 사용방법에 대해 소집단 활동을 통해 알려 주도록 한다. 유아가 컴퓨터 게임 영역의 활동을 위해 알아야 할 기본적 컴퓨터 기술은 다음과 같다.

- 컴퓨터 켜고 끄기
- 소프트웨어 선택과 선택한 소프트웨어 불러오기
- 키보드에서 원하는 키(key)를 찾고 한번에 누르기
- 프로그램에서 자신이 원하는 부분을 메뉴(menu)에서 선택하기
- 절차(procedure)에 따르고 절차를 고안하기
- 그림에 의한 지시 따르기
- 각 컴퓨터 유형에 따른 다른 기술을 익히기(키보드, 마우스, 터치패드)

교사는 다양하고 교육적인 컴퓨터 게임을 통해 유아가 전인적인 발달을 할 수 있도록 하고 혼자만의 세계에 빠져드는 것이 아니라 다른 유아와의 활발한 상호작용을 통해 양보하기, 차례 지키기, 약속한 시간 지키기 등의 사회적 기술을 발달시킬 수 있도록 영역을 운영하기 위한 계획을 철저하게 준비해야 한다.

유아가 다양하고 비형식적인 방법을 통해 컴퓨터 사용기술을 발달시킬 수 있도록 하기 위한 방법으로 다음과 같은 활동을 예로 들 수 있다.

〈표 1-4〉 컴퓨터 사용 기술 발달을 위한 사전활동(교육부, 1995)

활동명	내용
자기 이름 만들기	키보드에서 자기 이름의 자 · 모음을 찾도록 하는 활동으로 모형 키보드 판 위에 자 · 모음 키를 만든 후, 자기 이름에 나오는 자 · 모음을 찾아 배열하여 이름을 완성하는 게임이다.
선생님 가라사대 놀이	'명령'이라는 단어를 이해하고 사용하게 하는 활동으로 컴퓨터가 사용하는 사람의 명령에 의해 작동된다는 것을 알게 한다. 교사는 유아에게 '선생님 가라사대, ○○ 하시오' 등의 지시어를 사용하여 여러 가지 행동을 명령하고 유아는 교사의 명령에 따라 다양한 동작을 표현한다.
장애물 코스 프로그램	프로그램들이 여러 개의 명령으로 이루어진 것이며 사람에 의해 만들어진 것임을 이해하도록 하는 활동으로 다양한 장애물 경기가 그려진 카드를 융판에 붙이고 유아들이 카드의 순서대로 장애물 경기를 하도록 한다. 카드의 순서는 재배치할 수 있도록 다양하게 준비한다.

3) 놀이환경 구성

자유선택활동으로 컴퓨터 게임 영역을 구성하기 위해서는 별도의 공간에 설치하기보다는 다른 활동과 통합하여 운영할 수 있도록 배치하는 것이 좋다. 미술활동 영역과 같은 창의적 영역과 인접하여 배치하고 유아가 게임 이외에 그리기 작업 등을 하고 그 결과물을 구체화하여 가질 수 있도록 반드시 프린터를 함께 설치해야 한다. 두세 대의 컴퓨터를 준비하여 유아들이 서로의 모니터를 보면서 상호작용할 수 있도록 하고 컴퓨터 한 대당 최소한 의자를 두 개 이상 두어서 유아들이 함께 놀이할 수 있도록 하면 좋다.

유아의 컴퓨터 게임 활동에서 가장 중요한 것은 좋은 내용의 소프트웨어를 선택하여 제시하는 것으로 폭력적이고 선정적 내용의 게임을 피하고 교육적이며 개방적인 내용의 소프트웨어를 선택하도록 한다. 또한 유아 스스로 통제할 수 있고, 사용이 용이하며, 상호작용이 있고, 유아의 발달에 적합하고 유아의 흥미를 끌 수 있는 그림이나 소리가 포함된 것인지를 고려한다.

컴퓨터를 설치할 때는 광선이 모니터 화면에 반사되지 않으며 전원에서 가까운 곳에 유아의 체격에 맞는 가구를 선택하여 안전하게 설치하도록 하고 먼지나 습기, 자기장, 열기구로부터 안전하도록 주의해야 한다.

키보드, 조이스틱, 마우스, 모니터, 프린터 등 컴퓨터의 각 장치에는 명칭을 알려 주는 낱말카드를 만들어 부착하면 좋다.

4) 컴퓨터 게임 활동의 실제

활동1 _ 장애물 코스 프로그램

활동목표 • 프로그램은 컴퓨터가 정보를 진행하도록 지시하는 것으로 명령어에 의해 이루어지는 것임을 이해한다.

준비물
- 통, 평균대, 훌라후프, 뜀틀, 8개의 고리가 있는 융판, 프로그램을 위한 융판용 그림카드 12장(통, 평균대, 훌라후프, 뜀틀 그림카드 각 4장), 카드 담는 바구니, Enter카드

놀이방법
1. 바구니에서 그림카드를 선택하여 융판에 붙인다.
2. 고리가 모두 채워지면 프로그램을 움직이는 Enter키를 누른다.
3. 선택한 프로그램 명령카드 순서에 따라 각 기구를 사용하여 장애물 경기를 실행한다.
4. 명령카드를 바꿔가며 사용하도록 하고 새로 짜여진 명령에 따라 기구를 재배치할 수 있도록 다양한 명령카드를 준비하다.

유의점
- 유아들이 경기를 하면서 그림카드의 지시내용을 볼 수 있도록 카드의 크기를 충분히 크게 한다.
- 카드의 지시내용을 바꾸어 사용할 수 있도록 빈 카드와 매직펜 등을 준비한다.

활동2 _ 우주인 만들기

활동목표 • 메뉴 선택사항의 기능을 안다.

준비물 • 머리 메뉴, 몸통 메뉴, 다리 메뉴가 각각 4장씩 붙어 있는 그림판 3개, 색연필, 지우개, 종이상자 3개(30cm×30cm)

놀이방법

1. 3명의 유아가 머리, 몸통, 다리 중 한 부위씩 맡아 각 그림 메뉴 중 어떤 것을 선택할지 결정하여 색연필로 표시한다.
2. 각자 선택한 낱장의 그림카드를 찾는다.
3. 1명이 한 개씩의 상자를 나누어 가진 후 선택한 그림카드를 상자 한 면에 붙인다.
4. 그림이 앞으로 오게 하여 다리를 선택한 유아부터 차례대로 자기 상자를 올려놓는다.
5. 그림판을 보고 완성된 상자의 우주인 틀과 일치하는지 확인한다.
6. 다음 유아를 위하여 준비 자료에 표시한 것을 지운다.
7. 상자의 다른 면도 위와 같은 방법으로 활용한다.

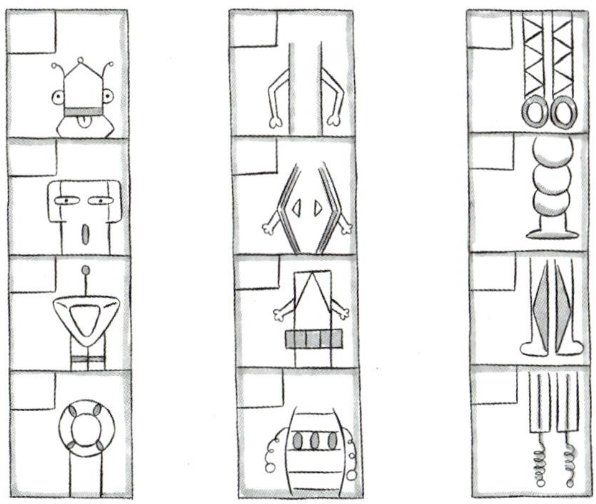

유의점 • 우주인 이외에 동물, 사람 등 다양한 그림을 활용할 수 있다.

chapter

2

실외놀이

실외놀이란 유아교육기관의 실외에서 이루어진 형태로서 다양한 실내 놀이활동이 실외에서도 이루어질 수 있다. 여기에서는 신체를 이용하여 노는 운동놀이, 유동적인 놀이 형태인 물·모래놀이, 연장과 목공도구를 이용하여 노는 목공놀이, 생명의 소중함과 자연을 느낄 수 있는 식물 관찰하기와 기르기를 소개하겠다.

실외놀이라고 해서 실내놀이와 별개의 내용으로 구별되어지는 것이 아니며 교실에서 할 수 있는 모든 활동이 실외에서도 가능하다. 하지만 실외놀이는 실내에서 접하지 못하는 신선한 공기, 햇빛, 바람 등의 자연을 접할 기회를 제공하며 실내활동에서 요구하는 긴장과 억압에서부터 벗어나 제한을 덜 받으며 자유롭게 뛰어놀고 소리치며 즐길 수 있는 기회를 제공한다. 또한 실외놀이는 유아의 호기심과 탐구심을 자극하고 계절과 기후의 변화, 동식물의 변화를 직접 느끼게 하고 그러한 환경의 변화에 적응하는 방법을 익히게 하는 것과 같은 물리적 지식을 얻게 해준다.

실외놀이로 우선 생각할 수 있는 것은 미끄럼, 그네, 시소, 정글짐, 터널과 같은 큰 운동 놀이기구나 공, 훌라후프 등과 같은 작은 기구를 이용한 운동놀이를 생각할 수 있다. 또한 유아들이 모래와 물을 가지고 밖에서 즐겁게 놀이하는 모습도 떠올려 볼 수 있다. 본 실제 편에서 다루게 될 실외놀이로는 운동놀이, 물 · 모래놀이, 목공놀이, 전통놀이, 식물관찰하기와 기르기를 중심으로 소개한다.

1. 운동놀이

1) 교육적 가치

운동놀이란 신체를 이용하여 운동 반응을 이끌어 내는 놀이로서 자신감 형성과 전인적 발달에 도움을 준다. 유아는 신체발달이 미숙한 단계로서 운동능력에 있어서 안정감 있게 뛰고, 기어 올라가고, 달리거나 공을 던지고 잡을 수 있으나 섬세하고 정확한 기술적 움직임은 아직 발달되어 있지 않다. 따라서 기본적 운동능력이 발달하는 유아기에 운동을 통해 신체 각 부분을 조화롭게 발달시키고 바른 자세를 형성하게 해주며 안전능력을 향상시키는 것이 필요하다. 운동놀이의 교육적 가치는 다음과 같다.

첫째, 운동놀이는 신체의 균형, 민첩성, 협응성, 유연성, 순발력 및 지구력 등 신체 전반의 능력을 향상시킨다.

둘째, 운동놀이는 환경에 대한 적응능력을 높여 주어 질병에 대한 저항력과 면역기능을 향상시킨다.

셋째, 운동놀이를 통해 근육을 강화하여 보다 정교하고 조화롭게 근육과 관절을 발달시킨다.

넷째, 운동놀이는 유아의 정서적 긴장을 해소시키고 자신의 신체를 원하는 대로 움직일 수 있다는 확신을 통해 자신감과 성취감을 느끼게 하여 건전한 자아개념 형성에 도움이 된다.

다섯째, 운동놀이를 통해 민첩한 행동반응과 상황에 대한 적절한 판단력, 침착성을 형성하게 되어 안전능력이 증진된다.

여섯째, 운동놀이를 통해 놀이친구와 협동적 관계 혹은 경쟁적 관계를 경험하고 남의 의견을 존중하고 순서를 지키며 서로 돕는 것과 같은 사회적 기술을 증진시킨다.

일곱째, 운동놀이를 통해 높이, 거리, 무게, 균형 및 공간개념이 형성되는 등 지적 발달이 이루어진다.

2) 놀이지도 방법

유아를 위한 운동놀이를 계획할 때 교사는 유아의 흥미와 요구를 반영하여 유아의 개인적 발달수준에 적합한 내용을 구성해야 하며 이를 위해 교사는 유아의 운동발달에 대한 구체적 지식을 갖고 있어야 한다. Gallahue와 Ozmun(2006)은 출생에서 2세까지를 초보운동단계, 2세에서 7세까지를 기본운동단계로 구분하였으며, 이동운동, 안정운동, 조작운동이 유아기의 기본운동에 포함된다고 보았다(박찬옥 외, 2004 재인용). 즉 기본운동단계에 있는 유아는 이동 운동기술을 이용해 적극적으로 활동공간을 돌아다니며 운동능력을 발달시키고 근육의 통제와 조정 및 세련되고 효율적인 운동을 위한 능력을 발달시키게 된다. 유아의 기본운동능력을 발달시키기 위해 활용할 수 있는 운동놀이는 다음과 같다.

- 오르내리기 손잡고 계단 오르기와 내리기, 정글짐 오르기, 사다리 오르기, 언덕 오르기
- 흔들기 그네 타기, 시소 타기, 흔들 목마 · 흔들 배 타기
- 기어 다니기 평균대 위를 기어가기, 빈 상자로 만든 터널 기어가기, 후프 터널 지나가기, 책상 밑 지나가기
- 공 던지고 받기 앞치마로 공받기, 손뼉 치기 게임, 볼링 게임, 공 운반하기, 공 굴려 오뚝이 맞추기, 공 튀기기, 피구, 신문지 공 돌리기
- 후프 후프 굴리기, 후프 던지고 받기, 후프 길 뛰어넘기, 후프로 맞추기
- 균형 잡기 나무 블록 길 걷기, 타이어 건너기, 발자국 따라 걷기, 평균대 걷기
- 기타 맨몸으로 하는 신체놀이와 줄, 리본, 막대, 고무줄 등을 이용하는 다양한 운동놀이

이상의 운동놀이를 효율적으로 지도하기 위하여 교사는 운동놀이의 내용이 유아의 능력과 수준에 적합한지, 놀이기구는 안전한지, 유아 간 상호작용은 올바른지, 놀이를

확장할 수 있는 도구나 방법은 없는지 등을 자세히 관찰하여야 하며, 교사 스스로가 바른 자세 및 정확한 행동의 모델이 되어 시범을 보일 수 있어야 한다. 또한 유아의 발달수준에 맞는 놀이를 계획하고 직접 놀이에 참여하여 상호작용하면서 유아를 격려하고 놀이를 보다 확장시킬 수 있는 도구 및 설비, 아이디어를 제공해 주어야 한다. 이 밖에 교사는 유아의 안전과 건강유지에 대한 책임을 갖고 있으므로 정기적으로 놀이시설의 이상 유무를 점검하고 안전사고에 대한 예방에 최선을 다해야 한다.

3) 놀이환경 구성

운동놀이를 위한 환경 구성에서 가장 고려해야 할 점은 안전성이다. 운동놀이 기구는 높이, 구조, 재료 면에서 유아에게 적합해야 하고 놀이를 위한 충분한 공간이 제공되어야 한다. 또한 고정시설의 경우, 무질서하게 배치하기보다는 일정한 순서와 절차를 고려하여 배치하여 안전사고로부터 유아를 보호해야 한다. 유아를 위한 운동놀이 영역의 환경 구성 시 연령별 유의점은 다음과 같다.

〈표 2-1〉 운동놀이 영역의 환경 구성 시 연령별 유의점

연령	운동놀이를 위한 환경 구성
2세	2세 유아는 옆걸음질, 뒷걸음질, 발뒤꿈치로 걷기 등의 다양한 걷기 활동을 할 수 있도록 잔디나 모래와 같은 부드러운 지면이 있는 공간이 필요하며 팔 다리로 기어 오르내리기, 붙잡고 걸어 오르내리기를 할 수 있는 낮고 푹신한 소재의 층계를 제공한다. 대근육 발달을 위해 밀고 끌고 타는 놀잇감과 유아가 자신의 신체를 이용하여 감각운동놀이를 경험할 수 있도록 큰 볼, 매트, 풍선과 같은 다양하고 개인적인 운동 놀잇감을 제공한다.
3세	뛰어 내리고, 밀고, 끌고, 기어오를 수 있는 놀이 기구와 높이는 낮고 폭이 넓은 평균대, 소형의 탈 것, 흔들 배, 흔들 목마 같이 흔들림을 즐길 수 있는 기구를 실내 · 외에 준비해 준다.
4세	던지고 잡기가 가능하므로 가볍고 크기가 다양한 종류의 공을 준비하고, 30cm 정도의 높이뛰기와 층계 오르기가 가능하므로 높낮이를 조성할 수 있는 평균대와 유아의 모험적 욕구를 만족시켜 줄 수 있는 이동식 놀이 기구를 준비해 준다.
5세	넓이뛰기, 장애물 뛰어넘기, 공 튀기기 등 새로운 운동활동을 준비하고 신체의 협응력 발달을 위해 매트, 뜀틀, 공 등의 다양한 활동기구와 대집단 게임을 위한 기구로서 공과 농구골대, 팥주머니와 표적 등을 준비한다.

또한 Johnson 등(1999)은 실외의 개방된 영역에서는 운동놀이, 사회적 놀이, 규칙있는 게임이 이루어지며 각각의 놀이를 위해 제공되어야 할 교구를 다음과 같이 추천하였다.

〈표 2-2〉 놀이 유형별 실외 개방 영역의 놀이환경 구성

놀이 유형	놀이환경 구성
운동 놀이	• 로프, 타이어 그물, 사다리, 계단, 횡목, 타이어 그네와 같이 오르기를 할 수 있는 놀잇감 • 평균대, 짧은 기둥, 자동차 타이어와 같이 균형 잡기를 할 수 있는 놀잇감 • 그네 줄, 난간에 걸칠 수 있는 봉과 같이 쥐거나 움켜 잡을 수 있는 놀잇감 • 터널, 미끄럼 터널과 같은 기어서 통과할 수 있는 놀잇감 • 그네, 자전거, 끌차, 대형 트럭과 같은 밀고 끄는 놀잇감
사회적 놀이	• 세발자전거, 끌차, 공, 줄넘기, 큰 나무상자, 회전그네와 같이 두 명 이상의 유아들이 참여할 수 있는 놀잇감 • 유아들이 함께 어울려 놀이 할 수 있는 넓은 공간
규칙있는 게임	• 공, 줄넘기, 다양한 게임 도구 • 게임을 하기 위한 평편하고 딱딱한 바닥 • 경계선과 형태를 그릴 수 있는 분필

4) 운동놀이 활동의 실제

활동1 _ 여러 가지 방법으로 후프 건너기

활동목표
- 신체의 조절능력과 대근육 운동능력을 기른다.
- 규칙에 대해 이해하고 기억하여 과제를 수행하는 능력을 기른다.

준비물
- 두 가지 색의 후프 각 10개씩, 규칙을 바꾸어 적을 수 있는 규칙판

놀이방법
1. 두 가지 색의 후프를 유아의 운동 능력을 고려하여 바닥에 적절히 배열한다.
2. 후프를 건너기 위한 다양한 방법을 이야기하고 규칙판에 적은 후 순서대로 놀이한다.

- 두 발로 뛰어 보자.
- 한 발을 들고 뛰어 보자.
- 한 가지 색의 후프만 찾아서 건너가 보자.

3. 후프의 색에 따라 손을 짚을 곳과 발을 디딜 곳을 나누어 정하고 양 손과 발 모두를 이용하여 후프 건너기 놀이를 한다.

유의점 • 어린 유아를 위해서는 크기가 작은 후프를 이용하고 후프 안에 손발 그림을 붙여 표시해 주면 좋다.

활동2 _ 줄넘기 놀이

활동목표
- 민첩성, 순발력과 기본운동능력을 기른다.
- 다양한 방법으로 줄넘기를 함으로써 창의적 표현능력을 기른다.

준비물
- 긴 줄 1개

놀이방법
1. 유아를 두 팀으로 나눈다.
2. 두 명의 교사가 긴 줄의 양 끝을 잡고 선다.
3. 유아들에게 줄을 넘는 다양한 방법에 대해 이야기해 보도록 한다.

- 줄을 높게 하여 줄 아래로 지나가 보자.
- 줄을 낮게 하여 두 발을 모아 뛰어 넘어 보자.
- 흔들리는 줄을 넘어 보자(약하게 좌우로 흔든다).
- 줄에 닿지 않게 한 명씩 통과해 보자(교사는 천천히 줄을 유아의 키 높이 이상 되도록 돌린다).

유의점
- 교사가 먼저 시범을 보이고 유아들이 따라 하도록 할 수 있다.
- 줄을 이용한 다양한 놀이를 함께 병행한다(줄 당기기, 줄 위를 걷기 등).

2. 물 · 모래놀이

1) 교육적 가치

물과 모래는 유동적인 놀이 재료로 용도가 매우 다양한 비구조적 놀잇감이다. 물은 무정형의 성질로 인해 마음대로 변형시키면서 실험을 할 수 있으며 특별한 기술을 필요로 하지 않으므로 어떤 유아라도 실수에 대한 스트레스를 느끼지 않고 쉽게 접근할 수 있어 놀이 시 큰 만족감을 준다. 모래 역시 매우 유동적인 놀이 재료로서 물처럼 여기저기 옮겨 담아 볼 수 있으며 물보다 통제가 쉽다는 특징을 가지고 있다. 또한 물과 모래는 자연에서 쉽게 접할 수 있는 재료이므로 비용이 싸고 쉽게 구할 수 있어 효율적으로 활용할 수 있으며 무엇보다도 유아들이 매우 즐겁게 놀이할 수 있다는 점에서 가장 큰 장점이 있다. 물 · 모래놀이의 교육적 가치는 다음과 같다.

첫째, 물 · 모래놀이는 유아의 정서적 안정에 도움이 된다.

물과 모래는 사용방법이 정해져 있지 않으므로 부담 없이 활동에 몰두할 수 있어 마음의 안정을 얻을 수 있으며 부드러운 촉감에서 오는 만족감으로 인해 불안이나 불만, 긴장 및 공격성 등을 해소할 수 있다. 또한 마음대로 물과 모래를 갖고 노는 가운데 성취감과 만족감을 느끼게 되므로 자신감이 없고 소극적인 유아나 자주 긴장하는 유아들이 마음의 안정을 찾고 자유롭게 감정을 표현할 수 있다.

둘째, 물 · 모래놀이는 유아의 수학적 개념 형성과 과학적 지식 습득에 도움을 준다. 물놀이의 경우, 유아는 액체의 성질, 물의 이동, 표면 장력, 오염, 용해 등의 개념을 이해하게 되고 모래놀이를 통해서는 여러 가지 크기의 용기에 젖은 모래를 담아 형태를 찍고 비교하고 젖은 모래와 마른 모래의 성질과 무게, 촉감의 차이를 느껴 보면서 무게, 측정, 서열, 비교, 보존과 같은 수과학적 개념을 자연스럽게 발달시키게 된다.

셋째, 물 · 모래놀이는 유아의 언어발달을 촉진시킨다. 물놀이와 모래놀이를 통해 물 · 모래와 관련된 어휘나 상징을 획득할 수 있으며 이에 대한 언어적 해석과 또래 간의 상호작용을 통해 의사소통의 발달을 도모할 수 있으며 모래를 가지고 놀면서 쓰기 학습의 기초를 습득하게 된다.

넷째, 물 · 모래놀이는 유아의 다양한 상징놀이를 유발한다. 이는 유아의 상상력과 창의력을 촉진시킨다. 또한 물과 모래는 재료의 특성상 활용도가 무한하기 때문에 유아의 다양한 탐색을 자극하게 되고 이러한 탐색을 통해 자연스럽게 문제해결능력이 발달하게 된다.

다섯째, 물 · 모래놀이는 자연물인 물과 모래를 가지고 놀이를 하게 되므로 다른 놀잇감을 가지고 놀 때보다 훨씬 개방적인 마음을 가지고 놀이에 임하게 된다. 또한 집단

놀이의 형태로 이루어지는 경우가 많으므로 자연스럽게 또래와 사귀고 어울리는 기회가 제공되어 사회성을 증진시키는 데 도움이 된다.

2) 놀이지도 방법

물 · 모래놀이 시 교사는 허용적인 분위기를 조성해 줌으로써 유아가 자유롭게 놀이를 할 수 있도록 한다. 즉 교사가 주도하거나 지시하기보다는 유아의 흥미와 관심에 따라 놀이가 이루어지도록 하고 안전한 놀이를 위해 지켜야 할 규칙에 대해서는 사전 지도를 통해 유아 스스로가 필요한 규칙을 정할 수 있도록 한다. 물 · 모래놀이 시 교사의 지도방법은 다음과 같다.

- 교사는 세심한 관찰을 통해 유아의 연령, 발달수준, 놀이방법에 따라 도구를 보충해 주고 필요한 도움을 주도록 한다.
- 물놀이를 하면서 다른 유아에게 일부러 물을 튀긴다거나 모래놀이를 할 때 모래를 친구의 머리에 뿌리거나 모래가 묻은 손으로 눈을 비비거나 모래를 먹는 등의 위험한 경우가 발생하지 않도록 주의를 주고 세심한 관찰을 한다.
- 날씨와 주변 여건 등을 고려하여 적절한 환경을 준비해 주어야 한다. 즉 더운 날씨에는 그늘을 만들어 주어 시원하게 놀 수 있도록 해 주고, 비가 오거나 날씨가 추울 때에는 실내에 물 · 모래놀이를 할 수 있는 장소를 마련해 주고 물을 데워 주는 것이 좋다.
- 물 · 모래놀이를 위한 놀잇감과 놀이 영역의 환경을 주기적으로 바꾸어 줌으로써 물 · 모래 놀이에 흥미를 유도하고 창의성을 키워 줄 수 있다.
- 물과 모래는 항상 청결한 상태를 유지할 수 있도록 잘 관리한다. 특히 모래는 자주 체로 걸러 불순물을 제거해 내고 처음 모래를 사용할 때는 몇 번 씻어서 사용하는 것이 좋으며, 1주일에 한 번씩 자외선 소독을 해 주고 위와 아래의 모래를 갈아 주는 것이 좋다.

- 유아들이 복장에 신경쓰지 않고 자유롭게 놀이할 수 있도록 방수용 비닐로 만들어진 긴 앞치마나 놀이복을 준비해 준다.
- 교사는 유아의 자유로운 놀이활동을 인정하되 때로는 탐구활동을 위한 형식적인 놀이를 실시하여 유아가 과학적 지식을 획득하고 논리 · 수학적 태도를 기를 수 있도록 기회를 제공한다.

3) 놀이환경 구성

물 · 모래 놀이 영역은 그늘이 지는 공간으로 채광, 통풍이 잘 되며 하수 처리가 용이한 곳에 설치하도록 한다. 유아들의 안전을 위해 유리조각이나 날카로운 돌멩이 등을 미리 점검하여 제거하고 놀이도구는 별도의 플라스틱 선반이나 상자를 준비하여 종류별로 분류 보관할 수 있도록 한다.

물놀이 영역에 준비해야 할 자료로는 큰 PVC 통이나 수조와 같은 물통, 크기와 모양, 용량이 다양한 그릇, 여러 가지 모양으로 구멍이 뚫린 그릇, 뜨거나 가라앉는 물건들, 세탁놀이에 사용할 수건, 중성세제, 물감, 비누, 방수 가운, 물총, 낚시 도구 등이며 모래 영역을 위한 자료로는 모래상자, 깨끗한 모래, 모래놀이기구 보관용 상자 등의 기본 자료 외에 저울, 계량컵, 주걱, 커다란 숟가락, 깔때기 등의 측정하기 자료, 돋보기, 자석, 물뿌리개, 모래 체, 모래 삽 등의 탐색하기 자료, 삽, 양동이, PVC 호스, 크기와 길이가 다양한 PVC 파이프(L자형, T자형, I자형), 대형 비닐 호스, 냄비, 컵, 접시, 여러 가지 모양 틀, 모양 컵, 다양한 크기와 모양의 통, 장난감 배, 트럭, 자동차 등의 교통놀이 자료 등이 있으며 그 밖에 다양한 생활소품 등을 활용할 수 있다. 연령별 물 · 모래놀이 환경 구성 시 유의사항은 다음과 같다.

〈표 2-3〉 연령별 물 · 모래놀이 영역의 환경 구성 시 유의사항

연령	조작놀이를 위한 환경 구성
2세	• 2세 유아의 경우, 물과 모래를 이용한 다양한 감각운동적 놀이가 일어날 수 있도록 유아용 욕조와 같은 개인용 용기에 깨끗한 물과 모래를 제공한다. • 바닥에는 반드시 안전매트를 깔아 주도록 하고 겨울철에는 따뜻한 물을 제공하고 여름철에는 그늘을 만들어 주도록 한다.
3세	• 여러 가지 형태의 그릇, 체, 국자, 삽, 모양틀 등을 제공하여 다양한 탐색이 가능하도록 한다. • 물감을 이용하여 색깔 물을 만들어 주어 유아의 흥미를 끌도록 한다. • 물놀이를 위한 고무인형, 비치볼 등의 다양한 놀잇감을 준비해 준다.
4세	• 역할놀이를 위한 나무인형, 소꿉놀이 용품, 교통놀이 용품, 플라스틱 블록 등을 준비한다. • 측정할 수 있는 계량도구, 물줄기의 변화를 관찰할 수 있는 구멍 뚫린 통, 뜨고 가라앉는 특성을 이해할 수 있는 다양한 물건을 제공한다.
5세	• 계량컵, 계량스푼, 저울이나 자석 등의 측정도구와 탐색도구를 제공해 주고 물에 녹는 것과 녹지 않는 것을 분류해 볼 수 있는 여러 가지 실험도구를 준비해 준다. • 다양한 게임 자료와 모래에 찍어 볼 수 있는 글자 모양틀 등을 제공한다.

4) 물 · 모래놀이 활동의 실제

활동1 _ 사진을 보고 구성하기

활동목표 • 물의 특성과 용도를 이해한다.

준비물 • 찬물, 더운물, 중성세제, 유아용 욕조 2개, 씻을 수 있는 장난감, 비닐 매트, 플라스틱 소쿠리, 수건

놀이방법

1. 더러워진 장난감을 깨끗하게 하는 방법에 대해 이야기 나누기를 한다.
2. 욕조 2개에 각각 찬물과 더운물을 담고 중성세제를 푼 후 어떤 차이가 있는지 관찰하도록 한다.
   • 찬물과 더운 물 중 어느 것이 거품이 많이 생겼니?
3. 각 욕조에 더러워진 장난감을 넣어 깨끗이 씻은 후 맑은 물로 헹구어 낸다.

4. 깨끗이 씻은 장난감은 플라스틱 소쿠리에 담아 물기를 뺀 후 깨끗한 수건으로 닦아서 말린다.
5. 장난감을 물에 씻고 난 후 기분을 이야기해 본다.

유의점
- 세제를 만진 손으로 눈을 비비지 않도록 미리 주의를 준다.
- 마른 수건을 넉넉하게 준비하고 유아용 비닐 가운을 준비해 준다.

활동2 _ 모래로 우리 동네 꾸미기

활동목표
- 입체구성능력과 협동심을 발달시킨다.
- 소근육 조작 능력을 발달시킨다.

준비물
- 나무토막, 단위블록, 나뭇가지, 장난감 자동차, 교통 놀잇감, 나무, 사람 모형

놀이방법
1. 우리 동네 꾸미기를 위한 이야기 나누기를 한다.
   - 우리 동네에는 어떤 것이 있을까 생각해 보자.
   - 집은 어떻게 꾸미고 길은 어떤 모양으로 나타내면 좋을까?

2. 나무토막으로 모래를 밀어서 길을 만들고 나뭇가지를 나란히 꽂아 가로수를 만든다.
3. 단위 블록으로 집을 구성하여 세운다.
4. 신호등과 교통표지판, 자동차, 나무 등의 교통 놀잇감을 이용하여 길을 꾸민다.
5. 사람 모형, 자동차를 움직여 가며 다양한 역할놀이를 한다.

유의점
- 스프레이 등을 이용하여 물을 뿌려 모래가 날리지 않도록 한다.
- 유아들의 구성활동을 돕기 위한 자료로 우리 동네의 전경을 찍은 사진 자료를 모래 영역에 함께 놓아 준다.

3. 목공놀이

1) 교육적 가치

목공놀이는 톱, 망치, 펜치, 드라이버, 니퍼 등의 연장과 목공도구를 만지고 조작하여 실제 목적물을 만들어 보는 활동을 말한다. 위험한 도구를 다루어야 하는 활동이므로 정확한 사전 교육과 주의 깊은 교사의 지도를 필요로 하지만 유아가 목공놀이를 통해서 얻을 수 있는 성취감과 만족감은 다른 어떤 놀이를 통해서도 얻을 수 없는 값진 것이다. 목공놀이의 교육적 가치는 다음과 같다.

첫째, 목공놀이는 유아가 땀을 흘리면서 일하는 노동의 기쁨을 배우는 기회를 제공하고 자신이 구상한 작품을 망치, 못, 드라이버 등 조작하기 어려운 도구를 사용하여 만들어 봄으로써 자신감과 성취감을 느끼게 해준다. 또한 나무에 못을 두드리고 박아보고, 톱으로 나무를 자르기 위해 안간힘을 쓰는 과정을 통해 정서적 · 신체적 긴장을 이완시키며 공격적 충동을 자연스럽게 발산시키는 기회를 갖는다.

둘째, 목공놀이는 유아가 몸소 시행착오를 겪으면서 실천적 지식을 발견하는 기회를 제공한다. 유아는 톱으로 나무를 자르려고 할 때, 처음에는 잘 잘려지지 않던 나무도막을 여러 번의 시행착오를 거치면서 어느 부위를 어떻게 잡아야 하는지 또는 힘 조절을 어떻게 해야 더 쉽게 잘리는지를 스스로 터득하게 된다.

셋째, 목공놀이를 통해 나무의 무게, 질감, 부피, 길이, 넓이 등에 대한 물리적 개념뿐만 아니라 크기 비교, 길이 측정 등의 수 개념을 발달시킬 수 있으며 나뭇조각을 연결하고 못을 박는 과정을 통해 부분과 전체의 관계, 공간지각, 인과관계의 파악 등 유아의 인지발달이 가능해진다.

넷째, 유아들은 나뭇조각으로 놀이하는 가운데 입체적 구성능력과 건축공학적 감각을 발달시키고 자신만의 독창적 작품을 만드는 과정을 통해 창의성을 발달시키게 된다.

2) 놀이지도 방법

목공놀이 지도를 위해 교사는 유아들의 발달수준을 고려하여 4~6명 내외의 유아로 참여인원을 제한하여 놀이 영역을 운영하도록 한다. 또한 최대한 안전한 연장과 도구를 준비해 주고 정확한 도구 사용법을 가르쳐 주도록 하며, 목공놀이를 시작하기 전에 제제소나 목공소 등을 방문하는 사전활동을 계획하여 유아가 목공놀이에 대한 흥미와 정보를 얻을 수 있도록 한다.

일반적으로 유아들의 목공놀이 활동은 단순히 나무에 못을 박는 활동으로부터 시작하여 특정한 것을 만들겠다는 구체적 생각 없이 두 개의 나뭇조각을 접착제, 못을 사용하여 연결하는 활동으로 확장된다. 그리고 더 나아가 도구를 다루는 데 익숙해지면서 무엇을 만들겠다는 구체적 계획을 가진 활동으로 발전하게 된다.

따라서 교사는 유아가 처음부터 무리한 계획을 세우지 않도록 모래종이로 나뭇결 다듬기, 접착하기, 못질하기, 시-클램프(C-cramp)나 바이스로 조이기, 구멍뚫기, 톱질하기, 볼트너트 돌리기, 대패질하기 등의 다양한 목공놀이 활동을 단계적으로 경험할 수 있도록 하여 유아가 보다 폭넓은 경험을 할 수 있도록 지도한다.

3) 놀이환경 구성

목공놀이 영역은 소음이 많이 발생하는 영역이므로 실외에 별도 공간을 마련해 주는 것이 바람직하며 위험한 도구를 사용하게 되므로 교사가 쉽게 관찰할 수 있는 곳에 설치해야 한다. 목공놀이 영역에는 유아의 키높이에 맞는 약 55~60cm 높이의 목공놀이대를 제공하도록 한다. 4~6명의 유아가 함께 놀이를 할 수 있을 정도의 넉넉한 크기가 좋으며, 종류별로 도구를 분류하여 보관할 수 있는 보관함을 준비해 주도록 한다.

목공놀이에 필요한 연장과 도구로는 약 350~370g 정도의 무게로 머리가 넓적하며 손잡이가 유아의 손 크기에 적합한 망치, 약 40~50cm 길이의 실톱과 동가리톱, 톱질과 망치질을 할 때 나무토막을 고정시키는 시-클램프(C-cramp)나 바이스, 머리가 크고 둥글 넙적하며 끝이 예리하고 두께나 길이가 다양한 못, 나사와 스크루 드라이버, 줄자, 막대자, 접자, T자 등의 다양한 자, 드릴과 송곳, 백송, 포플러 나무, 참피나무와 같이 부드러운 재질의 나뭇조각과 샌드페이퍼, 아교, 목공용 풀과 같은 접착제, 보안경, 면장갑, 끈, 철사, 경첩, 연필, 자석 등으로 유아가 사용하기 적합한 크기의 것을 넉넉하게 준비해 준다. 목공놀이 영역의 환경 구성 시 유의점은 다음과 같다.

- 목공놀이 영역의 자료는 녹이 슬기 쉬운 철제류가 많으므로 습기가 차지 않도록 마른 걸레로 닦아서 건조한 장소에 보관하도록 한다.
- 목공놀이용 도구 중에서 크기가 작은 나무 조각이나 못, 나사 등은 용도에 따라 분류하여 속이 들여다보이는 작고 투명한 플라스틱 상자에 분류하고 명칭이나 모양을 그려 붙여 놓아 쉽게 찾을 수 있도록 한다.
- 목공놀이용 도구는 수시로 점검하여 기능을 살펴보고 필요한 경우 수리나 교체를 해주도록 한다. 제대로 작동되지 않은 도구로 놀이를 하는 경우, 유아에게 실패 경험과 좌절감을 줄 수 있으며 사고로 이어질 수 있으므로 주의해야 한다.

목공놀이를 위한 환경은 유아의 연령에 맞게 구성되어야 한다. 연령별 목공놀이 환경 구성의 내용은 다음과 같다.

〈표 2-4〉 연령별 목공놀이 영역의 환경 구성

연령	놀이환경 구성
3세	3세 유아를 위한 목공놀이 영역의 구성에서는 실제 도구나 연장을 주기보다는 플라스틱이나 나무로 만들어진 목공놀이 세트를 제공하는 것이 좋다. 플라스틱이나 부드러운 나무로 만든 모형 못과 못을 박을 수 있도록 만들어진 구멍이 뚫린 못박이 판 등으로 구성한다.
4세	모래종이로 나뭇결 다듬기, 접착하기, 대패질하기 등의 쉬운 활동부터 경험하게 하고 못질을 처음 해보는 유아를 위해 나무토막보다는 스티로폼이나 두꺼운 골판지 등을 제공한다. 또한 다양한 크기와 재질의 나무토막을 준비해 주어 유아가 탐색할 수 있도록 한다.
5세	여러 가지 목공작품과 작품의 제작과정을 보여주는 사진과 활동카드를 제시하고 자신이 원하는 작품을 구상하고 표현할 수 있도록 간이 이젤과 종이, 연필, 자 등을 제공한다. 또한 다양한 도구의 사용법과 정확한 명칭을 알 수 있도록 도구의 명칭이 붙은 그림이나 사진을 목공놀이 영역에 부착해 준다.

4) 목공놀이 활동의 실제

활동1 _ 스티로폼에 못질하기

활동목표
- 목공놀이의 초보적 경험을 즐긴다.
- 눈과 손의 협응력을 기른다.
- 창의적 표현 능력을 기른다.
- 원인과 결과를 이해한다.

준비물
- 스티로폼 상자, 망치, 못, 매직펜, 풀, 색종이

놀이방법

1. 스티로폼 상자의 평편한 면에 매직펜으로 표현하고 싶은 그림을 그리도록 한다.
2. 못과 망치를 이용하여 그려진 그림의 윤곽을 따라 못을 박도록 한다.
   - 못을 박을 때 힘 조절을 다양하게 하여 못이 박히는 깊이를 관찰해 보도록 한다.
   - 못을 똑바로 세워서 박을 때와 옆으로 비스듬히 눕혀서 박은 후 모양을 비교해 보도록 한다.
3. 그림의 나머지 부분을 색종이를 오려 붙여 예쁘게 장식한다.

유의점
- 못을 잡는 방법과 망치를 사용하는 방법에 대해 정확히 알려 주고 교사가 시범을 보인다.
- 스티로폼은 재질이 부드러워 못이 쉽게 박힌다는 것을 미리 알려 준다.
- 너무 길지 않은 못으로 충분히 준비한다.
- 잘못 박힌 못은 망치에 달린 노루발을 이용해 빼도록 한다.

활동2 _ 사포로 모서리 다듬기

활동목표
- 나무와 사포의 질감과 성질에 대해 알 수 있다.
- 눈과 손의 협응력과 소근육 조절능력을 키운다.

준비물
- 사포, 여러 종류의 나무조각들, 면장갑

놀이방법
1. 유아에게 사포로 다듬어 매끈해진 나무조각과 다듬지 않은 나무조각을 만져 보게 한다.
   - 다듬은 나무와 다듬지 않은 나무를 만져 보니 어떤 차이가 있는지 이야기해 보자.
2. 유아에게 사포를 나누어 주고 나무의 거친 면을 문질러 보게 한다.
3. 모서리 부분은 사포를 바닥에 놓고 나무 조각의 모서리를 손으로 단단히 잡고 문지르게 한다.

유의점
- 나뭇조각은 유아가 손으로 잡기 편할 정도의 크기 5cm×8cm가 적당하고 사포도 64절지 정도의 적당한 크기로 잘라 여러 장 준비해 준다.
- 나뭇조각의 가시에 손을 다치지 않도록 유아의 손에 맞는 면장갑을 반드시 착용하도록 한다.

4. 전통놀이

1) 교육적 가치

전통놀이는 우리 민족의 삶, 가치관, 행동양식, 생활양식이 담겨 있는 놀이이다. 1970년대 민중문화운동을 기점으로 시작된 전통놀이에 대한 관심은 1980년대 민속놀이의 발굴과 보급으로 이어지면서 근대화, 서구화에 밀려 가치를 상실하고 도태되어 왔던 우리나라 전통놀이에 대해 새로운 평가를 하게 하였다.

조상의 슬기와 얼이 담긴 전통놀이는 유아의 정서를 풍요롭게 하고 자아 존중감을 발달시킬 뿐 아니라 신체적 건강과 운동능력 증진, 공동체 의식과 사회성 발달, 언어 발달, 사고와 개념 발달, 인지적 자율성 함양 및 창의성 발달이라는 놀이의 일반적 가치 외에도 유아의 민족적 정체성을 확립시키고, 민족의 전통문화를 이해하고 계승 · 발전시킬 수 있는 문화교육과정이 될 뿐만 아니라 자연친화적이고 여유 있는 심성을 기르는 인성교육의 장이 될 수 있으며 장차 통일을 대비한 교육과정으로서 활용할 수 있다는 가치를 갖고 있다. 전통놀이의 교육적 효과는 다음과 같다.

첫째, 전통놀이는 우리 민족이 공유할 수 있는 언어, 정서, 문화적 색체를 포함하고 있어 유아의 민족적 정체성 확립에 도움을 준다.

둘째, 전통놀이는 자연친화적이고 여유 있는 심성을 길러 주는 인성교육의 장으로 활용될 수 있다.

셋째, 전통놀이는 신체를 이용한 다양한 움직임이 포함되어 있어 대 · 소근육 발달, 균형 감각과 리듬감 발달 등의 신체발달에 도움이 된다.

넷째, 전통놀이는 집단놀이의 형태로 이루어지는 경우가 많으므로 협동심과 공동체 의식을 고취시키는 데 적합하다.

다섯째, 전통놀이는 여러 가지 자연물을 활용한 놀이가 많아 과학적 지식을 습득하기 용이하며 다양한 전래동요를 포함하고 있어 언어발달에도 도움을 주는 등 유아의 인지발달에 기여한다.

지금까지 수집된 전통놀이는 약 211종으로(김광언, 1982) 대부분 규칙있는 게임으로 집단놀이의 형태로 이루어진다. 또 실내보다는 실외에서 자연물을 놀잇감으로 하여 이루어지며 특별한 계절이나 절기에 관련되는 것이 많다. 그 예로 정월의 널뛰기, 연날리기, 윷놀이, 오월 단오에 행해지는 그네뛰기, 추석 한가위의 가마싸움 등을 들 수 있다.

전통놀이를 놀잇감에 따라 분류해 보면 세강달강, 이거래 저거래와 같은 노래를 주로 활용한 놀이나, 도리도리, 곤지곤지와 같은 신체를 활용한 놀이, 쥐불놀이, 풀싸움놀이와 같은 가공하지 않은 자연물이 놀잇감이 되는 놀이, 산가지놀이, 풀각시놀이처럼 적절히 가공한 자연물을 사용한 놀이로 나눌 수 있다.

서울시 교육청(1993)은 유아가 즐길 수 있는 전통놀이 10가지로 윷놀이, 연놀이, 제기차기, 팽이돌리기, 비석치기, 풀각시놀이, 고누놀이, 투호놀이, 돌차기, 구슬치기를 제시하였으며 각각의 놀이가 강조하는 활동 및 놀이공간 구성을 〈표 2-5〉와 같이 제시하였다.

〈표 2-5〉 전통놀이 종류 및 강조하는 활동

놀이의 명칭	강조하는 활동	놀이공간	놀이집단구성
1. 윷놀이	문학적 · 수학적 활동	방안/마당	2인/소집단
2. 연놀이	대근육 · 문학적 활동 과학적 활동 · 조형활동	방안/마당	혼자/대집단
3. 제기차기	운동기능 협응활동 · 과학적 활동 조형활동	방안/마당	혼자/소집단
4. 팽이돌리기	운동기능 협응활동 · 문학적 활동 과학적 활동 · 조형활동	방안/마당	혼자/소집단
5. 비석치기	운동기능 협응활동 · 문학적 활동 과학적 활동	마당	소집단(5, 6명)
6. 풀각시놀이	문학적 활동 · 극화활동 · 조형활동	방안	혼자/2인
7. 고누놀이	수학적 활동	방안	2인
8. 투호놀이	운동기능 협응활동	마당	혼자/소집단
9. 돌차기	운동기능 협응활동 · 수학적 활동	방안/마당	혼자/소집단
10. 구슬치기	운동기능 협응활동 · 수학적 활동	방안/마당	2인/소집단

2) 놀이지도 방법

전통놀이를 앞으로 계승 · 발전시키기 위해서는 현실에 맞게 재창조하고 유아교육과정에 적절히 통합하여 운영하는 계획이 필요한데 이를 위해서는 특정 시기에만 집중하여 특별한 주제를 진행하는 일회적이고 관광적인 경험이 되지 않도록 평소 실내 · 외 놀이를 통해 전통놀이가 자연스럽게 진행될 수 있도록 환경을 구성하는 노력이 필요하다.

또한 보다 쉽고 심도 있게 전통놀이를 이해하는 기틀을 제공하기 위해 전통놀이의 내용을 중심으로 문학활동, 극화활동, 과학활동, 수학활동, 음률활동, 미술활동이 통합된 다양한 활동이 이루어질 수 있도록 교육내용을 계획하고 구성하는 것이 필요하다.

전통놀이의 통합적 운영방법을 예로 들면 '연날리기'의 경우 문학활동으로 동화 '연 이야기'를 들려 주거나 동시 '연아 올라라'를 낭송하고, 미술활동으로 '연 꾸미기'를,

음률활동으로 '연아 올라라'를 부르는 활동을 함께 할 수 있다. 전통놀이 지도 시 교사의 역할은 다음과 같다.

- 유아의 발달수준을 고려하여 적절한 놀이를 제시한다. 즉 3세 미만의 어린 유아는 방법과 규칙이 단순한 신체놀이가 적합하며 3세 이상의 유아들은 적절한 규칙과 매력적인 게임도구가 포함된 게임 형식의 놀이를 소개하는 것이 좋다.
- 전통놀이의 방법과 규칙, 놀잇감의 제작과 활용에 대한 정확한 지식을 갖도록 하고 유아의 흥미와 상황, 계절에 맞는 전통놀이를 다양한 방법으로 활용할 수 있도록 한다.
- 전통놀이와 관련된 명절과 놀이의 유래, 관련된 동요 등의 내용에 대해 자료를 수집하고 놀이활동 시 함께 활용할 수 있도록 준비해야 한다.
- 딱지치기, 제기차기, 공기놀이, 고무줄놀이, 비석치기, 팽이 돌리기와 같은 전통놀이를 일상생활 속에서 지속적으로 할 수 있도록 자료와 환경을 마련해 준다.

3) 전통놀이의 유형

우리나라 전통놀이는 신앙, 명절, 계절, 연령, 성별, 참가인원, 장소 등에 따라 다양하게 분류될 수 있으나 놀이의 기능에 따라 영아를 위한 전통놀이, 대근육 운동 전통놀이, 소근육 운동 전통놀이, 놀잇감이 있는 전통놀이 및 노래가 포함된 전통놀이로 나눌 수 있다(박찬옥, 정남미, 임경애, 2004).

〈표 2-6〉 놀이의 기능에 따른 전통놀이 분류

전통놀이 유형	명칭	내용
영아를 위한 전통놀이	도리도리	성인의 '도리도리'에 맞추어 유아가 머리를 좌우로 흔드는 놀이로서 백일 전후 영아의 목운동 효과가 있는 놀이이다.
	짝짜꿍	영아가 두 손을 펴서 손바닥을 마주치는 놀이로서 눈과 손의 협응력 발달을 위한 놀이이다.

전통놀이 유형	명칭	내용
영아를 위한 전통놀이	곤지곤지	영아가 한 손의 검지를 펴고 나머지 손가락은 오므린 채 다른 손의 손바닥을 두드리는 동작으로 눈과 손의 협응을 목표로 한다.
	잼잼	성인의 시범을 따라 양손의 손가락을 오므렸다 폈다하는 놀이로 3, 4개월~첫돌까지 영아를 위한 단독놀이이다.
	따로따로	영아를 방모서리에 잠시 기대어 세워 두거나 방의 가운데 세워 두어 쓰러질 듯하면 잡아 주는 놀이로서 영아의 '서기'를 촉진시킨다.
	단지팔기	영아를 안아 자신의 허리 뒤에 가로 업어 자신과 같이 앞 방향을 보게 하고 "똥단지 사세요."라고 외친다. 영아의 배변의식을 자극하는 놀이이다.
대근육 운동 전통놀이	동대문을 열어라	술래가 두 손을 맞잡아 들고 동대문을 만들면 나머지 유아들이 앞사람 허리를 잡고 통과하면서 "동동 동대문을 열어라" 노래를 한다. 노래가 끝날 때 술래가 팔을 내려 그 속에 갇힌 유아가 다음 술래가 된다.
	가마타기	두 명의 유아가 서로 두 손을 엮어 가마를 만들고 그 위에 한 명의 유아를 태워주는 놀이로서 유아의 대근육 발달과 사회성을 키워준다.
	깨금뛰기	유아가 한쪽 다리를 옆으로 구부려 한 손으로 그 발목을 잡고 다른 발로 오래 서 있거나 뛰어다니는 놀이로 균형감각을 키워주는 놀이이다.
	그림자 밟기	한 낮에 마당에서 유아들이 상대의 그림자를 밟거나 자기 그림자가 남에게 밟히지 않도록 뛰어다니는 놀이이다.
	무궁화 꽃이 피었습니다	술래가 벽을 보고 "무궁화 꽃이 피었습니다"를 외치는 동안 나머지 유아가 조금씩 움직여 술래 쪽으로 다가가는데 이때 움직임을 들킨 유아가 술래의 손을 잡고 선다. 나머지 유아들이 조금씩 다가와 잡힌 손을 탁 쳐주고 도망가면 술래가 뒤 쫓아와 다음 술래를 잡는다.
소근육 운동 전통놀이	실뜨기	60cm 정도의 실을 잘라 양끝을 묶은 후 한 유아가 두 손 전체로 실을 팽팽하게 한다. 나머지 유아가 손가락으로 실을 걸어 올리거나 내리면서 새로운 모양을 만든다.
	쌀보리	두 유아가 마주앉아 한 유아가 자신의 두 손바닥을 펴서 손목 부분을 모아 붙인 후 오므렸다 폈다 하면서 "쌀, 보리"하고 말한다. 다른 유아는 주먹 쥔 손을 상대의 손에 넣었다 뺐다 하는데 "쌀"하면서 오므리면 잡을 수 있으므로 재빨리 주먹을 빼야 한다.
	공기받기	작은 돌 5개를 사용하여 노는 집단 놀이로 여러 가지 변형된 놀이 형태가 존재한다.
	두꺼비 집짓기	모래더미에서 유아들이 한 손을 모래에 묻고 다른 손으로 그 위를 두드리다가 모래에 넣었던 손을 살짝 빼서 구멍을 만드는 놀이이다.

전통놀이 유형	명칭	내용
소근육 운동 전통놀이	땅따먹기	땅바닥에 큰 원이나 네모를 그리고 작은 돌멩이를 구해 말로 정한다. 자기 집안에서 출발하여 말을 세 번 튕겨서 자기 집으로 돌아온다. 세 번 만에 들어온 선을 연결하여 그 선 안의 땅이 자기 것이 된다. 말이 선 밖으로 나가거나 세 번 만에 돌아오지 못하면 다음 차례가 한다.
놀잇감이 있는 전통놀이	소꿉장난	돌, 나뭇가지 등의 자연물을 이용하여 밥 짓기, 반찬 만들기 등을 하며 엄마, 아빠, 아기 등의 역할을 흉내내며 노는 역할놀이이다.
	수박냄새 참외냄새	풀잎을 뜯어 손바닥으로 부비면서 "수박냄새 나나 참외냄새 나나" 노래를 부르며 냄새를 구별하는 놀이이다.
	풀싸움	봄철놀이로서 풀을 뜯어 줄기를 엇갈려 잡아 당겨서 먼저 끊어지는 쪽이 지게 되는 놀이이다.
	비석치기	무릎, 팔, 겨드랑이에 납작한 돌을 끼웠다가 세워 둔 돌멩이에 떨어뜨려 쓰러뜨리는 놀이로 옛날, 서민들이 양반사회의 송덕비에 대한 울분을 토로하면서 했던 놀이에서 유래되었다.
	투호	1인당 12개의 화살을 가지고 3척의 거리에 있는 투호 병에 '살'을 던져 많이 꽂은 수로 승부를 결정하는 놀이이다.
노래가 포함된 전통놀이	꽃 찾기 놀이	'우리 집에 왜 왔니, 왜 왔니, 왜 왔니?' 노래를 부르며 앞으로 나아가고 상대편은 뒷걸음으로 물러서면서 상대편 유아 중 한명을 지목하여 가위바위보를 한다. 지는 유아가 이기는 편으로 간다.
	여우놀이	술래가 여우가 되어 원 안에 앉는다. 나머지 유아들이 '여우야 여우야 뭐하니?'를 부른다. 술래가 '죽었다' 하면 그 자리에 있고 '살았다'하면 모두 달아난다. 술래가 잡은 유아가 다음 술래를 한다.
	이거리 저거리	유아들이 두 줄로 마주앉아 두 다리를 교대로 끼워 앉는다. 한 명의 유아가 손으로 다리를 차례로 짚는다. 노래가 끝나는 순간 손에 짚힌 유아의 다리는 오그릴 수 있다. 먼저 두 다리를 오그리는 유아가 이긴다.
	약손	유아가 배탈이 나서 아파 칭얼댈 때, 성인이 유아의 배를 부드럽게 쓸어 주면서 부르는 노래놀이이다. "엄마손은 약손 ○○배는 똥배"
	수건 돌리기	유아들이 원으로 둘러 앉아 노래를 부르는 동안에 술래가 된 유아는 원 밖에서 돌다가 한 유아의 뒤에 수건을 살짝 놓는다. 그것을 알아차린 유아가 수건을 얼른 집어들고 얼른 쫓아가 술래가 빈 자리에 앉기 전에 치는 놀이이다.
	꼬부랑 할머니	유아의 대 · 소변 가리기를 위해 창안된 노래 놀이이다.

4) 전통놀이 활동의 실제

활동1 _ 비석치기

활동목표
- 신체기관에 대해 관심을 가진다.
- 지각과 운동의 협응 능력을 발달시킨다.

준비물
- 손바닥 크기의 납작한 돌(유아 각자가 하나씩 갖도록 충분한 수를 준비한다)

놀이방법
1. 4~5m 간격을 두고 바닥에 길게 두 줄로 색 테이프를 붙여 표시를 한다.
2. 유아를 두 편으로 나누어 앉게 한다.
3. 게임 자료를 소개하고 게임방법에 대해 의논한다.
   - 다른 유아의 돌을 쓰러뜨리려면 어떤 방법으로 하면 재미있을지 말해 보자.
   - 교사가 몇 가지 방법을 먼저 소개한다.
     - 병쥐기: 병을 쥔 것처럼 손을 오므리고 그 위에 말을 올려놓고 걸어가 쓰러뜨리기
     - 신문팔이: 겨드랑이에 말을 끼고 걸어가 쓰러뜨리기
     - 떡장수: 머리 위에 말을 올려놓고 걸어가 쓰러뜨리기
     - 발치기: 발등 위에 말을 올려놓고 걸어가 쓰러뜨리기
     - 장군: 어깨 위에 말을 올려놓고 걸어가 쓰러뜨리기
     - 걸음마치기: 무릎 사이에 말을 올려놓고 걸어가 쓰러뜨리기
     - 턱치기: 턱과 목 사이에 말을 올려놓고 걸어가 쓰러뜨리기
     - 배사장: 배를 내밀고 배 위에 말을 올려놓고 걸어가 쓰러뜨리기
4. 모든 유아에게 말을 나누어 준다.
5. 게임의 규칙을 유아들과 함께 정한다.
6. 게임을 한 후 평가를 한다.

유의점 • 유아가 스스로 세울 수 있는 납작한 돌로 준비한다.
• 돌을 던지거나 위험한 행동을 하지 않도록 지도한다.

활동2 _ 투호놀이

활동목표 • 우리의 전통놀이에 대해 관심을 가진다.
• 주의집중능력과 신체조절능력을 기른다.

준비물 • 좁고 긴 통 2개, 대나무 우산살 10개, 마스킹 테이프, 점수판

놀이방법

1. 출발선을 표시하고 맞은편에 통 2개를 나란히 놓는다. 통에서 1m 거리를 두고 마스킹 테이프로 표시한다. 우산살 윗부분은 테이프로 감아 편을 표시한다.
2. 두 편으로 나누어 앉는다.
3. 양편의 수를 확인한다.
4. 게임 자료를 소개한다.
5. 게임 방법과 규칙을 유아들과 의논한다.
   • 표시된 곳에 서서 막대를 통에 던져 넣을 거야. 각자 몇 개씩 넣으면 될까?
   • 다 넣고 난 후 몇 개를 넣었는지 세어서 점수판에 스티커를 붙여 보자.
   • 다 던진 후 막대는 다음 사람을 위해 모아 주도록 하자.

6. 게임을 한 후 평가한다.

유의점 • 유아의 수준을 고려하여 통과 유아의 위치를 조절해 준다.

5. 식물 관찰하기와 기르기

식물 관찰하기와 기르기는 실내에서도 할 수 있지만 실외놀이터, 텃밭, 꽃밭, 흙마당 등 실외에서 보다 효과적으로 이루어지는 활동이다. 식물 관찰하기와 기르기는 햇볕이 잘 들고 통풍과 배수가 잘되는 쪽에 텃밭이나 꽃밭을 만들거나 화분을 활용하여 채소와 꽃을 가꾸면서 할 수 있다. 식물은 계절별로 적합한 것을 선정하여 여러 가지 식물을 관찰하고 가꾸어 볼 수 있는 기회를 제공한다. 또한 심고 가꾸지 않아도 저절로 피고 지는 민들레, 제비꽃 등과 같은 들풀도 잘 관찰하고 소중히 여길 수 있도록 지도한다. 나무를 심을 수 있는 유아교육기관이라면 지역의 기후과 토양에 적합한 유실수나 꽃을 피우는 나무를 계절별로 안배하여 심고 계절마다 다른 종류의 꽃과 열매를 관찰할 수 있도록 하는 것이 좋다. 실외공간이 협소한 유아교육기관은 작은 공간을

식물 관찰하기와 기르기는 실외에서 효과적으로 이루어지는 활동이다.

활용하여 창문앞에 나팔꽃을 심어 줄기가 어느 쪽으로 감아 올라가는지, 꽃은 하루 중 언제 활짝 피고 언제 봉우리를 닫는지 관찰한다. 지붕으로는 수세미나 박을 올려 수세미와 박이 자라는 과정을 관찰하고 가을에 수확해 수세미와 바가지를 만들어 일상생활에서 활용해 보도록 한다. 상추와 오이 같은 채소는 수확해 먹어보면서 오이는 오이대로 상추는 상추대로 독특한 맛과 향이 있음을 경험하게 할 수 있다(교육부 유치원 지도서, 2009).

활동1 _ 텃밭 가꾸기

텃밭을 만들 땅을 선택할 때에는 물이 가까이 있어야 하며 햇볕이 하루 중 반 이상이 닿는 장소가 좋다. 텃밭을 만들 땅이 없을 경우에는 스티로폼 상자나 부대자루 또는 화분에 작물을 심어 가꿀 수 있다. 또는 인근에 있는 주말농장을 빌려서 할 수도 있으나 유아들이 생장과정을 지켜볼 수 있는 가까운 곳에 있는 것이 좋다. 교사의 텃밭 가꾸는 모습을 보면서 유아들은 심고, 자라고, 수확하는 과정을 알고 즐기게 된다. 계절에 따른 텃밭 가꾸기 실제는 다음과 같다.

계절	월	작업내용	비고
여름	6월	• 보리 베기 • 못자리에서 기르기/모심기(6월하순경)	• 보리를 베어서 햇볕에 널어 말린다. • 볍씨에서 싹이 나면 못자리로 옮겨 싹이 자라게 한다. 싹이 자라면 논에 옮겨 심는다.
	7~8월	• 열매 수확하기	
가을	9월	• 보리 파종하기/가을채소 심기	• 배추, 무, 파
	10월		
겨울	11월	• 보리가 싹이 나면 짚으로 덮어주어 냉해를 막는다.	• 볍집
	12월		
	1월		
	12월		
봄	4~5월	• 텃밭의 돌 잡초 등을 제거하고 땅을 파서 일구고 딱딱하게 굳은 흙덩어리는 깨서 부드럽게 한다. • 밀 비료로 계분이나 복합비를 뿌려서 뿌리고 모종을 심는다. • 모종이 10cm 정도 큰 다음 비료를 뿌리에 닿지 않게 준다. • 고추, 토마토, 오이 등은 지줏대를 만들어 준다.	• 상추, 시금치, 고추, 토마토, 치커리, 쑥갓, 호박, 오이 등은 특별히 큰 기술이 없어도 기르기 쉬운 채소다. • 심는 간격은 그 식물이 성장했을 때 키를 고려해서 심는다. • 구덩이를 파고 물을 흠뻑 준다. 뿌리의 활착을 돕는 데 중요하다. • 심는 날은 비오기 전날이나 비가 온 날에 심는 것이 좋다. 맑은 날 심으면 물을 흠뻑 주고 1주일 정도는 물 관리에 신경을 써야 한다.
		• 논 만들기	• 물이 빠지지 않도록 비닐을 깔고 흙을 넣는다.
		• 볍씨 담그기(곡우)	• 볍씨, 접시

참고문헌

교육부(1995). **유치원 교육 활동 지도 자료 I, 총론**. 교육부.

교육부(1993). **종일반 운영지도 자료**. 교육부.

교육부(2016). **2015 유치원 시설안전관리 매뉴얼**.

교육부 · 보건복지부(2019a) **2019 개정 누리과정 놀이실행자료**

________________(2019b) **2019 개정 누리과정 놀이이해자료**

________________(2019c) **2019 개정 누리과정 해설서**

김광언(1982). **한국위 민속놀이**. 인천: 인하대학교 출판부.

김나영, 윤호열 역(2005). **영유아 운동놀이 프로그램**. 양서원.

김수영(2000). 유아의 또래수용도, 놀이상호작용 및 놀이형태와의 관계. **한국유아교육학회**, 20(3), 47-65.

김수영, 김수임, 허선자 역(1998). **유아의 놀이와 발달**. 창지사.

김수진(1995). 놀이 상황에서의 집단 크기와 놀이감 특성에 따른 놀이행동 유형에 관한 연구. 이화여자대학교 교육대학원 석사학위논문.

김온기(1983). 유아의 상상놀이에 관한 일 연구: 자유놀이 활동을 중심으로. 이화여자대학교 교육대학원 석사학위논문.

김용희(1991). 유아의 기질에 따른 놀이영역 선택 및 놀이형태: 4세아를 중심으로. 이화여자대학교 대학원 석사학위논문.

김현아(2005). 유아의 자기통제, 사려성 및 사회적 향상을 위한 동화와 게임의 통합프로그램 개발과 적용. 영남대학교 대학원 박사학위논문.

김형미(1998). 유아의 기질에 따른 실외놀이 형태. 이화여자대학교 대학원 석사학위논문.

낭경화(1998). 교사를 위한 아동놀이치료 워크숍. 한국놀이치료학회.

노희연(2002). 영아의 놀이행동이해. 중앙대학교 대학원 석사학위논문.

문현주(1996). 20-35개월 유아의 가상놀이 발달에 관한 연구. 숙명여자대학교 대학원 박사학위논문.

박경숙, 장영림, 임진영(1993). 현장관찰을 통한 유치원 교육활동분석연구. 연구보고 RR 93-16. 한국교육개발원.

박찬옥, 정남미, 임경애(2004). **유아놀이지도**. 학문사.

뿌리깊은 유치원 교사 연구회(2018). **유치원 학급경영 어떻게 할까**. 사람과 교육

성영호, 권지윤(1996). 도시 · 농촌 아동의 놀이활동에 관한 실태조사. **한국사회체육학회지**, **6**, 75-82

손영숙(2005). 뇌는 빈 서판인가: 인간발달의 신경심리학적 기초. 두뇌발달과 유아교육. 한국유아

교육학회 대구 · 경북지회.
송하나(2010). **신경심리학적 관점에서 본 놀이와 학습**. 한국육아지원학회.
심현정(2000). 영아의 새로운 환경의 적응과정 탐색. 중앙대학교 대학원 석사학위논문.
삼성복지재단(1997). 어린이와 환경. 제5회 국제학술대회.
삼성복지재단(1998). 유능한 어린이로 키우기. 제6회 학술대회 자료집.
서울특별시교육청(1993). **유아전통놀이교육활동지도자료**.
신옥순(1998). **유아교육학개론**. 학지사.
신은수(2000). 놀이에 대한 교사 효능감이 교사와 유아의 상호작용과 유아놀이 발달에 미치는 영향. **유아교육 연구**, 20(1), 27-42.
신은수, 김은정, 안부금, 유영의(2001). **놀이와 유아교육**. 학지사.
양옥승 외 6 공역(2003), **놀이와 아동발달**(Play and Child Development). 정민사.
엄정애(2009). **영유아 놀이와 교육**. 교문사.
엄정애(1992). 놀이감의 실물성이 유아의 사물에 대한 가작화에 미치는 영향. 이화여자대학교 대학원 석사학위논문.
우진아(2002). 유아의 거친 신체놀이에 대한 교사의 인식 및 놀이양상. 중앙대학교 교육대학원 석사학위논문.
유영의(2004). 교사의 놀이교수효능감에 따른 유아의 구성놀이 질의 차이. 덕성여자대학교 박사학위논문.
유애열(1994). 유아의 상상놀이와 교사개입에 관한 연구. 연세대학교 대학원 박사학위논문.
유효순, 조정숙(2005). **놀이이론과 실제**. 한국방송통신대학교 출판부.
윤애희, 박정민(2004). **유아체육교육의 이론과 실제**. 창지사.
이경우, 반운경(1992). **그룹게임: 피아제 이론이 암시하는 수교육**. 창지사.
이경주(2002). 유아의 놀이성에 따른 놀이영역 선택. 배재대학교 대학원 석사학위논문.
이기숙, 이은화, 이영자, 이숙재(1995). **유아발달에 적합한 유치원 실내교육환경**. 교육부.
이기숙, 오은순 공역(1998). **우리 아이들의 놀잇감 선택방법**. 양서원.
이순형, 서봉연, 이소은, 성미영(1999). 컴퓨터 게임이 아동의 공간기술과 단기기억에 미치는 효과. 한국아동학회.
이순희, 김미애, 김희동(1997). **영아를 위한 놀이지도**. 교육아카데미.
이숙재(2000/2004). **유아를 위한 놀이의 이론과 실제**. 창지사.
이양자(1980). 어린이 놀이터 시설물에 관한 연구 홍익대학교 산업미술대학원 석사학위논문.
이은해, 지혜련, 이숙재 편역(1993). **놀이이론**. 창지사.
이지현(1998). 유아의 기질 및 성에 따른 놀이행동. 성신여자대학교 대학원 석사학위논문.
임부연, 오정희, 최남정(2008). 비구조적인 자유놀이 시간에 유아들이 보여주는 "진짜 재미있는 놀이"에 대한 현상학적 연구, 유아교육연구, 185-210.

장영희(1995). **2 · 3세 영유아를 위한 종일제 프로그램**. 한국유아교육학회.

장혜순(2004). **유아놀이의 이론과 실제**. 학지사.

조정숙(2001). 유아의 갈등해결을 위한 우호적 협상전략 교육의 효과에 관한 연구. 유아교육학논집, 6(1), 61-85.

지성애(1995). **유아놀이지도**. 정민사.

최석란(2005). **놀이와 유아발달**. 양서원.

최석란, 이경희, 이상호, 서원경(2006). **놀이지도**. 양서원.

최세진(2003). 만 3, 4, 5세 유아의 친구관계 형성과 놀이. 이화여자대학교 대학원 석사학위논문.

최혜영(1995). 유치원의 그룹게임 운영실태에 관한 연구. 이화여자대학교 교육대학원 석사학위논문.

하재옥(2006). 유아교사의 테크놀로지 활용태도 및 능력변인 연구. 석사학위논문. 숙명여자대학교 원격대학원.

한국미술치료학회(2000). 미술치료연수회 자료집. 한국미술치료학회 부설 한국임상미술대학.

한국발도르프영유아교육학회(2011). 자연과 함께하는 삶의 교육, 제7회 하계 학술대회 및 세미나.

행안부(2009). **어린이 놀이 시설 안전관리 법령집.**

황해익, 송연숙, 정혜영(2003). **유아행동관찰법**. 창지사.

황해익, 송연숙, 최혜진, 정혜영, 이경철, 민순영, 박순호, 손원경(2001). **유아교육기관에서의 포트폴리오 평가**. 창지사.

Allesandri, S. M.(1991). Play and social behavior in maltreated preschoolers. *Development and Psychopathology, 3*, 191-205.

Almy, M., Monighan, P., Scales, B., & Van Hoorn, J.(1984). *Recent Research on Play: The Teacher's Perspective. Current topics in early clhildhood education. Norwood*, NJ: Ablex Publishing Corporation.

Ames, L. B. Gillespie, C., Hanines, J., & Ilg, F. M.(1979). *The Gesell Institute's child from one to six*. New York: Harper & Row.

Athey, I.(1984). Contributions of play to development, In: T. D. Yawkey & A. D. Pellegrini(Eds.), *Child's Play: Developmental and applied*(pp. 9-28). Hillsdale, NJ: Erlbaum.

Axline, V.(1969). *Play Therapt*(rev.ed). NY: Ballantine Books.

Bakerman, R. & Brownlee, J. R.(1980). The strategic use of parallel play: A sequentital analysis. *Chiild Development, 51*, 873-878

Barbour, A. C.(1999). The impact of playground design on the play behaviors of children with differing levels of physical competence. *Early Childhood, Research Quarterly, 14*(1), 75-98.

Barnett, L.(1991). Characterizing playfulness: Correlates with individual attributes and personal traits. *Play and Culture, 4*(4), 371–393.

Becker, J.(1997). A learning analysis of the development of peer–oriented behavior in nine–month–old infants. *Developmental psychology*, 13, 481–491.

Beers, C. & Wehman, P.(1985). Play skill development. In M. Fallen & W. Umansky(Eds.), *Young children with special needs*. Columbus, OH: Charles E.

Belsky, J., & Most, R.(1981). From exploration to play: A cross–sectional study of infant free play. *Developmental Psychology*, 17, 630–639.

Belsky, J., Garduque, L., & Hmcir, E.(1984). Assessing performance, competence, and executive capacity in infant play: Relations to home environment and the security of attachment. *Developmental Psychology*, 20, 40.

Berenbaum, S. A., & Hines, M.(1992). Early androgens are related to childhood sex–typed toy preferences. *Psychological Science, 3*, 203–206.

Berk, L. E.(1989). *Child development*. Boston, MA: Allny and Bacon.

Berk, L. E., Mann, T. D., & Organ, A. T.(2006). Make–believe play: Wellspring for development of self–regulation. In D. G. Singer, R. M., & K. Hirsh– Pasek(Eds.), *Play=learning: How play motivates and enhances children's cognitive and social-emotional growth*. NY: Oxford U. Press.

Berlyne, D. E.(1969). Laughter, humor, and play. In G. Lindzey & E. Aronson(Eds.), *Handbook of social psychology*(Vol. 3). Reading, MA: Addison–Wesley.

Bianchi, B. D., & Bakeman, R.(1978). Sex–typed affiliation preferences expressed in preschoolers: Traditional and open school differences. *Child Development, 49*, 910–912.

Bolig, R.(1984). Play in hospital settings. In T. D. Yawkey & A. D. Pellegrini(Eds.), *Child's Play: Developmental and applied*(pp. 323–346). Hillsdale, NJ: Erlbaum.

Boyatzis, C. J., & Watson, M.(1993, March). Levels of reality and correlates of toddlers' and preschoolers' fantasy play. Paper presented at the Biennial Conference of the Society for Research in *Child Development*, New Orleans.

Brenner, J. & Mueller, E.(1982). Shared meaning in boy toddlers' peer relations. *Child Development, 53*, 380–381.

Bretherton, I.(1986). Representing the social world in symbolic play: Reality and fantasy. In I. Brethton(Ed.), *Symbolic play: The development of socialunderstanding*(pp. 3–41). New York: Academic Press.

Brody, G. H., Graziano, W. G., & Musser, L. M.(1983). Familiarity and children's behavior in same–age and mixed–age peer groups. *Developmental Psychology, 19*, 568–576.

Bronfenbrenner, U.(1979). *The ecology of human development*. Cambridge, MA: Harvard University Press.

Bronson, M. B.(1995). *The right stuff for children birth to 8: selecting play materials to support development*. NAEYC.

Brown, J. G. & Burger, C.(1984). Playground design and preschool children's behaviors. *Environment and Behavior, 16*(5), 599–626.

Brown, N., Curry, N., & Tittnich, E.(1971). How groups of children deal with common stress through play. In N. Curry & S. Arnaud(Eds.), *Play: The child strives towards self-realization*(pp. 26–38). Washington, DC: NAEYC.

Bruner, J. S.(1972). The nature and uses of immaturity. *American Psychologist, 27*, 687–708.

Bruya, L. D.(1985). Design characteristics used in playgrounds for children. In J. L. Frost & S. Sunderlin(Eds.), *When children play*. Wheaton, MD: Association for Childhood Education International.

Burns, S. M., & Brainerd, C. J.(1979). Effects o constructive and dramatic play on perspective–taking in very young children. *Developmental Psychology, 15*, 512–521.

Campbell, S. D. & Frost, J. L.(1985). The effects of playground type on thecognitive and social play behavior of grade two children. In J. L. Frost & S. Sunderlin(Eds.), *When children play*. Wheaton, MD: Association for Childhood Education International.

Cazden, C.(2001), Classroom Discourse: The Language of Teaching and Learning(2nd ed.). Portsmouth, NH: Heinemann.

Cielinski, K. L., Vaughn, B. E., & Seifer, R.(1993). *Relations among sustained attention in play, quality of play, and mother-child interaction in samples of children with Down Syndrome and normally developing toddlers*. Unpublished paper.

Clark–Stewart, A.(1984). Day care: A new context for research and development. In M. Perlmutter(Ed.), The Minnisota Symposia on Child Psychology: Vol. 17(pp.61–100). Hillsdale, NJ: Erlbaum.

Coates, S., Lord, M., & Jakabovics, E.(1975). Field dependence–independence, social–nonscocial play and sex differences in preschool children. *Perceptual and Motor Skills, 40*, 195–202,

Colbert, J.(1997. May/Jung). Classroom Design and How It Influences Behavior. *Early Chilhood News, 9*(3), pp.22–29.

Cohn, D.(1991). Anatomical doll play of preschoolers referred for sexual abuse and those not referred. *Child Abuse and Neglect, 15*, 455–466.

Chandler, G. E.(1986). The relationship of nursing work environment to empowerment and powerlessness. Unpublished doctoral dissertation. University of Utah, Salt Lake City.

Christie. J., Johnsen, P., & Peckover, R.(1988). The effects of play period duration on children's play patterns. *Journal of Research in Childhood Education, 3*, 123−131.

Csikszentmihalyi, M.(1990). *Flow: The psychology of optimal experience*. New York: Harper & Row.

Damast, A. M., Tamis−LeMonda, C. S., & Bornstein, M. H.(1993, March). *Timing and content in maternal play suggestions during mother-toddler interactions*. Paper presented at the Biennial Conference of the Society for Research in Child Development, New Orleans.

Damast, A., M., Tamis−LeMonda, C. S., & Bornstein, M. H.(1996). Mother−child play: Sequential interactions and the relation between maternal beliefs and behaviors. *Child Development, 67*, 1752−1766.

Dansky, J. L.(1980). Make−believe: A mediator of the relationship between play and associative fluency. *Child Development 51*, 576−579.

Decker, C. A., & Decker, J. R.(1992). *Planning and admistering early childhood programs*. NY: Macmillan.

DeMarrais, K., Nelson, P., & Baker, J.(1994). Meaning in mud: Yup'k Eskimo girls at play. In J. Roopnarine, Johnson, & Hooper(Eds.), *Children's play in diverse cultures*. Albany: NY.

Dempsey, J. D. & Frost, J. L.(1993). Play environments in early childhood education. In B. Spodek(Ed.), *Handbook of research in early childhood education*(2nd ed.). New York: Macmillan.

DeVries & Kohlberg(1987). *Programs of early education: The constructive view*. New York: Teachers College Press.

Doyle, A., Connolly, J., & Rivest, L.(1980). The effect of playmate familiarity on the social interactions of young children. *Child Development, 51*, 217−223.

Eisenberg, N., Wolchik, S. A., Hernandez, R., & Pasternake, J. F.(1985). Parental socialization of young children's play. *Child Development, 56*, 1506−1513.

Elias, C. L., Berk, L. E.(2002). Self−regulation in young children: Is there a role for sociodramatic play?. *Early Childhood Research Quarterly, 17*, 216−238.

Elkind, D.(1979). *The child and society: Essays in applied child development*. New York: Oxford University Press.

Elkind, D.(1981). The hurried child. *Growing up too fast too soon*. Reading MA: Addison−Wesley.

Elkind, D.(1987). *Miseducation: Preschoolers at risk*. New York: Knopf.

Elkind, D.(1996). Young children and technology: A cautionary note. *Young children, 51*(6).

Ellis, M. J.(1973). *Why people play*. Englewood Cliffs, NJ: Prentice-Hall.

Erikson, E.(1963). *Childhood and Society*(2nd ed.) Yew York: Norton.

Enz, B. & Christie, J.(1997). Teacher play interaction styles: Effects on play behaviors and relationships with teacher training and experience. *International Journal of Early Children Education. 2*, 55-75.

Esposito, B. G., & Koorland, M. A.(1989). Play behavior of hearing impaired children: Integrated and segregated settings. *Exceptional Children, 55*, 412-419.

Fagot, B., & Leinbach, M.(1983). Play style in early childhood. In M. Liss(Ed.), *Sex roles and childern's play*(pp.93-116). New York: Academic.

Fagot, B. I., Hagan R., Youngblade, L. M., & Poter, L.(1989). A comparison of the play behaviors of sexually abused, physically abused, and nonabused children. *Topics in Early Childhood Special Education, 9*, 88-100.

Fantuzzo, J., & Sutton-Smith, B.(1994). *Play Buddy Project: A preschool-based intervention to improve the social effectiveness of disadvantaged high-risk children*. W. DC: U. S. Department of Health and Human Services.

Farver, J., Kim, Y., & Lee, Y.(1995). Cultural differences in Korean-and Anglo-American preschoolers' social interaction and play behaviors. *Child Development, 66*, 1088-1099.

Fein, G. & Apfel, N.(1979). The development of play style, stracture and situation. *Genetic Psychology Monographs*, pp. 231-250.

Fein, G. & Robertson, A. R.(1974). *Cognitive and social dimensions of pretending in two-year olds*.

Fein, G.(1981). Pretend Play: An integrative review. *Child Developments, 52*, 195-1118.

Fein, G.(1975). A transformational analysis of pretending. *Developmental Psychology, 11*, 291-206.

Fenson, L. & Ramsay, D. S.(1980). Decentration and integration of play in the second year of life. *Child Development, 51*, 171-178.

Fenson, L.(1986). The developmental progression of play. In A. W. Gottfriend & C. C. Brown(Eds.), *Play interactions: The contribution of play materials and parental involvement to children's development*(pp. 55-66). Lexington, MA: Heath.

Fenson, L., Kagan, J., Kearsley, R., & Zelazo, P.(1976). The developmental progression of manipulative play in the first two years. *Child Development 47*, 232-239.

Fewell, R., & Rich, J.(1987). Play assessment as a procedure for examining cognitive, communication, and social skills in multihandicapped children. *Journal of Psychoeducational Assessment, 2*, 107−118.

Field, T.(1980). Preschool play: Effect of teacher/child ratios and organization of classroom space. *Child Study Journal, 10*, 191−205.

File, N.(1994). Children's play, teacher−child interactions, and teachers' beliefs in integrated early childhood programs. *Early Childhood Research Quarterly, 9*, 223−240.

Fink, R. S.(1976). Role of dramatic play in cognitive development. *Psychological Reports, 39*, 895−906.

Fisher, E.(1992). The impact of play on development: A meta−analysis. Play & Calture, 5, 159−181.

Fogel, A.(1979). Peer vs. mother−directed behavior in 1−to 3−month−old infants. *Infant Behavior and Development, 2*, 215−216.

Forman, G.(1998). Construtive Play. In D. Fromberg & D. Bergen(Eds.), Play from birth to twelve and beyond: Context, perspective and meaning(pp.392−400). New York: Garland.

Freud, A.(1968). *The psychoanalytical treatment of children*. New York: International Universities Press.

Freud, A.(1974). *The ego and the mechanisms of defense*. New York: International Universities Press.

Frost, J. L.(1997). **놀이환경: 놀이의 중요성과 창의적인 실외환경 구성**. 이은해(역). 제5회 국제학술대회. 어린이와 환경. 삼성복지재단. 37−97.

Frost, J. L., & Kissinger, J. B.(1976). *The young child and the educative precess*. NY: Rinehart & Winston, Inc.

Frost, J. L., & Klein, B. L.(1979). *Children's play and playgrounds*. Boston: Allyn and Bacon.

Gabbard, C.(2000). Physical education: Should it be part of the core curriculum? Principal, 79(3), 29−31.

Gallahue, D. L., & Ozmun J.C.(1995). *Understanding Motor Development: Infants, Children, adolescents*. Adults: Dubugue. IA: Brown & Benchmark.

Gallahue, D. L., & Ozmun, J. C.(2006). *Understanding motor development*(6th ed.). Boston: McGraw−Hill.

Gardner, R.(1972). Once Upon a time there was a doorknob…. *Psychology Today*. 67−71.

Gardner, R.(1986). *Therapeutic communication with children: The mutual storytelling technique*. New York: Science House.

Garvey, C.(1977). *Play*. Cambridge, MA: Harvard University Press.

Garvey, C.(1984). *Children's talk*. Cambridge, MA: Harvard University Press.

Garvey, C., & Berndt, R.(1997, September). *The organization of pretend play*. Paper presented at the Annual Meeting of the American Psychological Association, Chicago.

Ginott, H. G.(1961). *Group Psychotherapy with children*. NY: McGraw-Hill.

Goncu, A., Tuermer, U., Jain., & Johnson, D.(1999). Children's play as cultural activity. In A. Goncu(Ed.), *Children's engagement in the world: Sociocultural perspectives*(pp.148-170). New York: Cambridge University Press.

Gordon, M.(2010). **공감의 뿌리**. 문희경(역). 샨티.

Gouldner, H.(1978). *Teacher's pets, trouble-maker, and nobodies*. Westport, CT: Greenwood Press.

Gowen, J.(1995). The early development of symbolic play. *Young Children*, 75-81.

Greenman, J.(1988). *Caring spaces, learning places: Children's environments that work*. Redmond, WA: Exchange Press.

Grinder, B., & Johnson, J.(1994). Gender related teacher behavior and interventions their consequences for preschool children at free play in day care settings: Preliminary results. *Paper presented at the annual meeting of the American Educational Research Association*, New Orleans.

Haight, W.(1998). Adult direct and inirect influences on play. In D. Fromberg & D. Bergen(Eds.), *Play from birth to twelve, and beyond: Contexts, perspectives, and meaning*(pp. 259-264). New York: Garland.

Harper, L., & Sanders, K.(1975). Preschool children's use of space: Sex differences in outdoor play. *Developmental Psychology*, 11, 119.

Hartley, R. E. & Goldenson, R. M.(1963). *The complete book of chileren's play*(revised.) New York: Thomas Y. Growell.

Hartley, R. E.(1971). Play: The essential ingredient. *Childhood Education, November*, 80-84.

Hartley, R. E., Frank, L. K. & Goldenson, R. M.(1952). *Understanding children's play*. New York: Columbia University Press.

Haslum, M.(1988). Length of preschool hospitalizaton, multiple admission, and later educational attainment. *Child: Care, Health, and Development, 14*. 275-291.

Hayward, D., Rothenberg, M., & Beasley, R.(1974). Children's play and urbanplayground environment:A comparison of traditional contemporary, and adventure playground types. *Environment and Behavior, 6*(2), 131-168.

Hazen, N. L. & Black, B.(1989). Preschool peer communication skills: The role of social status and interaction context. *Child Development*, 60, 867–876.

Helm, J. H., Benek E, S., & Steinheimer, K.(1998). *Windows on learning: Documenting young children's work*. NY: Teachers College Press.

Hetherington, E. M., & Cox. M., & Cox, R.(1979). Play and social interaction in children following divorce. *Journal of social issues, 35*, 26–49.

Hill, P & McCune–Nicolich, L. M.(1981). Pretend play and patterns of cognition in Down's syndrome children. *Child Development, 52,* 611–617.

Hirsch, E. S.(1973). Block Building: Practical Considerations for the Classroom Teacher. In E. S. Hilsch(Ed.), *The Block Book*(pp. 88–100). Washington DC: NAEYC.

Howes, C. & Matheson, C. C.(1992). Sequences in the development of competent play with peers: Social and social pretend play. *Developmental Psychology, 28*, 961–974.

Howes, C.(1980). Peer play scale as an index of complexity of peer interaction. *Developmental Psychology, 16*(4), 371–372.

Hughes, F. P.(1999). *Children, Play, and Development*. Allyn and Bacon.

Hughes, M., & Hutt, C.(1979). Heart–rate correlates of childhood activities: Play, exploration, problem–solving and day dreaming. *Biological Psychology, 8*, 253–263.

Hutt, C.(1971). Exploration and play in children. In R. E. Herron and B. Sutton–Smith(Eds.), *Child's play*(pp. 231–251). New York: John Wiley & Sons.

Inhelder, B., & Piaget, J.(1964). *The early growth of logic in the child*. New York: Norton.

Irwin, D., & Bushnell, M.(1980). *Observational strategies for child study*. NY: Holt, Rinehart and Winston.

Jeffree, D., & McConkey, R.(1976). An observation scheme for recording children's imaginative doll play. *Journal of Child Psychology and Psychiatry*, 17, 189–197.

Johnson, D. W., Johnson R., Dudley, B., Ward, M., & Magnuson, D.(1995). Impact of peer meditation training on the management of school and home conflicts. *American Educational Research Journal, 32*, 829–844.

Johnson, J. E.(1976). Relations of divergent thinking and intelligence test scores with social and non–social make–believe play of preschool children. *Child Development, 47*, 1200–1203.

Johnson, J. E., Christie, J. F. & Wardle, F.(2005). *Play, Development and Early Education*. Boston: Pearson Education, Inc.

Johnson, J. E., Christie, J. F.(1999). **유아의 놀이와 발달**. 김수영, 김수임, 허선자(역). 창지사.

Johnson, J. E., Christie, J. F., & Yawkey, T. D.(1987). *Play and Early Childhood Develop-*

ment. Scott, Foresman and Company.

Johnson, J. E., Christie, J. F., & Yawkey, T. D.(1999). *Play and early childhood development*(2nd ed.). New York: Longman.

Johnson, J. E., Christie, J. F., & Yawkey, T. D.(1999). *Play and Early Childhood education*. New York: Longman.

Johnson, J. E., Ershler, J.(1981). Developmental trends in preschool play as a function of classroom play and child gender. *Child Development, 52*, 995–1004.

Johnson, J.(1983). Context effects on preschool children's symbolic behavior. *Journal of Genetic Psychology*, 143, 259–268.

Kamii, C., & DeVries, R. (1980). **그룹게임: 이론과 실제**. 이윤경(역). 교문사. 1995.

King, N.(1979). Play: The kindergarten's perspective. *Elementary School Journal, 80*, 81–87.

King, N.(1982). Work and play in the classroom. *Social Education, 46*, 110–113.

Kinsman, C., & Berk, L.(1979). Joning the block and housekeeping areas: Changes in play and social behavior. *Young Children*, 35(1), 66–75.

Kohl, F. L. & Beckman, P. J.(1984). A comparison of handicapped and non–handicapped preschoolers' interactions across classroom activities. *Journal of the Division for Early Childhood, 8*, 49–56.

Kostelnik, M. J.(1988). *Guiding children's social development*(3rd ed.). Albany, NY: Delmar.

Kritchevsky, S., Prescott, E., & Walling, L.(1977). *Planning environments for young children: Physical space*. Washington DC: National Association for the Education of Young Children.

La Freniere, P., Strayer, F., & Gauthier, R.(1984). The emergence of same–sex affiative preferences among preschool peers: A developmental ethnological perspective. *Child Development*, 55, 1958–1965.

Ladd, G. W. & Price, J. M.(1993). Play styles of peer–accepted and peer–rejected children on the playground. In C. Hart(Ed.), *Children on playgrounds*(pp. 130–161). Albany New York: SUNY Press.

Lederberg. A. R., Chapin, S. L., Rosenblatt, V., & Vandell, V. L.(1986). Ethnic gender, and age preferences among deaf and hearing peers. Child Development among deaf and hearing peers. *Children Development*, 55, 1958–1965.

Li, A. K. F.(1985). Toward more elaborate pretend play. *Mental Retardation, 23*, 131–136.

Lickona. T.(1983). Raising good children: From Birth Through the Teenage Years, New York: Bantam Books, 1983.

Lieberman, J. N.(1977). *Playfulness: Its relationship to imagination and creativity*. New York:

Academic Press.

Lifter, K. & Bloom, L.(1998). Intentionality and the role of play in the transition to language. In A. M. Wetherby, S. F. Warren & J. Reichle(Eds.), *Tansitions in prelinguistic communication*. Baltimore: Paul Brookers.

Linder, T.(1993). *Transdisciplinary play-based assessment*(Rev. ed.). Baltimore, MD: Paul H. Brookes.

Liss, M.(1981). Patterns of toy play: An analysis of sex differences. *Sex Roles*, 7, 1143–1150.

Logan, R. D.(1977). Sociocultural change and the emergence of children as burdens. *Child and Family, 16*, 295–304.

Lyod, B., Howe, N.(2003). solitary Play and convergent and divergent thinking skills in preschool Children. *Early Childhood research Quarterly 18*, 22–41.

Mann, L. F.(1984). Play behaviors of deaf hearing childrea. In D. S. Martin(Ed.), *International Symposium on Cognition, Education, and Deafness*. Washington, DC: Gallaudet College Press.

Martin, C., & Fabes, R.(2001). The stability and consequences of young children's same–sex peer interactions. *Developmental Psychology, 37*, 431–446.

Martini, M.(1994). Peer interaction in Polynesia: A view from the Marquesas. In J. L. Roopnarine, J. E. Johnson, & F. H. Hooper(Eds.), *Children's playing diverse cultures*. Albany, NY: State University of New York Press.

Matterson, E. M.(1965). *Play with a Purpose for Under-Sevens*. London: Nicholls & Company.

Mayesky, M.(1990). *Creative activities for young children*(4th ed.). New York: Delmar pablishers Inc.

McCune, L.(1995).A normative study of representational play at the transition to language. *Developmental Psychology, 31*(2), 198–206.

McLoyd, V.(1980). Verbally expressed modes of transformation in the fantasy play of black preschool children. Child Development, 51, 1133–1139.

McLoyd, V.(1983). The effects of the structure of play objects on the pretend play of low–income preschool children. *Child Development*, 54, 626–635.

Mead, M.(1975). *Growing up in New Guinea*. New York: Morrow.

Miller, B. C., Fernie, D., & Kantor, R.(1992). Distinctive literacies in different preschool play contexts. *Play an Culture, 5*, 107–119.

Molly, H. L., & McMurray, P.(1996). Conflict Strategies and resolutions: Peer conflict integrated early childhood classroom. *Early childhood Research quarterly, 11*, 185–206.

Moore, G.(1987). The physical environment and cognitive development in child-care centers. In C. Weinstein & T. David(Eds.), *Spaces for children: The built environment and child development*(pp.41-72). New York: Plenum.

Morrison, G. S.(1995). *Early Childhood Education Today*. NJ: A Simon & Schuster Company.

Mueller, E., Lucas, T. A.(1975). A developmental analysis of peer interaction among toddler. In M. Lewis & L.A. Rosenblem(Eds.), *Friendship and Peer Relations*(pp.223-257).New York: Wiley.

NAEYC(2001). Signs of quality in early childhood programs. http://www.naeyc.org

Neuman, S., & Roskos, K.(1992). Literacy objects as cultural tools: Effects on children's literacy behaviors during play. Reading *Research Quaterly, 27*, 203-223.

Nourot, P. M., & Hoorn, J. V.(1991). Symbolic play in preschool and primary setting. *Young Chidern, 46*(6), 40-51

Odom, S. L, Skellenger, A., & Ostrosky M.(1993, March). *Ecobehavioral analysis of activity engagement in early childhood education and special education classrooms*. Paper presented at the Biennial Conference of the Society for Research in Child Development, New Orleans.

Olszewski, P., & Fuson, K. C.(1982). Verbally expressed fantasy play of preschoolers as a function of toy structure. *Developmental Psychology, 18*, 57-61.

Pan, H.(1994). Children's play in Taiwan. In J. Roopnarine, Johnson, & Hooper(Eds.), *Children's play in diverse cultures*. Albany: NY.

Parten, M. B.(1932). *Social Participation among Preschool Children, 27*, 243-269.

Pellegrini, A. & Galda, L.(1993). Ten years after: A reexamination of symbolic play and literacy research. *Reading Research Quarterly, 28*(2), 162-177.

Pellegrini, A. D.(2009). *The role of play in human development*. NY: Oxford U. Press.

Pellegrini, A. D., & Galda, L.(1982) . The effects of thematic fantasy play training on the development of children's story comprehension. *Child Development, 52*, 1202-1210.

Pellegrini, A.(1995). A longitudinal study of boys' rough-and-tumble play and dominance during early adolescence. *Journal of Applied Developmental Psychology, 16*, 77-93.

Phillips, D., McCartney, K., & Scarr, S.(1987). Child-care quality and children's social development. *Developemental Psycology*, 23, 537-543.

Piaget, J(1962). *Play, Dream and Imitationin Childhood*. Tranlated Gattegno. C & Hodgson, F. M.(New York: W. W. Norton & Co.)

Prescott, E.(1994). The physical environment: A powerful regulator of experience. Child Care Information Exchange, 100, 9–15.

Pulaski, M. A.(1973). Toys and imaginative play. In J. L. Singer(Ed.), *The child's world of make-believe*. New York: Academic Press.

Pulaski, M.(1970). Play as a function of toy structure and fantasy predisposition. *Child Development*, 41, 531–537.

Rabinnowitz, F. M., Moely, B. E., Finkel, N., & McClinton, S.(1975). The effects of toy novlty and social interaction on the exploratory behavior of preschool children. *Child Development*, 46, 286–289.

Ramsey, P.(1998). Diversity and play. Influences of race, culture, class and gender. In D. Fromberg & D. Bergen(Eds.), *Play from infants to 12 and beyond: Contexts, perspectives, and meanings*. NY: Garland.

Rheingold, H. L. & Cook, K. V.(1975). The Contents of Boy's and Girl's Rooms Asan Index to Parental Behavior. *Child Development, 46*, 459–463.

Rogers, C., Impara, J., Frary, R., Harris, T., Meeks, A., Seamnic–Lauth, S., & Reynolds, M.(1998). Measuring playfulness: Development of the child behaviors inventory of playfulness. *Play & Culture Studies, 1*, 151–168.

Rogers, D. L.(1985). Relationships between block play and the social development of children. *Early Child Development and Care, 20*, 245–261.

Roopnarine, J. L., Ahmeduzzaman, M., Donnely, S., Gill. P., Mennis, A., Arky, L., Dingler, K., McLaughlin, M., & Talukder, E.(1992). Socialcognitive play behaviors and playmate preferences in same–age and mixed age classrooms over a sex month period. *American Educational Research journal*, 29, 757–776.

Roopnarine, J., Johnson, J., & Hooper, F.(Eds).(1994). *Children's play in diverse cultures*. Albany, NY: State University of New York Press.

Roper, R., & Hinde, R.(1978). Social behavior in a play troup: Consistency and complesity. *Child Development*, 49, 570–579.

Rosen, C. E.(1974). The effects of sociodramatic play on problem–solving behavior among culturally–disadvantaged preschool children. *Child Development, 45*, 920–927.

Rosenblatt, D.(1977). Developmental trends in infants play. In B. Tizard & D. harvey(Eds.), *The biology of play*. Philadelphia: Lippincott.

Roskos, K. & Neuman, S.(1993). Descriptive observations of adults' facilitation of literacy in play. *Early Childhood Research Quarterly, 8*, 77–97.

Rubenstein, J. L. & Howes, C.(1976). The effect of peers on toddler interaction with mother and toys. *Child Development*, 47, 597–605.

Rubin, K., Fein, G., & Vandenberg, B.(1983). Play. In P. H. Mussen & E. M. Hetherington(Eds.), *Carmichael's manual of child psychology. Social development*(Vol. 4). New York: John Wiley & Sons.

Rubin, K., Watson, K., & Jambor, T.(1978). Free–play behaviors in preschool and kindergarten children. *Child Development*, 49, 534–536.

Rusher, A. S., Cross, D. R., & Ware, A. M.(1995). Infant and toddler play: Assessment of exploratory style and development level. *Early childhood research quarterly*, 10, 297–315.

Russ, S., Robin, A., & Christiano, B.(1999). Pretend play: Long uitu dinal prediction of creativity and affect & fantasy in childred. *Creativity Research journal, 12*(2), 129–139.

Saltz, E., & Johnson, J.(1974). Training for thematic–fantasy play in culturally disadvantaged children: Preliminary results. *Journal of Educational Psychology, 66*(4), 623–630.

Saltz, E., Dixon, D., & Johnson, J.(1977). Training disadvantaged preschoolers on various fantasy activities: Effects on cognitive functioning and impulse control. *Child Development, 48*, 367–380.

Saracho, O.(1998). What is stylish about play? In O. Saracho & B. Spodek(Eds.), *Multiple perspectives on play in early childhood education*(pp. 240–254). NY: State University of New York Press.

Saracho, O.(1999). A factor analysis of pre–school children's play strategies and cognitive style. *Educational Psychology, 19*, 165–180.

Schaefer, C. E.(1985). Play therapy. *Early Child Development and Care, 19*, 95–108.

Schindler, P. J., Moely, B. E., & Frank, A. L.(1987). Time in day and social participation of young children. Developmental Psychology, 23, 255–261.

Schwartz, L. A., & Markham, W. T.(1985). Sex stereotyping n children's toy advertisements. *Sex Roles, 12*, 157–170.

Seefeldt, C. & Barbour, N.(1986). Early childhood education: An Introduction. Columbus, OH: Charles E. Merrill.

Selman, R. L.(1980). The growth of interpersonal understanding: Developmental and clinical analysis. New York: Academic Press.

Selman, R. L.(1981). Developmental of interpersonal competence: The role of understanding in conduct. Developmental Review, 1, 401–422.

Serbin, L., Connor, J., Burchardt, C., & Citron, C.(1979). Effects of peer presence on sex–typing of children's play behavior. *Journal of Experimental Child Psychology, 27*, 303–309.

Sheeham, R., & Day, D.(1975). Is open space just empty space? *Day Care and Early Education, 3*, 10–13, 47.

Singer, D., & Singer, J.(1990). The house of make–believe: Children's play and developing imagination. Cambridge, MA: Harvard University Press.

Singer, J.(1995). Imaginative play in childhood: Precursors of subjunctive thoughts, daydreaming, and adult pretending games. In A Pellegrini(Ed.), *The future of play theory: Multidisplinary inquiry into the contributions of Brian Sutton-Smith*. Albany, NY.

Singer, J., & Singer, D.(1980). A factor analytic study of preschoolers' play behavior. *Academic Psychology Bulletin, 2*, 143–156.

Smilansky, S.(1968). *The effects of sociodramatic play on disadvantaged preschool children*. New York: Wiley.

Smilansky, S., & Shefatya, L.(1990). Facilitating play: A medium for promoting cognitive, social–emotional and academic development in young children. Gaithersburg, MD: Psycho–social and Educational Publications.

Smith, P.(1997). Play fighting and fighting: How do they relate? Paper presented at the meeting of the International Council for Children's Play, Lisbon, Portugal.

Smith, P. K., Dalgleish, M., & Herzmark, G.(1981). A comparison of the effects of fantasy play tutoring and skills tutoring nursery classes. *International Journal of Behavioral Development, 4*, 421–441.

Smith, P.(1978). A Longitudinal study of social participation in preschool children: Solitary and parallel play reexamined, *Developmental Psychology*, 14, 512–516.

Steinkamp, M, W.(1989). Factors mediating the relationships between preschool children's play patterns and peer ratings: Verbal communication styles. *Journal of Applied Developmental Psychology*, 10, 505–525.

Stevahn, L., Johnson, D. W., Johnson R. T., Oerle, K., & Whal, L.(2000). Effects of Conflict Resolution Training Integrated into a Kindergarten Curriculum. *Child Development*, May/June 2000, Vol. 71, No. 3, pp. 772–784.

Stevenson, H., Azuma, H., & Hakuta, H.(Eds.)(1986). *Child development and education in Japan*. New York: Wiley.

Stoneman, Z., Brody, G., & MacKinnon, C.(1986). Same–sex and cross–sex siblings: Activity choices, roles, behaviors, and gender stereotypes. *Sex Roles, 15*, 495–511.

Sutton–Smith, B.(1967). The role of play I cognitive development. *Young Children, 22*, 361–370.

Sutton–Smith, B.(1979). The play of girl. In C. B. Kopp & M. Kirkpatrick(Eds.), *Becoming fe-*

male: perspectives on development. NY: Plenum.

Sutton-Smith, B.(1980). Children's play: Some sources of play theorizing. In K. H. Rubin(Ed.), *Children's play*. San Francisco: Jossey-Bass.

Sutton-Smith, B.(1986). *Toys as culture*. NY: Garden Press.

Sutton-Smith, B., & Roberts, J. M.(1981). Play, games, and sports. In H. C. Triandis & A. Heron(Eds.), *Handbook of cross-cultural psychology. 4*. Developmental psychology. Boston: Allyn and Bacon.

Sylva, K.(1977). Play and learning. In B. Tizard & D. Harvey(Eds.), *Biology of play*. London: Heinemann.

Taylor, A., Kuo, F., & Sullivan, W.(2001). Coping with ADD: The surprising connection to green play settings. *Environment and Behavior, 33*, 1, 54-77.

Tegano, D., & Burdette, M.(1991). Length of activity period and play behaviors of preschool children. *Journal of Research in Childhood Education, 5*, 93-98.

Terman, (1920). Intelligence and its measurement. *Journal of Educational Psychology, 12*, 127-133.

Tessier, O., de Lorimier, S., & Doyle, A.(1993, March). The quality of social involvement in social play: The effects of mode of play, relationship, and age. Paper presented at the Biennial Conference of the Society for Research in Child Development, New Orleans.

Theokas, C., Ramsey, P. G., & Sweeney, B.(1993, March). The effect of classroom interventions on young Children's cross-sex contacts and perceptions. Paper presentated at the Biennial in Child Development, New Orleans.

Thomas, A., & Chess, S.(1977). *Temperament and development*. New York: Bruner/mazel.

Tizard, B., Philps, J., & Plewis, I.(1976). Play in preschool centers Ⅱ: Effects on play of the child's social class and of the educational orientiation of the center. *Journal of School Psychology and Psychiatry*, 17, pp.265-274.

Tracy, D. M.(1987). Toys, spatial ability, and science and mathematics achievement: Are they related? *Sex Roles, 17*, 115-138.

Trawick-Smith, J.(1990). The effects of realistic versus non-realistic play materials on young children's symbolic transformation of objects. *Journal of Research in Childhood Education, 5*, 27-35.

Vander Ven, K.(1998). Play, proteus, and paradox: Education for a chaotic and supersymmetric world. In D. Fromberg & D. Bergen(Eds.), *Play from birth to tweleve and beyond: Contexts, perspectives, and meanings*(pp. 119-132). New York: Garland.

Vandra, J. & Belsky, J.(1991). Infant play as a window on competence and motivation. In C. E. Scaeter, K. Gitlin, & A. Sandground(Eds.), *Play diagnosis and assessment*(pp. 13–33). New York: Wiley.

Vukelich, C.(1993). Play: A context for exploring the functions, features, and meaning of writing with peers. *Language Arts*, 70, 386–392.

Vygotsky, L.(1976). Play and its role in the mental development of child. In J. Bruner, A. Jolly & K. Sylva(Eds.), *Play: Its role in development an evolution*. New York: Basic Books.

Vygotsky, L.(1978). *Mind in society: The development of higher mental processes*. Cambridge, MA: Harvard U. Press.

Wardle, F.(2003). *Introduction to early childhood education: A multi-dimensional approach to child-centered care and learning*. Boston: Allyn and Bacon.

Weininger, O., & Fitzgerald, D.(1988). Symbolic play and interhemispheric integration: Some thoughts on a neuropsychological model of play. *Journal of Research and Development in Education, 21*, 23–40.

Wenistein, C. A.(1987). Designing preschool classrooms to support development. In C. S. Weinstein & T. G. David(Eds.), *Spaces for Children*. New York: Plenum Press.

Werner, P. H., & Burton, E. C.(1979). *Learning through movement: Teaching cognitive content through physical activities*. St. Louis: Mosby.

Williamson, P. A., & Silvern, S. B.(1984). Creative dramatic play and languge compreension. In: T. D. Yawkey & A. D. Pellegrini(Eds.), *Child's Play: Developmental and applied*(pp. 347–358). Hillsdale, NJ: Erlbaum.

Wilson, J. M.(1986). Parent–child play interaction in hospital settings. In A. W. Gottfried & C. C. Brown(Eds.), Play interactions: The contribution of play materials and parental involvement to children's development(pp. 213–224). Lexigton, MA: Heath.

Wolery, M., & Bailey, D. B.(1992). *Teaching infants and preschoolers with disabilities*(2nd ed.). Englewood Cliffs, NJ: Prentice–Hall.

Wood, D., McMahon, L., & Cranstoun, Y.(1980). *Working with under fives*. Ypsilanti, MI : High/Scope Press.

찾아보기

ㅂ

ㅅ

ㅇ

ㅈ

ㅊ

ㅋ

ㅌ

ㅍ

ㅎ

A~Z

저 자 약 력

김수영

이화여자대학교 대학원 유아교육과 졸업(문학박사)

노스캐롤라이나 대학교(UNC) (미국) 객원 교수

현재, 대구가톨릭대학교 유아교육과 교수

김수임

이화여자대학교 대학원 유아교육과 졸업(문학사, 문학석사)

대구가톨릭대학교 대학원(교육학박사)

현재, 대구공업대학교 유아교육과 교수

정정희

남 일리노이주립대학교 대학원 철학박사(유아교육 전공)

현재, 경북대학교 생활과학대학 아동학부 아동학전공 교수

놀이지도

1판 1쇄 발행 2007년 8월 30일
1판 3쇄 발행 2008년 8월 25일
2판 1쇄 발행 2009년 8월 25일
2판 5쇄 발행 2011년 8월 10일
3판 1쇄 발행 2012년 8월 30일
3판 6쇄 발행 2016년 1월 30일
4판 1쇄 발행 2017년 8월 30일
4판 3쇄 발행 2020년 8월 30일

저 자 | 김수영 · 김수임 · 정정희
발행인 | 박철용
발행처 | 양서원
주 소 | 경기도 파주시 직지길 522 파주출판도시
전 화 | 031-955-8000(代)
팩 스 | 031-955-8005
홈페이지 | www.yswpub.co.kr
이 메 일 | yswpub@chol.com
출판등록 | 1987년 11월 24일 제 406-2003-037 호

ISBN 978-89-994-0724-6

정가 20,000원